S D 에 듀

독학사 3단계

── 경영학과 ──

소비자행동론

SD에듀

㈜시대고시기획

머리말

학위를 얻는 데 시간과 장소는 더 이상 제약이 되지 않습니다. 대입 전형을 거치지 않아도 '학점은행제'를 통해 학사학위를 취득할 수 있기 때문입니다. 그중 독학학위제도는 고등학교 졸업자이거나 이와 동등 이상의 학력을 가지고 있는 사람들에게 효율적인 학점 인정 및 학사학위 취득의 기회를 줍니다.

학습을 통한 개인의 자아실현 도구이자 자신의 실력을 인정받을 수 있는 스펙으로서의 독학사는 짧은 기간 안에 학사학위를 취득할 수 있는 가장 빠른 지름길로 많은 수험생들의 선택을 받고 있습니다.

독학학위취득시험은 1단계 교양과정 인정시험, 2단계 전공기초과정 인정시험, 3단계 전공심화과정 인정시험, 4단계 학위취득 종합시험의 1~4단계 시험으로 이루어집니다. 4단계까지의 과정을 통과한 자에 한해 학사학위 취득이 가능하고, 이는 대학에서 취득한 학위와 동등한 지위를 갖습니다.

이 책은 독학사 시험에 응시하는 수험생들이 단기간에 효과적인 학습을 할 수 있도록 다음과 같이 구성하였습니다.

01 빨리보는 간단한 키워드(핵심요약집)
'빨리보는 간단한 키워드(빨간키)'는 시험 직전까지 핵심이론의 내용을 정리하고 더 쉽게 기억하게 하는 용도로 활용할 수 있습니다.

02 핵심이론
다년간 출제된 독학학위제 평가영역을 철저히 분석하여 시험에 꼭 출제되는 내용을 '핵심이론'으로 선별하여 수록하였습니다.

03 OX문제 및 실전예상문제
핵심이론을 다시 점검해보는 'OX문제' 및 해당 출제영역에 맞는 핵심포인트를 분석하여 구성한 '실전예상문제'를 수록하였습니다.

04 최종모의고사
최신출제유형을 반영한 '최종모의고사'를 통해 자신의 실력을 점검해 볼 수 있으며, 실제 시험에 임하듯이 시간을 재고 풀어 본다면 시험장에서의 실수를 줄일 수 있을 것입니다.

편저자 드림

BDES

독학학위제 소개

독학학위제란?

「독학에 의한 학위취득에 관한 법률」에 의거하여 국가에서 시행하는 시험에 합격한 사람에게 학사학위를 수여하는 제도

- ✓ 고등학교 졸업 이상의 학력을 가진 사람이면 누구나 응시 가능
- ✓ 대학교를 다니지 않아도 스스로 공부해서 학위취득 가능
- ✓ 일과 학습의 병행이 가능하여 시간과 비용 최소화
- ✓ 언제, 어디서나 학습이 가능한 평생학습시대의 자아실현을 위한 제도
- ✓ 학위취득시험은 4개의 과정(교양, 전공기초, 전공심화, 학위취득 종합시험)으로 이루어져 있으며 각 과정별 시험을 모두 거쳐 학위취득 종합시험에 합격하면 학사학위 취득

독학학위제 전공 분야 (11개 전공)

※ 유아교육학 및 정보통신학 전공: 3, 4과정만 개설
   (정보통신학의 경우 3과정은 2025년까지, 4과정은 2026년까지만 응시 가능하며, 이후 폐지)
※ 간호학 전공: 4과정만 개설
※ 중어중문학, 수학, 농학 전공: 폐지 전공으로 기존에 해당 전공 학적 보유자에 한하여 응시 가능

※ SD에듀는 현재 4개 학과(심리학과, 경영학과, 컴퓨터공학과, 간호학과) 개설 완료
※ 2개 학과(국어국문학과, 영어영문학과) 개설 진행 중

독학학위제 시험안내

과정별 응시자격

단계	과정	응시자격	과정(과목) 시험 면제 요건
1	교양	고등학교 졸업 이상 학력 소지자	• 대학(교)에서 각 학년 수료 및 일정 학점 취득 • 학점은행제 일정 학점 인정 • 국가기술자격법에 따른 자격 취득 • 교육부령에 따른 각종 시험 합격 • 면제지정기관 이수 등
2	전공기초		
3	전공심화		
4	학위취득	• 1~3과정 합격 및 면제 • 대학에서 동일 전공으로 3년 이상 수료 (3년제의 경우 졸업) 또는 105학점 이상 취득 • 학점은행제 동일 전공 105학점 이상 인정 (전공 28학점 포함) → 22.1.1 시행 • 외국에서 15년 이상의 학교교육과정 수료	없음(반드시 응시)

응시 방법 및 응시료

• 접수 방법: 온라인으로만 가능
• 제출 서류: 응시자격 증빙 서류 등 자세한 내용은 홈페이지 참조
• 응시료: 20,400원

독학학위제 시험 범위

• 시험 과목별 평가영역 범위에서 대학 전공자에게 요구되는 수준으로 출제
• 시험 범위 및 예시문항은 독학학위제 홈페이지(bdes.nile.or.kr) – 학습정보 – 과목별 평가영역에서 확인

문항 수 및 배점

과정	일반 과목			예외 과목		
	객관식	주관식	합계	객관식	주관식	합계
교양, 전공기초 (1~2과정)	40문항×2.5점 =100점	–	40문항 100점	25문항×4점 =100점	–	25문항 100점
전공심화, 학위취득 (3~4과정)	24문항×2.5점 =60점	4문항×10점 =40점	28문항 100점	15문항×4점 =60점	5문항×8점 =40점	20문항 100점

※ 2017년도부터 교양과정 인정시험 및 전공기초과정 인정시험은 객관식 문항으로만 출제

합격 기준

• 1~3과정(교양, 전공기초, 전공심화) 시험

단계	과정	합격 기준	유의 사항
1	교양	매 과목 60점 이상 득점을 합격으로 하고, 과목 합격 인정(합격 여부만 결정)	5과목 합격
2	전공기초		6과목 이상 합격
3	전공심화		

• 4과정(학위취득) 시험 : 총점 합격제 또는 과목별 합격제 선택

구분	합격 기준	유의 사항
총점 합격제	• 총점(600점)의 60% 이상 득점(360점) • 과목 낙제 없음	• 6과목 모두 신규 응시 • 기존 합격 과목 불인정
과목별 합격제	• 매 과목 100점 만점으로 하여 전 과목(교양 2, 전공 4) 60점 이상 득점	• 기존 합격 과목 재응시 불가 • 1과목이라도 60점 미만 득점하면 불합격

시험 일정

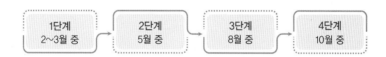

1단계	2단계	3단계	4단계
2~3월 중	5월 중	8월 중	10월 중

• 경영학과 3단계 시험 과목 및 시간표

구분(교시별)	시간	시험 과목명
1교시	09:00~10:40 (100분)	재무관리론 경영전략
2교시	11:10~12:50 (100분)	투자론 경영과학
중식	12:50~13:40 (50분)	
3교시	14:00~15:40 (100분)	재무회계 경영분석
4교시	16:10~17:50 (100분)	노사관계론 소비자행동론

※ 시험 일정 및 시험 시간표는 반드시 독학학위제 홈페이지(bdes.nile.or.kr)를 통해 확인하시기 바랍니다.

※ SD에듀에서 개설된 과목은 빨간색으로 표시했습니다.

소비자행동론 예시문제

> ※ 본 예시문제는 국가평생교육진흥원에서 발표한 경영학과의 예시문제를 풀이한 것으로 참고용으로 활용하시길 바랍니다.

[객관식]

01 익숙한 것, 예측가능한 것에 의존하려는 경향을 바르게 설명한 것은?

① 자기실현의 욕구를 만족시키려 하는 것이다.

② 생리적 욕구를 만족시키려 하기 때문에 나타난다.

③ 안전에 대한 욕구를 만족시키려 하기 때문에 나타난다.

④ 존경에 대한 욕구를 만족시키려 하기 때문에 나타난다.

> **해설** 안전의 욕구는 신체적인 안전과 심리적인 안정을 추구하는 것이다. 따라서 신체, 재산, 건강 등 자신에 대한 보호나 고용과 같이 직업의 안정으로 사회적 위협에서 벗어나고 싶은 욕구가 존재한다. 또한, 익숙한 것, 예측가능한 것에 의존하려는 경향은 심리적인 안정을 추구하여 안정에 대한 욕구를 충족하는 것이다.

02 다음은 어떤 종류의 기억을 설명하는 것인가?

> 자동차 에쿠스는 에쿠스라는 언어로 기억에 저장되어 있는 것이 아니라 '대형이다', '비싸다', '중후한 디자인이다' 등의 의미로 저장되어 있다.

① 단기기억

② 사건기억

③ 과정기억

④ 어의기억

> **해설** 장기기억은 외현기억과 내현기억으로 나뉘고 외현기억은 그 기억에 관해 설명할 수 있기 때문에 서술기억이라고도 하는데, 외현기억에는 세상에 대한 일반적인 지식을 구성하는 개념과 사실에 대한 기억인 의미기억(즉, 어의기억: 말로 의미를 표현할 수 있는 기억)과 개인이 경험한 특정한 시간과 장소에서 발생한 과거 사건들에 대한 기억인 일화기억이 포함된다.

03 다음 중 태도의 특징으로 적합하지 않은 것은?

① 태도는 일반적으로 지속적이다.

② 태도는 행동으로 이어질 가능성이 높다.

③ 태도는 선천적인 것이 아니고 학습에 의하여 형성된다.

④ 태도는 보통 직접 관찰하는 방법을 사용하여 측정한다.

> 해설 태도는 지속적인 특징이 있다. 태도는 일시적인 기분이나 충동에 의해 형성되는 것이 아니고 비교적 장기간에 걸쳐 형성되어 지속적으로 나타난다. 이러한 특성 때문에 소비자의 태도를 설문지로 평가하고 측정하여 소비자의 미래 행동을 예측할 수 있다.

04 제품을 선택할 때에는 준거집단의 영향이 약하나 브랜드를 선택할 때에는 준거집단의 영향이 강한 제품들은?

① 골프클럽, 스키, 요트

② 손목시계, 자동차, 옷

③ 침대커버, 거실램프, 냉장고

④ 비디오 게임기, 쓰레기 압축기, 얼음제조기

> 해설 타인의 눈에 띄는 사치품일수록 준거집단의 영향을 크게 받는다. 골프클럽, 스키, 요트는 사치품이지만 일상생활에서 눈에 띄지는 않으므로 손목시계, 자동차, 옷이 준거집단의 경향력이 더 강하다.

05 "A사의 냉장고는 소음이 나지 않는다."라고 생각하는 것은?

① 신념   ② 의도

③ 선호   ④ 태도

> 해설 냉장고와 같은 복잡한 제품 구매의 경우 구매자는 "A사의 냉장고는 소음이 나지 않는다."와 같은 제품 지식에 근거한 주관적 신념을 통해 제품에 대한 태도를 형성한 후 가장 합리적이라고 생각하는 구매 대안을 선택한다.

소비자행동론 예시문제

06 구매 후 부조화가 일어날 가능성이 가장 높은 조건은?

① 매력적인 대안의 수가 많을 때

② 제품에 대한 관여도가 낮을 때

③ 구매결정을 쉽게 취소할 수 있을 때

④ 다른 사람에게 보이고자 하는 상징적 동기가 낮을 때

해설 구매 후 부조화는 소비자가 구매에 높게 관여되어 있지만 브랜드 간의 별 차이가 없을 경우에 발생한다.

07 프로이트(Freud)의 정신분석이론 중에서 자아(ego)에 대한 설명으로 가장 적합한 것은?

① 원초적 본능과 욕구를 의미한다.

② 도덕, 윤리, 사회적 규범을 지키려고 노력하는 것이다.

③ 원초아와 초자아의 갈등을 중재하는 기능을 수행한다.

④ 자존심과 관련이 깊으며 꿈의 해석과 연관관계가 깊다.

해설 원초아의 쾌락적 수요가 초자아의 사회적으로 허용되는 범위 수준에 적용되도록 하는 과정의 갈등과 상호작용에서 자아개념이 정립된다. 이렇게 정립된 자아는 현실의 원칙을 따라 원초아와 초자아를 중재하는 역할을 한다.

[주관식]

01 올리버(Oliver)의 기대–성과 불일치 모델을 간략히 설명하시오.

정답

소비 경험이 만족, 불만족을 일으키는 과정에 관한 모델로서 제품성과에 대한 기대와 지각된 제품성과가 긍정적으로 일치하는 경우에는 만족하지만 성과가 기대에 미치지 못하는 부정적 불일치인 경우 불만족하게 된다.

해설 기대불일치이론은 올리버(Oliver)에 의해 제시되었으며 기대, 지각된 성과, 일치/불일치의 세 가지 요인이 만족과 불만족을 설명한다. 사전기대와 실제 품질성과 사이의 불일치는 긍정적 불일치, 부정적 불일치, 일치로 구분된다. 긍정적 불일치는 실제 성과가 기대보다 높을 경우로, 이는 소비자 만족으로 나타난다. 부정적 불일치는 실제 성과가 기대에 미치는 못하는 경우로 소비자 불만족을 가져온다. 일치는 기대와 성과가 일치하는 결과이다.

02 베버의 법칙(Weber's Law)을 이용하여, 2만 원인 책값을 5,000원 인상하면 소비자들이 쉽게 지각하지만 20만 원 하던 TV를 5,000원 인상하면 그 차이를 쉽게 느끼지 못하는 현상을 설명하시오.

정답

> 차이 식역을 결정하는 상숫값이 0.25(책 값 인상 비율)와 0.025(TV 가격 인상 비율) 사이이기 때문에 책 값 인상은 인지하지만 TV 가격 인상은 잘 인지하지 못한다.

해설 차이 식역은 두 자극 간의 차이를 알아챌 수 있는 정도만큼의 차이이다. 즉, 가격측면에서 보면, 기존에 알고 있던 가격에 대해서 그 가격이 달라졌다는 것을 알아채기 위한 최소한의 기준이 된다. 2만 원의 25%인 5,000원은 차이 식역을 넘어서 인지하는 것이며, 20만 원의 2.5%인 5,000원은 차이 식역을 넘지 않아 쉽게 느끼지 못하는 것이다.

03 기억에서 회상(recall)과 재인(recognition)을 비교하여 설명하시오.

정답

> 회상은 소비자가 장기기억에 저장된 정보를 인출하는 과정이고 재인은 제시된 정보가 기억에 존재하는 지를 확인하는 과정이다.

해설 기억은 장기기억에 저장된 정보의 의식적인 확장과 관련이 있으면 회상(recall)이고 정보가 있다는 것만 확인하면 재인(recognition)이다. 의미기억이론에 따르면, 장기기억 내의 어떤 정보가 이용되려면 활성화를 통하여 의미적 연상망으로부터 회상되어야 한다. 소비자의 장기기억에서 더 쉽게 정보를 인출하기 위해서는 마케팅 자극의 특성을 이용할 수 있다. 구체적인 정보보다는 브랜드 이미지가 더 잘 인출된다. 이렇게 이미지로 기억이 있는지 확인하는 것을 재인이라고 한다.

이 책의 구성과 특징

01

부록   빨리보는 간단한 키워드

제1장   마케팅과 소비자행동

■ 소비자행동

① 정의 : 시장에서 의사결정자인 소비자가 거래시점에서 자신의 욕구충족에 합당한 제품/서비스를 자신이 가진 자원과 거래하기 위해서 이를 적절히 배분하는 의사결정들의 집합

② 핵심요소

소비자행동 핵심요소		요소
다양한 의사결정 들의 집합		획득, 사용, 제분(처분)의 여부, 이유, 방법, 시점, 장소, 양(amount), 빈도(delivery), 기간 등
의사결정의 요소	소비의 유형	획득, 사용, 제분
	소비의 대상	제품, 서비스, 활동 및 아이디어
	의사결정 단위	영향력 행사자, 의사 결정자, 구매자, 사용자
	의사결정 기간	시간, 일, 주, 월, 연

③ 영향요인

㉠ 심리적・개인적 요인 : 소비자 본인의 내부에서 일어나는 무형의 영향들

빨리보는 간단한 키워드

'빨리보는 간단한 키워드(빨간키)'는 핵심요약집으로 시험 직전까지 해당 과목의 중요 핵심이론을 체크할 수 있도록 합니다.

02

제 1 장   마케팅과 소비자행동

제1절   소비자행동의 이해

1 소비자행동의 정의

(1) 소비자행동이란

소비자행동의 정의는 학자들마다 약간씩 다르지만 소비자행동은 일반적으로 시장에서 소비자의 활동이라고 말할 수 있다.

소비자행동(consumer behavior)이란 '소비자가 자신의 욕구충족을 위해 유형적 혹은 무형적 제품을 선택하여 구매, 사용, 평가, 처분 등으로 나타내는 행동'이며, '자신의 의사결정으로 인해 유형적, 무형적 제품을 획득, 소비, 처리하는 직접적인 행위'이다. 또한, 소비자행동은 '개인, 집단, 조직이 제품 서비스 및 그 밖의 자원을 획득하고 사용하며, 사후에 얻은 경험을 통해서 나타내 보이는 행동, 과정 및 사회적 관계'로 정의된다.

종합해보면 소비자행동은 시장에서 의사결정자인 소비자가 거래 시점에서 자신의 욕구충족에 합당한 제품/서비스를 자신이 가진 자원과 거래하기 위해서 이를 적절히 배분하는 의사결정들의 집합이다. 제품, 서비스, 아이디어 등의 거래가 이루어지는 시장에서 행해지며 소비자가 자신의 욕구를 충족하기 위해 소비와 관련된 항목에 돈, 시간, 노력 등 자신의 자원을 어떻게 사용할지 결정하는 것이다. 이는 의사결정들의 집합으로써 구매와 사용에서 끝나지 않고 구매 후 평가나 처분까지 이어지며 다양한 소비 관련 행동을 수반한다.

핵심이론

독학사 시험의 출제경향에 맞춰 시행처의 평가영역을 바탕으로 '핵심이론'을 정리하여 수록하였습니다.

03

○× 로 점검하자 | 제1장

※ 다음 지문의 내용이 맞으면 ○, 틀리면 ×를 체크하시오. [1~10]

01 소비자행동은 소비자들의 구매의사결정이나 구매행위 등을 포함하는 구매행동으로만 구분된다.
( )

02 소비자행동의 핵심요소 중 소비의 유형에는 획득, 사용, 제사용이 있다. ( )

03 소비자행동에 영향을 미치는 요인 중 심리적・개인적 요인에는 인지(perception), 동기(motives), 사회계층(social class), 학습(learning) 등이 있다. ( )

04 마케팅에 대한 시각에는 긍정적 견해와 부정적 견해를 모두 가지고 있다. ( )

05 마케팅의 핵심요소 중 욕구(want)는 기본적 만족의 결핍을 느끼는 상태이다. ( )

06 거시환경(macro-environment)이란 경제환경, 법률 및 정치환경, 사회문화환경, 기술환경, 국제무역환경 등이 있다. ( )

07 마케팅 전략 수립은 먼저 마케팅 믹스를 먼저 결정한 후 환경분석과 세부시장을 결정하는 것이다.
( )

OX 문제

핵심이론을 학습한 후 중요내용을 'OX문제'를 통해 한 번 더 점검할 수 있습니다.

04

제 1 장 실전예상문제

01 다음 중 소비자행동 영향요인으로 옳지 않은 것은?

① 외부적, 내부적 영향의 결과로 반영한 개인의 행동, 관심, 의견을 반영하는 생활체계를 라이프스타일(lifestyle)이라고 한다.
② 사회적 · 문화적 요인에는 다양한 문화(culture)와 하위문화(subculture)가 있다.
③ 심리적 · 개인적 요인에는 교육 정도, 나이, 수입, 종교, 거주지 같은 인구통계학적 변수가 있다.
④ 심리적 · 개인적 요인은 내적 요인이라고도 본다.

01 교육 정도, 나이, 수입, 종교, 거주지 같은 인구통계학적 변수는 사회적 · 문화적 요인에 포함된다.

02 다음 중 STP 분석에 관한 내용으로 옳은 것은?

① 시장세분화(Segmentation)는 인구통계학적 기준으로만 시장세분화를 하여 타깃시장을 좁혀나갈 수 있다.
② 표적시장선정(Targeting)은 표적시장 중 단 하나만 선택하여 집중해야 한다.

02 ① 시장세분화의 기준은 인구통계학적, 지리적, 심리분석적, 행위적 기준이 있다.
② 표적시장 방법으로는 비차별화 전략, 차별화 전략, 집중화 전략이 있고 기업에 따라 효율성 있는 방법을 선택한다.

실전예상문제

학습자가 해당 교과정에서 반드시 알아야 할 내용을 문제로 정리하였습니다. '실전예상문제'를 통해 객관식 · 주관식 문제를 충분히 연습할 수 있도록 구성하였습니다.

05

제1회 최종모의고사 | 소비자행동론

제한시간: 50분 | 시작 ___시 ___분 ~ 종료 ___시 ___분

정답 및 해설 379p

01 소비자행동의 영향요인에 대한 설명 중 옳지 않은 것은?

① 심리적 · 개인적 요인: 소비자 본인의 내부에서 일어나는 무형의 영향들이다.
② 사회적 · 문화적 요인: 가장 개념은 문화(culture)이고 다양한 문화들과 하위문화(subculture)가 존재한다.
③ 개성: 환경에 대해 비교적 일관성 있고 지속적인 반응을 하는 심리적 특성이다.
④ 라이프스타일: 내부적 영향의 결과로 반영한 개인의 행동 · 관심 · 의견을 반영하는 생활체계이다.

02 마케팅 환경에서 '사회 전체 속에 있는 모든 조

03 다음 중 '고관여 의사결정'에 대한 설명으로 옳지 않은 것은?

① 소비자는 적극적으로 정보탐색을 한다.
② 소비자의 태도는 잘 변화된다.
③ 소비자가 보는 광고의 횟수보다는 광고의 내용이 중요하다.
④ 구매 후 인지부조화가 의례적으로 나타난다.

04 구매빈도와 신규성에 따른 의사결정의 유형을 구분할 때 다음은 무엇에 대한 설명인가?

구매빈도가 낮고 고가의 제품 혹은 구매 후 오랜 기간 사용해야 하는 내구재의 성격을 갖는 제품을 구매할 때 소비자들은 적극적으로 이와 관련된 의사결정을 한다.

최종모의고사

실전감각을 기르고 최종점검을 할 수 있도록 '최종모의고사(총 2회분)'를 수록하였습니다.

CONTENTS

목차

빨리보는 간단한 키워드

시/험/전/에/보/는/ 핵/심/요/약/ 키/워/드

훌륭한 가정만한 학교가 없고, 덕이 있는 부모만한 스승은 없다.

- 마하트마 간디 -

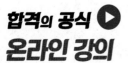

제1장 　마케팅과 소비자행동

■ **소비자행동**

① **정의** : 시장에서 의사결정자인 소비자가 거래시점에서 자신의 욕구충족에 합당한 제품/서비스를 자신이 가진 자원과 거래하기 위해서 이를 적절히 배분하는 의사결정들의 집합

② **핵심요소**

소비자행동 핵심요소		요소
다양한 의사결정 등의 집합		획득, 사용, 처분할지의 여부, 이유, 방법, 시장, 장소, 양(amount), 인도(delivery), 기간 등
의사결정의 요소	소비의 유형	획득, 사용, 처분
	소비대상	제품, 서비스, 활동 및 아이디어
의사결정 단위		영향력 행사자, 의사 결정자, 구매자, 사용자
의사결정 기간		시간, 일, 주, 월, 년

③ **영향요인**

　㉠ 심리적·개인적 요인 : 소비자 본인의 내부에서 일어나는 무형의 영향들

　㉡ 사회적·문화적 요인 : 가장 큰 개념은 문화(culture)이고 다양한 문화들과 하위문화(subculture)가 존재

　㉢ 개성과 라이프스타일

　　ⓐ 개성(personality) : 환경에 대해 비교적 일관성 있고 지속적인 반응을 하는 독특한 심리적 특성

　　ⓑ 라이프스타일(lifestyle) : 외부적 영향과 내부적 영향의 결과를 반영한 개인의 행동·관심·의견을 반영하는 생활체계

■ **마케팅**

① **정의** : 마케팅이란 교환과정을 통해 욕구와 욕망을 충족시키기 위해 지향된 인간 활동이며 제품을 시장에 적합하도록 하기 위한 사회적 활동의 통합 및 체계(kotler, 1967)

② **핵심요소**

　㉠ 필요(need), 욕구(want), 수요(demand)

　㉡ 제품(product)과 서비스(service)

　㉢ 가치(value)와 만족(satisfaction)

　㉣ 교환(exchange)

　㉤ 시장(market)

③ 마케팅 환경

    ㉠ 거시환경(macro-environment) : 사회 전체 속에 있는 모든 조직에 공통적인 영향을 미치는 환경요인

    ㉡ 미시환경(micro-environment) : 기업활동에 직접적으로 연관성이 큰 환경요인

    ㉢ 내적 환경(internal milieu) : 기업과 마케팅업체들이 주도할 수 있으며, 통제할 수 있는 환경요인

■ 마케팅 전략 수립

마케팅 전략은 기업이 마케팅 부문의 목표를 수립하고 시장과 경쟁상황 등을 분석하여 기업 내의 마케팅 자원을 효율적으로 활용하는 방안에 관한 결정을 하는 것

■ 환경분석 - 3C

① 정의 : 기업의 마케팅 환경분석은 경쟁력 있는 전략을 위해 3C를 분석하는 것

② 3C

    ㉠ 기업(Company)

    ㉡ 고객(Customer)

    ㉢ 경쟁상대(Competitor)

■ STP 전략

① 정의 : 제품시장을 세분화(Segmentation)를 통해 시장을 조사 및 분석하고, 세분화된 시장을 평가하여 표적시장(Targeting)을 선정하고 각 세분시장에 대응하는 제품의 포지셔닝(Positioning)을 파악하여 자사가 선점할 위치를 결정하는 과정

② STP

    ㉠ 시장세분화(Market Segmentation)

    ㉡ 표적시장 선정(Targeting)

    ㉢ 포지셔닝(Positioning)

■ 4P 마케팅 믹스

① 정의 : 어떤 제품(Product)을 어떤 경로로 유통(Place)해서 어떻게 알리고(Promotion) 얼마(Price)에 판매할 것인지 배합하여 결정하는 과정

② 전통적인 4P 마케팅 요소

    ㉠ Product(제품)

    ㉡ Place(유통)

    ㉢ Promotion(촉진)

    ㉣ Price(가격)

■ 소비자행동 연구의 발전

구분	초기 소비자행동론	다원적 접근방법	소비자 정보처리 관점	쾌락적, 경험적 관점
시대	1950년대 이전	1950년대 이후	1960년대 이후	1980년대 이후
학문적 배경	• 경제학 • 심리학	• 심리학 • 사회학	인지 심리학	• 정서심리학 • 비교문화론
특징	효용극대화 이론	심리학과 사회학의 결합	의사결정과정 및 영향요인	제품의 상징적 가치
소비자에 대한 가정	합리적인 인간	욕구충족자	• 이성적 인간 • 정보처리자	쾌락 및 경험추구자

■ 소비자행동 연구 패러다임

가정	논리경험주의적 접근	해석주의적 접근
현상	단일의 객관적인 진실이 존재	사회적 맥락에 따른 복수의 진실이 존재
목표	설명, 예측, 통제	현상의 이해
지식	시간과 맥락에 상관없이 작용	시간과 맥락 속에서 작용
인과관계	진정한 원인이 존재	복수의 동시다발적 사건 발생
연구자와 연구대상자의 관계	분리	상호작용과 협조
연구방법	정량적 방법	정성적 방법

제2장　소비자 의사결정과정

■ **구매의사결정**

① 정의 : 소비자가 자신의 욕구에 따른 구매에 대한 어떠한 문제를 인식하고, 그 문제를 해결하기 위하여 몇 단계의 과정을 거쳐 최선의 결정을 내리는 것

② 관여도에 따른 구매의사결정 구분

　㉠ 관여도(involvement) : 주어진 상황에서 개인적 중요성이나 관심도의 수준

　㉡ 관여도에 따른 의사결정 행동

행동 구분	고관여 의사결정	저관여 의사결정
정보탐색	적극적으로 탐색	소극적으로 탐색
정보처리	효과계층에 따라 이루어짐	단순한 인지과정 속에서 이루어짐
태도변화	잘 변화되지 않음	잘 변화됨
타인의 영향	영향력 있음	별 영향력 없음
인지부조화	구매 후 의례적으로 나타남	구매 후에도 별로 일어나지 않음
상표선호	상표 충성구매	습관적인 동일 상표 구매
광고의 반복효과	광고횟수보다는 광고내용이 중요	반복 노출이 태도 및 행동에 변화를 줌

③ 구매빈도/신규성에 따른 구매의사결정 구분

　㉠ 일상적 의사결정 : 구매빈도가 높은 제품이나 서비스에 대한 의사결정

　㉡ 제한적 의사결정 : 익숙하지 않은 제품들로 일상적보다는 수준이 높은 의사결정

　㉢ 본격적 의사결정 : 구매빈도가 낮고 고가제품이며, 관여도가 높은 의사결정

④ 소비자의 구매의사결정 과정 : 문제인식 → 정보탐색 → 대안평가 → 구매 → 구매 후 행동

■ **구매의사결정과정의 문제인식**

① 정의 : 사람들이 무엇인가 구매할 필요를 느끼고, 사람들이 인식한 문제를 해결하기 위해 소비나 구매를 할 동기를 갖는 것

② 문제인식 요인

　㉠ 내적 요인

　㉡ 외적 요인

③ 문제의 유형

　㉠ 일상적 문제

　㉡ 계획적 문제

　㉢ 긴급적 문제

　㉣ 점증적 문제

■ **목표 하이어라키**

문제를 해결하여 도달하기 위한 최종목표와 부차적인 목표 간의 계층적인 관계들을 의미함

■ **구매의사결정과정의 정보탐색**

① 정의 : 소비자가 점포, 제품, 구매 등에 관한 정보를 얻고자 하는 의도적 노력
② 탐색의 원천에 따른 정보탐색 유형
  ㉠ 내부탐색
  ㉡ 외부탐색
③ 탐색의 시점에 따른 정보탐색 유형
  ㉠ 구매 전 탐색
  ㉡ 지속적 탐색
④ 정보탐색 원천
  ㉠ 개인적 원천
  ㉡ 상업적 원천
  ㉢ 공공적 원천
  ㉣ 경험적 원천
⑤ 정보탐색의 결정요인
  ㉠ 제품의 특성
  ㉡ 개인적 특성
  ㉢ 상황적 특성
  ㉣ 시장 특성

■ **구매 전 대안의 평가**

① 정의 : 수집된 정보들을 바탕으로 소비자 스스로 의사결정에서 중요하다고 생각하는 평가 기준이나 제품 속성을 바탕으로 각 대체안들을 비교하는 과정
② 평가기준
  ㉠ 정의 : 소비자들이 여러 대안의 장단점을 비교하고 평가하여 서열을 나열하는 데 사용하는 제품의 속성들을 의미
  ㉡ 특징 : 평가기준의 수는 제품이나 개인의 특성에 따라 달라질 수 있고 관여도가 높은 제품이나 내구재를 구매할 때 평가기준은 많아짐
  ㉢ 평가기준의 방식
    ⓐ 보상적 방식(compensatory rule)
    ⓑ 비보상적 방식(non-compensatory rule)

■ **구매**

① **정의** : 문제인식, 정보탐색, 대안평가의 단계를 거쳐 최종적으로 대안을 선택하여 구매하는 것으로 소비자는 구매단계에서 구매시점, 구매대상, 구매장소를 결정해야 함

② **특징** : 구매 전 대안의 평가를 통해 최종적인 대안이 선택되었다고 해도 다양한 요인 때문에 구매행위로 이루어지지 않을 수 있음

③ **관여도와 구매빈도에 따른 구매유형**
  ㉠ 체계적 의사결정 구매행동
  ㉡ 부조화 감소 구매행동
  ㉢ 습관적 구매행동
  ㉣ 비계획적 구매

④ **구매행동의 상황적 영향요인**
  ㉠ 소비상황
  ㉡ 커뮤니케이션 상황
  ㉢ 구매상황

■ **구매 후 행동**

① **정의** : 구매와 소비행동은 소비자에게 경험 정보로 기억장치에 저장되고 소비자는 다양한 심리적 과정과 행동적 반응을 보임

② **구매결정 평가**
  ㉠ 구매 후 만족 : 재구매의도, 반복구매, 긍정적인 구전 등을 발생
  ㉡ 구매 후 불만족 : 부정적인 구전, 재구매 없음

■ **기대불일치이론**

제품에 대한 기대와 실제 성과 간의 불일치 정도로 소비자 만족과 불만족을 설명하는 이론

■ **공정성이론**

소비자들이 자신의 거래 상대자(생산자나 소매점)와의 교환관계를 분석하여 자신이 상대방에 비하여 공정한 대우를 받고 있다고 생각하면 제품에 대하여 만족하고 그렇지 않으면 불만족한다는 이론

■ **귀인이론**

사회심리학의 가정에 기초하여 소비자가 구매 후 만족과 불만족의 원인을 추론하는 과정을 거친다는 이론

■ **인지부조화이론**

한 인지요소가 다른 인지요소에 순응하지 않는 부조화를 인간이 느끼게 되면 자신의 태도와 행동의 일관성이 없어지기 때문에 심리적 불안감이 조성되고 이것이 관성을 다시 회복하도록 촉구되는 동기가 된다는 이론

■ **소비자 불평행동의 유형**

① 무행동 : 덜 우호적 태도
② 사적 행동
    ㉠ 부정적 구전
    ㉡ 구매중지, 보이콧
    ㉢ 직접적인 배상 요구
③ 공적 행동
    ㉠ 정부, 민간단체에 호소
    ㉡ 법적 조치

제3장 지각

■ **지각**

① 정의 : 소비자가 제품, 광고, 패키지, 브랜드 등의 자극에 의해 노출되면 감각기관(시각, 청각, 후각, 촉각, 미각)을 통해 정보를 파악하고 이에 대해 해석 및 이해하는 과정
② 특징 : 지각은 자극에 대한 '노출 → 주의 → 해석 → 반응' 순으로 발생

■ **노출**

① 정의 : 지각의 첫 단계. 소비자 개인이 브랜드 이름, 제품, 광고, 패키지 등의 마케팅 자극을 오감(시각, 청각, 후각, 미각, 촉각)을 통해 받아들이는 감각기관이 활성화될 준비가 된 상태
② 노출의 유형

구분	정의
의도적 노출	• 소비자가 목적을 가지고 스스로를 특정 자극에 의도적으로 노출하는 것 • 문제 해결을 위해 기존의 소비자가 가지고 있던 경험이나 지식으로 내적 탐색을 시도한 후, 이를 통한 해결이 불가능하다고 생각되면 외적 탐색을 통해 새로운 정보를 얻고자 함
우연적 노출	• 소비자가 원하지 않는 상태에서 정보나 자극에 노출되는 것 • 소비자의 의도와는 상관없이 광고, SNS, 지인들의 이야기, 뉴스 등에 노출되는 경우가 이에 해당함
선택적 노출	• 자신이 정보에 대한 필요성을 느끼지 못하거나 관심이 없는 정보에는 노출을 회피하는 것 • Zapping, Zipping, Muting

■ **주의**

① 정의 : 지각과정의 두 번째 단계로, 소비자가 정보나 자극에 노출되면 그 정보나 자극을 처리하는 과정에서 일부 정보와 자극에 집중하는 상태
② 특징 : 소비자는 선택성과 집중성의 2가지를 기준으로 정보를 선택하고 습득

　　　⊙ 선택성

　　　　ⓐ 소비자가 만나는 다양한 정보 중, 어떤 정보에 우선적으로 주의를 기울이는가를 의미

　　　　ⓑ 소비자는 자신의 우선순위를 활용하여 정보를 습득

　　　⊙ 집중성

　　　　주의 용량으로 일컫는 집중성에 한계가 있기 때문에, 소비자는 집중할 수 있는 정보 혹은 집중이 되는

　　　　정보를 선택하여 파악하고 주의를 기울임

　　③ 주의의 유형 - 선택적 주의

　　　⊙ 소비자의 관심도나 중요도가 높은 정보에 대해 주의를 기울이며 이와 반대로 관심도나 중요도가 낮거나

　　　　본인의 신념과 태도 등에 맞지 않는 정보는 회피하는 경향

　　　⊙ 요크스-다드슨(Yerkes-Dodson) 법칙

　　④ 주의에 영향을 미치는 요인

　　　⊙ 언어의 형태

　　　⊙ 강도와 대비

　　　⊙ 모델

　　　⊙ 크기

　　　⊙ 색상

　　　⊙ 위치

■ **해석**

　① **정의** : 소비자가 제시된 자극을 지각하여 자극의 특성을 분석하고 그 의미를 도출하여 이해하기 쉽도록 조
　　　직화하는 것

　② **특징** : 해석 과정은 '선택적 지각 → 지각의 조직화 → 지각적 해석'으로 전개

　③ **선택적 지각**

　　　⊙ 정의 : 소비자 개인의 욕구, 태도, 경험 및 라이프스타일 등 개인적 특성상의 차이로 마케팅 자극에 대해
　　　　선택적으로 지각하는 것

　　　⊙ 기능

　　　　ⓐ 지각적 경계 : 필요한 정보만을 선택하고 불필요한 정보를 거르는 기능을 수행

　　　　ⓑ 지각적 방어 : 특정 자극에 대응하여 자신의 태도나 신념의 일관성을 유지

　④ **지각의 조직화**

　　　⊙ 정의 : 자극을 통해서 파악하는 정보는 노출된 원래의 상태로 지각되는 것이 아니라 제품과 서비스 등을
　　　　사용하고 난 후에 얻은 소비자의 경험, 태도 등과 같은 내적 요인과 제품과 서비스의 형태 등의 외적
　　　　요인에 따라 하나의 의미 있는 것으로 통합하여 인식

　　　⊙ 지각적 통합화가 대표적 과정

　　　⊙ 지각적 통합화의 중요한 원리

　　　　ⓐ 단순화

　　　　ⓑ 완결

ⓒ 집단화 : 근접성, 유사성, 연속성

ⓓ 형상과 배경

⑤ 지각적 해석

㉠ 정의 : 받아들인 자극을 소비자의 과거 경험이나 개인의 신념 및 태도, 욕구 등에 따라 재가공하여 해석하는 과정

㉡ 지각적 해석의 대표적 원리

ⓐ 지각적 범주화 : 수준, 연상, 스키마, 일반화

ⓑ 지각적 추론 : 유사성에 따른 추론, 평가에 따른 추론, 상관관계적 추론

제4장 학습과 기억

■ 인지적 학습

① 정의 : 소비자가 구매하고자 하는 제품 혹은 서비스가 가진 특징이나 기능, 장점 등 고유한 속성을 파악하여 평가한 후 해당 제품이나 서비스에 대한 태도를 형성

② 인지적 학습 유형

㉠ 첨가

㉡ 동조화

㉢ 재구조화

③ 인지적 학습 과정

㉠ 정교화

㉡ 리허설

④ 소비자 학습에 영향을 미치는 요인

㉠ 친숙도

㉡ 동기부여

㉢ 정보환경의 애매모호성

■ 행동주의적 학습

① 정의 : 외부로 표출되는 행동만을 연구대상으로 삼으며, 학습은 인간의 내적 사고과정이 아닌 자극과 반응의 외적 요소에 의해서 이루어짐

② 행동주의적 학습 유형

㉠ 고전적 조건화

ⓐ 정의 : 반응을 일으키는 자극과 반응을 일으키지 않는 자극을 짝지어서 반복 제시했을 때 발생하는 학습 효과

ⓑ 대표 실험 : 파블로프(Pavlov)의 실험

ⓒ 고전적 조건화의 결정 변수 : 무조건 자극의 크기, 노출빈도, 자극의 순서, 친숙도, 정교화, 소비자 관여도

ⓓ 소멸

ⓔ 일반화

ⓕ 차별화

ⓛ 수단적 조건화

ⓐ 정의 : 긍정적 결과를 가져오는 행동을 실시하고 부정적 결과를 가져오는 행동은 기피하는 것을 학습하는 과정

ⓑ 대표 실험 : 스키너(Skinner)의 실험

강화 유형	강화 수단	효과
긍정적 강화	긍정적 결과 제공	행동확률 증가
부정적 강화	부정적 결과 제공	행동확률 증가
처벌	부정적 결과 제공	행동확률 감소

ⓒ 수단적 조건화의 결정 변수

• 강화 스케줄 : 고정 비율 스케줄, 변동 비율 스케줄, 고정 간격 스케줄, 변동 간격 스케줄

• 소멸과 망각

• 조형화

■ **대리학습**

① 정의 : 소비자가 직접 경험을 하지 않고 다른 사람들의 행동과 결과를 관찰하여 학습하는 것으로 모델링이라고 불림

② 행동주의적 학습 유형

㉠ 공개적 모델링

㉡ 비공개적(내재적) 모델링

㉢ 언어적 모델링

■ **기억**

① 정의 : 정보와 경험의 축적을 통해 필요한 상황에서 꺼낼 수 있도록 하는 하나의 과정

② 기억의 3단계 과정

㉠ 부호화 과정

㉡ 저장 과정

㉢ 인출 과정

③ 기억의 유형

㉠ 감각기억

㉡ 단기기억

㉢ 장기기억 : 외현기억, 암묵기억

제5장   동기와 가치

■ **동기**

① 정의 : 인간이 자신의 욕구를 만족시키기 위해 목표가 생긴 것을 의미하며, 욕구 → 동기 → 행동으로 진행

② 소비심리학에서의 의미

동기를 소비자의 구매 행동을 유발시키는 것으로 보며, 개인의 욕구충족을 위해 제품 혹은 서비스를 구매하는 것

③ 동기의 분류

㉠ 1차적 동기와 2차적 동기

㉡ 의식적 동기와 무의식적 동기

㉢ 생리적 동기와 사회적 동기

④ 맥과이어의 동기 분류

■ **동기이론의 발달과 분류**

① 내용이론

㉠ 매슬로우의 욕구계층이론(5가지 욕구)

㉡ 허즈버그의 2요인이론

㉢ 맥클리랜드의 성취동기이론

㉣ 엘더퍼의 ERG이론

② 과정이론

㉠ 브룸의 기대이론

㉡ 공정성이론

■ **동기 및 욕구 측정**

① 수단-목적 사슬

② 래더링 기법 : 속성(attribute), 결과(consequence), 가치(value)와 가치 체계도(HVM)

③ 투사법 : 연상법, 완성법, 구성법

■ **가치**

① 정의 : 개인적으로나 사회적으로 더 선호하는 이상적인 행동 양식이나 존재의 목적 상태에 관련된 하나의 지속적인 신념

② 가치 측정 방법

㉠ 로키치 가치조사(RVS)   ㉡ 케일의 LOV(List of Values)

㉢ VALS1   ㉣ VALS2

■ **관여도**

① **정의** : 개인에게 내재된 욕구, 가치관, 흥미에 기반을 둔 대상에 대한 지각된 관련성. 즉, 어떤 대상에 대한 관심 정도

② **관여도 분류**
  ㉠ 지속적 관여
  ㉡ 제품 관여도
  ㉢ 상황적 관여

③ **제품 관여도에 따른 소비자 행동**

구분	고관여(high involvement)	저관여(low involvement)
정보탐색	적극적, 능동적	소극적
인지적 반응	불일치하는 정보에 대해 저항	불일치하는 정보를 수동적 수용
정보처리과정	'문제인식 → 정보탐색 → 대안평가 → 구매 → 구매 후 행동'의 과정을 철저히 준수	정보처리 단계와 순서가 불규칙, 일부 과정(문제인식, 정보탐색, 대안평가) 생략
태도 변화	태도 변화는 드물지만, 한번 변화하면 태도 유지	태도 변화는 빈번하고 일시적
반복	반복 횟수보다 내용이 중요	노출빈도가 높으면 높을수록 소비자 설득에 효과적
브랜드 선호	브랜드 로열티(충성도) 형성	습관적 구매
인지부조화	가능성 높음	가능성 낮음. 별로 경험하지 못함
타인의 영향	사회적 모방 기준으로 이용	의사결정에 영향력 미비

제6장 개성

■ 개성

① 의의 : 개인 내면의 다양한 심리적 특성들로 구성된, 개인이 주위 상황에 대해 생각하고 반응하는 특징적인 성향

② 특징
  - ㉠ 개인의 다양한 내면특성들로 조합
  - ㉡ 일관성 있고 지속적인 내적성향
  - ㉢ 극적 이벤트나 주변 환경에 의해 점진적으로 변화 가능

■ 개성에 영향을 미치는 개성 변수

① 인지 욕구 : 개인이 정보처리를 하려는 노력을 하는 정도

② 자기감시성 : 개인의 행동이 주변 상황, 주관적 규범을 포함한 사회적 상황에 영향을 받는 정도

③ 상태-행동지향성 : 개인이 현재의 상태를 유지하고자 하는 성향 정도 혹은 변화시키고자 하는 성향 정도

④ 소비자 혁신성 : 개인이 타인보다 신제품을 먼저 수용하고 사용하려는 성향의 정도

⑤ 통제성 : 개인이 자기 자신, 타인, 주변 상황 등을 통제하려고 하는 정도

■ 프로이트이론

① 의의 : 인간의 성격은 원초아(id), 초자아(superego), 자아(ego)의 세 가지 요인의 상호작용으로 결정된다는 이론

② 세 가지 요인
  - ㉠ 원초아(id) : 생존과 관련된 인간의 원초적이고 쾌락적인 욕망
  - ㉡ 초자아(superego) : 사회화 과정에서 획득된 억제와 규범을 따르는 도덕적이고 윤리적인 내적 표현
  - ㉢ 자아(ego) : 현실의 원칙을 따라 원초아와 초자아를 중재하는 역할

■ 사회심리이론

① 의의 : 개인이 자신의 욕구를 충족시키기 위해 사회적 상황에서 어떻게 행동하는가에 초점을 맞춘 이론

② 호나이(Horney)의 개성을 통한 행동성향

행동 성향	특징
순응형	타인을 따르는 성향이 강하고 타인과의 마찰을 회피하여 자기희생을 함. 타인을 신뢰하는 정도가 높고 집단에 협력적임
공격형	타인에게 대항하는 성향이 강함. 성취력이 강하고 권력지향적임. 자신의 지위와 경쟁력을 타인과 비교 평가하여 자아이미지 형성
고립형	타인과 떨어져 지내는 것을 선호함. 홀로지내는 것을 추구. 내향적이고 타인을 쉽게 신뢰하지 않음

■ 특성이론

① 의의 : 인간들이 어떠한 공통적인 특성을 가지고 있으며 그 정도는 다르지만, 개성은 이러한 특성들로 구성되어 있기 때문에 공통된 특성들로 인간을 구분할 수 있다는 이론

② 5요인 모형 : 인간의 개성을 측정하는 다면적 도구이며 가장 보편적으로 사용되는 도구

■ 자아개념이론

① 의의 : 개인이 사회적으로 결정된 준거 체계에 따라 자기 자신에 대해 인식하는 이미지 혹은 방식을 설명하는 이론

② 자아개념

구분	실제적 자아개념	이상적 자아개념
개인적 자아개념	실제적 자아개념	이상적 자아개념
사회적 자아개념	사회적 자아개념	이상적 사회적 자아개념

■ 브랜드 개성

① 의의 : 의도적이거나 인지적으로 브랜드가 인간의 특성이나 성격을 가진 것으로 간주되어 브랜드와 인간적 특성이 연관되어 나타나는 것

② 아커(Aaker)의 브랜드 개성 : 제니퍼 아커(Jennifer Aaker)는 114개의 의인화 형용사를 활용하여 37개 브랜드의 설명력 정도를 측정하여 다섯 개의 브랜드 개성요인을 추출

③ 아커의 브랜드 개성 5점 척도

요인	진실성 (sincerity)	흥미로움 (excitement)	유능함 (competence)	세련됨 (sophistication)	강인함 (ruggedness)
하위 요인	• 현실적인 • 정직한 • 건전한 • 생기있는	• 대담한 • 최신의 • 상상력이 풍부한 • 활발한	• 신뢰할만한 • 지적인 • 성공지향적인	• 상류계층적인 • 매력적인	• 외향적인 • 거친

■ 라이프스타일

① 의의 : 생활 양식에서 나타나는 개인의 견해, 동기, 태도, 활동을 포함하는 복합적인 개념

② 특징

   ㉠ 특정 사회, 특정 집단, 개인이 지니고 있는 독특한 생활 양식

   ㉡ 개인이 속한 문화권, 사회계층, 준거집단 등에 따라 형성되고 발전

   ㉢ 소비자의 내적, 질적 측면을 측정

   ㉣ 비슷한 생활 양식을 가진 사람들을 집단화하여 사회 전체의 행동 양식을 파악

   ㉤ 가치관이 반영된 행동을 측정하기 때문에 소비행동에 일관성이 있음

   ㉥ 가치관, 의식, 관심사, 개인의 견해 등이 반영된 복합적이고 다차원적인 개념

■ **사이코그래픽스**

소비자들의 개인적 특성과 라이프스타일을 측정하는 분석 기법

■ **라이프스타일 측정의 필요성**

라이프스타일 측정을 통해 소비자의 소비행동을 분석하고 시장을 세분화하여 마케팅 전략 수립

■ **AIO 조사법**

① 의의 : 활동(Activity), 관심(Interest), 의견(Opinion)이라는 세 가지 차원을 통해 소비자의 라이프스타일을 파악

② AIO의 세 가지 차원

AIO 차원	측정 내용	예시
활동 (Activity)	소비자가 무엇을 하면서 시간과 돈을 소비하는지 파악하는 것	취미, 일, 쇼핑, 사회적 이벤트
관심 (Interest)	소비자가 좋아하고 중요하게 여기는 것을 파악하는 것	음식, 패션, 가족, 친구
의견 (Opinion)	• 소비자가 특정 사물이나 사건에 대해 어떻게 생각하는 파악하는 것 • 소비자의 해석, 기대, 평가, 견해, 신념, 예측 등	사회적 이슈, 산업, 브랜드, 자아

■ **VALS**

① 의의 : 'Value and Life Style'의 약자로서 행위와 심리적 요인, 인구통계적 요인을 포괄하는 통합적인 측정방법

② 특징

㉠ 1978년에 VALS1이 개발되었고 단점을 보완하여 1980년 말에 VALS2이 개발됨

㉡ VALS1을 통한 소비자유형 : 외부지향형, 내부지향형, 욕구충족형, 통합형

㉢ VALS2는 자원수준과 자아지향성을 기준으로 소비자 세분화를 시도함

㉣ VALS2를 통한 소비자유형 : 충족자, 신뢰자, 실현자, 성취자, 노력가, 생존자, 경험자, 자급자

③ VALS2의 8개 소비자 유형

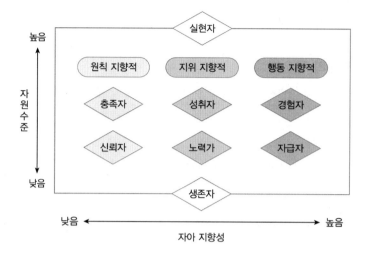

제7장 | 태도

■ 인지반응이론

인지반응의 특성이 설득 여부를 결정한다고 보는 이론

■ 단순노출효과

소비자가 특정 대상에 대한 철저한 인지적 분석이 없어도 특정 대상에 자주 노출되기만 해도 특정 대상에 긍정적인 태도를 형성하는 현상

■ 동화/대조효과

① 동화효과 : 제품정보가 소비자의 수용영역에 해당하면 소비자가 이를 실제보다 더 긍정적으로 제품을 받아들이는 것
② 대조효과 : 제품정보가 소비자의 거부영역에 해당하면 소비자가 이를 실제보다 더 부정적으로 받아들이는 것

■ 인지적 학습이론

비교, 판단, 추론 등의 인지적인 과정을 거쳐 태도가 형성된다는 이론

■ **이상점 모델**

소비자가 제품의 여러 가지 속성들의 이상적인 상표 수준을 확인하고, 이를 바탕으로 상표 대안들을 평가하고 소비자의 이상적 제품과 이 상표 정보들을 평가하는 모델

■ **피쉬바인 태도 모델**

① 정의 : 상표의 속성에 대한 소비자의 신념과 평가를 통해 태도가 형성된다고 보고 평가적 측면을 제시한 모델

② 한계

　　㉠ 소비자의 반응처럼 소비자의 태도도 상황에 따라 변할 수 있음

　　㉡ 소비자의 태도가 형성되는 시점과 태도에 기초하여 행동하는 시점 사이에 어떤 변수들이 개입되어 시점 간 차이가 발생할 수 있음

　　㉢ 특정 대상에 대한 태도와 특정 대상에 대한 행동 의도는 다를 수 있음

　　㉣ 소비자는 타인들이 자신의 행위에 대해 어떻게 생각하는지 의식하고 이에 영향을 받아 행동함

■ **피쉬바인 확장 모델**

소비자가 타인이나 집단의 규범이나 가치관에 영향을 받아 행동한다는 것과 행동 의도와 행동에 차이가 있을 수 있다는 점을 고려하여 소비자의 행동을 측정하는 모델

■ **태도 변화의 특징**

① 태도의 감정적 요소보다 인지적 요소의 변화가 쉬움

② 강한 태도보다 약한 태도의 변화가 쉬움

③ 자신의 상품평가능력에 대한 신념이 약한 소비자일수록 태도 변화가 쉬움

④ 태도는 욕구보다 변화가 쉬움

⑤ 소비자가 제품 또는 상표에 대한 몰입수준이 낮은 경우에 태도 변화가 쉬움

■ **균형이론**

① 정의 : 소비자의 인지적, 감정적 요인들이 불균형상태일 경우 이를 균형상태로 회복시키기 위해 소비자는 태도를 변화시킨다는 이론

② 균형이론 POX 모델의 세 요소 : 각 개인(person : P), 태도 대상(attitude object : O), 관련 대상(X)

■ **인지부조화이론**

소비자가 어떤 대상에 대한 태도와 행동 간 불일치가 발생한 경우 혹은 태도와 정보 간의 불일치가 발생하는 경우에 소비자는 인지적 부조화를 경험하게 되고 이런 인지부조화를 피하고 감소시키는 과정에서 태도를 변화시킨다는 이론

■ **자기지각이론**

소비자의 행동에 의해서 태도가 결정된다는 가정에서 소비자의 행동이 변하면 태도도 변한 것으로 추론하는 이론

■ **장이론**

개인이 속한 준거집단(주변인)의 영향력이 작용하여 태도의 변화를 유도한다는 이론

■ **태도변화전략의 유형**

① 인지적 요소의 변화
　　㉠ 대상에 대한 믿음의 변화
　　㉡ 새로운 속성에 대한 믿음 추가
　　㉢ 중요한 속성 이동
　　㉣ 이상적 상태의 변화
② 감정적 요소의 변화
　　㉠ 고전적 조건
　　㉡ 광고
　　㉢ 단순 노출

■ **태도변화와 커뮤니케이션 전략**

① 전달 주체
② 메시지 특성
③ 정보원천의 신뢰성
④ 전달방법

제8장　문화

■ **문화의 개념**

① 정의 : 사상, 의상, 언어, 종교, 의례, 법이나 도덕 등의 규범, 가치관과 같은 것들을 포괄하는 사회 전반의 생활 양식
② 문화의 특징
　　㉠ 규범성
　　㉡ 학습성
　　㉢ 공유성

  ⓐ 보편성과 다양성

  ⓜ 지속성과 동태성

③ 문화의 구성요소

  ㉠ 물질적 요소

  ㉡ 사회기관

  ㉢ 언어

  ㉣ 가치와 신념체계

  ㉤ 관습과 의식

■ 의례

① 정의 : 의례를 준비하거나 의례의 과정에 참여하는 사람들이 서로의 사회적 관계를 인식하도록 함. 사회적 관계의 원활함을 위해 준비하고 예를 갖추는 것이 의례의 본래 목적임

② 소비의례 : 사회문화적 의미를 가진 상품의 소비과정에서 나타나는 의례적 특성을 가진 소비행위

  ㉠ 맥크라켄(McCracken)의 소비의례 : 소유의례, 손질의례, 교환의례, 박탈의례

  ㉡ 홀트(Holt)의 소비행위 : '경험으로서의 소비', '사회적 유희로서의 소비', '통합으로서의 소비', '분류로서의 소비'

McCracken(1986)의 소비의례 (consumer rituals)		Holt(1995)의 소비행위 (consumer practice)		
분류	세부내용	구분	자기 목적적 행동	도구적 행동
소유의례	의례적 과시(알림, 과시, 축하)	대상물 행동	경험으로서의 소비	통합으로서의 소비
손질의례	개인치장, 대상물 치장	대상물 행동	경험으로서의 소비	통합으로서의 소비
교환의례	선물 증정 (성취, 성인 지위, 감사, 호위 등)	대인 간 행동	사회적 유희로서의 소비	분류로서의 소비
처분의례	대상물 처분, 개인적 부분의 의미 제거	대인 간 행동	사회적 유희로서의 소비	분류로서의 소비

■ 대중문화

① 정의 : 문화 엘리트주의나 지배계급층이 향유하는 것들이 아닌 일반 대중들이 일상 속에서 향유하는 문화

② 대중문화와 대중적인 문화 : 대중문화는 대중에게 선택되고 수용되어야 대중문화가 되며, 소비자를 배제하고서는 성공적인 대중문화라 할 수 없음

■ 소비문화

① 정의 : 인류학자에 따르면, 소비문화란 사람들이 문화적인 범주와 원리를 표현하고, 이상을 구하고 라이프스타일을 창출해서 유지하고, 자신에 대한 관념을 구성하며 사회변화를 만들어내기 위해서 제품의 의미를 사용하는 것. 사회학자에 따르면, 소비문화는 개별적이고 사회적인 욕구와 사회자원 배분을 상호 규정하는 사회적 조건

② **소비문화와 트렌드** : 트렌드는 사전적으로 '사상이나 행동 또는 어떤 현상에서 나타나는 일정한 방향'. 트렌드는 1년에서 5년, 길게는 10년까지 지속되며 많은 소비자에게 호응을 얻는 경향으로 사회문화 변화와 흐름에 큰 영향을 줌

■ 하위문화

① **정의** : 하위문화는 일반적으로 어떤 사회의 전체적인 또는 주요한 문화에 대비되는 개념으로 '하위의, 종속의 또는 지하의' 뜻으로 주류 사회로부터 구별이 되는 문화

② **시대별 하위문화 사례** : 히피족, 여피족, 트위너, 플리퍼족, 네비족, 제트족, 딩크족, 유미족, 오렌지족, 댄디족, 샤피족, 미시족, 우모족, 통크족, 네스팅족, 사이버펑크족, 슬로비족, 보보족 등

■ 비교문화

① **홉스테드의 4차원 모델**
  ㉠ 개인주의 vs 집단주의
  ㉡ 권력거리
  ㉢ 불확실성의 회피
  ㉣ 남성성 vs 여성성

② **홀의 고맥락 문화와 저맥락 문화**

③ **비교문화와 마케팅**

■ 혁신

① **정의** : 소비자가 가치 있게 지각하는 새로움의 창조, 소비자 관점에서 혁신성이란 기업 관점에서 제품의 새로움이나 디자인의 새로움에 관계없이 소비자의 관점에서 소비자들의 필요와 욕구를 충족시키는 새로움 정도

② **혁신의 분류**
  ㉠ 제공되는 편익의 유형에 의한 분류 : 기능적 혁신, 쾌락적 혁신, 상징적 혁신
  ㉡ 소비패턴에 의한 분류 : 연속적 혁신, 동적 연속적 혁신, 비연속적 혁신

③ **혁신수용의 결정요소**
  ㉠ 혁신제품의 특성 : 상대적 이점, 가치 부합성, 단순성, 관찰 가능성, 시험사용 가능성
  ㉡ 사회적 시스템
  ㉢ 시간
  ㉣ 의사소통경로

④ **혁신확산이론** : 혁신수용 시기에 따라 혁신 수용자는 다섯 집단으로 나뉨. 즉, 혁신자, 얼리어답터, 초기 대중, 후기 대중, 느린 사람으로 구분할 수 있는데, 이들 집단은 각기 다른 특성들을 지니고 있음. 혁신 커브에서는 소비자를 소비성향에 따라 5단계로 구분

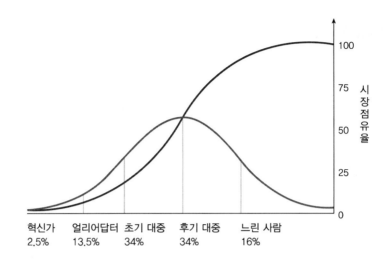

혁신가 얼리어답터 초기 대중 후기 대중 느린 사람
2.5% 13.5% 34% 34% 16%

⑤ **기술수용모델** : 다양한 정보 기술을 사용하는 소비자를 대상으로 이용 행동을 설명하고 예측하기 위해 시스템적으로 개발된 간단하고 설명력이 높은 모형. 기술수용모델은 지각된 유용성, 지각된 용이성, 태도, 행동의도 크게 4가지로 구성. 태도는 지각된 유용성과 자각된 사용 용이성에 영향을 받으며, 이러한 태도는 구매의도에 영향을 끼치게 되고 구매행동으로 연결

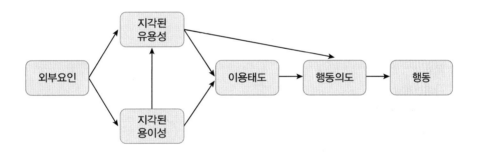

제9장 사회계층, 준거집단, 가족

■ 사회계층

① 정의 : 사회계층이란 부와 명예와 권력의 불평등한 분배가 제도화되고 구조화된 불평등 체계이며, 사회구성원의 세계관에 통합하여 다차원의 위계질서를 내면화한 주관적인 개념

② 사회구조의 관점
- ㉠ 기능론적 관점
- ㉡ 갈등론적 관점
- ㉢ 사회문화적 관점

③ 사회계층의 특징
- ㉠ 지위 : 과시소비, 모방소비
- ㉡ 다차원성
- ㉢ 위계성
- ㉣ 규범성
- ㉤ 동질성
- ㉥ 동태성

④ 사회계층의 분류기준
- ㉠ 소득과 재산
- ㉡ 직업
- ㉢ 교육
- ㉣ 사회관계망

⑤ 사회계층 측정방법
- ㉠ 주관적 사회계층 측정방법
- ㉡ 객관적 사회계층 측정방법
- ㉢ 평판이용 사회계층 측정방법

⑥ 사회계층과 마케팅
- ㉠ 사회계층과 소비자행동 : 사회계층에 따라 소비행태가 달라지므로 사회계층은 시장세분화의 기준
- ㉡ 사회계층과 마케팅전략 : 사회계층 중 표적 시장이 선정되면 그 표적 시장에 맞는 제품계획, 가격결정, 광고전략, 유통경로를 선택해야 함

■ **준거집단**

① **정의** : 개인이 속하였거나 미래에 속하길 원하는 집단으로서 개인의 가치관, 행동, 태도, 신념 등에 영향을 미치는 집단

② **준거집단의 유형**

㉠ 긍정적 회원집단 : 공식집단과 비공식집단, 1차 집단과 2차 집단, 회원집단과 비회원집단

㉡ 열망집단

㉢ 회피집단

③ **집단의 영향**

㉠ 정보적 영향

㉡ 규범적 영향

㉢ 가치 표현적 영향

④ **준거집단으로 인한 현상** : 과시적 소비자에게 더 큼

⑤ **준거집단이 소비자행동에 미치는 영향** : 소비자구매결정 측면에서 보면, 소비자들은 제품을 구매하거나 정보를 수집할 때, 가족이나 주변 친구와 같은 준거집단으로부터 브랜드나 제품과 관련된 정보와 지식을 얻고, 준거집단의 태도, 신념, 가치를 자신의 태도나 가치의 기준으로 사용

■ **가족**

① **가족 시장의 특성과 중요성** : 가족은 결혼, 혈연, 동거, 입양 등에 의해 관계가 맺어진 다양한 개인들의 복합체. 사랑의 감정, 애정, 연민 등에 의하여 결속되며 가족 내에서 사회화 과정을 학습

② **가족의 라이프사이클 구분**

㉠ 전통적 가족 형태 모델 : Duvall 모델, Walls-Gubar 모델

㉡ 현대적 가족 형태 모델 : Murphy-Staple 모델, Gilly-Enis 모델

③ **가족구매의사결정**

㉠ 가족구성원의 역할 : 제안자, 영향자, 결정자, 구매자, 평가자

㉡ 공동의사결정

㉢ 가족구성원 간의 영향력 관계 : 남편과 아내의 영향 관계, 부모와 자녀 상호 간의 영향력

④ **가족과 마케팅 전략** : 가족을 중심으로 마케팅 전략을 세울 때는 가족의 구조와 가족생활주기와 가족의사결정과정을 모두 고려하여 소비행동을 예측하여 마케팅 전략을 세워야 함

제10장 자아

■ 자아개념

① 정의 : 자신의 능력에 대한 견해뿐만 아니라 성격, 태도, 느낌의 총체

② 관련 이론

    ㉠ 윌리엄 제임스의 자아이론

    ㉡ 쿨리의 반사경적 자아(거울 자아)

    ㉢ 클라인의 소비자 자아개념

③ 소비자행동에서 자아개념의 중요성

■ 성역할

① 정의 : 한 개인이 속해 있는 사회집단에서 개인의 성에 따라 기대하는 전형적인 행동유형

② 성별과 정보처리과정

    ㉠ 남성은 행위 주체적 목표(agentic goal, 자기중심적 성향)를 추구하는 성향. 자아 주장, 자아 효능감, 그리고 주인 의식을 중시

    ㉡ 여성은 상호 목적(communal goal, 이타적 성향)을 추구하는 성향. 독립적이기보다는 다른 사람들 간의 관계를 더 중시

③ 성별과 소비

    ㉠ 여성들에게 소비의 의미는 즐거움을 추구한다는 뜻

    ㉡ 남성에게 소비는 구매 중심의 목적지향적인 활동

    ㉢ 최근의 연구 동향 : 성별에 따른 소비 차이가 생물학적 성별 차이가 아닌 개인의 선호 혹은 성격 차이에서 유발

④ 제품 및 카테고리에 따른 성별 소비의 차이

    ㉠ 남성은 제품과 관련된 사전 지식에 의존하여 제품을 구매할 가능성

    ㉡ 쇼핑 경험 자체를 정보 수집의 주요한 수단으로 사용

⑤ 젠더리스(genderless) 마케팅 : 젠더리스는 남녀 성별을 구분하지 말자는 의미를 가지고 있지만, 최근에는 성 중립성이라는 의미. 뷰티 업계에서 활발하게 전개

제11장 소비자행동과 마케팅 전략

■ **마케팅**

① **정의** : 개인과 조직의 목적을 충족시키는 교환을 이루기 위해 아이디어, 재화와 서비스에 대한 발상, 가격 결정, 촉진, 유통을 기획하고 실행하는 일련의 과정

② 마케팅 믹스(Marketing Mix) 4P 전략
- ㉠ 제품(Product)
  - ⓐ 유형
  - ⓑ 품질
  - ⓒ 속성
- ㉡ 가격(Price)
  - ⓐ 침투 가격 전략
  - ⓑ 단수 가격 전략
  - ⓒ 스키밍 가격 전략
  - ⓓ 팽창 가격 전략
  - ⓔ 종속제품 가격 전략
- ㉢ 유통(Place)
  - ⓐ 분수효과
  - ⓑ 샤워효과
  - ⓒ 인 스토어 머천다이징
- ㉣ 커뮤니케이션(Promotion)
  - ⓐ 광고
  - ⓑ 판촉
  - ⓒ 인적판매

③ 기업의 다양한 마케팅 기법
- ㉠ 컬러 마케팅
- ㉡ 음악 마케팅
- ㉢ 향기 마케팅
- ㉣ 기상 마케팅
- ㉤ 동선 마케팅
- ㉥ 타임서비스제
- ㉦ 가격 인하 전략
- ㉧ 3無 마케팅
- ㉨ 연계 마케팅
- ㉩ 네이밍 마케팅
- ㉪ 디지털/실시간 맞춤형 마케팅
- ㉫ 문화 마케팅
- ㉬ 노출 및 경험전략

SD에듀와 함께, 합격을 향해 떠나는 여행

제 1 장

마케팅과 소비자행동

교육은 우리 자신의 무지를 점차 발견해 가는 과정이다.

− 윌 듀란트 −

제 1 장 | 마케팅과 소비자행동

제1절　소비자행동의 이해

1 소비자행동의 정의

(1) 소비자행동이란

소비자행동의 정의는 학자들마다 약간씩 다르지만 소비자행동은 일반적으로 시장에서 소비자의 활동이라고 말할 수 있다.

소비자행동(consumer behavior)이란 '소비자가 자신의 욕구충족을 위해 유형적 혹은 무형적 제품을 선택하여 구매, 사용, 평가, 처분 등으로 나타내는 행동'이며, '자신의 의사결정으로 인해 유형적, 무형적 제품을 획득, 소비, 처리하는 직접적인 행위'이다. 또한, 소비자행동은 '개인, 집단, 조직이 제품 서비스 및 그 밖의 자원을 획득하고 사용하며, 사후에 얻은 경험을 통해서 나타내 보이는 행동, 과정 및 사회적 관계'로 정의된다. 종합해보면 소비자행동은 시장에서 의사결정자인 소비자가 거래 시점에서 자신의 욕구충족에 합당한 제품/서비스를 자신이 가진 자원과 거래하기 위해서 이를 적절히 배분하는 의사결정들의 집합이다. 제품, 서비스, 아이디어 등의 거래가 이루어지는 시장에서 행해지며 소비자가 자신의 욕구를 충족하기 위해 소비와 관련된 항목에 돈, 시간, 노력 등 자신의 자원을 어떻게 사용할지 결정하는 것이다. 이는 의사결정들의 집합으로써 구매와 사용에서 끝나지 않고 구매 후 평가와 처분까지 이어져 다양한 소비 관련 행동을 수반한다.

소비자행동은 소비자들의 구매의사결정이나 구매행위 등을 포함하는 구매행동과, 소비자들이 생각하고 행동하는 정보처리과정으로 구분된다. 이러한 소비자행동의 의사결정과정과 정보처리과정을 이해하고 그 안에 소비자의 인지, 행동, 동기, 태도, 환경의 상호작용 등에 관해 연구하는 것이 소비자행동론이다.

소비자행동에 대한 이해는 소비자행동의 예측 및 마케팅 전략 수립의 기초가 된다. 소비자의 개인적, 심리적, 사회문화적 특성 등 구매결정 관련 요인과 소비자행동을 분석함으로써 시장을 세분화하고 신제품개발, 목표시장의 설정, 마케팅 전략 수립과 실행 등 마케팅의 전 과정에 활용할 수 있다.

(2) 소비자행동의 핵심요소

소비자행동의 정의에 포함된 핵심 구성요소는 다양한 의사결정의 집합, 소비의 유형, 소비대상, 의사결정 단위, 의사결정 기간으로 구분된다.

다양한 의사결정의 집합에는 소비유형의 여부와 이유, 장소와 양 등이 있고 소비의 유형에는 획득, 사용, 처분이 포함되고 소비대상에는 제품, 서비스, 활동 및 아이디어가 포함된다. 의사결정 단위에는 정보수집자, 영향력 행사자, 의사결정자, 구매자, 사용자가 포함되고 의사결정 기간에는 시간, 일, 년 등이 포함된다.

[소비자행동의 핵심요소]

소비자행동의 핵심요소		요소
다양한 의사결정 등의 집합		획득, 사용, 처분할지의 여부, 이유, 방법, 시장, 장소, 양(amount), 인도(delivery), 기간 등
의사결정의 요소	소비의 유형	획득, 사용, 처분
	소비대상	제품, 서비스, 활동 및 아이디어
의사결정 단위		영향력 행사자, 의사결정자, 구매자, 사용자
의사결정 기간		시간, 일, 주, 월, 년

(3) 소비자행동의 영향요인

소비자행동에 영향을 미치는 요인은 크게 심리적 · 개인적 요인, 사회적 · 문화적 요인으로 나뉜다. 이는 내적 요인, 외적 요인으로 불리기도 한다. 외적 요인이 소비자에게 영향을 미치고 소비자 내부에 들어가 내부요인을 통해 변화를 거쳐 소비자가 최종 구매를 하도록 한다.

① 심리적 · 개인적 요인

심리적 · 개인적 요인은 내적 요인이라고도 불리며 소비자 본인의 내부에서 일어나는 무형의 영향들이다. 인지(perception), 동기(motive), 관여도(involvement), 지식(knowledge), 학습(learning), 기억(memory), 성격(personality), 감정(emotion), 태도(attitude)가 여기에 포함된다.

② 사회적 · 문화적 요인

사회적 · 문화적 요인은 외적 요인이라고도 불리며 가장 큰 개념은 문화(culture)이고 다양한 문화들과 하위문화(subculture)가 존재한다. 문화권에는 소비자를 둘러싼 다양한 집단들이 존재하며 외부에서 소비자에게 영향을 주는 큰 집단부터 작은 집단 등이 있고 이는 크게 준거집단(reference group), 가족(family), 사회계층(social class)으로 구분된다. 또한, 교육 정도, 나이, 수입, 종교, 거주지 같은 인구통계학적 변수와 상황적 영향도 사회적 · 문화적 요인에 포함된다.

③ 개성과 라이프스타일

라이프스타일(lifestyle)은 외부적 영향과 내부적 영향의 결과를 반영한 개인의 행동 · 관심 · 의견을 반영하는 생활체계이다. 소비자의 라이프스타일에 따라 소비자가 상품을 구매, 사용, 생각하는 모든 측면에서 문화적, 심리적 차이가 나타난다. 개성(personality)은 환경에 대해 비교적 일관성 있고 지속적인 반응을 하는 독특한 심리적 특성으로 개인적 요인에 포함된다.

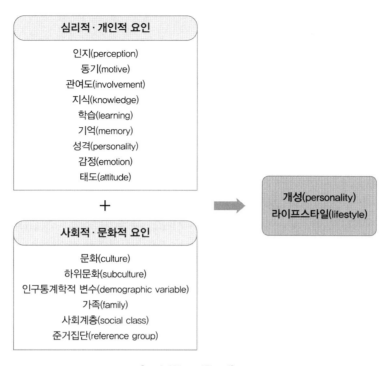

[소비자행동 영향요인]

(4) 소비자행동 연구가 중요한 이유

① 소비자에 대한 영향
소비자의 의사결정과정 등의 소비자행동을 이해함으로써 소비자는 자신이 가지고 있는 한정된 자원으로 최대의 만족을 극대화시킬 수 있는 **합리적인 소비**를 할 수 있다.

② 기업에 대한 영향
기업은 소비자행동을 분석함으로써 소비자의 니즈, 구매 의도, 태도, 소비패턴을 더 정확하게 파악할 수 있고 이를 토대로 효과적인 STP 전략 및 마케팅 믹스 전략을 수립하여 **마케팅 목표를** 달성하고 이윤을 추구할 수 있다.

③ 정부에 대한 영향
정부가 소비자와 기업의 행동을 연구함으로써, 소비자 피해 예방과 불공정거래 개선 등과 같은 정책안을 수립하여 **시장의 거래 환경을** 개선할 수 있다.

| 제2절 | 소비자행동과 마케팅 전략 |

1 마케팅의 정의

(1) 마케팅의 다양한 정의

마케팅이란 교환과정을 통해 욕구와 욕망을 충족시키기 위해 지향된 인간 활동이며 제품을 시장에 적합하도록 하기 위한 사회적 활동의 통합 및 체계로 정의된다. 또한, 마케팅협회에서는 개인과 조직의 목표를 만족시켜주는 교환을 창조하기 위하여 재화, 서비스, 아이디어, 가격, 촉진, 유통을 계획하고 집행하는 과정이라고 정의했다. 즉, 종합해보면 마케팅은 제품, 서비스, 아이디어를 창출하고 이들의 가격을 결정하고 정보를 제공하며 이를 유통하여 개인 및 조직체의 목표를 만족시키는 교환을 성립하게 하는 일련의 과정이다. 이런 마케팅의 시작은 시장의 소비자가 무엇을 원하고 바라는가를 알아내는 데서 시작한다.

기업은 고객의 요구파악, 적합한 상품개발, 다양한 커뮤니케이션을 통해 고객에게 전달하기 위해 마케팅을 실행해야 한다. 마케팅에 대한 시각으로는 소비자가 원하는 제품과 서비스를 제공하고 부정적 평가를 받은 제품은 재구매되지 않는다는 **긍정적 견해**와 소비자에게 필요하지 않거나 유익하지 않은 제품에 대한 구매욕구를 창출한다는 **부정적 견해**가 있다.

[마케팅의 다양한 정의]

구분	정의
필립 코틀러	• 마케팅은 교환과정을 통하여 필요와 욕구를 충족시키려는 인간 활동 • 교환과정을 통해 욕구와 욕망을 충족시키기 위해 지향된 인간 활동이며 제품을 시장에 적합하도록 하기 위한 사회적 활동의 통합 및 체계
피터 드러커	마케팅의 목적은 판매 노력을 불필요하게 만드는 것
러스 와이너	선택에 영향을 미치는 모든 활동

미국 마케팅학회	• 1960년
	  마케팅은 제품과 서비스를 생산자로부터 소비자 또는 사용자에게 흐르도록 하는 기업활동의 수행
	• 1985년
	  마케팅은 개인과 조직의 목적을 충족시켜 주는 교환을 가져오기 위해 아이디어, 제품 및 서비스에 대한 발상 가격 결정, 촉진 그리고 유통을 계획하고 실행하는 과정

한국 마케팅학회	마케팅은 조직이나 개인이 자신의 목적을 달성시키는 교환을 창출하고 유지할 수 있도록 시장을 정의하고 관리하는 과정

(2) 소비자행동과 마케팅의 관계

소비자행동은 기업의 마케팅 시스템에서 일반적으로 환경요인의 하나로 이해된다. 소비자행동연구는 기업이 마케팅의 목적을 합리적으로 달성하도록 유용한 자료를 제공하고 합리적인 소비생활환경을 제안함으로 소비자들의 이익증진에 기여한다. 표적시장의 소비자행동은 지속적인 교환을 창출하기 위한 마케팅 전략의 성공 여부를 판가름한다. 즉, 소비자행동은 마케팅 행동을 안내하고, 마케팅 믹스의 결정을 직접적으로 제약하는 가장 중요한 요인이다.

(3) 마케팅의 핵심요소

① 필요, 욕구, 수요

필요(need)는 기본적 만족의 결핍을 느끼는 상태로 상품과는 관계없는 바람으로 의, 식, 주 등과 같은 기본적인 욕구이다. 욕구(want)는 이러한 필요를 충족시킬 수 있는 구체적인 제품이나 서비스에 대한 욕구로 문화와 개인 경험에 의해 형성된 필요 충족을 위한 형태이다. 수요(demand)는 특정 제품이나 서비스에 대한 욕구가 구매의사와 구매능력에 의해 뒷받침될 때의 욕구이다. 예를 들어 필요는 목마름, 배고픔과 같은 결핍을 느끼는 상태, 욕구는 '목이 말라서 사이다를 마시고 싶다.'라는 구체적인 바람이다. 수요는 결핍과 상관없이 자신이 원하는 것을 소비하는 것이다.

② 제품과 서비스

제품(product)과 서비스(service)는 필요와 욕구를 충족시키기 위해 제공되는 모든 것을 의미한다.

③ 가치와 만족

가치(value)와 만족(satisfaction)은 마케팅 측면에서 고객가치와 고객만족이라고 말한다. 고객가치는 제품이나 서비스가 소비자에게 제공할 수 있는 가치를 의미한다. 고객만족은 소비자들이 제품을 구매한 후 제품에 대해 느끼는 만족 또는 불만족하는 반응을 의미한다. 소비자가 구매 이전에 상품이나 서비스에 기대한 만큼 구매 후 성과가 나타나거나 더 좋은 경우에 고객은 만족하게 된다.

④ 교환

교환(exchange)은 구매자가 대가를 지불하고 제품을 획득하는 마케팅의 핵심요소이다. 마케팅을 통해 기업과 고객이 제품과 서비스, 돈을 교환하는 과정에서 기업은 생존과 성장을 추구하고 고객은 필요와 욕구를 충족한다.

⑤ 시장

마케팅에서 시장(market)은 필요와 욕구 충족을 위해 교환과 거래에 참가하는 잠재적 혹은 실제적 고객(consumer) 또는 소비자가 모여있는 개념적인 집단이다. 기업은 소비자들의 공통적인 특징으로 나누는 시장세분화를 통해 소비자가 원하는 상품이나 서비스를 해당 시장에 제공한다.

(4) 마케팅 환경

마케팅 환경(marketing environment)은 기업이 성공적인 마케팅 활동을 하는 데 직·간접적으로 영향을 미치는 내부 및 외부의 모든 세력과 요인들을 말한다. 마케팅 환경은 급변하므로 기업의 기회와 위협요인이 되기도 한다. 마케팅 환경분석에서 얻어진 데이터는 기업 마케팅 활동의 실제 계획에 투입되고 경쟁우위의 창출 및 유지전략에 큰 영향을 미친다. 마케팅 환경은 거시환경, 미시환경, 내적 환경으로 구분된다.

① **거시환경(macro-environment)** : 어떤 특정한 조직을 넘어 사회 전체 속에 있는 모든 조직에 공통적인 영향을 미치는 환경을 의미한다. 거시환경에는 경제환경, 법률 및 정치환경, 사회문화환경, 기술환경, 국제무역환경 등이 있다. 이러한 각각의 거시환경요소는 기업의 입장에서 통제가 거의 불가능한 요인이며 각 기업조직의 특성에 따라 다른 영향을 미친다.

② **미시환경(micro-environment)** : 과업환경(task environment)이라고도 하며 기업활동에 직접적으로 연관성이 큰 환경요인으로 제공물을 생산, 유통하는 데 관련되는 요인이다. 마케팅 전략 수립의 의사결정에 영향을 미치며 소비자 및 산업구매자, 경쟁사, 중간상(유통경로), 광고대행사(촉진기관), 공급자, 노동조합, 주주 등 외부환경 중에서 마케팅 활동을 직·간접적으로 하는 기관(제도)들로 구성된다.

③ **내적 환경(internal milieu)** : 기업과 마케팅 업체들이 주도할 수 있으며, 통제할 수 있는 요인들을 말한다. 사업영역, 기업의 전반적인 목표, 기업문화, 마케팅 부서, 기타 부서 등이 있다.

2 마케팅 전략 기법

(1) 마케팅 전략 수립

마케팅 전략은 기업의 사업영역과 전반적인 목표가 정해지고 효율적인 경쟁방법에 관한 의사결정이 이루어진 후 마케팅 부문의 목표를 수립하고 시장과 경쟁상황 등을 분석하여 기업 내의 마케팅 자원을 효율적으로 활용하는 방안에 대한 결정을 하는 것이다. 마케팅 전략은 곧 **환경분석 및 시장 기회 탐색 결과를 토대로 한 마케팅 믹스 결정**이다.

(2) 마케팅 전략 수립의 프로세스

① **환경분석 - 3C**

전략 수립에 앞서 기업의 마케팅 환경분석은 3C를 통해 이루어진다. 3C는 경쟁력 있는 전략을 위해 **기업(Company), 고객(Customer), 경쟁상대(Competitor)**를 분석하는 것이다.

㉠ 기업

SWOT 분석을 통해 자사의 내·외부 요인에 대한 분석을 하고 자사의 핵심역량과 경쟁력을 파악하여 자사의 강점을 강화하고 약점을 보완할 수 있는 전략을 세운다.

㉡ 고객

자사의 회사 제품, 서비스를 구매하는 소비자에 대한 구체적인 구분과 니즈 파악을 하여 세분화된 고객을 마케팅 전략의 핵심 타겟으로 정한다.

㉢ 경쟁(상대)

현재 시장점유율을 두고 경쟁하고 있는 경쟁 기업 혹은 제품으로, 경쟁자의 강점과 약점을 종합적으로 살펴보고 경쟁에서 우위를 확보하기 위한 전략을 살펴본다. 또한, 새로운 경쟁자의 진입 가능성을 살펴보고 대응책을 정한다.

② STP 분석

기업의 마케팅 환경을 분석한 후 세분화된 소비자의 욕구를 만족시키기 위해 마케팅 전략을 구체화시키는 전략을 STP라고 한다. STP 분석은 제품시장의 세분화(Segmentation)를 통해 시장을 조사 및 분석하고, 세분화된 시장을 평가하여 표적시장(Targeting)을 선정하고 각 표적시장에 대응하는 제품의 포지셔닝 (Positioning)을 파악하여 자사가 선점할 위치를 결정하는 과정이다.

ㄱ 시장세분화

하나의 시장을 특성에 따라 나누는 것으로 일정 기준에 따라 시장을 세분시장으로 나누고 자사의 타겟 시장을 좁혀가는 것을 의미한다. 시장세분화의 기준은 인구통계학적, 지리적, 심리분석적, 행위적 기 준 등이 있다.

ㄴ 표적시장 선정

표적시장은 세분화된 시장 중에서 가장 가능성 있는 시장으로 선정된 시장으로 표적시장을 대상으로 마케팅 활동을 전개한다. 표적시장 선정전략의 유형은 비차별화 전략, 차별화 전략, 집중화 전략이 있다. 비차별화 전략은 각 세분시장의 차이를 무시하고 하나의 제품으로 전체시장을 향해 마케팅 활 동을 전개하는 것을 의미한다. 차별화 전략은 복수 세분시장 전략이라고도 하며, 세분화된 시장에서 2개 이상을 표적시장으로 삼고 각 세분시장의 상이한 욕구에 대응하는 마케팅 믹스를 개발하여 적용 하는 것이다. 집중화 전략은 단일 세분시장 전략이라고도 하며, 세분화된 시장 중 하나만 표적시장으 로 선정하여 기업의 마케팅을 집중적으로 실행하는 전략을 의미한다.

ㄷ 포지셔닝

포지셔닝이란 자사의 제품이나 서비스, 혹은 경쟁적 위상을 고객들에게 특정한 이미지로 인식시키는 것을 의미한다. 즉, 포지셔닝은 브랜드의 경쟁우위 특성을 표적고객의 마음속에 경쟁대안과 비교하여 분명하게 인식시키는 노력으로, 표적고객 마음에서 지속적인 경쟁우위의 위치를 차지하게 하는 노력 이다.

③ 4P

마케팅 목표달성을 위해서 구체적인 전략을 마련하기 위해 마케팅 전략의 요소들을 조정, 구성해야 한다. 마케팅 믹스는 어떤 제품(Product)을 어떤 경로로 유통(Place)해서 어떻게 알리고(Promotion) 얼마(Price) 에 판매할 것인지 배합하여 결정하는 것이다. 여기에 포함되는 전통적인 4가지 마케팅 요소를 마케팅 4P 라고 부른다.

ㄱ Product(제품)

기업이 생산하거나 서비스하는 제품을 포함하여 줄 수 있는 종합적인 혜택(benefit)을 통틀어서 이르 는 것이다. 디자인, 브랜드, 상징, 보증, 상품 이미지 등을 폭넓게 포함하고 있다.

ㄴ Place(유통)

기업이 판매를 촉진하기 위해서 활용하는 단순한 장소를 넘어서, 고객과의 접촉을 이루어지게 하는 유통경로, 재고, 운송 등 제품 생산과정에서부터 소비자에게 도달하기까지의 전체적인 유통경로를 관 리하는 것이다.

ㄷ Promotion(촉진)

기업이 광고, 인적판매, 판매촉진, PR, 직접마케팅 등의 수단을 이용하여 소비자와 원활한 의사소통을 하면서 마케팅 목표를 달성하기 위해 소비자의 구매를 이끌어내는 유인 활동이다.

㉣ Price(가격)

정찰제, 할인, 신용, 할부 등 기업 제품의 가치를 측정하여 객관적이고 수치화된 지표로 나타내는 전략이다. skimming(가격을 높게 잡는 고가화 전략), penetrating(가격을 낮게 잡는 침투전략), EDLP(Every Day Low Price), competitive pricing(경쟁사와의 관계를 이용하는 가격 전략) 등이 있다.

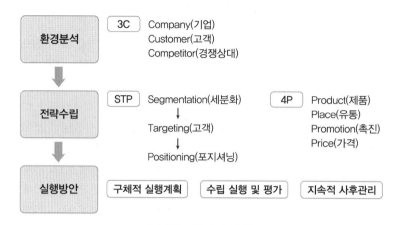

[마케팅 전략 수립 방안]

1 소비자행동 연구의 발전과정

(1) 초기 소비자행동론(1950년대 이전)

① 경제학적 접근

경제학적 접근에서는 소비자가 제품에 대한 완전한 정보를 토대로 합리적인 의사결정을 한다고 가정하였다. 또한, 소비자가 주어진 소득수준과 제품 가격범위에서 최대의 효용을 얻을 수 있는 구매를 한다는 것을 의미하는 효용 극대화 이론을 주장했다. 이는 소비자행동론의 학문적 발달에 공헌하였으나, 소비자행동의 분석과 예측보다는 전반적 수요 예측에 더 적합하였고 최적 대안과 적정수준의 만족 사이에서의 소비자 선택, 합리적 행동에 대한 정의의 어려움 등의 한계점이 있다.

② 심리학적 접근

프로이트의 심리분석이론에 바탕을 두고 동기이론을 연구하여 행동의 동기가 되는 심리적 요인을 해명하려는 시도를 했다. 제품의 상징적 의미가 구매에 있어서 중요한 요인임을 인식하고, 동기조사방법(FGI, 심층면접 등)을 소비자행동연구에 도입하였으나, 소수 소비자 집단면접의 결과의 일반화가 어렵고 조사자의 주관적 판단에 따라 결과 해석이 달라질 수 있다는 한계점이 존재한다.

(2) 다원적 접근방법(1950년대 이후)

심리학과 사회학의 연구성과를 토대로 다양한 접근을 시도했다. 심리학 토대에서 심리적 변수인 **사이코그래 픽스(psychographics)**를 도입하여 인구통계적 변수와 함께 소비자의 개성을 통해 소비자행동을 설명하였다. 사회학 관점에서는 거시적인 관점으로 동료 집단, 가족 등 준거집단, 조직이 개인의 제품구매에 미치는 영향을 연구하였다.

(3) 소비자 정보처리 관점(1960년대 이후)

소비자의 의사결정과 정보처리과정을 중심으로 관련된 요인들을 연구하여 하워드-쉐스(Howard and Sheth) 모형, 엔겔-콜렛-블랙웰(Engel, Kollat and Blackwell) 모형 등의 소비자행동 모형을 개발하였다. 소비자 는 논리적이고 합리적인 의사결정자이며, 의사결정에 많은 인지적 노력을 투입하여 실용적 가치로 제품을 구매한다고 가정하였다.

① 하워드-쉐즈 모형

인간의 행동은 욕구와 추진력으로써 시작된다고 보는 모형이다. 구매빈도나 구매량을 설명하기보다는 시 간의 경과에 따른 소비자의 상품선택행위를 설명한다.

② 엔겔-콜렛-블랙웰 모형

포괄적인 소비자행동 모형으로, 소비자를 입력에 반응하여 행동하는 하나의 시스템으로 파악하여 소비자 의 복잡한 의사결정과정을 설명하였다. 구매의사결정과정 중 비교과정에 초점을 둔 모형이다. 매개변수에 초점을 맞추어 소비자의 복잡한 의사결정과정을 체계적으로 규명하고자 하였으나, 구매의사결정에 영향을 미치는 심리적 사회적 문화적 요인을 체계적으로 분석하지는 않았다.

(4) 쾌락적 · 경험적 관점(1980년대 이후)

소비자 구매행동은 논리적, 합리적 관점뿐만 아니라 **정서적 동기**에 의해서도 이루어진다고 가정하였다. 제품 은 사랑, 긍지, 지위 등을 표현하는 주관적인 상징물이며 이런 **상징적 가치** 때문에도 구매가 이루어질 수 있다고 주장하였다. 즉, 제품의 실용적 측면이 아닌 쾌락적 느낌이나 자아 이미지 표출과 같은 주관적 측면에 의해서도 구매가 이루어질 수 있다고 보았다.

[소비자행동 연구의 발전과정]

구분	초기 소비자행동론	다원적 접근방법	소비자 정보처리 관점	쾌락적 · 경험적 관점
시대	1950년대 이전	1950년대 이후	1960년대 이후	1980년대 이후
학문적 배경	• 경제학 • 심리학	• 심리학 • 사회학	인지 심리학	• 정서심리학 • 비교문화론
특징	효용 극대화 이론	심리학과 사회학의 결합	의사결정과정 및 영향요인	제품의 상징적 가치
소비자에 대한 가정	합리적인 인간	욕구 충족자	• 이성적 인간 • 정보처리자	쾌락 및 경험추구자

2 소비자행동 연구 패러다임

(1) 논리경험주의적 접근(모더니즘)

인간의 이성이 모든 것을 지배하고 과학에 의해 발견될 수 있으며 하나의 객관적 진리가 존재한다고 가정한다. 이 접근은 관심 대상의 기능적 측면을 강조하고 기술을 우선하는 접근방법이다. 또한, 사회에서 존재하는 객관적인 질서와 규칙성을 발견하고자 노력하고 조사는 보편적으로 적용될 수 있어야 한다고 주장한다. 제품의 가치는 삶의 질서 창출에 도움을 주는 도구일 때 발생한다고 생각하며 소비자행동 분석에서 설문지, 정량적인 양적 조사기법을 활용한다.

(2) 해석주의적 접근(포스트모더니즘)

자신의 독특한 경험 및 다른 사회구성원과의 공유된 문화적 경험을 토대로 자신만의 의미를 구성하는 맥락주의적 접근방법이다. 경험적이고 체험적 가치를 중요시하면서 개인마다 가지고 있는 의미와 경험이 다르다고 가정한다. 예측보다는 현상의 이해를 중시한다. 상징적이고 주관적인 경험을 강조하며 단일의 옳고 그른 해답이 없다고 주장한다. 제품의 가치는 소비과정에서 다양한 경험을 제공해주는지 여부에서 결정된다고 생각한다. 소비자행동 분석에서 관찰, 면접 등의 정성적인 질적 조사기법을 활용한다.

[소비자행동 연구 패러다임]

가정	논리경험주의적 접근	해석주의적 접근
현상	단일의 객관적인 진실이 존재	사회적 맥락에 따른 복수의 진실이 존재
목표	설명, 예측, 통제	현상의 이해
지식	시간과 맥락에 상관없이 작용	시간과 맥락 속에서 작용
인과관계	진정한 원인이 존재	복수의 동시다발적 사건 발생
연구자와 연구대상자의 관계	분리	상호작용과 협조
연구방법	정량적 방법	정성적 방법

※ 다음 지문의 내용이 맞으면 ○, 틀리면 ✕를 체크하시오. [1~10]

01 소비자행동은 소비자들의 구매의사결정이나 구매행위 등을 포함하는 구매행동으로만 구분된다.
( )

02 소비자행동의 핵심요소 중 소비의 유형에는 획득, 사용, 재사용이 있다. ( )

03 소비자행동에 영향을 미치는 요인 중 심리적·개인적 요인에는 인지(perception), 동기(motive), 사회계층(social class), 학습(learning) 등이 있다. ( )

04 마케팅에 대한 시각에는 긍정적 견해와 부정적 견해를 모두 가지고 있다. ( )

05 마케팅의 핵심요소 중 욕구(want)는 기본적 만족의 결핍을 느끼는 상태이다. ( )

06 거시환경(macro-environment)에는 경제환경, 법률 및 정치환경, 사회문화환경, 기술환경, 국제무역환경 등이 있다. ( )

07 마케팅 전략 수립은 먼저 마케팅 믹스를 먼저 결정한 후 환경분석과 세부시장을 결정하는 것이다.
( )

정답과 해설 01 ✕ 02 ✕ 03 ✕ 04 ○ 05 ✕ 06 ○ 07 ✕

01 소비자행동은 구매행동과 소비과정으로 구분되며, 구매행동은 구매의사결정이나 구매행위를 포함하고, 소비과정은 소비자들이 생각하고 행동하는 과정을 의미한다.

02 소비자행동의 핵심요소 중 소비의 유형에는 획득, 사용, 처분이 있으며 재사용은 윤리적 소비행동에 포함된다.

03 사회계층은 소비자행동에 영향을 미치는 심리적·개인적 요인이 아닌 사회적·문화적 요인이다.

04 마케팅에는 소비자가 원하는 제품과 서비스를 제공하고 부정적인 평가를 받은 제품은 재구매되지 않는다는 긍정적인 견해와 소비자에게 불필요하거나 유익하지 않은 제품의 구매욕구를 창출한다는 부정적인 견해가 있다.

05 기본적 만족의 결핍을 느끼는 상태는 '필요(needs)'이며, 욕구는 이러한 필요를 충족시키는 제품이나 서비스에 대해서 문화와 개인 경험을 통해 형성된 구체적인 바람이다.

06 이러한 거시환경은 기업의 입장에서 통제가 거의 불가능하며 기업조직의 특성에 따라 각각 다른 영향을 미친다.

07 마케팅 전략 수립을 위해서 환경분석과 시장 기회 탐색 결과를 토대로 하여 마케팅 믹스를 결정한다.

08   마케팅 믹스의 4P는 Product(제품), Pride(자부심), Promotion(촉진), Price(가격)이다. (   )

09   소비자행동 연구의 발전과정 중 1960년대 이후 소비자 정보처리 관점은 소비자를 이성적 인간, 정보처리자로 가정하였다. (   )

10   소비자행동의 연구 패러다임 중 논리경험주의적 접근은 정량적인 양적 조사방법을 사용한다.
(   )

정답과 해설   08 ✕   09 ○   10 ○

08   마케팅 믹스의 4P는 Product(제품), Place(유통), Promotion(촉진), Price(가격)이다.
09   소비자행동 연구의 정보처리 관점은 소비자가 합리적인 의사결정자이고 의사결정에 많은 인지 노력을 투입한다고 가정하였다.
10   논리경험주의적 접근은 정량적인 조사방법을 사용한다.

01 다음 중 소비자행동 영향요인에 대한 설명으로 옳지 <u>않은</u> 것은?

① 외부적, 내부적 영향의 결과를 반영한 개인의 행동, 관심, 의견을 반영하는 생활체계를 라이프스타일(lifestyle)이라고 한다.

② 사회적·문화적 요인에는 다양한 문화(culture)와 하위문화(subculture)가 있다.

③ 심리적·개인적 요인에는 교육 정도, 나이, 수입, 종교, 거주지 같은 인구통계학적 변수가 있다.

④ 심리적·개인적 요인은 내적 요인이라고도 불린다.

01 교육 정도, 나이, 수입, 종교, 거주지 같은 인구통계학적 변수는 사회적·문화적 요인에 포함된다.

02 다음 중 STP 분석에 관한 설명으로 옳은 것은?

① 시장세분화(Segmentation)는 인구통계학적 기준으로만 시장세분화를 하여 타겟시장을 좁혀나갈 수 있다.

② 표적시장 선정(Targeting)은 표적시장 중 단 하나만 선택하여 집중공략하는 것이다.

③ 포지셔닝(Positioning)은 표적고객의 마음에 경쟁우위를 차지하여 인식되는 것을 의미한다.

④ STP 분석을 통해 시장을 세분화시키고 자사의 편의대로 제품을 시장에 공급하는 것이 목적이다.

02 ① 시장세분화의 기준은 인구통계학적, 지리적, 심리분석적, 행위적 기준이 있다.
② 표적시장 방법에는 비차별화 전략, 차별화 전략, 집중화 전략이 있고 기업에 따라 효율성 있는 방법을 선택한다.
④ STP 분석은 시장을 세분화하여 조사, 분석, 평가하여 세분화된 시장에서 자사가 선점할 위치를 결정하는 것이 목적이다.

정답 (01 ③ 02 ③)

03 라이프스타일은 개인의 행동·관심·의견이 결합된 생활체계로써 소비자행동 영향요인으로, 마케팅이나 소비자행동 연구의 주요 분석 과제이다.

03 다음 중 ㉠에 들어갈 개념은 어떤 것인가?

> (㉠)은/는 개인의 행동·관심·의견을 반영하는 생활체계로써 외부적 영향과 내부적 영향의 결과를 반영하였다. 소비자는 자신의 (㉠)에 따라 상품을 구매, 사용, 생각하는 모든 측면에서 문화적, 심리적 차이를 가진다.

① 개성
② 라이프스타일
③ 성격
④ 관여도

04 정부가 소비자 피해 예방과 불공정거래 개선 등과 같은 정책안을 수립하기 위해서는 소비자행동과 기업행동에 대한 연구가 중요하다.

04 다음 중 소비자행동 연구의 중요한 영향에 대한 설명으로 옳지 <u>않은</u> 것은?

① 소비자에 대한 영향 : 자신이 가지고 있는 한정된 자원으로 최대의 만족을 극대화할 수 있는 합리적인 소비를 할 수 있게 한다.
② 기업에 대한 영향 : 소비자의 니즈, 구매의도, 태도, 소비패턴을 정확하게 파악하여 이윤을 극대화할 수 있는 STP 전략 및 마케팅 믹스 전략을 수립한다.
③ 정부에 대한 영향 : 소비자 피해 예방과 불공정거래 개선 등과 같은 정책안을 수립하여 시장의 거래 환경을 개선한다.
④ 정부에 대한 영향 : 소비자행동을 연구하면 기업행동을 연구할 필요가 없기 때문에 다양한 소비자행동을 연구한다.

정답 03 ② 04 ④

05 다음 중 마케팅에 대한 설명으로 옳지 <u>않은</u> 것은?

① 마케팅은 제품, 서비스, 아이디어를 창출하고 이들의 가격을 결정하고 정보를 제공한다.

② 기업은 고객의 요구파악, 적합한 상품개발, 다양한 커뮤니케이션을 통해 고객에게 전달하기 위해 마케팅을 실행해야 한다.

③ 소비자에게 필요하지 않거나 유익하지 않은 제품에 대한 구매욕구를 창출하여 기업의 이윤을 높인다는 점에서 긍정적인 견해가 있다.

④ 개인 및 조직체의 목표를 만족시키는 교환을 성립하게 하는 일련의 과정이다.

05 소비자에게 필요하지 않거나 유익하지 않은 제품에 대한 구매욕구를 창출하는 것은 마케팅에 대한 부정적인 견해이다.

06 마케팅의 핵심요소인 필요(need), 욕구(want), 수요(demand)에 관한 설명으로 옳은 것은?

① 필요(need)는 구체적인 제품이나 서비스에 대한 욕구이다.

② 욕구(want)는 문화와 개인 경험에 의해 형성되었다.

③ 수요(demand)는 기본적 만족의 결핍을 느끼는 상태이다.

④ 필요(need)는 구매의사와 구매능력이 뒷받침이 필요한 욕구이다.

06 ① 욕구(want)는 구체적인 제품이나 서비스에 대한 욕구이다.
③ 수요(demand)는 구매의사와 구매능력이 뒷받침 될 때 특정 제품이나 서비스에 대한 욕구이다.
④ 필요(need)는 상품과는 관계가 없는 바람으로써 만족의 결핍을 느끼는 상태이다.

07 다음 중 마케팅 환경의 거시환경, 미시환경 예시로 올바르지 <u>않은</u> 것은?

① 거시환경 - 경제환경

② 미시환경 - 광고대행사

③ 거시환경 - 경쟁사

④ 미시환경 - 노동조합

07 경쟁사는 미시환경으로 분류된다. 거시환경에는 경제환경, 법률 및 정치환경, 사회문화환경, 기술환경, 국제무역환경 등이 있고 미시환경에는 소비자 및 산업구매자, 경쟁사, 중간상(유통경로), 광고대행사(촉진기관), 공급자, 노동조합, 주주가 있다.

정답 05 ③ 06 ② 07 ③

08 집중화 전략은 세분화된 시장 중 하나만 표적시장으로 선정하여 기업의 마케팅을 집중적으로 실행하는 전략이다. 세분화된 시장에서 하나만 표적시장으로 선정한다는 점에서 차별화 전략과 차이가 있다.

08 STP 분석의 표적시장 선정(Targeting) 유형에 대한 설명으로 옳지 <u>않은</u> 것은?

① 비차별화 전략 : 하나의 제품으로 전체 시장을 향해 마케팅 활동을 전개한다.

② 차별화 전략 : 복수 세분시장 전략이라고도 한다.

③ 집중화 전략 : 시장에서 2개 이상의 표적시장에 마케팅을 집중적으로 실행한다.

④ 차별화 전략 : 세분시장의 상이한 욕구에 대응하는 마케팅 믹스를 개발하여 적용한다.

09 마케팅 전략 수립방안은 '환경분석, 전략수립, 실행방안' 순서로 이루어진다.

09 다음 중 마케팅 전략 수립방안의 순서로 옳은 것은?

① 환경분석 → 실행방안 → 전략수립

② 실행방안 → 환경분석 → 전략수립

③ 환경분석 → 전략수립 → 실행방안

④ 전략수립 → 환경분석 → 실행방안

10 ① 논리경험적 접근방법은 지식이 시간과 맥락에 상관없이 작용한다고 생각한다.
③ 논리경험적 접근방법은 현상을 단일의 객관적인 진실이 존재하는 것으로 이해한다.
④ 해석주의적 접근방법은 인과관계가 복수의 동시다발적 사건이 발생하여 생겨난 것으로 이해한다.

10 소비자행동 연구 패러다임의 논리경험적 접근과 해석주의적 접근에 대한 설명으로 옳은 것은?

① 논리경험적 접근 : 지식이 시간과 맥락 속에서 작용한다고 생각한다.

② 해석주의적 접근 : 연구자와 연구대상자가 상호작용과 협조하는 관계를 가진다.

③ 논리경험적 접근 : 현상을 사회적 맥락에 따른 다수의 진실이 존재하는 것으로 이해한다.

④ 해석주의적 접근 : 인과관계에 진정한 원인이 존재할 것이라고 생각한다.

정답 08 ③ 09 ③ 10 ②

11 다음 중 소비자행동에 대한 설명으로 옳은 것은?

① 자신의 의사결정으로 인해 유형적, 무형적 제품을 획득, 소비, 처리하는 간접적인 행위이다.

② 소비자행동은 구매와 사용에서 끝난다.

③ 기업이 자신의 욕구충족을 위해 유형적 혹은 무형적 제품을 생산하는 것이다.

④ 소비자가 자신의 욕구를 충족하기 위해 소비와 관련된 항목에 자신의 자원을 적절히 배분하는 의사결정들의 집합이다.

12 다음 중 소비자행동 영향요인에서 심리적·개인적 요인에 포함되지 <u>않는</u> 것은?

① 하위문화(subculture)

② 학습(learning)

③ 기억(memory)

④ 태도(attitude)

13 다음 중 마케팅에 대한 설명으로 옳지 <u>않은</u> 것은?

① 교환과정을 통해 욕구와 욕망을 충족시키기 위해 지향된 인간 활동이다.

② 제품을 시장에 적합하도록 하기 위한 사회적 활동의 통합 및 체계이다.

③ 마케팅의 시장은 시장의 기업이 어떻게 하면 큰 이윤을 창출할 수 있는가를 알아내는 데서 시작한다.

④ 기업은 고객의 요구파악, 적합한 상품개발, 다양한 커뮤니케이션을 통해 고객에게 전달하기 위해 마케팅을 실행해야 한다.

11 ① 소비자가 의사결정으로 인해 유형적, 무형적 제품을 획득, 소비, 처리하는 직접적인 행위이다.
② 소비자행동은 구매와 사용에서 끝나지 않고 구매 후 평가와 처분까지 이어진다.
③ 소비자행동은 소비자가 자신의 욕구충족을 위해 유형적 혹은 무형적 제품을 선택하여 구매하는 것이다.

12 하위문화(subculture)는 소비자행동 영향요인 중 사회적·문화적 요인에 해당된다.

13 마케팅의 시작은 소비자가 무엇을 원하고 바라는가를 알아내는 데서 시작되는 것이다.

정답 11④ 12① 13③

14 시장은 교환과 거래에 참가하는 잠재적 혹은 실제 고객 또는 소비자가 모여있는 개념적인 집단이다.

14 마케팅의 핵심요소인 시장(market)에 대한 설명으로 옳지 않은 것은?

① 시장은 이미 거래를 하고 있는 고객 또는 소비자만 모여있는 개념적인 집단이다.

② 기업은 소비자들의 공통적인 특징으로 나누는 시장세분화를 한다.

③ 기업은 소비자가 원하는 상품이나 서비스를 시장에 제공한다.

④ 시장의 고객 또는 소비자는 필요와 욕구충족을 위해 교환과 거래에 참가한다.

15 EDLP는 Every Day Low Price의 약자로 한 해 동안 가격을 항상 저렴하게 유지하는 가격 전략이다.

15 4P 분석의 가격(Price) 전략 중 설명이 옳지 않은 것은?

① skimming : 가격을 높게 잡는 고가화 전략

② penetrating : 가격을 낮게 잡는 침투 전략

③ EDLP : Every Day Lift Price의 약자로 매일 가격을 올리는 전략

④ competitive pricing : 경쟁사와의 관계를 이용하는 가격 전략

16 소비자의 의사결정과 정보처리과정을 중심으로 관련된 요인들을 연구한 시기는 1980년대 이후 쾌락적, 경험적 관점의 소비자행동론이다.

16 소비자행동 연구 발전과정 중 1950년대 이전 초기 소비자행동론에 대한 설명으로 옳지 않은 것은?

① 경제학적 접근으로 소비자가 제품에 대한 완전한 정보를 토대로 합리적인 의사결정을 한다고 가정하였다.

② 프로이트의 심리분석이론에 바탕을 두고 동기이론을 연구하였다.

③ 소비자가 소득수준과 제품 가격하에 최대의 효용을 얻을 수 있는 구매행동을 한다고 주장했다.

④ 소비자의 의사결정과 정보처리과정을 중심으로 관련된 요인들을 연구했다.

정답 14 ① 15 ③ 16 ④

17 마케팅 전략 수립방안 중 실행방안에 포함되지 <u>않는</u> 것은?

① 구체적 실행계획

② 수립실행 및 평가

③ 경쟁상대 파악 및 고객세분화

④ 지속적 사후관리

17 마케팅 전략 수립방안에서 경쟁상대 파악은 환경분석에서, 고객세분화는 전략수립에서 실행한다.

18 다음 중 논리경험주의적 접근방법으로 옳지 <u>않은</u> 것은?

① 과학에 의해 발견될 수 있는 단일의 객관적 진리가 존재한다고 생각한다.

② 경험적이고 체험적 가치를 중요시한다.

③ 관심 대상의 기능적 측면을 강조한다.

④ 제품의 가치는 삶의 질서 창출에 도움을 주는 도구일 때 발생한다고 생각한다.

18 경험적이고 체험적 가치를 중시하는 접근방법은 해석주의적 접근방법이다.

19 다음 중 환경분석의 3C에서 기업을 분석할 때 옳지 <u>않은</u> 것은?

① SWOT 분석을 사용하는 방법이 있다.

② 자사의 내부요인만 분석한다.

③ 자사의 핵심역량과 경쟁력을 파악한다.

④ 분석을 통해 자사의 강점을 강화하고 약점을 보완하는 전략을 세운다.

19 3C에서 자사의 내부요인과 외부요인을 분석해야 한다.

정답 17 ③ 18 ② 19 ②

20 ①·②·③은 미시환경(micro-environment)에 관한 내용이다.

20 마케팅 환경 중 하나인 거시환경(macro-environment)에 대한 설명으로 옳은 것은?

① 과업환경(task environment)이라고도 한다.
② 제공물을 생산, 유통하는 데 관련되는 요인이다.
③ 기업활동에 직접적으로 연관성이 큰 환경요인이다.
④ 기업의 입장에서 통제가 거의 불가능하다.

주관식 문제

01
정답 기업(Company), 고객(Customer), 경쟁상대(Competitor)

해설 기업은 마케팅 환경분석 요소인 기업(Company), 고객(Customer), 경쟁상대(Competitor)를 분석하여 내·외부 요인을 분석하고 자사의 핵심역량과 약점, 고객의 니즈와 구체적 타겟, 경쟁자의 강점과 약점을 토대로 전략을 세운다.

01 전략수립에 앞서 분석해야 할 기업의 마케팅 환경분석 요소인 3C를 나열하시오.

02
정답 ㉠ : 제품, ㉡ : 서비스, ㉢ : 고객만족

해설 제품, 서비스, 고객만족은 마케팅의 핵심요소이다. 소비자는 필요와 욕구를 충족하기 위해 대가를 지불하고 제품과 서비스를 획득한다. 고객만족은 소비자가 구매 이전에 상품이나 서비스에 기대한 만큼 구매 후 성과가 나타나거나 더 좋은 경우에 높아진다.

02 다음 ( ) 안의 ㉠, ㉡, ㉢에 들어갈 내용을 쓰시오.

(㉠)과 (㉡)는 필요와 욕구를 충족시키기 위해 제공되는 모든 것이며 (㉢)은 (㉠)과 (㉡)를 획득하고 느끼는 만족 또는 불만족하는 반응이다.

정답 20 ④

03 다음 ( ) 안의 ㉠, ㉡에 들어갈 내용을 쓰시오.

> 소비자행동은 소비자들의 구매의사결정이나 구매행위 등을 포함하는 (㉠)과 소비자들이 생각하고 행동하는 (㉡)으로 구분된다.

03

정답 ㉠: 구매행동, ㉡: 정보처리과정

해설 구매행동은 소비자들의 구매의사결정이나 구매행위 등을 포함하며 정보처리과정은 소비자들이 생각하고 행동하는 것을 의미한다.

04 다음 ( ) 안의 ㉠, ㉡, ㉢에 들어갈 내용을 쓰시오.

> 마케팅 환경은 기업이 성공적인 마케팅 활동을 하는 데 직·간접적으로 영향을 미치는 모든 세력과 요인들을 말한다. (㉠)은 사회 전체 속에 있는 모든 조직에 공통적인 영향을 미치는 환경을 의미한다. (㉡)은 기업활동에 직접적으로 연관성이 큰 환경요인으로 제공물을 생산, 유통하는 데 관련이 있다. (㉢)은 기업과 마케팅 업체들이 주도와 통제를 할 수 있는 요인을 말한다.

04

정답 ㉠: 거시환경, ㉡: 미시환경, ㉢: 내적 환경

해설 거시환경은 사회 전체 속에 있는 모든 조직에게 공통적인 영향을 미치는 환경으로 기업의 입장에서 통제가 거의 불가능하고 기업조직의 특성에 따라 다른 영향을 미친다.
미시환경은 제공물을 생산, 유통하는 데 관련된 요인으로 마케팅 활동을 직·간접적으로 하는 기관(제도)들로 구성된다.
내적 환경은 기업과 마케팅업체들이 주도와 통제할 수 있는 요인으로 예를 들면 사업영역, 기업의 전반적인 목표, 마케팅 부서 등이 있다.

05

정답 STP 분석은 제품시장의 세분화를 통해 시장을 조사 및 분석하고, 세분화된 시장을 평가하여 표적시장을 선정하고 각 표적시장에 대응하는 제품의 포지셔닝을 파악하여 자사가 선점할 위치를 결정하는 과정이다.

05 STP 분석에 대해 서술하시오.

06

정답 4P는 제품(Product), 유통(Place), 촉진(Promotion), 가격(Price)으로 구성되어 있다.

06 4P를 구성하는 4가지 요소를 나열하시오.

07

정답 획득, 사용, 처분

해설 소비자행동 핵심요소는 다양한 의사결정의 집합, 의사결정 요소(소비의 유형, 제공물), 의사결정 단위, 의사결정 기간으로 구분될 수 있으며 소비의 유형의 요소는 획득, 사용, 처분이다.

07 소비자행동의 핵심요소 중 '소비의 유형'의 요소 3가지를 나열하시오.

08 다음 ( ) 안의 ㉠, ㉡, ㉢에 들어갈 내용을 쓰시오.

> • 다원적 접근방법은 1950년대 이후 소비자행동 연구 관점으로 (㉠)과 (㉡)을 학문적 배경으로 진행했다.
> • 1980년대 이후의 소비자행동 연구 관점인 (㉢)은 소비자가 쾌락 및 경험추구자라고 가정했다.

08

정답 ㉠: 심리학
㉡: 사회학
㉢: 쾌락적·경험적 관점

해설 다원적 접근방법은 심리학, 사회학을 배경으로 발전했으며 쾌락적·경험적 관점은 정서심리학, 비교문화를 배경으로 발전했다. 다원적 접근방법은 소비자를 욕구충족자로 가정했고, 쾌락적·경험적 관점은 소비자를 쾌락 및 경험추구자로 가정했다.

09 소비자행동 연구 패러다임인 논리경험적 접근방식과 해석주의적 접근방식의 목표를 쓰고, 다른 용어로 각각 뭐라고 하는지 쓰시오.

09

정답 논리경험적 접근방식의 목표는 설명, 예측, 통제이고, 해석주의적 접근방식의 목표는 현상의 이해이다.
논리경험주의적 접근은 모더니즘, 해석주의적 접근은 포스트모더니즘이라고 한다.

10

정답 ㉠: 심리적·개인적 요인
　　㉡: 사회적·문화적 요인

해설 심리적·개인적 요인은 내적 요인으로, 사회적·문화적 요인은 외적 요인으로 불리기도 한다.

10 다음 (　) 안의 ㉠, ㉡에 들어갈 내용을 쓰시오.

> 소비자행동에 영향을 미치는 요인은 크게 (　㉠　)과 (　㉡　)으로 나뉜다. 각각 내적 요인, 외적 요인으로 불리기도 한다. 외적 요인이 소비자에게 영향을 미치고 소비자 내부에 들어가 내부요인을 통해 변화를 거쳐 소비자가 최종 구매를 하도록 한다.

11

정답 ㉠: 구매의도
　　㉡: 태도
　　㉢: 소비패턴

해설 기업은 소비자의 니즈, 구매의도, 태도, 소비패턴을 파악하여, 마케팅 방법을 수립하고 이윤을 추구할 수 있다.

11 다음 (　) 안의 ㉠, ㉡, ㉢에 들어갈 내용을 쓰시오.

> 기업은 소비자행동을 분석함으로써 소비자의 니즈, (　㉠　), (　㉡　), (　㉢　) 등을 파악할 수 있다.

12 다음 ( ) 안의 ㉠, ㉡에 들어갈 내용을 쓰시오.

> 마케팅의 핵심요소 중 구매자가 대가를 지불하고 제품을 획득하는 활동을 (㉠)이라고 하고, 필요와 욕구충족을 위해 교환과 거래에 참가하는 잠재적 혹은 실제적 고객(consumer) 또는 소비자가 모여있는 개념적인 집단을 (㉡)이라고 한다.

12
정답 ㉠ : 교환(exchange)
　　 ㉡ : 시장(market)
해설 시장에서 교환이 이루어진다.

13 소비자행동 연구의 발전과정에서 1980년대 이후 쾌락적·경험적 관점에서는 소비자를 어떻게 가정했는지 쓰시오.

13
정답 쾌락적·경험점 관점(1980)은 소비자를 쾌락 및 경험추구자로 가정한다.

SD에듀와 함께, 합격을 향해 떠나는 여행

제 2 장

소비자 의사결정과정

교육이란 사람이 학교에서 배운 것을 잊어버린 후에 남은 것을 말한다.

– 알버트 아인슈타인 –

제 2 장 | 소비자 의사결정과정

소비자 의사결정의 형태

소비자들은 자신의 욕구충족을 위해 제품과 서비스를 구매하는데 돈, 시간, 노력 등 자신의 자원을 어떻게 사용할지 결정하는 의사결정과정을 거친다. 즉, 의사결정은 소비자가 자신의 욕구에 따른 구매에 대한 어떠한 문제를 인식하고, 그 문제를 해결하기 위하여 몇 단계의 과정을 거쳐 최선의 결정을 내리는 것이다. 의사결정과정은 제품의 특성, 소비자의 특성, 구매상황의 특성 등에 따라 다양한 형태를 보인다. 어떤 소비자가 어떤 제품을 어떤 상황에서 구매하는지에 따라 다양한 소비자 의사결정의 형태가 나타나는 것이다. 의사결정과정의 형태를 분류하는 기준에는 관여도, 구매의 빈도, 구매의 신규성 등이 활용된다. 이런 특성들과 기준들로 인해 어떤 의사결정은 복잡한 여러 단계를 거치기도 하고 어떤 의사결정은 단순하고 빠르게 이루어지기도 한다. 이렇듯 다양한 의사결정의 유형을 분류하는 기준인 관여도와 구매빈도와 신규성에 따른 소비자의 의사결정 유형을 살펴보겠다.

1 관여도에 따른 구분

관여도(involvement)는 주어진 상황에서 개인적 중요성이나 관심도의 수준이다. 관여도는 자극의 대상에 따라, 자극을 대하는 소비자에 따라, 소비자가 놓인 어떤 상황에 따라 모두 다르다. 관여도에 따라 소비자가 재화나 서비스를 구매할 때 정보탐색에 시간과 노력을 기울이는 정도가 달라진다. 관여도는 연속적이며 상대적인 개념이지만 편의상 고관여와 저관여로 구분된다.

고관여 의사결정일 경우에는 소비자의 중요성이나 관심도 수준이 높기 때문에 다양한 경로를 통해 적극적으로 정보를 수집하고 다양한 평가기준을 고려하여 다각적인 평가를 통해 대안을 선택하는 신중한 의사결정과정을 보인다. 고관여 제품은 보통 가격이 비싸고 구매결정이 소비자에게 경제적, 사회적으로 큰 영향을 준다. 예를 들면 오랜 시간에 걸쳐 이것저것 따져보는 냉장고, 자동차 등이 있다.

저관여 의사결정일 경우에는 소비자의 중요성이나 관심도 수준이 낮기 때문에 소비자 기억과 간단한 정보수집을 토대로 익숙한 상표 중 하나를 선택하는 신속한 의사결정과정을 보인다. 저관여 제품은 보통 가격이 저렴하고, 브랜드에 따른 제품의 차이가 크지 않다. 예로는 물, 과자, 연필 등이 있다.

[관여도에 따른 의사결정 행동]

행동구분	고관여 의사결정	저관여 의사결정
정보탐색	적극적으로 탐색	소극적으로 탐색
정보처리	효과계층에 따라 이루어짐	단순한 인지과정 속에서 이루어짐
태도변화	잘 변화되지 않음	잘 변화됨
타인의 영향	영향력 있음	별 영향력 없음
인지부조화	구매 후 의례적으로 나타남	구매 후에도 별로 일어나지 않음
상표 선호	상표 충성구매	습관적인 동일 상표 구매
광고의 반복효과	광고횟수보다는 광고내용이 중요	반복 노출이 태도 및 행동에 변화를 줌

2 구매빈도와 구매경험에 따른 구분

구매의사결정의 유형은 **구매의 빈도**나 **구매경험**에 따라 유형이 나눠질 수 있다. 얼마나 빈번하게 구매하는 제품인지에 따라, 과거에 구매한 경험으로 기억이나 태도가 형성되었는지에 따라 구매의사결정을 나누어 볼 수 있다. 이러한 구매의사결정은 **일상적 의사결정, 제한적 의사결정, 본격적 의사결정**으로 나누어진다.

(1) 일상적 의사결정

일상적 의사결정이란 소비자들이 흔히 구매하는 제품이나 과거에 구매해 본 경험이 있는 제품을 구매할 때 거치는 문제해결과정이다. 일반적으로 관여도가 낮은 상황에서 이루어지는 의사결정이며 대체적으로 상표에 대한 선호가 뚜렷하다. 이때 소비자가 자주 구매하는 상품일 경우 선호도가 뚜렷해지며, 특정 상표에 만족할 경우 확고한 구매의도를 갖게 되어 상표 충성이 이루어진다. 일상적 의사결정과정에서 소비자는 굳이 다양한 정보를 탐색하려고 하지 않고 복잡한 평가의 과정을 거치지 않는 신속하고 간단하게 구매결정을 하려고 한다. 예를 들어 어떤 사람이 껌을 구매하는 경우를 생각해보면, 대개의 경우 과거의 껌 구매경험으로 브랜드에 대한 선호가 이미 존재하는 경우가 있고, 그렇지 않을 경우에는 단순한 형태로 의사결정을 하게 된다. 껌의 맛이나 질감에 따라 선호하는 제품이 생겨나거나, 오랜만에 껌을 구매하는 경우 새로운 제품이나 괜찮은 제품을 잠깐 훑어보고 체계적인 비교과정 없이 단순화된 의사결정 형태로 제품을 선택한다.

(2) 제한적 의사결정

제한적 의사결정은 일상적 의사결정보다는 복잡하지만 본격적 의사결정보다는 단순한 중간적 유형을 가지고 있다. 제한적 의사결정을 하는 소비자는 일반적으로 **제품에 대한 지식은 어느 정도 있지만 브랜드, 스타일, 점포, 가격대 등과 같은 구체적인 지식은 결여**되어 있다. 과거 해당 제품군을 구매해 본 경험은 있지만 일정 시간이 경과한 후 소비자들은 최근 어떠한 제품들이 출시되었는지, 제품들의 품질과 가격은 어떻게 변화하였는지 알지 못하기 때문에 이를 파악해 볼 필요가 있다. 제한적 의사결정의 대표적인 예로는 의류 구매를 들 수 있다. 일반적으로 소비자들은 옷을 구매할 때 의류 구매 경험이 있기 때문에 의류 구매와 관련된 지식은 가지고 있지만, 최근 어떤 옷들이 출시되었는지, 어느 브랜드가 얼마에 옷을 판매하는지에 대한 많은 정보는 계속해서 찾아보고 꼼꼼히 따져본다. 즉, 제한적 의사결정의 경우 일상적 의사결정에 비해 복잡한 의사결정과 정을 거치게 된다.

(3) 본격적 의사결정

본격적 의사결정은 소비자들에게 중요한 제품으로서 한 번도 구매해본 적이 없는 제품을 구매할 때 소비자들이 거치게 되는 문제해결과정이다. 소비자들이 제품을 잘못 구매할 위험이 높다고 인식하거나 이에 따라 부담해야 되는 비용이 클 경우 이러한 의사결정을 한다. 또한, 제품에 대한 관여도가 높은 경우나 제품을 한 번 구매하면 오랜 기간 사용하게 되는 내구재(durable goods)의 성격을 갖는 경우 많은 시간과 노력을 투자하여 본격적 의사결정을 수행한다.

[의사결정의 유형]

의사결정의 유형	특징
일상적 의사결정	구매빈도가 높고 제품의 가격이나 서비스에 대한 의사결정
제한적 의사결정	익숙하지 않은 제품들로 일상적보다는 수준이 높은 의사결정
본격적 의사결정	구매빈도가 낮고 고가 제품이며, 관여도가 높은 의사결정

3 의사결정 유형 관련 마케팅 시사점

소비자들이 어떤 유형의 구매의사결정을 수행하는지에 따라 마케팅 활동을 적절하게 수행해야 한다. 마케터는 목표시장의 소비자들이 어떤 유형의 구매의사결정을 하는지 파악해야 한다. 소비자들이 어떤 의사결정을 하는지 과정을 파악하고 이에 적합한 전략을 추진해야 한다. 표적시장 소비자들이 본격적 의사결정을 수행할 때 기업은 소비자들이 원하는 정보를 충분히 제공해야 한다. 일상적 의사결정이 주로 이루어진다면 신속하게 이루어지는 구매상황에서 해당 브랜드를 떠올릴 수 있도록 브랜드 인지도를 높여야 한다. 제한적 의사결정에서는 최신 정보를 제공하고 점포 내 의사결정의 가능성이 높기 때문에 구매시점의 광고, 진열에 노력을 기울일 필요가 있다. 본격적 의사결정에서는 주변 사람에게 정보를 얻으려 할 가능성이 높기 때문에 준거집단을 통한 구전 전략을 적극적으로 활용할 필요가 있다.

4 소비자 구매의사결정과정

소비자 구매의사결정과정은 '문제인식, 정보탐색, 대안평가, 구매, 구매 후 행동'의 다섯 단계로 구분되어 있다. 소비자 구매의사결정과정은 소비자의 욕구가 활성화되고 구매하고자 하는 동기가 생길 때 시작되는데, 이를 문제인식이라고 한다. 문제인식은 구매와 관련된 문제가 발생했을 때 이를 해결해야 할 필요성을 구체적으로 인식하는 것이다. 이에 따라 소비자는 다양한 정보 원천으로부터 구매와 관련된 정보를 탐색하는 과정을 거치고 수집된 정보를 바탕으로 여러 대안을 평가하는 과정을 수행하여 적합한 대안을 선택한다. 이후 구매를 실행하고 구매 및 소비 후 해당 구매에 대한 평가를 내리고 반응을 보이는 단계를 수행한다. 이런 구매 및 소비 후 평가의 결과는 소비자의 기억에 저장이 되어 미래의 구매의사결정에 영향을 미친다.

이런 의사결정의 다섯 단계에서 일부는 생략되거나 순서가 바뀔 수 있다. 또한, 이 경우에는 정보탐색이나 대안평가와 같은 일부 과정이 수행되는 정도가 달라지기도 한다.

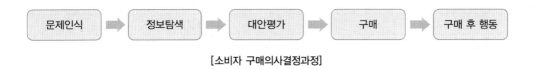

[소비자 구매의사결정과정]

제2절　문제인식

1 문제인식의 의의

문제란 소비자들이 무언가 해결책의 필요성을 느끼는 욕구로 욕구의 환기를 '문제인식'이라고 한다. 소비자 구매의사결정과정은 문제인식에서 시작한다. 다만, 문제인식이 반드시 구매의사결정과정으로 연결되지는 않는다. 이는 시간적 여유, 재정적 능력, 사회적 규범 등의 제약요인이 환기된 욕구보다 더 큰 경우에는 구매의사결정으로 연결되지 않을 수 있다.

소비자는 문제인식을 통해 구매의 필요성을 느끼고 구매의사결정에 대한 동기가 부여된다. 인간은 살면서 다양한 문제에 봉착하고 이를 해결해나가는 과정을 반복한다. 이 과정에서 문제인식은 생명유지에 관련된 근본적인 문제부터 인간의 쾌락이나 자아만족 같은 추상적인 문제까지 포함한다. 문제를 인식한 사람들은 본인이 직접 해결하기도 하고 문제를 해결하기 위해 제품이나 서비스의 구매와 소비를 한다. 즉, 사람들이 무엇인가 구매할 필요를 느끼고, 사람들이 인식한 문제를 해결하기 위해 소비나 구매를 할 동기를 갖게 하는 것을 문제인식이라고 한다.

예를 들어 소비자들이 종이에 글씨를 써야 한다는 문제를 인식하면 노트와 볼펜에 대한 구매 필요성을 느끼게 된다. 또 소비자들이 다른 사람들에게 자신의 지위를 뽐내고 싶다는 문제를 인식할 경우 자신을 표현하고 과시할 소비의 필요성을 느끼게 된다. 이렇듯 사람이 필요와 욕구를 느끼고 소비자로서 소비와 구매를 하게 되는 과정의 첫 번째 단계가 문제인식이다.

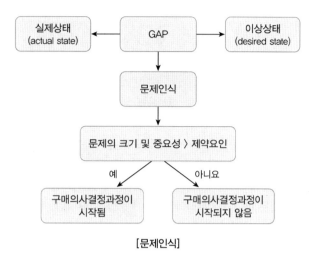

[문제인식]

2 문제인식의 유형

소비자는 결핍을 느끼게 되면 욕구가 활성화되어 구매의 필요성을 느끼게 된다. 사람들은 **자신의 실제상태가 기존보다 낮아지는 변화나 이상적 상태의 기준이 높아질 때 욕구가 활성화**된다. 즉, 실제상태와 이상적 상태의 괴리를 느끼면 소비자들은 괴리를 해결할 해결책을 찾게 된다. 예를 들어 실제상태의 변화는 집에서 사용하던 세안제를 모두 소모했을 경우이고 바람직한 상태가 높아지는 것은 피부에 트러블이 나서 기존에 사용했던 세안제에서 기능성 세안제로 구매변화의 필요성을 느꼈을 경우이다.

문제인식은 내적 요인과 외적 요인에 의해 발생한다. 내적 요인은 인간의 생리적 욕구, 소유하고 있는 제품의 성능 저하·소모 등과 같이 소비자 자신이 스스로 문제를 인식하게 되는 경우이다. 예를 들어 배고픔, 갈증 등에 의한 생리적 욕구나 자신이 사용하던 핸드폰의 성능저하 등에 따른 소비욕구이다. 외적 요인은 가족 등의 준거집단이나 기타 사회적 영향요인, 기업의 마케팅 노력 등과 같이 소비자를 자극하는 외부요인들에 의해 문제를 인식하는 경우이다. 예를 들어 같은 반 친구의 새로운 신발 구매를 보고 구매 욕구가 생기는 경우이다.

문제의 유형은 문제 발생의 예상 여부와 해결의 긴급성에 따라 **일상적 문제, 계획적 문제, 긴급한 문제, 점증적 문제**의 4가지로 분류된다. 일상적인 문제는 실제상태와 바람직한 상태 간의 차이인 문제발생을 예상할 수 있으며 즉각적으로 해결이 필요한 문제이다. 예로는 '배고픔', '졸림'이 있다. 계획적 문제는 '계절의 변화로 인한 옷장 정리의 필요' 등과 같이 문제발생이 예상되지만 즉각적인 해결이 필요치 않은 문제이다. 긴급한 문제는 예상될 수 없었던 문제가 갑자기 발생하고 즉각적인 해결이 필요한 문제로 '작업 중 컴퓨터 고장', '운전 중 자동차 고장'이 예가 될 수 있다. 점증적 문제는 소비자가 예상하지 않았으며 즉각적 해결이 필요하지 않은 문제이다.

3 목표 하이어라키

소비자가 결핍과 괴리를 느껴 문제를 인식하면 결핍을 충족시키고 괴리를 없애기 위해, 즉 문제를 인식하고 해결하기 위해 계획을 세우게 된다. 문제를 해결하여 도달하기 위한 바람직한 상태가 일반적이거나 추상적인 경우에 최종목표에 도달하기 위해 부차적인 목표들을 설정한다. **최종목표와 부차적인 목표 간의 계층적인 관계들을 합하여 목표 하이어라키라고 한다.**

목표 하이어라키는 두 가지 특징이 있다. 첫째, **부차적인 목표가 많아질수록 더 복잡해진다.** 예를 들어 연필 구매 같은 간단한 제품을 구매하는 경우에는 간단한 목표 하이어라키가 형성되고, 자동차를 구매하는 경우에는 많은 부차적인 목표가 생기는 복잡한 목표 하이어라키가 형성된다. 둘째, 의사결정과정이 시작되는 문제인식 단계에서부터 반드시 명확하게 정의되는 것은 아니라는 특징이 있다. 예를 들면 아이폰을 구매하러 대리점에 갔다가 삼성폰의 성능을 테스트해보고 자신의 원래 계획을 바꾸어 삼성폰을 구매하기로 최종목표를 변경하는 경우가 발생한다.

4 문제인식의 마케팅 시사점

마케팅에서 소비자들이 문제를 인식하고 구매의 필요성을 느낀다는 것은 의사결정과정의 출발점이라는 점에서 중요한 의미이다. 이에 마케터는 소비자들이 문제를 인식할 수 있도록 해야 한다.

첫째, 소비자의 문제인식은 내부적, 외부적 요인에 의해 유발되는 욕구에서 출발하므로 마케터는 소비자의 내적 요인을 파악하고 외적 요인을 자극해야 한다. 둘째, 마케터들은 새로운 이상적 상태를 만들어 소비자들이 문제를 인식하도록 만들어야 한다. 예를 들어 기존에 가정에 보급되지 않았던 스타일러를 판매하기 위해 마케터는 가정 내에서 의류관리의 중요성과 편리함을 소비자들에게 강조한다. 셋째, 실제적 상태에 대한 소비자들의 불만족을 해소시켜야 한다. 빠지는 머리카락에 스트레스를 받다가 샴푸를 사용하니 머리카락이 풍성해지는 과정을 보여주는 탈모샴푸 광고가 예가 될 수 있다. 결과적으로 마케팅은 소비자의 니즈를 현실적인 제품이나 서비스로 충족시키는 행위이므로, 마케터는 표적시장 소비자의 문제인식을 파악하고 제공한 뒤, 그 문제를 해소하고 욕구를 충족시킬 수 있는 제품이나 서비스를 만들어서 제공해야 한다.

제3절 | 정보탐색

1 정보탐색의 의의

소비자가 문제인식을 하고 구매의사결정과정을 시작하기 위해 정보를 탐색하는 과정을 진행한다. 정보탐색은 소비자가 점포, 제품, 구매 등에 관한 정보를 얻고자 하는 의도적 노력을 의미한다.

2 정보탐색의 유형 및 과정

정보탐색의 유형은 탐색의 원천, 탐색의 시점에 따라 나눌 수 있다. **탐색의 원천**으로 유형을 나눠보면 정보탐색은 **내부탐색**과 **외부탐색**으로 나눠볼 수 있다. 소비자들은 일반적으로 내부탐색 후 외부탐색을 하게 된다. **탐색의 시점**에 따른 유형은 구매의사결정을 위해 수행되는 **구매 전 탐색**과 당면한 구매와 상관없이 개인적 관심이나 즐거움을 추구하기 위해 지속적으로 수행되는 **지속적 탐색**으로 나눠진다. 이때 구매 전 탐색과 지속적 탐색은 외부탐색의 세부적 요인으로도 본다.

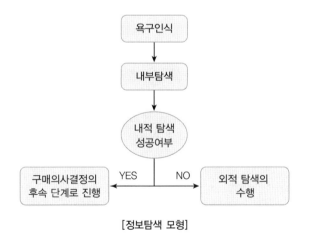

[정보탐색 모형]

(1) 내부탐색

내부탐색은 문제의 인식에 따라 문제를 해결시켜줄 수 있는 수단에 대한 정보를 기억으로부터 회상하는 것이다. 소비자들이 문제인식을 하고 문제해결을 위한 정보를 필요로 하게 되면 자신의 기억 속에 있는 정보들을 떠올린다. 이는 소비자가 직접 경험하거나, 기업의 광고, 비영리기관이나 언론 기관 등의 발행물, 기사 내용, 주변 사람의 이야기들 등으로부터 수집되어 기억 속에 저장된 정보 등을 회상하는 것이다. 내부탐색으로 구매의사결정에 필요한 정보가 충분하다고 판단되면 더 이상의 정보탐색은 필요하지 않지만 충분하지 못하다고 판단되는 경우에는 추가적인 정보수집을 하기 위해 외부탐색을 해야 한다. 이때 소비자 기억 속의 정보가 풍부한지, 의사결정에 적합한 정보인지, 정확한 정보인지 등을 통해 소비자가 외부탐색을 추가적으로 수행할지 여부는 소비자가 결정한다. 이전에 구매했던 경험이 만족스럽거나 자주 구매하는 습관적 의사결정일 경우 내부탐색만으로 구매의사결정을 할 수 있다. 반면, 제품의 구매경험이 적거나, 과거에 구매한 경험이 오래되어 기억이 흐릿하거나, 주변 사람들로부터 들은 이야기가 없을 때, 광고가 부족할 때, 새로 출시된 신제품일 경우에 내부정보가 부족하므로 외부탐색을 필요로 한다.

(2) 외부탐색

외부탐색은 소비자의 기억 속에 저장된 정보인 내부탐색만으로 의사결정을 위한 정보가 충분하지 않다고 판단될 때 수행되는 추가적인 탐색이다. 친구나 친지, 이웃, 광고, 인터넷검색 등이 외부탐색에 해당된다. 외부탐색에는 추가적인 탐색 활동을 위한 시간, 노력, 비용 등이 소요되고 이 자원들의 가치에 비해 탐색으로부터 기대되는 탐색의 결과가 상대적으로 더 크다고 판단될 때 소비자는 적극적으로 외부탐색에 나선다. 즉, 비용과 혜택의 관계가 소비자의 외부탐색 기초가 된다. 따라서 외부탐색의 결정적인 요인에는 지각된 비용, 지각된 혜택이 있다. 외부탐색은 소비자가 당면한 구매의사결정을 적극적으로 수행하기 위해 추진되고, 이를 '구매 전 탐색'이라고 한다. 반면, 특정한 제품군에 대한 관심이나 지식, 즐거움을 충족하기 위해 상시적으로 이루어지는 탐색을 '지속적 탐색'이라고 한다. 지속적 탐색을 수행하는 소비자들은 해당 제품군에 관여도가 높고, 제품의 관련 정보를 주변 사람들에게 선도할 가능성이 높다.

3 정보탐색의 원천

외부탐색은 소비자가 자신의 경험과 기억 외에 다른 탐색원천을 통해 정보를 얻는 것이므로 마케터들은 정보원천을 파악하여 충분한 정보를 제공해야 한다. 정보원천의 유형은 **개인적 원천, 상업적 원천, 공공적 원천, 경험적 원천**으로 구분될 수 있다. 외부탐색에서 개인적 원천은 가족, 친구, 이웃, 친지이다. 광고, 판촉사원, 중간상, 포장, 진열은 상업적 원천이다. 신문기사, 뉴스, 잡지는 공공적 원천이다. 경험적 원천은 시험구매, 제품의 직접사용이며 이는 내부탐색에 영향을 준다.

4 정보탐색의 결정요인

소비자는 외부탐색을 아주 간단하게 수행하기도 하고 광범위하고 깊이 있게 수행하기도 한다. 이런 외부탐색 정도의 결정요인은 제품의 특성, 개인적 특성, 상황적 특성, 시장의 특성으로 구분할 수 있다.
제품의 특성에서는 가격 수준, 제품 대안들의 수와 차별화 정도, 제품 범주의 안전성 등이 포함된다. 소비자에게 부담을 주지 않는 낮은 가격대의 제품일 경우 외부탐색의 정도는 낮지만, 높은 가격대인 제품일수록 소비자의 외적 탐색 정도도 증가한다. 제품 대안의 수들이 클수록 외부탐색의 정도가 증가하고, 제품 대안들 간의 차별화 정도가 클수록 구매 후 성과 차이가 클 수 있기 때문에 외부탐색의 정도는 증가한다.

개인적 특성에는 제품 지식, 관여도, 인구통계학적 특성이 포함된다. 소비자가 제품에 대한 사전 제품지식이 매우 적거나 많은 경우 외부탐색의 필요성을 느끼지 못해 외부탐색의 정도는 낮아진다. 따라서 일정 수준까지는 사전지식이 증가함에 따라 외부탐색량이 증가하고 일정 수준량을 초과하여 이미 제품 관련 정보가 많다면 외부탐색량이 감소하게 된다. 또한, 제품이나 구매에 대한 관여도나 지각된 위험이 높은 소비자일 경우 외부탐색 정도가 증가한다. 연령, 소득, 교육수준 등도 외적 탐색 정도에 영향을 미치는데, 소득이나 교육수준이 높을수록 정보처리에 대한 자신감이 높아 외부탐색을 활발하게 수행하게 된다.

상황적 특성은 시간적 여유, 소비상황, 욕구의 긴급성 등이 포함된다. 소비자에게 구매에 투자할 시간적 여유가 많은 경우 외부탐색 정도는 증가하고 자신을 위한 소비인지, 선물을 구매하는 상황인지에 따라 외부탐색 정도가 달라진다.

마지막으로 시장의 특성에는 점포와 브랜드의 수, 점포까지의 거리, 점포의 혼잡 정도, 경쟁 정도, 정보입수의 용이성 등이 포함된다. 시장에서 선택 가능한 매장의 수, 브랜드 등의 대안이 많을수록, 시장의 혼잡 정도와 경쟁 정도가 높을수록 외부탐색 정도는 증가한다.

[외적 탐색의 결정요인]

구분	요인 상황	
	낮은 탐색수준	높은 탐색수준
전반적 요인	• 높은 탐색비용 • 낮은 기대혜택	• 낮은 탐색비용 • 높은 기대혜택
상황적 요인	• 시간적 압박 • 신체적 제약 • 가격할인 등 촉진활동 • 반품의 용이성 • 낮은 가격 수준 • 효과적인 판매기법 적용	• 쇼핑의 용이성 • 시간적 여유 • 높은 가격 • 높은 구매 위험 • 제품 대안들의 차별화 • 많은 제품 대안의 수
심리적 요인	• 저관여 • 풍부한 사전경험 • 상표 충성도	• 고관여 • 경험 부족 • 호기심

제4절   구매 전 대안의 평가

1 구매 전 평가의 의의

소비자는 바람직한 구매선택을 위해서 정보탐색의 과정을 통해 수집된 정보들을 활용하여 대안평가 과정을 거쳐야 한다. 수집된 정보들을 바탕으로 소비자 스스로 의사결정에서 중요하다고 생각하는 평가기준이나 제품 속성을 바탕으로 각 대체안을 비교하는 과정이 구매 전 평가이다. 이 과정은 소비자의 욕구, 신념이나 가치에 부합되는 제품을 평가를 통해 선택하는 단계이다. 이때 소비자는 어떤 대안을 선택하면 어떤 결과를 얻을 것인지를 판단하여 우위를 점하는 대안을 선택한다. 구매 전 평가과정에서 선택의 기준이 되는 것을 평가기준이라고 하고 이러한 기준들을 활용한 의사결정 규칙을 평가방식이라고 한다. 정보평가는 정보탐색과 동시에 이루어지는 경우가 많아 평가에 영향을 미치는 요인들 역시 정보탐색을 결정하는 요인과 유사하다. 소비자가 정보탐색활동을 활발하게 수행하여 정보가 풍부할수록 대안과 평가가 용이해진다. 평가과정은 단순할 수도, 복잡할 수도 있는데 소비자가 구매의 중요성과 위험을 지각할수록 평가과정이 정교하고 복잡해진다. 평가과정은 대체안 중에서 비교와 평가의 대상을 확정하고 이들을 평가할 기준을 확정하는 일이 선행된다. 그다음 평가대상과 기준을 바탕으로 미래의 구매상황을 가정하고 경험 정보를 활용하여 대상의 선택결과를 측정한다. 각 대안의 성과를 측정한 후에는 적절한 선택규칙을 적용하여 최종적으로 구매를 결정한다.

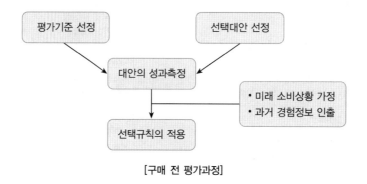

[구매 전 평가과정]

2 평가의 기준

소비자들은 정보와 대안을 평가할 때 나름대로의 기준을 정하여 기준에 비추어 서로를 비교한다. 평가기준이란 소비자들이 여러 대안의 장단점을 비교하고 평가하여 서열을 나열하는 데 사용하는 제품의 속성들을 의미한다. 평가기준의 수는 제품이나 개인의 특성에 따라 달라질 수 있고 관여도가 높은 제품이나 내구재를 구매할 때 평가기준은 많아진다.

(1) 평가기준의 종류

소비자의 평가기준은 금전적인 것과 제품성과와 관련되었다. 금전적인 것은 가격, 설치비용, 유지비용 등이고 제품성과는 내구성이나 기능으로 평가된다. 또한, 브랜드, 이미지, 스타일, 색상 등 주관적이고 심리적인 것들도 포함되며 사회적 가치, 자부심, 즐거움 등과 같이 소비자가 느끼는 추상적인 수준일 수도 있다. 대부분 소비자에게 가장 중요한 평가기준은 가격이다. 가격 민감성은 가격-품질 연상기능에도 연결된다. 또 중요한 평기기준 중 하나는 브랜드이다. 브랜드는 제품의 품질과 디자인을 상정하는 도구로 이용되기 때문에 소비자들은 친숙하거나 잘 알려진 브랜드를 선택한다. 또한, 브랜드가 가지는 상징성, 브랜드의 이미지, 사회적 수용여부 등도 중요한 소비자 평가기준이 될 수 있다. 하지만 가장 중요한 평가기준이라고 해서 반드시 결정적인 평가기준이 되지는 않고 객관적 기준과 상황에 따라 소비자마다 평가기준은 달라질 수 있다.

(2) 평가기준의 결정요인

평가기준의 결정력에 영향을 미치는 요소들에는 상황적 영향요인, 선택 대안 간의 유의성, 동기, 몰입, 지식 등이 있다.

먼저 평가기준은 상황에 따라 달라진다. 장소와 시간에 압박을 받느냐 여유롭냐에 따라 평가기준은 변한다. 또한, 같은 제품이라도 그 제품을 소비자가 직접 사용하기 위해 구매를 하는 것과 누군가에게 선물하기 위해 구매할 때에 다른 평가기준을 활용한다. 선택 대안의 유사성이나 비교 가능성도 평가기준의 결정요인이 된다. 유사성과 비교 가능성이 적은 대안들을 평가하는 경우에는 사회적 지위, 즐거움, 가치 등 더 추상적인 평가기준을 사용하게 된다. 반면 유사성과 비교 가능성이 높은 경우에는 가격이 가장 강력한 평가기준으로 적용될 가능성이 높다.

평가기준의 결정요인이 되는 동기는 소비자의 구매목표 설정에 기여하고 구매행위에 직접적인 영향을 미친다. 구매로 실용적인 효용을 얻고자 할 때는 기능, 특성을 평가기준으로 선정하고, 제품 소비를 통해 즐거움이나 쾌락을 얻고자 할 때는 소비로 얻을 수 있는 경험이나 상징 표현을 평가 기준으로 선정한다. 또한, 의사결정에 대한 소비자의 몰입수준이 높아질수록 더 많은 평가기준이 의사결정과정에 포함된다. 마지막으로 제품이나 구매상황에 대한 지식이 풍부한 소비자는 평가기준을 자율적이고 독자적으로 선택하지만, 지식이나 경험이 적은 소비자는 평가기준도 외부적 영향요인에 의존하여 결정하며 브랜드나 타인의 추천에 의존한다.

3 평가기준의 방식

소비자들은 의사결정 규칙을 사용하여 대안들을 평가하고 최종결정을 한다. 의사결정 규칙, 즉 평가방식은 크게 보상적 방식과 비보상적 방식으로 구분된다.

보상적인 방식이란 어떤 평가기준에서 낮은 점수를 받더라도 다른 평가기준에서 높은 점수로 메꿀 수 있는 방식이다. 즉, 보상적 방식에서는 전체적 평가를 형성하기 위해 각 평가기준의 성과를 합한 값이 가장 높은 대안이 최선의 대안으로 선택되는 것이다. 보상적 방식의 가장 대표적인 유형은 다속성 모델의 형태를 취하는 선형모델이 있다. 이는 평가기준마다 중요성을 나타내는 가중치와 평가점수를 곱하여 평가기준별 평가점수를 구하고 합산하여 종합점수를 구하는 방식이다. 실제로 소비자들이 대안을 평가하는 상황에서 구체적으로 점수를 부여하고 계산하지는 않지만, 이는 소비자마다 평가기준의 중요성을 다르게 느끼고 평가기준별 평가를 종합하여 총점을 매기는 상황으로 해석할 수 있다. 또한, 평가점수가 낮더라도 평가기준 중요성이 높으면 최종평가에서는 결정적으로 작용할 수도 있음을 의미한다.

반면 비보상적 방식이란 **어떤 평가기준에서 낮은 점수를 받은 경우에도 다른 평가기준에서 받은 높은 점수로 메꿀 수 없는 방식**이다. 비보상적 방식의 경우 한 평가기준이 수용기준에 미치지 못하면 아무리 다른 평가기준이 높은 점수를 받더라도 선택대상에서 제외하게 된다. 예를 들어 아무리 성능이 높은 노트북이더라도 가격이 소비자가 수용할 수 없을 만큼 비싸면 선택대상에서 탈락되는 것이다. 비보상적 방식은 결합규칙, 분리규칙, 백과사전식규칙, 부문별 제거규칙으로 구분된다. 결합규칙은 최소한의 수용기준을 모든 평가기준에 설정하고 각 대안별로 모든 평가기준의 수준이 최소한의 수용기준을 만족시키는가에 따라 평가하는 방식이다. 분리규칙은 가장 중요하다고 생각하는 한두 가지의 평가기준을 정하여 그 기준을 만족시키는 대안들 중 하나를 선택하는 방식이다. 백과사전식규칙은 소비자가 가장 중요하게 생각하는 평가기준에서 최상으로 평가되는 대안을 선택하는 것이다. 부문별 제거규칙은 소비자가 가장 중요하게 생각하는 평가기준부터 기준별로 수용 가능한 최소 수준에 미달하는 대안들을 제거하는 단계를 거쳐 최종적으로 남은 대안을 선택하는 방법이다.

4 평가기준의 측정

소비자가 제품들을 평가할 때 사용하는 기준의 수와 평가기준 간의 상대적 중요성을 측정할 필요가 있다. 평가기준을 측정하면 신제품개발이나 촉진전략의 수립에 활용될 수 있다. 소비자의 평가기준을 측정할 때 가장 널리 사용되는 방법은 직접질문법이다. 직접질문법에는 **설문지나 표적집단 면접이 포함**된다. 척도법은 설문지에서 많이 사용되는 방법으로, 사전에 평가기준의 종류와 유형을 결정하여 응답자들이 활용도나 중요성 부여정도를 척도상에 체크하도록 한다. 척도법에는 정도의 차이가 있음을 계산할 수 있는 서열척도, 리커트식 척도와 상대적 중요성을 측정하는 고정총합법이 있다. 마지막으로 평가기준과 제품 선택 간의 관계를 측정하여 계량적이고 객관적인 측정결과를 얻을 수 있는 컨조인트 분석법이 있다. 컨조인트 분석의 목적은 어떤 속성들의 조합이 사람들의 선택이나 의사결정에 가장 큰 영향을 미치는지를 알아내는 것이다. 잠재적 제품이나 서비스들의 조합을 잘 정해서 응답자에게 보여주고, 이 중에서 어떤 것을 더 선호하는지를 분석한다.

제5절 구매

1 구매행위의 의의와 조건

소비자는 문제인식, 정보탐색, 대안평가의 단계를 거쳐 최종적으로 대안을 선택하게 되면 이를 구매행위로 취하게 된다. 이때 최종적인 대안이 선택되었다고 해도 반드시 구매로 이어지는 것은 아니다. 문제인식이 구매 이외의 다른 방법으로 충족되었거나 경제적 상황으로 인해 구매의도가 사라질 수 있다. 또한, 제품의 단종이나 재고소진으로 인해 대안을 구매하는 것이 불가능한 상황이 올 수도 있다. 이처럼 구매단계에서도 소비자들은 다양한 요인들의 영향을 받고 구매행동을 하게 된다.

소비자는 구매단계에서 구매시점, 구매대상, 구매장소를 결정해야 한다. 구매시점에서는 지금 바로 구매를 할 것인지, 현재 사용하고 있는 제품이 소진된 후에 구매할 것인지, 계절적 구매를 할 것인지 결정해야 한다. 구매대상을 결정해야 하는 이유는 평가과정에서 최종적으로 선택된 대안으로 결정된 제품이 최종 구매대상이 아닐 수 있기 때문이다. 구매단계에서 평가단계에서는 없었던 새로운 정보가 추가적으로 발견되거나 최종대안에 대한 신뢰나 확신이 없을 경우 구매단계에서 구매대상은 변할 수 있다. 마지막으로 온라인 쇼핑, 홈쇼핑, 오프라인 쇼핑 등 구매장소의 범위가 확장되고 있으므로 자신에게 적합한 구매장소를 선택해야 한다.

2 구매행위의 유형

구매행위의 유형은 관여도와 구매빈도에 따라 나눠진다.

(1) 체계적 의사결정 구매행동

체계적 의사결정 구매행동은 소비자가 제품에 대한 관여도가 높고 처음 구매를 하는 경우 몰입 수준이 높은 상황하에서 실행된다. 이는 소비자가 구매대상이 되는 제품과 브랜드를 확정한 후 구매하는 행위이다. 이때 소비자는 포괄적 문제해결의 방식으로 상표 대안을 자세히 비교 평가한 후 가장 선호하는 제품을 선택한다. 고관여 제품을 구매할 경우 소비자들은 많은 지식을 확보한 후 구매하기를 원하기 때문에 기업 측면에서는 소비자에게 많은 지식을 전달하고 신뢰를 높일 수 있는 마케팅 전략을 세워야 한다.

(2) 부조화 감소 구매행동

브랜드 간의 차이가 크지 않고 소비자가 반복적으로 구매하고 있는 상품군의 경우 복잡하고 체계적인 의사결정보다 소비자는 반복구매와 경험을 통해 자신이 신뢰하는 제품을 구매하게 된다. 이는 '관성적 구매'라고도 하며 소비자가 구매하는 데 들이는 노력을 줄인다. 이는 소비자의 브랜드 애호도와 연결되며 기업은 소비자에게 제품의 품질과 브랜드 이미지를 긍정적으로 유지하도록 노력해야 한다.

(3) 습관적 구매행동

소비자 제품 관여도가 낮고 브랜드 간에 차이가 별로 없을 경우 소비자는 정보탐색을 광범위하게 하지 않고 자세하게 평가하지 않으며 결정에 큰 노력을 기울이지 않는다. 기업은 광고와 반복 노출을 통해서 소비자들에게 브랜드 친숙성을 확보하고 가격할인이나 특별전시 등을 통해 소비자의 시험구매를 유발해야 한다.

(4) 비계획적 구매

비계획적 구매의 대표적인 예는 충동구매이다. 비계획적 구매는 구매단계 전까지 문제인식이 없거나 점포방문 전까지 구매의도가 없었다가 점포를 방문 후 소비자 욕구가 자극되어 구매의도가 생긴 경우이다. 의사결정과정에서 정보탐색과 평가를 거치지 않고 구매단계에서도 제품이나 브랜드에 관한 최종 대안이 확정되지 않았을 때 실행되기 때문에 구매행동에 대한 결과를 생각할 가능성이 적으며 소비자는 제품을 구매해야 한다는 즉흥적이고 강한 욕구를 받는다. 충동구매를 하는 소비자는 즉각적인 욕구충족을 통해 행복감을 느낀다.

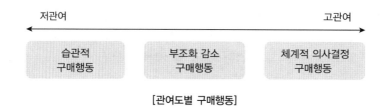

[관여도별 구매행동]

3 구매행동의 상황적 영향요인

소비자의 구매행위는 소비자의 개인적 특성이나 제품 속성과는 관계없이 구매상황에 따라 달라질 수 있다. 구매행동의 상황적 요인은 소비상황, 커뮤니케이션 상황, 구매상황으로 구분할 수 있다. 상황변수는 물리적 환경, 사회적 환경, 시간, 과업, 선행상태의 요인들로 구성된다.

(1) 소비상황

사용상황이라고도 하며, 소비자가 제품이나 서비스를 실제 소비하거나 사용할 때의 환경을 말한다. 이는 소비자가 제품을 사용하는 목적과 과정에 관한 것이며 소비자들은 소비상황에 따라 같은 제품이라도 제품 속성을 다르게 생각한다. 소비상황은 사회여건과 밀접한 영향력을 가지며 제품과 서비스의 종류에 따라 구매시점과 소비시점이 일치하지 않을 수 있다.

(2) 커뮤니케이션 상황

소비자가 인적 또는 비인적 커뮤니케이션과 접촉함으로써 발생되는 소비자 환경이다. 이는 기업의 광고나 판촉활동, 타인과의 대화로 제품이나 서비스의 정보가 소비자에게 전달되는 상황이다. 소비자가 광고에 노출되면 의사결정과정이나 정보처리과정에 영향을 미치고 이는 노출 시점이나 방법 등에 따라 다른 영향을 준다. 또한, 커뮤니케이션 상황에서 소비자의 광고몰입 수준과 신뢰도가 클수록 소비자의사결정에 큰 영향을 준다.

(3) 구매상황

소비자가 제품이나 서비스를 획득하는 소비자 환경이다. 구매상황의 요인은 점포환경, 개인적 요인이 있다. 점포환경은 매장의 분위기, 제품의 진열, 매장 내 혼잡도, 매장의 음악·색상·냄새 등으로 구성되며 소비자의 쇼핑경험이나 구매결정에 많은 영향을 미친다. 개인적 요인은 소비자가 받는 시간적 압박, 소비자의 기분 상태 등이 있다. 또한, 구매상황에서 제품의 재고가 없거나 불량품이거나 하는 다양한 경우가 존재할 수 있다.

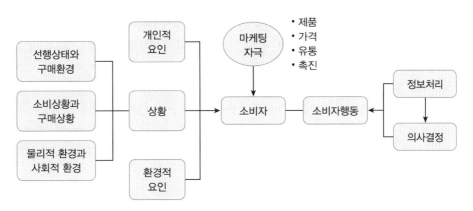

[소비자행동 요인과정]

제6절 | 구매 후 행동

소비자는 브랜드나 제품을 선택하여 구매를 하고 소비를 한다. 이 구매와 소비행동은 소비자에게 경험정보로 기억장치에 저장된다. 즉, 구매와 소비 후에도 소비자는 다양한 심리적 과정과 행동적 반응을 보인다. 소비자는 자신의 구매과정을 평가하여 만족과 불만족을 느끼거나 자신의 구매의사결정에 대한 불안감을 느껴 구매 후 부조화를 겪기도 한다.

1 구매결정 평가

소비자들은 구매결정 후 자신의 구매 의사결정에 대해 평가를 한다. 구매에 대한 평가결과가 좋으면 심리적 만족을 느끼고, 평가결과가 좋지 않으면 불만족을 느끼게 된다. 소비자의 구매 후 만족은 재구매 의도, 반복구매, 긍정적인 구전 등을 발생시키며, 구매 후 불만족은 부정적인 구전을 하고 재구매를 하지 않을 것이다.

(1) 기대불일치이론

소비자는 브랜드나 제품을 선택할 때 그 제품에 대한 사전기대를 가지고 있다가 그 제품을 선택하여 실제 품질을 경험하고 평가한다. 이때 사전기대와 실제 품질평가의 인식 차이가 구매 후 만족과 불만족을 결정한다. 즉, 기대불일치이론은 제품에 대한 기대와 실제 성과 간의 불일치 정도로 소비자 만족과 불만족을 설명하는 이론이다. 이 이론은 기대, 지각된 성과, 일치/불일치의 세 가지 요인이 만족과 불만족을 설명한다. 소비자의 기대는 기업의 마케팅, 주변 사람들의 이야기, 소비자의 과거 경험을 통해 형성된다. 기업의 마케팅에 많이 노출될수록, 주변 사람들이 제품에 대해 긍정적인 이야기를 많이 할수록, 소비자의 과거 경험이 만족스러울수록 기대는 높아진다. 지각된 성과는 제품사용 후 소비자가 느끼는 주관적인 성과로 소비자마다 다르게 나타날 수 있다. 사전기대와 실제 품질성과 사이의 불일치는 긍정적 불일치, 부정적 불일치, 일치로 구분된다. 긍정적 불일치는 실제 성과가 기대보다 높을 경우이며 이는 소비자 만족으로 나타난다. 부정적 불일치는 실제 성과가 기대에 미치는 못하는 경우로 소비자 불만족을 가져온다. 일치는 기대와 성과가 일치하는 결과이다.

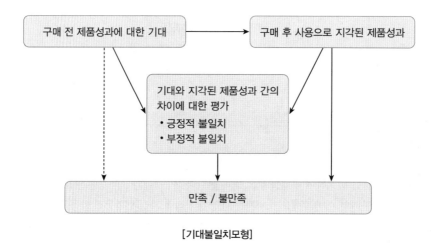

[기대불일치모형]

(2) 공정성이론

공정성이론은 소비자들이 자신의 거래상대자와의 교환관계를 분석하여 자신이 상대방에 비하여 공정한 대우를 받고 있다고 생각하면 제품에 대하여 만족하고 그렇지 않으면 불만족하는 것이다. 이때 만족과 불만족을 설명하기 위해서 자신의 투입 대비 산출 비율을 비교대상의 투입 대비 산출 비율과 비교하여 자신의 비율이 높을수록 만족한다. 투입요소는 교환과정에서 소요되는 돈, 시간, 정보, 노력 등이며, 산출요소는 제품 및 서비스의 성과, 시간 절약, 보상 등이 있다.

(3) 귀인이론

귀인이론은 사회심리학의 가정에 기초하여 소비자가 구매 후 만족과 불만족의 원인을 추론하는 과정을 거친다는 이론이다. 즉, 구매 후 불만족한 소비자는 불만족에 대한 원인을 찾게 되고 이 원인을 추적한 결과가 다양한 형태로 재구매 의향에 영향을 미치게 된다. 구매 후 평가에서 귀인이론은 크게 내적 귀인과 외적 귀인으로 나눠진다. 내적 귀인은 자신이 충분한 정보를 구했고 제품을 잘못 평가했다며 구매 후 불만족의 원인을 자신에게서 찾는 것이다. 외적 귀인은 기업이 제품을 잘못 생각했거나 판매사원이 정보를 잘못 제공했다고 생각하여 구매 후 불만족의 원인을 외부상황이나 환경적 요인에서 찾는 것이다.

2 인지부조화

인지부조화는 소비자가 구매의사결정을 내린 후에 경험하는 심리적 갈등이다. 소비자의 인지부조화는 제품의 성과가 자신의 기대와 일치할 것인가에 대한 확신과 불안감, 더 나은 선택은 없었을까 하는 의문 등이다.

(1) 인지부조화이론

구매 후 느끼는 의사결정에 대한 심리적 불안상태를 의미하는 인지부조화이론에 따르면 한 인지요소가 다른 인지요소에 순응하지 않는 부조화를 인간이 느끼게 되면 자신의 태도와 행동의 일관성이 없어지기 때문에 심리적 불안감이 조성되고 이것이 관성을 다시 회복하도록 촉구되는 동기가 된다는 것이다. 소비자들은 자신의 정보를 바탕으로 대안을 평가하여 최종 대안을 선택하게 되는데, 선택한 대안의 단점과 선택하지 않은 대안들의 장점이 발견되면 인지요인 간에 부조화가 불안감을 형성시키고 인지적 부조화 상태가 된다. 이 상태의 소비자는 일관된 상태를 형성하기 위해 스스로 부조화 감소 행동을 한다. 인지부조화의 유사개념으로는 불안, 갈등, 후회 등이 있다. 인지부조화는 불안보다는 확실하게 인식된 상태에서 구체적인 대상에 대해 불안해하고, 갈등이 구매 전에 느끼는 상태라면 인지부조화는 구매 후에 느낄 수 있는 상태이다.

(2) 발생조건

소비자의 인지요소 간의 일관성이 깨지는 경우에 인지부조화가 발생한다. 인지부조화 감정에는 기본적으로 관여도, 대체 가능성, 취소 불능성, 의사결정의 중요도의 네 가지 조건이 있다. 따라서 인지요소 간의 일관성이 깨져 인지부조화가 발생하는 상황은 다음과 같은 것들이 있다. 첫째, 선택행위를 다시 원점으로 되돌릴수 없어 행동을 취소하는 것이 불가능한 경우이다. 소비자가 제품이나 서비스를 구매 후 반품이나 환불이되지 않을 때가 이에 해당한다. 둘째, 정보와 판단으로 선택한 최종 대안보다 선택되지 않은 다른 대안이더 바람직한 것으로 느껴질 때이다. 이는 구매 후 새로운 정보를 마주할 때 느낄 수 있다. 셋째, 선택 가능한대체안들의 속성들이 서로 독립적이기 때문에 동일한 기준에서 객관적으로 비교하는 것이 불가능할 경우이다. 넷째, 제품에 대한 관여도가 높고 소비자가 전적으로 자기 의사에 따라 의사결정을 하였을 때이다.

(3) 인지부조화 감소방법

소비자는 인지부조화를 느끼면 심리적으로 불편한 상태에서 벗어나기 위해 적극적으로 노력한다. 즉, 인지요소 간의 일관성을 회복하려는 행동을 하는 노력을 하여 인지부조화의 크기를 줄이려는 것이다. 인지부조화 감소방법에는 **제품 평가기준의 변경, 새로운 정보의 탐색, 태도의 변경**이 있다. 첫째, 자신이 선택하지 않은 대안의 장점을 의식적으로 약화시키고 단점을 의식적으로 강화시킨다. 둘째, 자신이 선택한 대안의 장점을 의식적으로 강화시키고 단점을 의식적으로 약화시킨다. 셋째, 소비자 자신의 선택행위가 현명했었다는 사실을 강하게 인식하기 위해 자신의 결정을 지지하는 정보를 추가적으로 탐색하고, 이에 반대되는 정보는 회피한다. 넷째, 구매의사결정 자체를 그리 중요치 않은 것으로 생각하거나 의식적으로 자신의 태도를 변경하여 구매행동과 일치시킨다.

3 소비자 불평행동

소비자가 구매 후 만족을 느끼게 되면 제품이나 브랜드에 재구매 의도를 가지고 단기적 혹은 장기적으로 반복 구매 활동을 하게 되고 충성고객이 된다. 또한, 타인에게 긍정적인 추천이나 구전을 하여 제품이나 브랜드를 적극적으로 옹호하고 홍보한다. 반면, 구매 후 불만족을 느끼면 소비자는 타인에게 부정적인 구전을 하게 된다. 현실적으로 불평하는 소비자보다 불평하지 않는 소비자가 더 많다.

(1) 소비자 불평행동의 유형과 결정요인

소비자의 불평행동은 다양하게 나타난다. 소비자의 불평행동은 크게 **무행동, 사적 행동, 공적 행동**으로 나눠진다. 무행동은 소비자가 구매 후 불만족을 경험하더라도 불평행동을 보이지 않고 브랜드에 덜 우호적인 태도를 가지게 되는 경우이다. 사적 행동은 소비자가 브랜드, 점포 등에 대한 구매중지 및 이용을 거부하고 구매 브랜드를 전환하는 행동을 하는 것이다. 또한, 소비자가 구전을 통해 부정적인 정보를 전파하는 것도 사적 행동이다. 공적 행동은 직접적으로 제품의 판매나 책임이 있는 기업에게 환불, 교환 등 보상을 요구하기도 하고, 회사, 정부기관, 소비자 민간단체에 호소하거나 법적 조치를 취해 적극적으로 소비자의 이익을 확보하고자 하기도 한다. 일반적으로 소비자들은 공적 행동보다는 사적 행동을 많이 한다.

소비자의 불평행동은 다양한 요인들의 영향을 받는다. **불만의 정도, 제품의 중요성, 개인의 특성, 비용** 등이 있다. 소비자는 불만의 정도가 클수록 무행동보다는 구체적인 행동으로 불만을 표출하고, 제품의 중요성이 클수록 강한 불평행동을 보이며, 불만족의 원인이 판매업자, 제조업체 등에 있을 때 소비자는 더 적극적으로 불평행동을 한다. 또한, 소비자는 불평행동을 할 때 기대이익과 예상비용, 소요시간을 고려하고, 시간과 노력 등의 크기를 인식하여 불평행동을 한다.

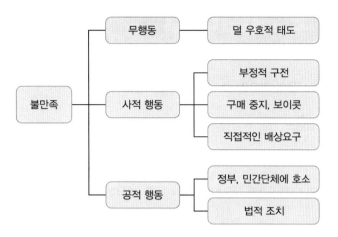

[소비자 불평행동의 유형]

(2) 마케팅의 시사점

소비자의 불평행동은 기업과 소비자의 의사소통이 될 수 있으므로 기업은 소비자의 불평행동을 관리하는 것이 중요하다. 소비자의 불평행동을 접수하고 즉각적으로 대응하여 신속하게 문제를 해결할수록 부정적인 구전을 최소화하고 회사 전체에 대한 불만족과 불평행동의 확산을 막을 수 있다. 새로운 고객을 만드는 것보다 기존고객을 유지, 보존하는 것이 기업의 비용과 수익 측면에서 유리하기 때문에 불평고객을 만족시켜 고객상실을 피해야 한다. 또한, 불평행동을 보인 소비자에게 적절한 조치를 취해 불만사항을 해결하는 경우에는 애초에 불만사항을 보이지 않은 소비자보다 더 크게 느끼게 하여 재구매를 유도할 수 있고 충성고객으로 전환시킬 수 있다. 소비자의 불평행동은 공적 행동보다 사적 행동의 비중이 크므로 기업들은 소비자의 사적 불평행동을 관리해야 한다. 최근 많은 기업이 VOC(Voice of Customer) 시스템을 구축하여 소비자들의 불만사항 접수, 처리, 피드백 등 전체 과정을 체계적으로 운영한다. VOC는 소비자들의 불평, 불만 사항들을 효과적으로 대응하고 의사소통하는 목적으로 사용되고 있다.

○✕로 점검하자 | 제2장

※ 다음 지문의 내용이 맞으면 ○, 틀리면 ✕를 체크하시오. [1~10]

01 구매의사결정은 항상 복잡하고 체계적이다. ( )

02 저관여 의사결정의 구매제품 예는 냉장고, 자동차 등이 있다. ( )

03 문제인식의 내적 요인은 인간의 생리적 욕구, 소유하고 있는 제품의 성능 저하 등이 있다.
( )

04 소비자는 구매의사결정과정을 시작하기 위해 점포, 제품, 구매 등에 관한 정보를 얻고 난 후 정보탐색을 한다. ( )

05 정확한 정보탐색을 위해서 반드시 내부탐색과 외부탐색이 함께 이뤄져야 한다. ( )

06 제품에 대한 지식이 풍부한 소비자는 구매의사결정의 구매 전 평가과정에서 평가기준이 자율적이고 독자적이다. ( )

07 구매의사결정의 구매행동 과정에서 최종적인 대안이 선택되었다고 해도 반드시 구매로 이어지진 않는다. ( )

08 구매행위의 유형은 오로지 관여도로만 나눠진다. ( )

정답과 해설 01 ✕ 02 ✕ 03 ○ 04 ✕ 05 ✕ 06 ○ 07 ○ 08 ✕

01 구매의사결정은 관여도, 구매빈도, 구매의 신규성에 따라 단계의 복잡성이 달라지기 때문에 단순할 수도, 복잡할 수도 있다.
02 냉장고, 자동차를 구매할 때에는 고관여 의사결정행동을 한다.
03 문제인식의 내적 요인은 소비자 자신이 스스로 문제를 인식하게 되는 경우이다.
04 정보탐색이 소비자가 점포, 제품, 구매 등에 관한 정보를 얻고자 하는 의도적 노력이다.
05 소비자들은 일반적으로 내부탐색 후 외부탐색을 하게 되는데 내부탐색이 충분하다고 생각할 경우 외부탐색을 하지 않는다.
06 지식이 부족한 소비자는 평가기준이 외부적 요인에 의존한다.
07 구매의도가 사라지거나 대안을 구매하는 것이 불가능해질 경우 최종적 대안을 구매하지 않는다.
08 구매행위의 유형은 관여도와 구매빈도에 따라 나눠진다.

09 소비상황은 소비자가 인적 또는 비인적 커뮤니케이션과 접촉함으로써 발생되는 소비자환경이다.
( )

10 소비자 불평행동은 주로 공적 행동으로 행해진다. ( )

정답과 해설 09 ✕ 10 ✕

09 소비상황은 소비자가 제품이나 서비스를 실제 소비하거나 사용할 때의 환경이다.
10 소비자 불평행동은 공적 행동보다 사적 행동이 더 많이 행해진다.

01 관여도에 따라 소비자가 구매 전 정보탐색을 할 때 투자하는 시간과 노력의 정도가 달라진다.

01 의사결정과정 형태 결정에 영향을 주는 요인으로서 주어진 상황에서 개인적 중요성이나 관심도의 수준을 무엇이라고 하는가?

① 구매의 빈도
② 관여도
③ 구매의 신규성
④ 커뮤니케이션

02 ① 고관여 의사결정의 정보탐색은 적극적으로 이루어진다.
② 저관여 의사결정의 태도는 잘 변화된다.
④ 저관여 의사결정의 정보처리는 단순한 인지과정 속에서 이루어진다.

02 다음 중 고관여 의사결정, 저관여 의사결정에 관한 내용으로 올바르게 짝지어진 것은?

① 고관여 의사결정 – 소극적인 정보탐색
② 저관여 의사결정 – 태도가 잘 변화되지 않음
③ 고관여 의사결정 – 광고의 횟수보다는 내용이 중요함
④ 저관여 의사결정 – 정보처리가 복잡한 계층에 따라 이루어짐

03 본격적 의사결정은 관여도가 높은 의사결정이다.

03 소비자들에게 중요한 제품으로서 한 번도 구매해본 적이 없는 제품을 구매할 때 소비자들이 거치게 되는 문제해결과정을 무엇이라고 하는가?

① 본격적 의사결정
② 제한적 의사결정
③ 일상적 의사결정
④ 단순한 의사결정

정답 01 ② 02 ③ 03 ①

04 다음 중 소비자 구매의사결정과정의 순서로 알맞은 것은?

① 문제인식 → 정보탐색 → 구매 → 대안평가 → 구매 후 행동
② 정보탐색 → 문제인식 → 구매 → 대안평가 → 구매 후 행동
③ 문제인식 → 대안평가 → 정보탐색 → 구매 → 구매 후 행동
④ 문제인식 → 정보탐색 → 대안평가 → 구매 → 구매 후 행동

05 구매의사결정과정 중 구매의 필요성을 느끼고 구매의사결정에 대한 동기가 부여되는 단계는 무엇인가?

① 정보탐색
② 문제인식
③ 대안평가
④ 구매 후 행동

06 문제인식의 문제 유형에 대한 설명으로 옳지 <u>않은</u> 것은?

① 일상적인 문제의 예로는 배고픔, 졸림이 있다.
② 계획적 문제는 문제발생이 예상되지만 즉각적으로 필요하지 않다.
③ 긴급적 문제는 예상치 못했던 문제가 갑자기 발생하고 즉각적인 해결이 필요한 문제이다.
④ 점증적 문제의 예로는 작업 중 컴퓨터 고장, 운전 중 자동차 고장이 있다.

04 소비자 구매의사결정과정은 '문제인식 – 정보탐색 – 대안평가 – 구매 – 구매 후 행동'이다.

05 소비자 구매의사결정과정은 문제인식(problem recognition)으로 시작한다.

06 점증적 문제는 소비자가 예상하지 않았으며 즉각적 해결이 필요하지 않은 문제이다. 작업 중 컴퓨터 고장, 운전 중 자동차 고장은 긴급적 문제에 해당한다.

정답 04 ④ 05 ② 06 ④

07 목표 하이어라키는 부차적인 목표가 많아질수록 복잡해진다.

07 다음 중 목표 하이어라키에 대한 설명으로 옳지 <u>않은</u> 것은?

① 연필을 구매할 때에는 복잡한 목표 하이어라키보다 간단한 목표 하이어라키가 형성될 가능성이 높다.

② 최종목표와 부차적인 목표 간의 계층적인 관계들의 합이다.

③ 부차적인 목표가 많아질수록 간단해진다.

④ 문제인식 단계에서부터 목표가 명확하게 정의되어 진다.

08 ① 소비자들은 일반적으로 내부탐색 후 외부탐색을 한다.
② 소비자는 내부탐색을 통해 자신의 기억 속에 있는 정보들을 떠올린다.
③ 습관적 의사결정일 경우 내부탐색만으로 결정할 수 있다.

08 정보탐색의 유형 및 과정에 대한 설명으로 옳은 것은?

① 소비자들은 일반적으로 외부탐색 후 내부탐색을 하게 된다.

② 소비자는 외부탐색을 통해 자신의 기억 속에 있는 정보들을 떠올린다.

③ 습관적 의사결정일 경우 외부탐색만으로 결정을 할 수 있다.

④ 외부탐색에는 추가적인 탐색 활동을 위한 시간, 노력, 비용 등이 소요된다.

09 직접 사용은 내부탐색에 영향을 주는 요인이다.

09 다음 중 외부탐색의 정보 원천이 <u>아닌</u> 것은?

① 친구

② 신문기사 및 뉴스

③ 직접 사용

④ 광고

정답 (07 ③ 08 ④ 09 ③)

10 낮은 정보탐색 수준을 결정하는 상황적 요인 중 바르지 <u>않은</u> 것은?

① 시간적 압박
② 낮은 가격수준
③ 제품 대안들의 차별화
④ 반품의 용이성

10 제품 대안들의 차별화가 있을 경우 높은 정보탐색을 하게 된다.

11 의사결정 단계의 대안평가 방식 중 보상적인 방식에 대한 설명으로 옳지 <u>않은</u> 것은?

① 평가기준마다 중요성을 나타내는 가중치와 평가점수를 곱하여 평가기준별 평가점수를 구하고 합산하여 종합 점수를 구하는 방식이 대표적인 예이다.
② 각 평가기준의 성과를 합한 값이 가장 높은 대안이 최선의 대안으로 선택되는 것이다.
③ 어떤 평가기준에서 낮은 점수를 받더라도 다른 평가기준에서 높은 점수로 메꿀 수 있다.
④ 대표적인 유형은 다속성 모델의 형태를 취하는 선형모델, 결합규칙, 분리규칙이 있다.

11 보상적인 방식의 유형은 선형모델, 비보상적인 방식의 유형은 결합규칙, 분리규칙, 백과사전식규칙, 부문별 제거이다.

12 구매행위의 유형 중 체계적 의사결정 구매행동에 대한 설명으로 옳지 <u>않은</u> 것은?

① 소비자의 제품에 대한 관여도가 높을 때 행해진다.
② 소비자들이 제품을 반복적으로 구매할 경우 행해진다.
③ 소비자들은 포괄적 문제해결 방식으로 대안을 자세히 비교평가한 후 구매한다.
④ 소비자들은 많은 지식을 확보하기를 원한다.

12 제품을 반복적으로 구매할 경우 소비자는 부조화 감소 구매행동을 보인다.

정답 10 ③ 11 ④ 12 ②

13 커뮤니케이션 상황에서 소비자의 광고몰입 수준과 신뢰도가 클수록 소비자 의사결정에 큰 영향을 준다.

13 구매행동의 상황적 영향요인 중 커뮤니케이션 상황에 대한 설명으로 옳지 <u>않은</u> 것은?

① 인적 또는 비인적 커뮤니케이션과 접촉함으로써 발생되는 소비자환경이다.

② 기업의 광고, 판촉활동, 타인과 대화를 통해 제품과 서비스 정보가 소비자에게 전달되는 상황이다.

③ 소비자가 광고에 노출되는 시점이나 방법에 따라 의사결정 과정에 다른 영향을 준다.

④ 소비자의 광고몰입 수준과 신뢰도가 낮을수록 의사결정에 큰 영향을 준다.

14 기대불일치이론은 제품에 대한 기대와 실제 성과 간의 불일치 정도로 소비자 만족과 불만족을 설명한다.

14 제품에 대한 기대와 실제 성과 간의 불일치 정도로 소비자 만족과 불만족을 설명하는 이론은 무엇인가?

① 귀인이론

② 기대불일치이론

③ 공정성이론

④ 기대성과이론

15 소비자가 자신의 거래상대자와 교환관계를 분석하는 이론은 공정성이론이다.

15 다음 중 인지부조화이론에 대한 설명으로 옳지 <u>않은</u> 것은?

① 인지부조화를 통해 소비자들은 자신의 거래상대자와의 교환관계를 분석한다.

② 인지부조화가 발생되는 예로는 제품의 성과가 자신의 기대와 일치할 것인가에 대한 확신과 불안감이 있다.

③ 인지부조화가 관성을 다시 회복하도록 촉구되는 동기가 될 것이라고 한다.

④ 인지부조화란 소비자가 구매의사결정을 내린 후에 경험하는 심리적 갈등이다.

정답 (13④ 14② 15①)

16 다음 중 인지부조화 감소 방법으로 옳지 <u>않은</u> 것은?

① 자신의 선택을 합리화할 수 있는 새로운 정보를 탐색한다.

② 자신이 선택하지 않은 대안의 단점을 의식적으로 강화시킨다.

③ 자신이 선택한 대안의 단점을 의식적으로 강화시킨다.

④ 구매 후 자신의 태도를 변화시켜 구매행동과 일치시킨다.

17 다음 중 소비자 불평행동에 대한 설명으로 옳은 것은?

① 소비자 불평행동 중 하나는 소비자가 구전을 통해 긍정적인 정보를 전파하는 것이다.

② 불평을 나타내지 않는 소비자보다 불평을 나타내는 소비자가 많다.

③ 소비자는 불만 정도가 클수록 구체적인 불평행동을 한다.

④ 소비자는 불평행동을 할 때 시간, 노력 등의 크기를 인식하지 않는다.

18 소비자들의 불만사항 접수, 처리, 피드백 등 전체 과정을 체계적으로 운영하는 기업의 시스템은?

① VOC(Voice of Customer)

② MIS(Management Information Systems)

③ BPR(Business Process Reengineering)

④ ERP(Enterprise Resource Planning)

16 인지부조화 감소를 위해 소비자는 자신이 선택한 대안의 장점을 의식적으로 강화시키고, 단점을 약화시킨다.

17 ① 소비자 불평행동 중 하나는 소비자가 구전을 통해 부정적인 정보를 전파하는 것이다.
② 불평을 나타내는 소비자보다 불평을 나타내지 않는 소비자가 많다.
④ 소비자는 불평행동을 할 때 시간, 노력 등의 크기를 인식한다.

18 소비자의 불만사항들을 효과적으로 대응하기 위해 기업들은 VOC(Voice of Customer)를 운영한다.

정답 16 ③ 17 ③ 18 ①

01

정답 ㉠ 일상적인 문제
 ㉡ 계획적인 문제
 ㉢ 점증적인 문제

해설 문제의 유형은 문제 발생의 예상 여부와 해결의 긴급성에 따라 일상적인 문제, 계획적인 문제, 긴급적인 문제, 점증적인 문제로 나누어진다.

02

정답 정보탐색의 원천, 정보탐색의 시점

해설 정보탐색의 유형은 탐색의 원천으로 내부탐색, 외부탐색으로 나뉘질 수 있고, 탐색의 시점에 따라 구매 전 탐색, 지속적 탐색으로 나눌 수 있다.

03

정답 가격 수준, 제품 대안들의 수와 차별화 수준, 제품 범주의 안정성

해설 낮은 가격일수록, 제품 대안들의 수가 적을수록, 차별화가 없을수록 외부탐색 정도가 낮아진다.

주관식 문제

01 다음 ( ) 안의 ㉠, ㉡, ㉢에 들어갈 내용을 쓰시오.

> (㉠)는 문제발생을 예상할 수 있으며 즉각적으로 해결이 필요한 문제이며, (㉡)는 '계절의 변화로 인한 옷장 정리의 필요' 등과 같이 문제발생이 예상되지만 즉각적인 해결이 필요치 않은 문제이다. (㉢)는 소비자가 예상하지 않았으며 즉각적 해결이 필요하지 않은 문제이다.

02 정보탐색의 유형은 무엇으로 구분할 수 있는지 2가지를 쓰시오.

03 소비자 정보탐색유형의 외부탐색 결정요인인 제품의 특성에는 어떤 것이 있는지 3가지를 나열하시오.

04 다음 ( ) 안의 ㉠, ㉡에 들어갈 내용을 쓰시오.

> 구매 전 평가과정에서 선택의 기준이 되는 것을 (㉠)이라
> 고 하고 이러한 기준들을 활용한 의사결정 규칙을 (㉡)이
> 라고 한다.

04

정답 ㉠ 평가기준, ㉡ 평가방식

해설 평가기준이란 소비자들이 여러 대안을 비교하고 평가하는 제품의 속성들을 의미하고, 평가방식은 이런 속성들을 계산하고 평가하는 규칙이다.

05 구매 전 평가단계에서 사용되는 비보상적 평가방식의 유형 4가지를 나열하시오.

05

정답 비보상적인 방식의 유형은 결합규칙, 분리규칙, 백과사전식규칙, 부문별 제거로 구분된다.

해설 비보상적 방식은 한 평가기준이 수용기준에 미치지 못하면 선택대상에서 제외된다.

06 구매단계에서 소매자가 결정해야 하는 세 가지 요소를 서술하시오.

06

정답 소비자는 구매단계에서 구매시점, 구매대상, 구매장소를 결정해야 한다.

07

정답 기업은 습관적 구매행동을 하는 소비자들에게 광고와 반복 노출을 통해서 브랜드 친숙성을 확보하고 가격할인이나 특별전시 등을 통해 시험구매를 유발해야 한다.

07 습관적 구매행동을 하는 소비자들에게 기업은 어떤 마케팅을 해야 하는지 서술하시오.

08

정답 비계획적 구매는 구매단계 전까지 문제인식이 없거나 점포 방문 전까지 구매의도가 없었다가 점포 방문 후 소비자 욕구가 자극되어 구매의도가 생긴 구매이다. 대표적인 비계획적 구매의 예는 충동구매가 있다.

해설 충동구매 소비자는 즉각적인 욕구 충족을 통해 행복감을 느낀다.

08 비계획적 구매에 대하여 설명하고, 비계획적 구매행동의 대표적인 예는 무엇인지 쓰시오.

09

정답 매장의 분위기, 제품의 진열, 매장 내 혼잡도, 매장의 음악·색상·냄새

해설 점포환경은 매장의 분위기, 제품의 진열, 매장 내 혼잡도, 매장의 음악·색상·냄새 등으로 구성한다.

09 구매상황 중 점포환경은 무엇으로 구성되는지 3개 이상 서술하시오.

10 다음 ( ) 안의 ㉠, ㉡, ㉢, ㉣에 들어갈 내용을 쓰시오.

> 인지부조화 감정에는 기본적으로 (㉠), (㉡), (㉢), (㉣)의 네 가지 조건이 있다.

11 다음 ( ) 안의 ㉠, ㉡, ㉢에 들어갈 내용을 쓰시오.

> 사회심리학의 가정에 기초하여 소비자가 구매 후 만족과 불만족의 원인을 추론하는 과정을 거친다는 이론을 (㉠) 이라고 하며, 구매 후 평가에서 (㉠)은 크게 (㉡) 과 (㉢)으로 나눠진다. (㉡)은 구매 후 불만족의 원인을 자신에게서 찾는 것이고 (㉢)은 기업이나 제품의 환경적 요인에서 찾는 것이다.

12 기업이 불평행동을 하는 고객에게 빠르고 적절하게 조치했을 때 고객은 어떤 행동을 하는지 서술하시오.

10

정답 ㉠ 관여도
㉡ 대체 가능성
㉢ 취소 불능성
㉣ 의사결정의 중요도

해설 인지부조화 감정은 다른 대안이 더 매력적으로 느껴지거나, 선택행위를 취소할 수 없거나, 제품에 대한 관여도가 높고 소비자가 전적으로 자기 의사에 따라 의사결정을 하였거나, 대체안들의 비교가 불가능할 경우 발생한다.

11

정답 ㉠ 귀인이론
㉡ 내적 귀인
㉢ 외적 귀인

해설 귀인이론에 따르면 구매 후 불만족한 소비자는 불만족에 대한 원인을 찾고 이 결과로 추후 구매에 영향을 미친다.

12

정답 불평을 보인 소비자는 기업의 신속하고 적절한 조치를 받은 후 만족도가 더 크기 때문에 재구매를 하고 충성 고객이 될 가능성이 크다.

SD에듀와 함께, 합격을 향해 떠나는 여행

제 3 장

지각

우리 인생의 가장 큰 영광은 결코 넘어지지 않는 데 있는 것이 아니라
넘어질 때마다 일어서는 데 있다.

– 넬슨 만델라 –

제 3 장 | 지각

제1절 | 지각

1 지각의 이해

(1) 지각의 정의

소비자가 제품, 광고, 패키지, 브랜드 등의 자극에 의해 노출되면, 감각기관(시각, 청각, 후각, 촉각, 미각)을 통해 주의를 기울이며 정보를 파악한다. 이후 **파악한 정보에 대한 해석과 이해의 과정을 지각**이라고 한다. 지각은 **노출, 주의, 해석**으로 이루어진다. 소비자는 자극에 대한 노출과 주의를 통해 정보를 파악하고 이후 다시 '선택적 지각, 지각의 조직화, 지각적 해석'의 해석 단계를 거쳐 정보를 이해하고 반응하게 된다. 이러한 반응은 소비자의 구매행동에 영향을 미친다.

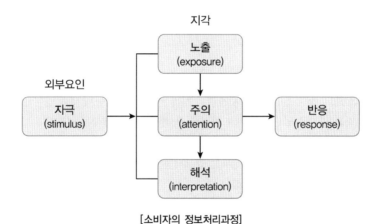

[소비자의 정보처리과정]

제2절	노출

1 노출의 개념과 특성

(1) 노출의 정의

노출은 지각의 첫 단계로서, 소비자 개인이 브랜드 이름, 제품, 광고, 패키지 등의 마케팅 자극을 오감(시각, 청각, 후각, 미각, 촉각)을 통해 받아들이는 감각기관이 활성화될 준비가 된 상태를 의미한다. 마케팅 자극에 대한 노출은 소비자의 정보처리과정의 출발점이며, 만약 소비자의 정보처리과정에서 노출이 발생하지 않으면 자극 안의 정보는 처리되지 않는다. 따라서 기업은 어떤 방법으로 고객에게 중요한 자극을 전달할 것인지, 고객이 스스로 찾아볼 수 있을 만큼의 궁금증을 유발하여 의도적 노출로 이어질 수 있는가에 대해 충분히 고민하고 전략을 수립해야 한다.

(2) 노출의 유형

소비자가 자극에 노출되는 유형에는 '의도적 노출, 우연적 노출, 선택적 노출' 3가지 유형이 있다. 소비자는 마케팅 자극의 노출을 통해 파악한 정보를 바탕으로 스스로 중요도를 판단하여 어느 정도 주의를 기울일지 결정한다.

① 의도적 노출

의도적 노출은 소비자가 목적을 가지고 스스로를 특정 자극에 의도적으로 노출시키는 것을 의미하며, 목적지향적 노출로도 불린다. 먼저, 소비자가 구매의사결정과정에서 문제를 인식한다. 이를 해결하기 위해 기존의 소비자가 가지고 있던 경험이나 지식을 모색하는 내적 탐색을 시도한다. 그러나 소비자가 기존의 경험과 지식으로는 문제를 해결할 수 없다고 생각한다면 의도적으로 자신을 광고 등의 새로운 자극에 노출시키는 외적 탐색을 통해 새로운 정보를 얻고자 한다. 이처럼 의도적 노출은 정보에 대한 소비자의 니즈를 충족시켜주는 것이 매우 중요하다.

② 우연적 노출

우연적 노출은 소비자가 원하지 않는 상태에서 정보나 자극에 노출되는 것을 의미한다. 소비자의 의도와는 상관없이 광고, SNS, 뉴스, 지인들의 이야기 등의 자극에 노출되는 경우가 우연적 노출에 해당한다고 볼 수 있다. 일상생활에서 소비자는 의도적 노출보다 우연적 노출을 쉽게 접하게 된다. 우연적 노출이 의도적 노출보다 더욱 빈번하게 발생하기 때문이다. 실제로 소비자는 의도적 노출보다 우연적 노출을 통해 구매를 결정하는 경우가 많다. 따라서 마케터는 마케팅 자극에 우연히 노출된 소비자가 그 자극을 기억하고 해당 제품과 서비스에 관심을 갖게 되어 스스로 정보를 탐색하는 의도적 노출의 단계까지 도달시켜 구매까지 연결되도록 그에 적합한 전략을 수립해야 한다.

③ 선택적 노출

소비자는 일반적으로 자신에게 필요하다고 느끼고 관심이 있는 정보에는 적극적으로 자신을 노출시키지만 자신이 필요성을 느끼지 못하거나 관심이 없는 정보에는 노출을 회피하는 경향이 강하다. 이를 '선택적 노출'이라고 한다.

특히, 미디어 매체 및 관련 플랫폼의 발달로 다양한 마케팅 자극에 노출되는 빈도가 증가하면서 선택적 노출이 더욱 빈번하게 일어난다. 미디어에서의 선택적 노출은 노출 행동과 노출 회피 행동으로 나타난다. 노출 행동은 소비자 자신에게 의미가 있다고 느끼는 정보에 노출된 후, 스스로의 의지로서 정보를 탐색하는 행동을 말한다. 예를 들면 다양한 미디어 매체를 통해 제품에 대한 광고를 접한 후, 소비자 스스로가 제품에 대한 필요성과 관심을 가지고 구매를 위해 추가적인 정보를 찾는 노력을 기울인다는 것이다. 그러나 모든 정보가 소비자에게 긍정적인 반응을 유발하는 것은 아니다. 오히려 제품과 서비스의 광고가 소비자에게 부정적인 감정을 유발하게 된다면, 해당 제품과 서비스에 관한 관심은 사라지고 의도적으로 자극을 회피하려고 한다. 노출 회피 행동은 방송 프로그램 시작 전후로 노출되는 광고를 피하기 위해 채널을 돌리는 행위인 zapping(재핑), 광고를 빠른 속도로 돌리는 zipping(지핑), 광고를 시청할 때 음소거하고 시청하는 muting(뮤팅)으로 나타난다.

이렇듯 소비자는 여러 정보에 노출되지만 필요한 정보는 받아들이고, 그렇지 않은 정보는 회피한다. 따라서 기업은 자사의 상품과 서비스가 소비자의 선택적 노출 영역에 포함되도록 이에 적합한 전략과 노력을 기울여야 한다.

제3절 주의

1 주의의 개념과 특성

(1) 주의의 정의

주의는 지각과정의 두 번째 단계로, 소비자가 정보나 자극에 노출되면 그 정보나 자극을 처리하는 과정에서 일부 정보와 자극에 집중하는 것을 의미한다. 앞서 노출의 3가지 유형을 통해서 공부하였듯이 소비자가 모든 정보를 활용하는 것은 불가능하다. 따라서 소비자는 노출된 정보에 대해 개인의 기준을 기반으로 정보를 습득한다. 여기서 개인의 기준은 2가지로 볼 수 있다. 첫째, 선택성은 소비자가 만나게 되는 여러 정보 중에서 어떤 정보에 우선적으로 주의를 기울이는가에 관한 것이다. 이때 소비자는 자신의 우선순위를 활용한다. 여러 정보를 자신의 우선순위를 기준으로 나누고 선택적으로 주의를 기울인다. 둘째, 집중성이다. 사람들은 대부분 두 가지 일에 동시에 주의를 기울이지 못한다. 즉, 하나의 자극에 집중한다면 다른 자극은 제대로 감지하지 못하게 된다. 원인은 주의용량으로 일컫는 집중성에 한계가 있기 때문이다.

(2) 주의의 유형

① 선택적 주의

선택적 주의는 소비자의 관심도나 중요도가 높은 정보에 대하여 더 많은 주의를 기울이며 이와 반대로 관심도나 중요도가 낮거나 본인의 신념과 태도 등에 맞지 않는 정보는 회피하는 경향이다. 선택적 주의가 발생하는 이유는 소비자의 인지용량의 제약으로 노출되는 모든 정보를 파악하는 것이 불가능하기 때문이다. 이에 소비자는 선택적 주의 과정으로 자신의 관심도와 중요도가 높은 정보를 선택하도록 정보의 우선 순위를 결정한다. 우선순위에 따라 소비자는 특정 자극에 대해서만 제한된 인지적 능력을 집중적으로 할당한다. 이 과정에서 새로운 정보를 처리하기 위해 정신적 측면에서의 유연성을 상승시키는 생리적 활성화가 필요한데 이를 환기라고 한다. 환기수준은 의사결정의 중요성에 따라 변하며, 소비자의 정보처리능력과 밀접한 관계를 지닌다. 이에 환기수준과 정보처리성과의 효과는 역U자 형태의 관계를 갖으며 이를 요크스-다드슨(Yerkes-Dodson)의 법칙이라고 한다. 환기수준이 낮을 경우, 주의는 산만하여 정보처리 능력이 낮다. 환기수준이 너무 높을 경우에는 주의가 집중되다 못해 협소해져 오히려 정보처리능력이 매우 떨어진다. 환기수준이 적당히 높을 경우 주의가 집중되어 정보처리능력이 매우 좋아지게 된다.

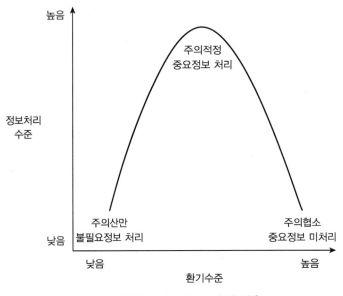

[요크스-다드슨(Yerkes-Dodson)의 법칙]

(3) 주의에 영향을 미치는 요인

다양한 마케팅 자극을 소비자에게 노출했다면, 소비자로부터 주의를 집중시켜야 한다. 소비자에게 주의를 끄는 요인들은 개인적 요인과 자극 요인으로 나뉜다.

① 개인적 요인

⊙ 욕구

욕구는 무언가를 원하거나 필요로 하는 것을 얻고자 하는 행동의 원동력으로서 소비자가 기대하는 상태와 현재 상황과의 격차 또는 차이 정도를 의미한다. 필요한 무언가가 결핍된다면 즉, 결핍된 것에 욕구를 느낀다면 소비자는 그것을 충족시키는 방식으로 행동한다. 매슬로우의 인간 욕구 5단계 이론 (Maslow's Hierarchy of Needs)에 의하면, 인간에게는 생리적 욕구, 안전의 욕구, 소속 및 안정의 욕구, 존경의 욕구, 자아실현의 욕구의 5개 욕구가 나타난다.

ⓛ 동기

소비자는 구체적인 욕구가 생기면 이 욕구를 충족시키기 위해 추진력이 생기는데 이를 동기라고 한다. 다시 말해 동기는 소비자의 내부에 존재하면서도 목적을 이루기 위해 행동을 유발하는 활성화된 상태 혹은 목적을 이루기 위한 능동적이고 적극적인 추진력으로 정의한다.

ⓒ 관여도

관여도는 특정 상황에서 자극에 의해 유발되어 지각된 개인적인 중요성 및 관심도 수준을 나타낸다. 소비자 관여도는 특정 제품이나 서비스에 대한 소비자 개인의 중요성 및 관심도의 수준을 나타내는 개념으로 고관여와 저관여로 구분된다. 관여도가 높을 때, 소비자는 제품 사용에 따른 혜택을 극대화하고 위험을 최소화하고자 한다. 따라서 더 많은 정보검색과 분석을 통해 다양한 대안들을 고려하며 신중한 의사결정을 위해 노력한다. 반대로 관여도가 낮은 상품은 소비자가 해당 상품에 대한 경험이나 지식이 이미 존재하거나 구매와 사용에 따른 위험이 적다. 따라서 저관여 상품에 대한 구매의사결정은 고관여 상품구매결정을 할 때보다 비교적 간단하고 짧은 시간 안에 이루어진다.

> **더 알아두기**
>
> 소비자 관여도는 고관여와 저관여로 나뉘며 소비자 개인에 따라 상대적이다. 소비자의 관심이나 중요성이 높거나 자동차, 냉장고, 스마트폰과 같이 가격이 높아 다양한 정보들을 비교하여 신중히 구매하는 제품을 '고관여 제품'이라 한다. 반면 소비자의 관심이나 중요도가 낮은 치약, 휴지 등과 같은 생필품들은 '저관여 제품'이라고 한다.

② **자극적 요인**

㉠ 언어의 형태

단순하고 명확한 의미의 단어를 사용하여 직접적인 메시지를 전달하는 경우 효과적이다. 또한, 흔히 소비자가 사용하는 단어, 긍정적인 단어, 제품이나 서비스를 평가하는 단어를 사용하여 만든 광고는 주의를 더 끈다.

㉡ 강도와 대비

밝은 색상의 TV 광고, 리듬감 넘치는 음악(소리), 유머로 시작되는 광고 등 강렬한 마케팅 자극은 주의를 집중시킨다. 또한, 주위 배경과 대조되는 색상, 움직임 등의 자극을 제시하면 주의가 강화된다. 그러나 자극이 지나치게 강하여 메시지가 무시되지 않도록 주의를 기울여야 한다.

㉢ 광고모델

광고모델도 소비자의 주의나 환기를 높인다. 소비자가 생각하는 제품 혹은 서비스의 특성과 광고모델 이미지의 유사성이 높고, 호감도가 높은 연예인을 모델로서 광고를 진행한다면 소비자의 주의를 끌고 호감을 상승시킨다. 호감도 상승은 곧 제품과 서비스로 전이시킬 수 있다.

㉣ 크기

자극의 크기는 클수록 소비자의 이목을 더욱 집중시킨다. 크기는 절대적인 측면뿐만 아니라 작은 화면에 나타나는 큰 광고와 같이 상대적인 측면도 고려한다.

ⓜ 색상

어두운 색보다는 밝은 색, 흑백보다는 컬러, 컬러 중에서도 색상이 진하고 강할수록 소비자의 주의를
끌어낸다. 색상의 사용은 구매욕구 자극, 강조 등의 효과를 나타낸다.

ⓗ 위치

진열대의 위치, 광고의 위치에 따라 주의력에서 차이가 발생한다. 자극의 위치는 가장자리보다 중앙
에 위치했을 때, 왼쪽보다는 오른쪽에 위치했을 때 더욱 효과적이다.

제4절 해석

1 해석의 개념과 특성

(1) 해석의 정의

해석은 소비자가 제시된 자극을 지각하여 자극의 특성을 분석하고 그 의미를 도출하여 이해하기 쉽도록 조직
화하는 것이다. 자극을 해석하기 위해서는 소비자는 먼저 주어진 자극이 무엇인지 파악한 후, 자극이 전달하
는 메시지를 해석한다. 이러한 과정들은 소비자가 어떤 자극이 자신과 관련이 있거나 중요한지, 어떤 자극의
정보가 스스로에게 쓰임새 있는 정보인지 결정을 내리는 데 유용하다. 이것을 지각하고 해석하는 과정은 '선
택적 지각 - 지각의 조직화 - 지각적 해석'으로 이루어진다.

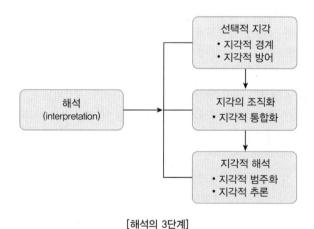

[해석의 3단계]

(2) 선택적 지각

소비자는 선택적으로 반응한다. 즉, 주어지는 모든 자극에 대해서 반응하지 않는다. 빠르게 변화하는 환경,
여러 가지 마케팅 자극을 접할 수 있는 다양한 미디어의 등장으로 소비자는 엄청난 양의 정보를 접하게 된다.

그러나 이 모든 자극이 소비자에게 효과적으로 작용하는 것은 아니다. **소비자 개인의 욕구, 태도, 경험 및 라이프스타일 등 개인적 특성상의 차이로 마케팅 자극에 대해 선택적으로 지각한다.** 이를 선택적 지각이라 한다. 소비자가 외부에서 주어지는 자극 중에서 스스로에게 필요하거나 관심이 있는 자극에 대해서만 집중하여 정보를 선택하여 정보처리의 효과를 높인다. 이러한 선택적 지각은 지각적 경계, 지각적 방어의 2가지 기능을 수행한다.

(3) 선택적 지각의 기능

선택적 지각은 지각적 경계와 지각적 방어의 기능을 수행한다. 주어진 정보에 대해서 관심을 갖고 더 잘, 많이 탐색하려고 하는지, 이와 반대로 회피하며 탐색하지 않으려고 하는지 2가지 방향으로 나뉜다.

① 지각적 경계

지각적 경계는 소비자에게 주어지는 많은 자극 중에서 소비자의 욕구를 충족시키고, 유용하며, 자신의 태도나 신념과 일치할 때 더 잘 지각하는 현상을 의미한다. 지각적 경계는 필요한 정보만을 선택하고 불필요한 정보를 거르는 기능을 수행한다. 소비자에게 노출되는 많은 광고를 모두 처리한다는 것은 현실적으로 불가능하며 지각적 경계에 의해서 욕구, 자신의 태도나 신념과 일치하고 필요성을 느끼는 자극에만 주의를 기울인다. 이에 따라 소비자는 필요한 정보를 신속하게 받아들이게 되며 의사결정에 소요되는 시간도 단축시킨다. 또한, 지각적 경계는 소비자의 욕구와 밀접한 관계를 지니며, 욕구충족을 위해 소비자는 원하는 정보에 대해서 더욱 많은 노력을 기울인다. 이로 인해 일반적으로 **욕구가 클수록 지각적 경계도 커진다.**

② 지각적 방어

지각적 방어는 자신의 태도나 신념과 불일치하거나 이를 위협 및 왜곡하고자 하는 자극을 만났을 때 이로부터 자신을 보호하기 위해 발생된다. 결국, 지각적 방어는 특정 자극에 대응하여 자신의 태도나 신념의 일관성을 유지하려는 것이다. 일반적으로 **브랜드에 대한 신념이나 태도가 강할수록, 해당 제품이나 서비스에 관한 충성도가 높을수록, 자극으로 인해 발생되는 불안감이 증가할수록, 구매 후의 부조화가 클수록 지각적 방어의 가능성은 높아진다.**

(4) 지각의 조직화

자극을 통해서 파악하는 정보는 노출된 원래의 상태로 지각되는 것이 아니라 **제품과 서비스 등을 사용하고 난 후에 얻은 소비자의 경험, 태도 등과 같은 내적 요인과 제품과 서비스의 형태 등의 외적 요인에 따라 하나의 의미 있는 것으로 통합하여 인식된다.** 이를 지각의 조직화라고 한다. 지각을 조직화하는 과정은 지각적 통합화가 대표적이다.

① 지각적 통합화

지각적 통합화는 다양한 자극을 하나의 의미 있는 조직으로 지각하는 것이다. 이는 정보처리단계를 간소화하게 하며 동시에 주어진 자극에 대해서 구체적인 의미를 제공한다. 마케팅에 있어서도 마찬가지이다. 소비자들이 가격, 제품, 광고, 점포 및 기업에 대해 일관적이고 통합된 이미지를 구축하여 지속적인 구매행동을 유발해야 하기 때문이다. 지각적 통합화에 있어서 중요한 원리는 **단순화, 완결, 집단화, 형상과 배경** 등이 있다.

㉠ 단순화

다양한 자극의 여러 요소를 통합하여 하나의 의미 있는 전체로 이해하고자 할 때, 단순한 형태로 이해하려는 경향이 강하게 나타난다. 이것이 바로 단순화이다. 마케터는 광고 등의 다양한 마케팅 자극을 제시할 때 단순화하여 소비자의 지각적 조직화를 도와 브랜드, 제품, 서비스, 조작법 등을 쉽게 기억해낼 수 있도록 해야 한다. 다음의 그림에서 단순화를 살펴보자. 소비자는 점을 하나의 선으로 연결하여 원으로 이해하고자 하는 경향이 강하다. 2개의 선을 겹쳐 사각형의 복잡한 모양으로 이해하려 하지 않는 것이다.

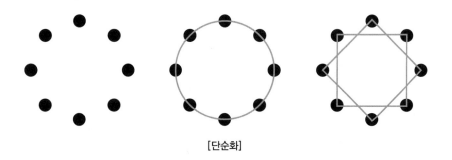

[단순화]

㉡ 완결

소비자는 주어진 자극을 완전한 형상으로 인식할 수 있도록 자극을 완결시킴으로써 욕구를 충족시키고자 하는 심리적 특성을 가지고 있다. 이때, 소비자는 주어진 자극이 불완전하다면, 잘못된 요소를 수정하거나 빈 부분을 채워 완전한 형태로 지각하고자 하며 이를 가리켜 완결이라고 한다. 완결의 원리를 이용한 광고를 쉽게 접할 수 있다. 예를 들면 기업명이나 관련 상품의 구체적인 명칭, 특성 혹은 기업에서 추구하는 가치를 빈칸 채우기 방식을 활용하여 이벤트를 진행하는 것이다. 이때 빈칸이 생겨 불완전한 광고 메시지를 소비자에게 전달하고 여기에 소비자가 부족한 부분을 채우도록 유도하여 소비자의 주의를 증가시켜 광고에 관심을 갖게 할 수 있다. 또한, 기업에 대한 호감도와 제품과 서비스에 대한 욕구를 상승시킬 수 있다.

㉢ 집단화

집단화는 여러 자극이 제시되는 경우 소비자들이 제시된 자극을 하나로 묶어서 이해하려고 하는 경향이다. 지각의 집단화는 복잡한 자극들을 하나의 형태로 통합하여 인식한다. 이에 해당 자극에 대한 소비자의 반응과 이해를 수월하게 하고 나아가 자극을 통해 얻은 정보의 기억을 가능하게 한다. 또한, 집단화를 통해 하나의 이미지를 형성하여 다른 대상과의 효과적인 비교를 통해 신속하고 편리한 의사결정을 이끈다.

지각적 집단화의 대표적인 특성 3가지는 **근접성, 유사성, 연속성**이다. 먼저, 근접성은 하나의 대상이 다른 대상과 관련성이 높거나 혹은 물리적으로 가까운 거리게 있는 경우 하나의 집단으로 묶어 지각하려는 경향이다. 유사성은 유사한 자극 요소를 묶어서 집단화하여 지각하는 경향을 의미한다. 연속성은 자극의 요소들을 분리하여 개별적인 요소로 지각하지 않고 계속적이고 연속적인 형태로 자극을 집단화시키는 경향을 의미한다. 연속되는 자극 정보들은 서로 단절된 것이 아닌 밀접한 형태로 조직화된다는 것이다.

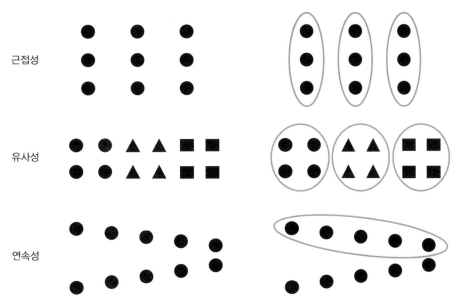

[집단화의 3가지 대표적 특성]

　㉣ 형상과 배경

　　마케팅 자극에는 형상과 배경이 존재한다. 여기서 형상은 소비자의 주의를 끌기 위해 의도적으로 두드
　　러지게 나타낸 부분이며, 배경은 상대적으로 덜 두드러지게 나타낸 부분을 의미한다. 즉, 형상은 배경
　　보다 중요한 내용을 포함하기에 자세하게 묘사되는 것이다. 이러한 전략은 주로 광고에서 사용되는데,
　　광고의 주요 내용은 배경이 아닌 형상에 위치하도록 배치해야 한다. 예를 들면, 소주광고에서 소주는
　　형상이고 광고모델은 배경이다. 따라서 광고모델보다 소주가 두드러지도록 광고를 만들어야 한다.

(5) 지각적 해석

소비자가 자극에 주의를 기울이고, 자극을 본인의 방식으로 조직화하여 그 자극을 해석하게 된다. 즉, 받아
들인 자극을 소비자의 과거 경험이나 개인의 신념 및 태도, 욕구 등에 따라 재가공하여 해석하는 과정인데
이것이 바로 지각적 해석이다. 지각적 해석은 주로 지각적 범주화와 지각적 추론 2가지의 원리가 적용된다.

① 지각적 범주화

지각적 범주화는 소비자가 다양한 자극을 통해 얻은 정보를 자신의 지식구조에 포함시킬 때, 기존 소비자
의 지식 체계와 관련지어 자신의 방식으로 이해하는 것을 의미하며 매우 순간적이고 무의식적인 상태에
서 이루어진다. 범주화의 기준은 수준, 연상, 스키마, 일반화이다.

첫 번째, 소비자가 제품이나 서비스의 특성을 수준에 따라 단계별로 구분하는 경향이 수준이다. 예를 들
면 가격은 '비싸다 – 적절하다 – 싸다'로 나누는 경우이다.

두 번째, 연상은 브랜드의 상표나 로고, 브랜드 이름 등만 봐도 소비자가 어떤 브랜드인지 연상하여 쉽게
정보를 파악하고 분류할 수 있도록 도와주는 것이다. 그러나 연상을 통한 범주화가 예기치 못한 상황을
발생시키기도 하니, 마케터는 이 부분을 주의해야 한다. 이와 관련하여 머핀 모양의 향초, 젤리 모양의

비누 등 식품이나 장난감을 모방하여 생활화학 제품을 만들어 판매한 사례가 있다. 소비자는 이를 보면서 젤리, 과일, 머핀 등을 연상하여 삼켜버리는 사고가 발생하였고, 특히 어린이 삼킴 사고는 약 77.6%에 달했다고 한다.

세 번째, 스키마란 경험을 바탕으로 기억에 자리 잡고 있는 지식들의 집합으로 이해할 수 있다. 스키마는 계층적인 특성을 갖는 것이 특징이기 때문에 소비자는 특정 상표에 대한 스키마를 가질 수 있다. 또한, 제품과 서비스에 대한 지식이나 경험이 다르기 때문에 동일한 제품과 서비스라고 할지라도 개인마다 스키마는 다르게 형성된다. 결국, 제품과 서비스에 대해 소비자가 어떤 스키마를 형성하느냐에 따라 제품과 서비스에 대한 소비자들의 신념과 태도에도 변화를 가져올 수 있다.

마지막은 **일반화**이다. 새로운 정보를 받아들인 후 가장 쉽게 분류하는 방법으로 **기존의 유사한 정보로 분류하는 것**이다. 이러한 경향으로 인해 소비자는 종종 한두 가지의 특징만으로 일반화하여 성급히 판단을 내리는 경우가 있다.

② **지각적 추론**

지각적 추론은 자극에 대해서 평가할 때, 주어진 자극 자체에 대해서 직접적으로 평가하는 것이 아닌 다른 단서들을 추가로 활용하여 추리하는 방식이다. 추론은 자극에 포함된 정보를 근거로 하여 이루어지며, '평가에 따른 추론, 유사성에 따른 추론, 상관관계적 추론'의 3가지의 지각적 추론 유형이 있다.

먼저, **평가에 따른 추론**은 특정 브랜드에 대해 계속적으로 긍정적 혹은 부정적 평가를 내리는 것이다. 예를 들어, A사의 식품은 맛도 좋고 인기도 많으니, 원재료도 좋을 것이라 믿는 경우가 있다.

두 번째, **유사성에 따른 추론**은 하나의 대상이 다른 대상들과 비슷한 정도에 따라 두 개의 대상을 연관시켜 추론하는 것이다. 소비자가 잘 모르는 제품에 대하여 기존에 알고 있었던 친숙한 제품과 연관시켜 잘 모르는 제품을 평가하는 것이다.

세 번째, 구체적인 연관관계에 근거하여 추론하는 **상관관계적 추론**이다. 일반적으로 "가격이 높으면 품질도 좋을 것이다."라는 가격-품질 연상 효과에 의존하여 추리하는 것이 그 예가 되겠다. 특히, 가격-품질 연상 효과는 제품에 대해 충분한 정보를 가지고 있지 않을 때, 가격 정보의 정보원을 신뢰할 때, 대안 제품 간의 가격과 품질의 차이가 크다고 느끼는 상황에서 더욱 잘 발생한다. 이외에 제품 외관상의 특징이나 포장, 브랜드명, 원산지, 시장점유율 등의 다양한 요소를 근거로 사용하여 추론한다.

○✕로 점검하자 | 제3장

※ 다음 지문의 내용이 맞으면 ○, 틀리면 ✕를 체크하시오. [1~10]

01 지각은 노출, 주의, 해석의 과정으로 이루어지며, 이는 소비자의 구매행동 결정에 영향을 미친다.
( )

02 소비자의 정보처리과정에서 노출이 발생하지 않아도 자극 안의 정보는 처리된다. ( )

03 노출에는 의도적, 우연적, 선택적 노출이 있으며, 우연적 노출보다 의도적 노출이 더 쉽게 발생한다. ( )

04 소비자는 스스로가 정보에 관한 관심도, 필요성, 중요도가 높은 정보에는 적극적으로 자신을 노출시킨다. ( )

05 소비자는 자극의 노출을 통해 파악한 모든 정보를 활용할 수 있다. ( )

06 주의에 영향을 미치는 요인은 욕구, 동기, 관여도의 개인적 요인과 색상, 모델, 언어의 형태 등의 자극적 요인으로 나뉜다. ( )

정답과 해설   01 ○   02 ✕   03 ✕   04 ○   05 ✕   06 ○

01 소비자는 마케팅 자극에 대한 노출과 주의를 통해 정보를 파악하고 이를 다시 선택적 지각, 지각의 조직화, 지각 해석의 해석 과정을 거쳐 정보를 이해하고 기억한다. 이는 소비자의 구매행동 결정에 영향을 미친다.
02 소비자의 정보처리과정에서 노출은 반드시 발생해야 하며, 노출이 발생하지 않으면 정보는 처리되지 않는다.
03 노출에는 의도적, 우연적, 선택적 노출이 있다. 이 중 우리의 일상생활에서 의도적 노출보다 광고, SNS 등의 우연적 노출이 더 쉽게 발생한다.
04 선택적 노출에는 정보에 대한 소비자의 필요도, 관심도, 중요도가 높으면 적극적으로 자신을 노출하는 노출 행동과 이와 반대로 필요도, 관심도, 중요도가 낮으면 회피하는 노출 회피 행동의 2가지 경향이 있다.
05 소비자가 노출에 의해 파악한 정보를 모두 활용하는 것은 불가능하다. 소비자는 노출된 정보에 대해 개인의 기준을 기반으로 일부 정보와 자극에 집중한다. 이는 주의 단계에서 발생한다.
06 주의에 영향을 미치는 개인적 요인은 욕구, 동기, 관여도가 있으며 자극적 요인은 언어의 형태, 강도와 대비, 모델, 크기, 색상, 위치 등이 있다.

07 선택적 지각의 기능 중 지각적 경계는 필요한 정보를 신속하게 받아들이게 하여 의사결정에 소요되는 시간을 단축시킨다. (   )

08 지각의 통합화 중 집단화의 대표적 특성은 근접성, 유사성, 종결성이다. (   )

09 지각적 범주화는 기존의 소비자의 지식체계와 관련지어 자신의 방식으로 새로운 정보를 이해하는 과정으로 소비자가 의식하는 순간에 이루어진다. (   )

10 가격-품질 연상 효과는 지각적 추론의 유형 중 평가에 따른 추론에 속한다. (   )

01 다음 중 노출에 대한 설명으로 옳지 <u>않은</u> 것은?

① 노출이 발생하지 않으면 자극 안의 정보도 처리되지 않는다.
② 노출의 유형에는 의도적 노출, 우연적 노출, 선택적 노출이 있다.
③ 의도적 노출 단계에서 소비자는 외적 및 내적 탐색을 시도한다.
④ 필요성을 느끼지 못하거나 관심이 없는 정보에도 소비자는 적극적으로 자신을 노출시킨다.

01 선택적 노출에서 소비자는 자신이 필요하다고 느끼지 못하거나 관심이 없는 정보에는 노출을 회피하는 경향을 보인다.

02 우연적 노출에 대한 설명으로 옳지 <u>않은</u> 것은?

① 소비자가 원하지 않는 상태에서 정보나 자극에 노출되는 것이다.
② 의도적 노출보다 우연적 노출이 빈번히 일어난다.
③ 소비자의 구매는 우연적 노출보다 의도적 노출의 영향을 많이 받는다.
④ 장기적 관점에서 마케터는 소비자를 우연적 노출에서 의도적 노출 단계까지 도달시켜 구매까지 연결되도록 해야 한다.

02 실제로 소비자는 의도적 노출보다 우연적 노출을 통해 구매를 결정하는 경우가 많으며, 마케터는 마케팅 자극을 소비자에게 우연히 노출시켜 소비자가 관심을 갖고 의도적으로 노출시키는 단계까지 도달시킬 수 있는 전략을 수립해야 한다.

정답 (01 ④   02 ③)

03 zapping(재핑), zipping(지핑), muting(뮤팅)은 모두 노출 회피 행동에 속하며 searching(서칭)은 자극에 노출된 후 스스로 정보를 탐색하는 행동으로 노출 회피 행동에 속하지 않는다.

03 다음 선택적 노출 행동 중 <u>다른</u> 하나는?

① zapping(재핑)

② zipping(지핑)

③ muting(뮤팅)

④ searching(서칭)

04 ① 소비자는 모든 정보의 수용이 불가능하며, 선택성과 집중성을 기준으로 정보를 습득한다.
③ 선택적 주의는 소비자의 인지용량 제약으로 노출되는 모든 정보를 파악하는 것이 불가능하기 때문에 발생한다.
④ 자극적 요인 중 언어의 형태에 관한 문제이다. 소비자가 자주 사용하는 단어, 긍정적인 단어, 제품이나 서비스를 평가하는 단어를 사용한 자극이 소비자의 이목을 집중시키는 데 더욱 효과적이다.

04 다음 중 주의에 관한 설명으로 옳은 것은?

① 소비자는 모든 정보의 수용이 가능하며, 선택성과 집중성을 기준으로 정보를 습득한다.

② 선택성은 소비자가 우선순위를 활용하여 어떤 정보에 우선으로 주의를 기울이는가에 관한 것이다.

③ 소비자 개인의 정보에 대한 선호로 인해 선택적 주의가 발생한다.

④ 주의에 영향을 미치는 자극적 요인 중 부정적 단어를 사용한 자극이 소비자의 주의를 더 집중시킨다.

05 ① 욕구는 무언가를 원하거나 필요로 하는 것을 얻고자 하는 행동의 원동력으로서 동기를 발생시키는 원인이 된다.
② 매슬로우의 인간 욕구 5단계 중 마지막 단계는 자아실현의 욕구이다.
④ 고관여, 저관여에 따라 소비자의 구매의사결정까지 소요되는 시간에서 차이가 발생한다.

05 주의에 영향을 미치는 개인적 요인에 대한 설명으로 옳은 것은?

① 욕구는 소비자 내부에 존재하면서 목적을 이루기 위해 행동하는 상태이다.

② 매슬로우의 인간 욕구 5단계 중 마지막 단계는 안정의 욕구이다.

③ 동기는 목적을 이루기 위해 능동적이고 적극적인 특징을 가진다.

④ 관여도에 상관없이 소비자가 구매 의사를 결정하기까지 소요되는 시간은 동일하다.

정답 03 ④ 04 ② 05 ③

06 다음 중 ㉠에 들어갈 개념은 어떤 것인가?

> (㉠)는 특정 제품이나 서비스에 대한 소비자 개인의 중요성 및 관심도 수준을 나타내는 개념으로, 소비자 개인에 따라 상대적인 개념이다. (㉠)가 높은 제품에 대해 소비자는 제품 사용에 따른 혜택을 극대화하고 위험을 최소화하기 위해 노력한다. 반대로 (㉠)가 낮은 제품은 소비자가 해당 제품에 대한 경험이나 지식이 이미 존재하거나 구매와 사용에 따른 위험이 적어 의사결정 시간이 비교적 짧고 간단하다.

① 관여도
② 욕구
③ 동기
④ 환기

07 다음 중 주의에 영향을 미치는 요인에 대한 설명으로 옳지 <u>않은</u> 것은?

① 색상 – 색상이 진하고 강할수록 소비자의 주의를 집중시킨다.
② 위치 – 가장자리보다는 중앙, 오른쪽보다는 왼쪽에 위치했을 때 효과적이다.
③ 언어 – 제품이나 서비스를 평가하는 단어의 사용이 효과적이다.
④ 욕구 – 무언가를 원하거나 필요로 하는 것을 얻고자 하는 행동의 원동력으로 이는 곧 추진력을 발생시킨다.

06 관여도는 특정 제품이나 서비스에 대한 소비자 개인의 중요성 및 관심도 수준을 나타내는 개념으로 고관여 제품과 저관여 제품이 있다.

07 위치는 가장자리보다는 중앙, 왼쪽보다는 오른쪽에 위치했을 때 효과적이다.

정답 06 ① 07 ②

08 환기수준이 너무 높을 경우에는 주
의가 집중되다 못해 협소해져 오히
려 정보처리능력이 매우 떨어진다.

08 다음 중 요크스-다드슨(Yerkes-Dodson)의 법칙에 대한 설명으로 적절하지 <u>않은</u> 것은?

① 환기수준과 소비자 정보처리효과에 관련된 법칙이다.
② 환기수준이 낮을 경우, 주의는 산만하여 정보처리능력이 낮아진다.
③ 환기수준이 적당히 높을 경우, 주의가 집중되어 정보처리능력이 매우 좋아진다.
④ 환기수준이 너무 높을 경우, 주의 집중도가 상승하여 정보처리능력이 최고치로 높아진다.

09 ① 정보처리과정은 '노출 – 주의 –
해석'의 단계로 이루어진다.
③ 해석 단계 내에서의 과정은 '선택
적 지각 – 지각의 조직화 – 지각
적 해석'으로 이루어진다.
④ 소비자는 개인의 욕구, 태도, 경
험 및 라이프스타일 등 개인적 특
성과 우선순위를 기준으로 정보
를 해석하고 지각한다.

09 다음 중 해석에 대한 설명으로 옳은 것은?

① 정보처리과정에서 해석은 노출 다음으로 발생한다.
② 해석은 소비자 주관적 특성의 영향을 크게 받는다.
③ 해석 단계 내에서의 과정은 지각의 조직화, 선택적 지각, 지각적 해석 순이다.
④ 소비자는 특별한 기준 없이 파악한 정보를 해석하여 지각한다.

10 브랜드에 대한 신념이나 태도가 강
할수록, 해당 제품이나 서비스에 관
한 충성도가 높을수록, 자극으로 인
해 발생되는 불안감이 증가할수록,
구매 후의 부조화가 클수록 지각적
방어의 가능성은 높아진다.

10 다음 중 선택적 지각에 대한 설명으로 옳지 <u>않은</u> 것은?

① 소비자 개인의 욕구, 태도, 경험 및 라이프스타일 등 개인 특성의 차이로 마케팅 자극에 대해 선택적으로 지각한다.
② 지각적 경계는 소비자의 욕구와 밀접한 관계를 지니고 있다.
③ 지각적 방어는 특정 자극에 대응하여 자신의 태도나 신념의 일관성을 유지하려는 것이다.
④ 브랜드에 대한 충성도가 낮을수록, 구매 후의 부조화가 낮을수록 지각적 방어의 가능성은 높아진다.

정답 08 ④ 09 ② 10 ④

11 다음 중 지각적 통합화에 대한 설명으로 옳지 **않은** 것은?

① 다양한 자극을 하나의 의미 있는 조직으로 지각하는 것이다.

② 마케팅에 적용하여 본다면, 제품에 대한 일관적이고 통합된 이미지를 구축하여 지속적인 구매행동을 유발해야 하기 때문에 지각적 통합화가 중요하다.

③ 지각적 통합화는 소비자의 경험, 태도 등의 내적 요인이 결합되지 않고, 노출된 원래의 상태로 지각된다.

④ 지각적 통합화의 원리는 단순화, 완결, 형태와 배경, 집단화가 있다.

12 다음 중 지각적 통합화의 원리로 올바른 것은?

① 완결, 집단화, 단순화

② 욕구, 동기, 관여도

③ 수준, 연상, 스키마

④ 근접성, 유사성, 연속성

13 다음 중 지각적 범주화에 대한 설명으로 옳은 것은?

① 새로운 정보를 자신의 지식구조에 포함시킬 때, 기존의 지식체계를 버리고 새로운 방식으로 이해하는 것을 의미한다.

② 지각적 범주화는 일시적으로 발생한다.

③ 지각적 범주화는 순간적이고 무의식적인 상태에서 이루어진다.

④ 범주화의 기준은 평가, 유사성, 상관관계적 특성을 고려하는 것이다.

11 지각적 통합화는 제품과 서비스를 이용하고 난 후에 얻은 소비자의 경험, 태도 등과 같은 내적 요인과 제품과 서비스의 형태 등의 외적 요인의 영향으로 하나의 의미를 형성하여 통합하는 과정이다. 따라서 소비자의 내적 요인의 영향을 받는다.

12 지각적 통합화의 원리는 단순화, 완결, 집단화, 형상과 배경이 있다.

13 ① 지각적 범주화는 소비자가 다양한 자극을 통해 얻은 정보를 자신의 지식구조에 포함시킬 때, 기존 소비자의 지식 체계와 관련지어 자신의 방식으로 이해하는 것을 의미한다.
② 지식적 범주화는 기존의 소비자가 경험 및 지식으로 쌓아온 체계 속에서 발생하기 때문에 일시적으로 이루어진다고 보기 어렵다.
④ 범주화의 기준은 수준, 연상, 스키마, 일반화이다.

정답 11 ③ 12 ① 13 ③

14 연상은 예기치 못한 상황을 발생시
킨다(예 젤리 모양의 비누를 어린이
소비자가 젤리인 것으로 연상하여
삼켜버리는 사고 발생).

14 다음 중 지각적 범주화의 기준에 대한 설명으로 옳지 않은 것은?

① 제품이나 서비스의 특성을 수준에 따라 나눈다.
② 연상은 소비자가 브랜드의 상표나 로고를 통해 쉽게 정보를 파악하고 분류할 수 있게 한다.
③ 연상은 예측 가능한 상황만 발생시킨다.
④ 제품이나 서비스에 대해 소비자가 어떠한 스키마를 형성하는가에 따라 신념과 태도에 변화를 가져온다.

15 지각적 추론의 유형 중 평가에 따른
유형은 제품이나 서비스에 대하여
계속적으로 긍정적 혹은 부정적 평
가를 내리는 것이다.

15 지각적 추론에 대한 설명으로 옳지 않은 것은?

① 자극에 대해서 평가할 때, 주어진 자극에 대해 직접적으로 평가하는 대신 다른 단서를 활용해 추리하는 방식이다.
② 평가, 유사성, 상관관계적 추론의 3가지 유형이 있다.
③ 평가에 따른 유형은 일시적으로 긍정적 혹은 부정적 평가를 내리는 것이다.
④ 상관관계적 추론은 '가격-품질 연상 효과'가 대표적이다.

16 디마케팅 전략은 주의를 끌 수 있는
특정 소비자들을 표적으로 하는 전
략이다. 소비자도 모든 자극에 노출
되고 주의를 기울이는 것이 아니기
때문에 기업도 자사 브랜드를 선택
적으로 노출하는 것이 더 효과적이
다. 따라서 디마케팅 전략은 선택적
노출에 해당한다.

16 기업들이 자사의 상품을 많이 판매하기보다는 오히려 고객들의 구매를 의도적으로 줄임으로써, 적절한 수요를 창출하고 장기적으로 수익을 극대화하는 전략을 디마케팅이라고 한다. 디마케팅 전략은 어느 내용에 해당한다고 볼 수 있는가?

① 선택적 노출
② 우연적 노출
③ 지각의 통합화
④ 지각적 방어

정답 14 ③ 15 ③ 16 ①

주관식 문제

01 소비자의 정보처리과정의 3단계를 나열하시오.

01

정답 노출, 주의, 해석

해설 마케팅 자극에 대한 노출, 주의, 해석의 3단계를 거쳐 구매 행동 즉, 소비자의 최종 의사를 결정한다.

02 다음 (   ) 안의 ㉠, ㉡, ㉢에 들어갈 내용을 쓰시오.

(㉠)은 목적지향적 노출이라고도 하며 소비자가 목적을 가지고 특정 자극에 의도적으로 본인을 노출시키는 것이다. 이 단계에서 소비자는 문제를 인식한 후, 기존의 소비자가 가지고 있는 경험과 지식을 모색하는 (㉡)과 의도적으로 자신을 새로운 자극에 노출시키는 (㉢)을 시도한다.

02

정답 ㉠: 의도적 노출
㉡: 내적 탐색
㉢: 외적 탐색

해설 의도적 노출은 소비자가 목적을 가지고 스스로를 특정 자극에 의도적으로 노출시키는 것을 의미하며, 목적지향적 노출로도 불린다.
먼저, 소비자가 구매의사결정과정에서 문제를 인식한다. 이를 해결하기 위해 기존의 소비자가 가지고 있던 경험이나 지식을 모색하는 내적 탐색을 시도한다. 그러나 소비자가 기존의 경험과 지식으로는 문제를 해결할 수 없다고 생각한다면 의도적으로 자신을 광고 등의 새로운 자극에 노출시키는 외적 탐색을 통해 새로운 정보를 얻고자 한다.

03

정답 ㉠: 선택적 노출
㉡: 노출 행동
㉢: 노출 회피 행동

해설 소비자는 일반적으로 자신에게 필요하다고 느끼고 관심이 있는 정보에는 적극적으로 자신을 노출시키지만 자신이 필요성을 느끼지 못하거나 관심이 없는 정보에는 노출을 회피하는 경향이 강하다. 이를 '선택적 노출'이라고 한다.
노출 행동은 소비자 자신에게 의미가 있다고 느끼는 정보에 노출된 후, 스스로의 의지로서 정보를 탐색하는 행동을 말한다.
노출 회피 행동은 제품과 서비스의 광고가 소비자에게 부정적인 감정을 유발하게 된다면, 해당 제품과 서비스에 관한 관심은 사라지고 의도적으로 자극을 회피하려는 것이다.

04

정답 노출 회피 행동은 방송 프로그램 시작 전후로 노출되는 광고를 피하기 위해 채널을 돌리는 행위인 zapping(재핑), 광고를 빠른 속도로 돌리는 zipping(지핑), 광고를 시청할 때, 음소거하고 시청하는 muting(뮤팅)이 있다.

해설 모든 정보가 소비자에게 긍정적인 반응을 유발하는 것은 아니다. 오히려 제품과 서비스의 광고가 소비자에게 부정적인 감정을 유발하게 된다면, 해당 제품과 서비스에 관한 관심은 사라지고 의도적으로 자극을 회피하려고 하는데 이를 노출 회피 행동이라 한다.

03 다음 ( ) 안의 ㉠, ㉡, ㉢에 들어갈 내용을 쓰시오.

(㉠)은 소비자에게 필요도와 관심도가 높다고 판단되는 정보에는 자신을 노출시키지만, 필요도와 관심도가 낮은 정보에 대해서는 노출을 회피하는 경향을 나타낸다. (㉠)은 2가지 행동으로 나타나는데 (㉡)과 (㉢)이다.

04 노출 회피 행동의 유형에 대해 약술하시오.

05 선택적 주의가 발생하는 이유에 관해 서술하시오.

05

정답 선택적 주의가 발생하는 이유는 소비자의 인지용량의 제약으로 노출되는 모든 정보를 파악하는 것이 불가능하기 때문이다. 이에 소비자는 선택적 주의 과정으로 자신의 관심도와 중요도가 높은 정보를 선택하도록 정보의 우선순위를 결정한다.

06 다음 ( ) 안의 ㉠, ㉡에 들어갈 내용을 쓰시오.

> 소비자 개인에 따라 상대적인 개념으로 소비자의 관심이나 중요도가 높아 다양한 정보들을 비교한 후 신중히 구매하는 제품을 (㉠)제품이라고 한다. 반면 소비자의 관심이나 중요도가 낮은 치약, 휴지 등과 같은 생필품들은 (㉡)제품이라고 한다.

06

정답 ㉠ 고관여
㉡ 저관여

해설 소비자 관여도는 특정 제품이나 서비스에 대한 소비자 개인의 중요성 및 관심도의 수준을 나타내는 개념으로 고관여와 저관여로 구분된다.
관여도가 높을 때, 소비자는 제품 사용에 따른 혜택을 극대화하고 위험을 최소화하고자 한다. 따라서 더 많은 정보검색과 분석을 통해 다양한 대안들을 고려하며 신중한 의사결정을 위해 노력한다. 반대로 관여도가 낮은 상품은 소비자가 해당 상품에 대한 경험이나 지식이 이미 존재하거나 구매와 사용에 따른 위험이 적다.

07 소비자의 주의를 끄는 자극적 요인을 모두 쓰시오.

07

정답 언어의 형태, 강도와 대비, 모델, 크기, 색상, 위치

해설 자극적 요인에는 언어의 형태, 강도와 대비, 모델, 크기, 색상, 위치 등이 있다.

08

정답 지각적 경계와 지각적 방어의 기능을 수행한다. 2가지 기능은 소비자의 신념 및 태도, 욕구 등을 기준으로 필요한 정보는 습득하고 불필요한 정보는 거른다는 공통점을 갖는다.

해설 지각적 경계는 필요한 정보만을 선택하고 불필요한 정보를 거르는 기능을 수행한다. 소비자에게 노출되는 많은 광고를 모두 처리한다는 것은 현실적으로 불가능하며 지각적 경계에 의해서 욕구, 자신의 태도나 신념과 일치하고 필요성을 느끼는 자극에만 주의를 기울인다. 지각적 방어는 자신의 태도나 신념과 불일치하거나 이를 위협 및 왜곡하고자 하는 자극을 만났을 때 이로부터 자신을 보호하기 위해 발생된다. 결국, 지각적 방어는 특정 자극에 대응하여 자신의 태도나 신념의 일관성을 유지하려는 것이다.

09

정답 ㉠: 강할수록
㉡: 높을수록
㉢: 증가할수록

해설 지각적 방어는 자신의 태도나 신념과 불일치하거나 이를 위협 및 왜곡하고자 하는 자극을 만났을 때 이로부터 자신을 보호하기 위해 발생된다. 결국, 지각적 방어는 특정 자극에 대응하여 자신의 태도나 신념의 일관성을 유지하려는 것이다.
일반적으로 브랜드에 대한 신념이나 태도가 강할수록, 해당 제품이나 서비스에 대한 충성도가 높을수록, 자극으로 인해 발생되는 불안감이 증가할수록, 구매 후의 부조화가 클수록 지각적 방어의 가능성은 높아진다.

08 선택적 지각의 2가지 기능이 무엇인지 쓰고, 2가지 기능이 가진 공통점에 관해 서술하시오.

09 다음 ( ) 안의 ㉠, ㉡, ㉢에 들어갈 내용을 쓰시오.

일반적으로 브랜드에 대한 신념이나 태도가 (㉠ 강할수록 / 약할수록), 제품이나 서비스에 대한 충성도가 (㉡ 높을수록 / 낮을수록), 자극으로 인해 발생되는 불안감이 (㉢ 증가할수록 / 감소할수록) 지각적 방어의 가능성이 높아진다.

10 다음 (   ) 안의 ⑤, ⓒ, ⓒ에 들어갈 내용을 쓰시오.

> (⑤ 불완결 / 완결)은 지각적 통합화의 4가지 원리 중에 하나로, 소비자는 주어진 자극이 (ⓒ 불완전 / 완전)하다면, 잘못된 요소를 수정하거나 빈 부분을 채워 (ⓒ 불완전한 / 완전한) 형태로 지각하고자 함을 나타낸다. 이를 활용한 예로는 빈칸 채우기 이벤트, 불완전한 광고 메시지 전달을 통한 소비자 참여 유도 등이 있다.

11 지각적 범주화의 4가지 기준이 무엇인지 쓰시오.

10

정답 ⑤ 완결, ⓒ 불완전, ⓒ 완전한

해설 완결은 지각적 통합화의 4가지 원리 중에 하나로, 소비자는 주어진 자극이 불완전하다면, 잘못된 요소를 수정하거나 빈 부분을 채워 완전한 형태로 지각하고자 함을 나타낸다.

11

정답 수준, 연상, 스키마, 일반화

해설 지각적 범주화는 소비자가 다양한 자극을 통해 얻은 정보를 자신의 지식 구조에 포함시킬 때, 기존 소비자의 지식 체계와 관련지어 자신의 방식으로 이해하는 것을 의미하며, 수준, 연상, 스키마, 일반화의 4가지 기준으로 이루어진다.

12

정답 연상은 브랜드의 상표나 로고, 브랜드 이름 등만 봐도 소비자가 어떤 브랜드 인지 연상하여 쉽게 정보를 파악하고 분류할 수 있도록 도와주는 것이다. 그러나 연상을 통한 범주화가 예기치 못한 상황을 발생시키기도 한다. 예를 들어 머핀 모양의 향초, 젤리 모양의 비누 등 식품이나 장난감을 모방하여 생활화학제품을 만들어 판매한 사례가 있다. 소비자는 이를 보면서 젤리, 과일, 머핀 등을 연상하여 삼켜버리는 사고가 발생하였다.

13

정답 ㉠: 지각적 추론
㉡: 유사성에 의한 추론
㉢: 상관관계적 추론

해설 주어진 자극 자체에 대해서 직접적으로 평가하는 것이 아닌 다른 단서들을 추가로 활용하여 추리하는 방식을 지각적 추론이라고 한다. 지각적 추론의 유형에는 평가에 의한 추론, 유사성에 의한 추론, 상관관계적 추론의 3가지가 있다.

14

정답 상관관계적 추론에 대표적인 효과로 "가격이 높으면 품질도 좋을 것이다."라는 내용에 의존하여 추리하는 것이다. 특히, 가격-품질 연상 효과는 제품에 대해 충분한 정보를 가지고 있지 않을 때, 가격 정보의 정보원을 신뢰할 때, 대안 제품 간의 가격과 품질의 차이가 크다고 느끼는 상황에서 더욱 잘 발생한다.

12 지각적 범주화 중 연상에 관해 설명하고 그 예시를 드시오.

13 다음 ( ) 안의 ㉠, ㉡, ㉢에 들어갈 내용을 쓰시오.

> 주어진 자극 자체에 대해서 직접적으로 평가하는 것이 아닌 다른 단서들을 추가로 활용하여 추리하는 방식을 (㉠)이라고 한다. (㉠)의 유형에는 평가에 의한 추론, (㉡), (㉢)의 3가지가 있다.

14 '가격-품질 연상 효과'에 대해 서술하시오.

제 4 장

학습과 기억

얼마나 많은 사람들이 책 한 권을 읽음으로써 인생에 새로운 전기를 맞이했던가.

– 헨리 데이비드 소로 –

제 **4** 장 | 학습과 기억

인지적 학습

1 인지적 학습의 정의

인지적 학습은 소비자가 여러 가지 정보를 직접 수집하고 처리한 결과를 자신이 이미 가지고 있던 본인의 신념과 통합하는 과정이다. 즉, 소비자가 구매하고자 하는 제품 혹은 서비스가 가진 특징이나 기능, 장점 등 고유한 속성을 파악하여 평가한 후 해당 제품이나 서비스에 대한 태도를 형성하거나 변화시킨 결과 긍정적인 태도를 보이게 된다면 마침내 구매를 결정하는 단계까지 도달하게 되는 것이다. 이것을 정리하면 인지적 학습은 소비자가 제품이나 서비스에 대한 정보를 처리할 때, 하나의 사고 과정을 거쳐 신념과 태도를 형성하고 이를 반영하여 구매 의사결정을 내리는 과정이라고 할 수 있다.

인지적 학습 이론은 학습이 소비자가 가지고 있는 기존의 지식 구조를 변화시킨다고 가정한다. 이에 소비자가 정보를 획득하는 방법을 결정하는 정신적, 심리적 과정을 이해하는 데 집중하며 소비자가 정보를 기억 속에 저장하는 일련의 과정과 저장 방법에 초점을 맞춰 연구한다. 따라서 인지적 학습은 외부 자극과 정보뿐만 아니라 목표, 개인의 기억 등을 포함해 소비자의 행동 변화까지를 포함한 의사결정과정 자체이다.

2 인지적 학습의 유형

(1) 첨가

소비자가 제품과 서비스에 대해 학습한 정보를 활용하여 기존의 가지고 있던 지식에 새로운 지식을 더해 지식 구조를 확장하고 이를 바탕으로 기존의 신념을 변화시킨다. 이처럼 제품과 서비스에 대해 학습한 정보를 처리할 때 기존 지식구조에 새로운 지식이나 신념을 덧붙여서 변화를 일으키는 것을 첨가라고 한다. 첨가는 이성적 학습에 의한 첨가와 연상적 학습에 의한 첨가로 분류된다. 먼저, 이성적 학습에 의한 첨가는 소비자가 스스로 정보처리과정을 거쳐 기존의 지식 구조에 정보를 첨가하는 것을 의미하며 주로 고관여 제품에 대한 의사결정을 내릴 때 발생한다. 다음, 연상적 학습에 의한 첨가는 연관 혹은 연상 관계를 사용하여 소비자를 학습시킨다. 즉, 욕구와 학습 내용 간의 연상 관계가 강하게 만들어지고 새로운 정보가 첨가되는 것을 의미하며, 주로 저관여 제품에 대한 의사결정을 내릴 때 나타난다.

(2) 동조화

인지적 학습 과정에서 동조화는 소비자가 제품이나 서비스에 대한 지식이 많아지면 기존에 가졌던 자신의 지식체계를 재검토하여 새로운 의미를 지니는 구조로 일반화하는 것을 의미한다. 즉, 학습을 통한 지식의 축적으로 기존의 지식 구조가 재개편되는 것이다. 특히, 이 과정에서 소비자의 기존 지식과 새로운 지식을 결합하여 새로운 구조를 만들어 낼 수 있다. 예를 들어 스마트폰 중 아이폰에 대한 특징적인 내용은 많지만, 소비자에 따라 만족을 주는 기준이 다르다. 한 소비자가 깔끔한 디자인과 편리성을 더욱 선호한다면, 아이폰을 선택할 때 아이폰의 많은 특징 중 깔끔한 디자인과 편리성에 일반화하여 제품을 구매하는 것이 예시가 될 수 있다.

(3) 재구조화

앞서 언급된 인지적 학습의 두 가지 유형인 첨가와 동조화는 소비자가 새로운 정보를 학습하고 이를 자신의 기존 지식체계와 신념을 덧붙여 변화시키거나 기존의 구조를 재검토함으로써 새로운 태도나 지식 구조를 형성한다는 것이 특징이다. 그러나 재구조화는 소비자의 추가적인 인지적 노력의 결과로 기존의 지식체계와는 다른 완전히 새로운 지식체계를 만들거나 기존의 지식체계를 완전히 변화시키는 것을 의미한다. 이 과정에서 소비자는 의사결정을 위해 많은 인지적 노력을 투입해야 하기 때문에 자주 발생하지 않으며, 과거에 축적된 정보의 양이 과도하게 많을 경우, 지식체계를 다시 설정해야만 할 때 발생한다. 예를 들어, 카카오의 서비스가 다양해짐에 따라 카카오커머스, 카카오택시, 카카오톡 등으로 별개의 지식구조가 형성되는 것을 들 수 있다.

3 인지적 학습의 과정

소비자는 제품이나 서비스에 대해 여러 경로를 통해 정보를 습득하고 학습한다. 제품 광고를 직접 목격하거나 주변 사람들에게 신제품에 대하여 이야기를 듣는 등 다양한 경로로 새로운 제품을 인지하게 된다. 이후 소비자는 그 제품의 기능, 특징 등을 파악하고 직접 제품을 경험하며 정보를 축적한다.
축적한 정보의 의미를 해석하는 과정을 통해 기존 신념과 태도 등의 행동 변화를 일으키며, 이 과정을 인지적 학습 과정으로 볼 수 있다.

(1) 인지적 학습 과정

인지적 학습에서는 자극이 반응을 직접 유발하지 않으며, 자극은 인지를 형성하는 것이라고 해석한다. 즉, 정리하자면 인지적 학습은 자극의 의미를 파악하고 해석하는 과정을 통해 이루어지는 행동 변화이다. 인지적 학습 과정은 지식을 저장, 조직화, 인출하는 과정으로 설명한다. 이 과정은 소비자가 문제 상황에 대한 해결 방안을 찾는 과정으로 해석할 수 있다. 또한, 외부에서 소비자에게 가해지는 자극, 즉 외적 자극은 감각기관, 단기기억, 장기기억의 순으로 이동하게 된다. 이때 정교화와 리허설을 통해 학습효과를 촉진하게 된다. 결국, 인지적 학습과정을 통해 정보를 활성화하고, 연상 네트워크를 구축하며 소비자에게 유용한 정보로 기억하는 것이다. 여기서 활성화는 새롭게 파악한 정보를 기존의 지식에 통합시키는 것을 의미하며, 연상 네트워크는 제품이나 서비스에 대하여 이미 형성되어 있는 지식을 의미한다. 이 과정의 최종 결과물은 행동 변화로, 장기기억 속에 저장되어 있는 지식에 대한 인출 능력에 따라 달라진다. 소비자의 인출 능력은 정보의 친숙도, 반복 등에 영향을 받아 형성된다.

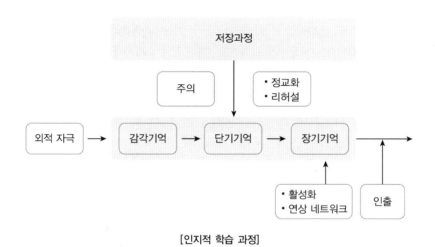

[인지적 학습 과정]

(2) 인지적 학습 결정 요인

① 리허설

리허설은 특정 정보에 대해 마음속으로 반복하는 것을 의미하며, 단기기억으로부터 특정한 정보를 재생시킨다. 리허설은 특정 정보를 단기기억 속에 유입시키며, 이렇게 단기기억 속에 유지된 정보를 장기기억으로 이동시킨다. 리허설의 반복이 증가할수록 장기기억에 저장되어 나중에 인출될 가능성이 증가한다.

② 정교화

정보처리과정에서 자극과 기존 지식 간의 통합 정도를 의미하며, 학습 효과에 많은 영향을 미친다. 정교화 수준이 낮으면 자극에 대한 정보처리가 지속해서 반복된다고 하더라도 초기 자극의 형태에서 벗어나지 못한다. 그러나 정교화 수준이 높은 경우 자극에 대한 정보처리가 지속해서 반복될수록 자극 정보의 내용과 형태가 발전되어 높은 학습 효과를 보인다. 즉, 정교화가 진행될수록 새로운 정보와 소비자가 가지고 있던 기존 지식의 연결이 더욱 강해짐을 의미한다. 또한, 다른 형태의 문제 해결 상황 속에서 기억장치로부터 필요한 정보를 인출할 수 있는 다양한 방법을 제공하기도 한다.

정교화는 새로운 정보에 노출되는 시점에서의 소비자의 상황, 기존 지식의 양, 새로운 정보와 기존의 정보와의 일치 정도에 의하여 결정된다. 그러나 기존의 지식이 아무리 풍부하고 새로운 정보와 기존의 지식 사이의 일치성이 높다고 하더라도 주의분산 등과 같은 환경적 요인으로 인해 정교화가 낮아지는 경우도 존재한다.

(3) 가설 검증 과정으로서의 인지적 학습 과정

소비자들은 제품이나 서비스에 대해 학습한 정보를 활용하여 구매의사결정을 한다. 학습한 정보를 활용하여 구매 의사결정을 내리는 인지적 학습 과정에서는 가설을 세우고 증거를 통해 이를 검증하여 결론을 도출하는 것과 유사한 단계를 수행한다.

소비자들은 제품이나 서비스에 대한 정보와 지식을 바탕으로 믿음과 신념을 형성하며, 이러한 신념이나 믿음을 가설로 설정한다. 이후, 소비자들은 설정한 가설을 검증하는 과정을 거친다. 검증과정에서 사용되는 증거들은 직접 제품이나 서비스를 사용하거나 겪어본 경험이거나 소비자가 신뢰할 수 있는 매체(소비자 단체, 언론 등)에서 제시하는 자료가 사용된다. 경험과 공신력 있는 자료들을 활용하여 소비자들은 자신의 가설을 기각하기보다는 지지하는 쪽으로 결과를 도출하고자 하는데, 이를 확신편향이라고 한다. 이처럼 가설을 검증하는 과정에 영향을 미치는 요인은 소비자의 친숙도, 학습에 대한 동기부여, 정보환경의 애매모호성이 있다.

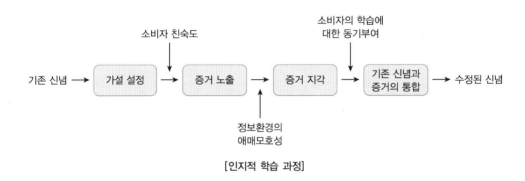

[인지적 학습 과정]

(4) 인지적 학습 과정에 영향을 미치는 요인

① 친숙도

친숙도는 소비자가 해당 제품과 서비스와 관련하여 얼마나 많은 경험을 보유하고 있는 정도이다. 즉, 관련된 경험의 정도를 의미한다. 제품이나 서비스에 대한 친숙도가 높을수록 위계적으로 조직화되고 세분화된 지식구조와 소비의 원칙들을 가지며 더욱 강한 믿음과 신념을 형성한다. 제품과 서비스에 친숙한 소비자는 그렇지 않은 소비자보다 더욱 많은 정보를 흡수하고자 한다. 이와 반대로 제품과 서비스에 대하여 전혀 모르거나 너무 많은 정보를 가지고 있는 소비자는 노력하여 학습하지 않는다.

② 동기부여

동기부여는 소비자의 학습행동 방향과 강도를 결정하는 데 기여하는 요인으로, 현재 상태에서 바람직한 상태로 옮겨가는 것을 통제하는 메커니즘을 의미한다. 소비자의 동기가 크고 의지가 강하다면 소비자의 정보처리수준도 달라지며 학습의 질도 달라진다. 동기부여의 수준에 따라 소비자의 정보처리방식에도 차이가 생긴다. 동기부여의 수준이 높다면 소비자가 정보를 처리할 때 하나하나의 속성 정보를 세밀하게 처리하고자 한다. 반면에 동기부여의 수준이 낮다면 정보를 처리할 때 간단한 정보처리 방식을 사용한다.

③ **정보환경의 애매모호성**

소비자가 제품이나 서비스에 형성된 믿음 혹은 신념을 바꾸어 나가는 과정에서 정보환경이 영향을 미치게 된다. 이때, 소비자를 둘러싼 정보환경의 성격에 따라 학습방법이 달라지며, 하향식 정보처리방식과 상향식 정보처리방식의 2가지로 나뉜다. 먼저, **정보환경이 애매모호한 경우에 소비자는 하향식 정보처리 방식을 선택한다.** 이는 가설 또는 개념 위주의 정보처리이다. 이와는 반대로 **정보환경이 애매모호하지 않을 때 즉, 명확한 경우 소비자는 상향식 정보처리방식을 선택한다.** 이 방식은 경험이나 자료 위주로 정보를 처리한다.

(5) 가설 검증 모형의 마케팅 시사점

소비자의 인지적 학습 과정이 가설 검증 과정으로 이루어진다면 시장에서의 제품 포지션에 따라 마케팅이 달라진다. 즉, 시장 선도 제품의 경우, 타사 제품과 자사 제품을 비교하여 소비자들의 학습동기를 자극할 필요가 없고 시장 점유율을 강조하거나 선도 브랜드라는 점을 강조하면 된다. 그러나 후발 기업의 제품은 소비자들의 탐색과 학습을 유도하여 자사 제품을 경험하게 하는 것이 중요하다.

제2절 행동주의적 학습

1 행동주의적 학습의 이해

행동주의적 학습 이론은 외부로 표출되는 행동만을 연구대상으로 삼으며, 학습은 인간의 내적 사고과정이 아닌 자극과 반응의 외적 요소에 의해서 이루어진다고 본다. 행동주의적 학습 이론가들은 인간의 사고는 직접 관찰할 수 없기 때문에 외부의 자극이나 상황을 투입하여 자극에 대한 반응을 결과물로 강조한다. 행동주의적 학습의 대표 이론으로는 고전적 조건화와 수단적 조건화가 있다. 이때 조건화란 자극과 반응의 결합을 통해 하나의 행동양식을 개발시킨다는 의미를 내포한다. 이를 기반으로 나아가 학습이란 **상황이나 자극에 따라 특정한 방식의 행동으로 반응하도록 개인을 조건화시키는 과정**이라고 할 수 있다.

2 고전적 조건화

(1) 고전적 조건화의 개념

고전적 조건화는 반응을 일으키는 자극과 반응을 일으키지 않는 자극을 짝지어서 반복 제시했을 때 발생하는 학습 효과를 나타낸다. 고전적 조건화는 반응적 조건화라고도 말하며, 고전적 조건화를 널리 알린 것이 **파블로프의 실험**이다. 파블로프는 자신의 개한테 고기 먹이를 줄 때마다 종을 치는 것을 반복하면 나중에는 먹이가 없이 종만 울려도 개가 침을 흘린다는 점을 발견하였다. 이를 통해 개는 종소리와 먹이 간의 관계를 학습하게 된 것이다. 이 실험에서 아무런 학습 과정 없이 자동으로 개가 침을 흘리는 반응을 일으키는 고기 먹이는 무조건 자극이며, 침을 흘리는 반응은 무조건 반응이라고 말한다. 종소리는 조건 자극으로, 처음에는 반응을 일으키지 않다가 고기 먹이와 반복적으로 종소리를 들려주면 개가 이를 학습함으로써 나중에는 종소리만 들려도 개가 침을 흘린다. 이는 개가 종소리만 듣고도 고기 먹이를 연상하기 때문이다. 후에는 고기 먹이를 제시하지 않고 종소리만 들어도 개는 침을 흘리는 반응을 보이는데, 이를 조건 반응이라고 한다. 파블로프의 실험 원리를 정리한 내용을 보면 파블로프 실험에서와 같이 고전적 조건화를 통한 학습이 이루어지려면 조건 자극이 무조건 자극보다 먼저 제시되는 경우가 무조건 자극이 조건 자극보다 먼저 제시되는 경우보다 더욱더 효과적임을 알 수 있다.

소비자의 일상생활에서도 고전적 조건화는 빈번하게 발생한다. 파블로프의 개가 고기 먹이를 보고 흥분하며 침을 흘리듯이 사람도 생리학적 반응(목마름, 배고픔 등)을 일으키는 외부 자극에 자동으로 반사행동을 보인다. 예를 들어, 맛있는 음식 냄새를 맡으면 배고픔을 느끼지 않았어도 입맛을 다시고, 침이 고이는 행동이다. 고전적 조건화는 광고에서도 쉽게 접할 수 있다. 사람들이 인기있는 모델이나 감미로운 음악을 멋진 배경과 함께 연출하는 광고에 반복적으로 노출되면 그 제품에 대해서 긍정적인 태도를 형성한다. 또한, 구매시점에 있는 소비자의 반응을 유도하기 위해 매장을 깔끔하고 아름답게 꾸미거나 즐거운 배경음악을 제공하는 것도 고전적 조건화의 하나의 예이다.

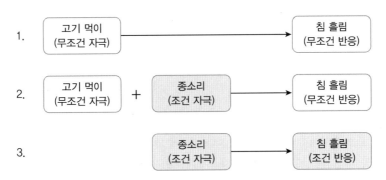

[고전적 조건화에 의한 학습 과정]

(2) 고전적 조건화의 결정요인

고전적 조건화에 의한 학습이 발생하는가 그렇지 않은가는 무조건 자극의 크기, 노출빈도, 자극의 순서, 친숙도, 정교화 등에 의해서 영향을 받는다.

① 무조건 자극의 크기

무조건 자극에 의해 유발되는 느낌의 강도를 의미하며, **무조건 자극의 크기가 증가할수록 조건화가 잘 이루어진다.** 즉, TV 광고 내용이 즐거울수록, 음식의 맛이나 냄새가 소비자 스스로 만족스러울수록 고전적 조건화에 의한 학습효과가 더욱 잘 나타난다.

② 노출빈도

노출빈도는 인지적 학습에도 영향을 미치지만, 고전적 조건화에 의한 학습에 더욱 큰 영향을 미친다. 단 한 번의 노출만으로 조건화가 형성될 수 있다. 그러나 **뚜렷한 학습효과를 위해서는 노출빈도가 증대되어야** 한다. 또한, 조건 자극과 무조건 자극이 하나로 연결되어 소비자에게 반복적으로 제시되어야 효과적이다.

③ 자극의 순서

조건 자극과 무조건 자극이 제시되는 순서에 따라 조건화가 다르게 나타날 수 있다. 그러나 조건 자극과 무조건 자극의 순서를 통제할 수 있기 때문에 조건 자극이 먼저 제시되었을 때 가장 효과적이다. 조건 자극과 무조건 자극을 제시하는 순서는 3가지가 있다.

먼저, 조건 자극을 먼저 제시한 다음 무조건 자극이 제시되는 것을 전진적 조건화 혹은 **전방조건화**라고 한다. 광고에서 제품을 먼저 제시한 후 어울리는 모델이나 배경 등을 제시하는 것을 예로 들 수 있다. 두 번째, 무조건 자극을 조건 자극보다 앞에 두는 것으로 후진적 조건화 혹은 **후방조건화**라고 한다. 광고에서 모델, 배경이 먼저 제시되고 제품이 후에 나타나는 것이다. 마지막, 동시 조건화는 2가지 자극(조건 자극과 무조건 자극)이 동시에 제시되는 것을 의미한다. 자극 제시 순서 연구 결과에 따르면, 전진적 조건화가 후진적 조건화와 동시 조건화보다 조건형성이 잘 이루어지는 것으로 나타났다. 또한, 3가지 조건화 중 가장 효율적인 것은 전진적 조건화이며, 가장 비효율적인 것은 후진적 조건화이다.

④ 친숙도

제품과 서비스에 대하여 이미 이전의 경험이 많거나 상표 친숙도가 형성되어 있는 경우 조건화가 잘 이루어지지 않을 수 있다. 따라서 새로운 상표의 경우가 기존 상표보다 조건화에 유리한 것이다. 학습자가 제시된 무조건 자극에 친숙한 경우, 학습효과는 낮다고 볼 수 있다. 따라서 이미 학습자에게 친숙하거나 잘 알려진 것보다는 잘 알려지지 않은 음악이나 배경 등을 사용하는 것이 효과적이다.

⑤ 정교화

메시지의 정보를 처리하는 과정에 있어서 인지적 정교화의 정도도 조건화에 영향을 미친다. 고전적 조건화는 저몰입 상황의 경우처럼 대상과 관련된 지식과 정보의 수준이 낮은 경우에 더욱 잘 형성된다.

⑥ 소비자 관여도

소비자는 관여도가 높은 제품에 대하여 더욱 많은 주의를 기울이고 구매 결정을 내릴 때 신중해진다. 따라서 고관여 제품의 경우, 고전적 조건화에 의한 학습 정도가 낮아진다. 고전적 조건화는 주로 자동적인 반응으로 발생하기 때문이다.

(3) 고전적 조건화의 소멸, 일반화, 차별화

① 소멸

소멸은 조건화가 발생하더라도 조건 자극과 무조건 자극이 함께 제시되어 노출되는 것이 중단되면 조건화의 효과가 시간의 흐름에 따라 감소하는 것을 의미한다. 자세히 설명하자면, 기본적으로 조건 자극과 무조건 자극을 같이 제시하면 할수록 조건화는 더욱 잘 발생한다. 조건화의 반복횟수가 증가할수록 조건 자극과 무조건 자극의 연상은 강해지고, 이에 따라 소비자의 기억에 더욱 오래 남아있다. 그러나 조건 자극과 무조건 자극의 노출 및 반복횟수가 감소하게 되면 두 자극 간의 연상이 약해지거나 조건화를 통한 학습효과가 아예 사라지는 것이다. 이와 관련된 효과는 광고 마멸효과가 있다. 마멸효과는 소비자가 새로운 광고에 대해 광고에 등장하는 마케팅 자극에 주의를 기울이고 광고 제품에 대한 정보를 습득하지만,

일정 시간이 지나면 같은 광고에 노출이 되어도 집중하지 않게 되어 관여도가 점점 떨어지는 것이다. 광고의 마멸 효과를 최소화하기 위하여 기업에서는 다양한 매체를 통해 광고를 진행하거나 분기별로 모델을 교체하는 등의 전략을 사용한다.

② **일반화**

일반화는 조건 자극과 유사한 자극이 조건 반응을 도출하는 것을 의미한다. 소비자가 광고의 모델, 음악, 배경 등의 좋은 이미지를 활용한 어떤 제품 광고에 여러 차례 반복적으로 노출되면 해당 제품에 대해서 긍정적인 태도를 형성하게 된다. 이렇게 형성된 긍정적인 태도는 해당 기업과 유사한 경쟁업체의 제품에 대한 태도도 긍정적으로 형성하는 데 영향을 미친다. 따라서, **선도 기업**은 이러한 마케팅 전략을 구사함으로써 자극을 통해 자회사의 제품에 대해 긍정적인 태도를 형성함과 동시에 경쟁사의 제품과는 차별화를 제공하여 일반화를 감소시킨다. 반대로 **후발 기업**은 선발 기업이 이미 형성한 제품에 대한 긍정적인 태도를 바탕으로 제품을 광고 및 판매하여 간접적인 이익을 얻는다. 또한, 자사의 제품이나 브랜드를 확장할 때에도 유리하게 적용될 수 있다.

③ **차별화**

조건 자극과 유사한 자극이라 하더라도 무조건 자극이 뒤따라 제시되지 않을 경우, 소비자는 처음에 일반화를 통해 조건 반응을 보이다가 점차 반응을 보이지 않게 된다. 이처럼 소비자가 **조건화된 자극과 그렇지 않은 자극을 분별하여 다른 반응을 보이는 것을 차별화**라고 한다. 하나의 예로 위장 브랜딩을 들 수 있다. 중요한 제품 정보나 속성을 일부러 감추는 이 전략은 기업이 감춘 정보를 제품과 연결하기 꺼려질 때 주로 사용한다.

(4) 수단적 조건화

① **수단적 조건화의 개념**

수단적 조건화는 조작적 조건화라고도 불리며, 특정 행동의 결과에 영향을 가하여 이런 행동이 발생할 확률을 증가 또는 감소시키는 과정으로 정의할 수 있다. 즉, 긍정적 결과를 가져오는 행동을 하고 부정적 결과를 가져오는 행동은 기피하는 것을 학습하는 과정이다. 자극에 따른 반응과 반응에 따른 결과를 서로 독립된 개념으로 정의한 고전적 조건화와는 달리 수단적 조건화에서는 반응행위는 특정한 결과를 조건화시킴으로써 발생할 수 있다고 정의한다. 따라서 학습이 효과적으로 이루어지기 위해서는 처벌이나 보상 등의 요소가 필요하다는 것이다.

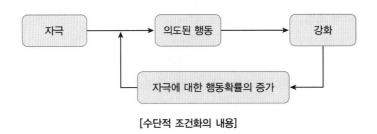

[수단적 조건화의 내용]

② **수단적 조건화와 고전적 조건화의 비교**

수단적 조건화와 고전적 조건화의 공통점과 차이점을 정리할 필요가 있다. 수단적 조건화와 고전적 조건화는 자극과 반응 간의 관계를 파악하고자 하는 것이 공통점이다. 그러나 두 가지의 조건화 사이에는 차이점이 있다.

첫째, 학습자 즉, 소비자의 태도이다. 고전적 조건화의 경우 확립된 자극-반응의 결합 관계를 기반으로 소비자도 인지하지 못할 만큼 자연스럽게 학습된다. 반면에 수단적 조건화의 경우 기존 자극-반응의 결합에는 관심이 없다가 학습자 입장에서 보상이 되는 반응을 발견하여 학습이 이루어지는 것이다. 즉, 고전적 조건화에서 학습자는 수동적인 것에 반해 수단적 조건화에서 학습자는 의식적이고 목적지향적인 태도를 갖고 능동적이다.

둘째, 결과가 학습자의 행위에 영향을 미친다. 고전적 조건화에서는 결과가 학습자의 행위에 따라 다르지 않지만, 수단적 조건화에서는 학습자의 반응에 따라 학습자의 상황이나 환경이 변화한다.

셋째, 학습에 영향을 미치는 자극의 시점이 다르다는 것이다. 고전적 조건화에서 학습은 반응 전에 제시된 자극의 영향을 받았지만, 수단적 조건화에서 학습은 주어진 자극에 대한 반응의 결과로 이루어진다. 즉, 소비자가 반응을 보인 후에 주어지는 강화의 결과가 부정적인가, 긍정적인가가 중요하다.

③ **수단적 조건화의 형성과 강화**

심리학자 스키너의 실험으로 설명할 수 있다. 스키너는 상자 모양의 실험 도구를 만들어 쥐나 비둘기 등의 동물이 특정 자극에 반응하는가에 대한 실험을 진행했다. 스키너는 상자 안에 단추를 만들어 3가지 유형의 상자를 만들었다. 먼저 단추를 누르면 모이가 나오는 상자, 상자 안에 전기가 흐르도록 한 다음 단추를 누르면 전기가 흐르지 않도록 만든 상자, 처음에는 전기가 흐르지 않다가 단추를 누르면 전기 충격이 전해지도록 하는 상자를 만들었다. 상자 안에 동물은 호기심에서 또는 우연히 그 단추를 누르게 되는데, 단추를 누른 후 결과에 대하여 학습하고 그 이후부터는 스스로 단추를 누르거나 누르지 않았다. 이 실험에서 단추는 자극이 되고 단추를 누르는 행동은 반응으로 나타나는데 그 결과는 3가지 경우로 정리할 수 있다.

첫 번째의 경우, 단추를 누르면 먹이가 나와서 동물에게 만족을 주는 것이다. 그 결과 동물은 계속해서 단추를 누르게 되고 이는 동일한 반응을 발생시킨다. 이처럼 **자극에 대한 반응에 따라 긍정적 결과를 제공함으로써 특정 반응을 반복할 확률을 높여 주는 것을 긍정적 강화**라고 한다.

두 번째 경우, 지속해서 전기가 흐르고 있는 방에서 동물이 단추를 누르게 되면 전기가 더 이상 흐르지 않아 동물은 편안한 상태가 된다. 이에 동물은 지속해서 단추를 누르게 된다. 이처럼 **어떤 반응의 결과가 부정적 결과를 제공함으로써 특정한 반응을 보일 확률을 증대시키는 것을 부정적 강화**라고 한다. 즉, 부정적 결과를 회피하기 위한 행동을 취하려는 경향을 보인다.

세 번째의 경우, 단추를 누르면 전기 충격이 전해지므로 동물은 다음부터 그 단추를 누르지 않게 된다. 이처럼 **자극에 대해 반응함으로써 부정적인 결과를 발생시키는 반응을 할 확률을 감소시키는 것을 처벌**이라고 한다. 처벌은 부정적 결과를 제공하여 특정 반응의 확률을 증가시키려는 부정적 강화와는 차이가 있다. 예를 들어 약품의 오남용 방지, 흡연 예방을 목적으로 하는 공익광고에서 처벌의 개념이 이용되고 있다.

[강화의 유형]

강화 유형	강화 수단	효과
긍정적 강화	긍정적 결과 제공	행동확률 증가
부정적 강화	부정적 결과 제공	행동확률 증가
처벌	부정적 결과 제공	행동확률 감소

위의 3가지 경우뿐만 아니라 한 가지의 경우가 더 존재한다. 바로 소멸이다. 자극과 반응의 관계가 깨어지는 것으로, 반응으로 인해 중립적인 결과가 발생하거나 기대하는 보상이 이루어지지 않을 경우가 반복적으로 지속하면 특정한 반응을 나타낼 확률이 줄어드는 경우를 나타낸다. 예로는 특정 브랜드를 구매하기 위해 점포를 방문하였는데 해당 브랜드가 없는 경험을 자주 하는 경우를 들 수 있다. 이런 경우 해당 매장을 다시 방문할 확률은 줄어들게 된다.

(5) 수단적 조건화와 마케팅

① 강화가 소비자의 구매에 미치는 영향

제품이나 서비스를 구매하면서 우리가 늘 경험하고 구매 행동에 반영하는 것이 있다. 바로 강화이다. 예를 들어, 목이 말라 편의점에 방문하여 구매한 브랜드의 커피가 너무 맛있었다면 긍정적 강화가 일어나서 다음에도 그 브랜드의 커피를 구매할 것이다. 또한, 감기에 심하게 걸려 열이 났을 때, 해열제를 먹었더니 열이 내리고 몸이 편안해졌다면 부정적 강화가 일어나서 다음에도 열이 났을 때 동일한 해열제를 찾을 것이다. 한편 소비자가 음식점의 음식을 먹고 탈이 났다면 처벌 효과에 의해 다음부터 그 음식점은 방문하지 않으려고 할 것이다.

이처럼 제품 구매 후 강화의 발생 정도가 이후의 구매 행동에 커다란 영향을 미친다. 특정 브랜드의 제품이나 서비스를 사용할 때마다 계속해서 만족을 얻게 된다면, 그 만족이 강화요인으로 작용한다. **강화를 경험한 소비자들은 제품이나 서비스의 정보탐색이나 처리 과정을 거치지 않고 습관적으로 구매할 확률이 높아진다.**

② 강화 스케줄

수단적 조건화를 마케팅에 사용하려면 소비자에게 얼마나 자주 보상을 제시할지 결정해야 한다. 즉, 강화 스케줄을 결정하는 것이다. 강화 스케줄은 크게 비율 스케줄과 간격 스케줄 2가지가 있다. 비율 스케줄은 반응의 횟수와 비례하게 강화를 제시하는 방법이다. 예를 들어 커피 12잔을 마시면 무료 커피 한 잔을 보상으로 제공하는 것을 들 수 있다. 이와 달리, 간격 스케줄은 반응이 실시되고 일정 시간이 지나면 강화를 제시하는 방법이다. 강화 스케줄을 자세히 나누면 다음의 4가지 유형이 있다.

㉠ 고정 비율 스케줄

편의점의 2+1, 1+1 가격 할인 행사가 고정 비율 스케줄의 하나의 예이다. 제품 하나를 구입할 때마다 한 개를 무료로 받게 된다. 구매가 많을수록 보상 횟수도 같이 증가한다. 이처럼 고정된 횟수의 반응 뒤에 강화가 주어지는 것을 고정 비율 스케줄이라고 한다.

㉡ 변동 비율 스케줄

일정 횟수의 반응 뒤에 강화가 주어지지만, 소비자가 얼마나 더 반응을 시도해야 하는지 정확히 예측할 수 없다. 복권 당첨이나 이벤트 당첨에 적극적으로 참여하는 것이 하나의 예이다. 복권에 당첨될 가능성이 굉장히 희박하다는 것을 소비자들도 알고 있다. 그런데도 불구하고 소비자들은 계속해서 복권을 구매한다. 바로 언젠간 당첨이 나온다는 사실을 알고 있으며, 그 당첨자가 내가 될 수도 있다고 믿기 때문이다. 이러한 보상에 대한 믿음이 복권을 계속 구매하게 만드는 것이다.

ⓒ 고정 간격 스케줄

시간 간격을 고정해놓고, 그 시간이 흘렀을 때만 강화를 주는 것을 말한다. 예를 들면, 스마트폰 게임을 할 때 주어진 횟수의 게임을 한다. 이를 모두 사용하고 15분에서 20분 정도의 일정 시간이 지나면 게임을 진행할 수 있는 횟수가 충전되고 소비자는 다시 게임을 즐길 수 있게 된다.

ⓔ 변동 간격 스케줄

시간이 어느 정도 지나면 강화가 주어지지만 강화가 제시되는 정확한 시점을 소비자는 알지 못한다. 마트나 백화점에서 30분 동안만 반값으로 판매한다는 등의 타임세일을 진행한다. 특정한 시간에 상품들을 할인하여 판매하지만, 소비자는 세일이 열리는 정확한 시점을 미리 알지 못한다. 그런데도 불구하고 소비자는 타임세일을 할 수도 있다는 기대를 하고 마트나 백화점을 계속 방문한다.

더 알아두기

1년 365일 이벤트가 있는 스타벅스 적립 시스템

스타벅스 리워드 시스템의 가장 특별한 점은 소비자들이 편하게 사용할 수 있도록 애플리케이션을 기반으로 모바일 적립 및 충전, 결제 시스템을 도입한 것이다. 소비자들은 스타벅스 애플리케이션을 통해 별 적립 현황, 스타벅스 카드 충전, 신제품 및 이벤트 확인 등을 할 수 있다.

스타벅스 앱 이용자들은 결제 기록에 따라 생일, 공짜쿠폰, 할인 등 '보상'을 받는다. 2020년 3월 스타벅스 코리아가 밝힌 '마이 스타벅스 리워드' 가입자 수는 600만 명을 넘었다. 스타벅스 앱을 통해 결제하면 12잔마다 음료 쿠폰이 생기며, 5만 원 이상 자동충전 시 BOGO(Buy one, Get one free) 쿠폰이 생긴다. 매년 연말과 여름 시즌에는 기본적인 적립 외에도 추가적으로 스타벅스 다이어리 또는 굿즈를 받는 적립 이벤트를 실시한다. '스타벅스의 굿즈 이벤트'는 늘 화제다.

---

③ **소멸과 망각**

소멸은 기대되는 보상과 자극 간의 연결 즉, 연관성이 사라지는 것을 의미한다. 소비자가 기존에 소비하던 제품에 대하여 더 이상의 만족감을 느끼지 않을 때 발생하며 나아가 기존에 소비하던 제품에 대한 재구매 가능성을 감소시킨다.

망각은 자극이 오랫동안 반복되지 않을 때 발생하며, 소비자가 제품을 오랜 시간 동안 사용하지 않거나 광고 중단 시 그 제품을 잊어버리게 된다. 그러나 기존 사용 제품의 광고가 가끔 노출되고 경쟁사 상품의 광고가 지속해서 노출되면 소비자의 마음은 혼란을 겪게 된다. 이에 따라 기존 상품에 대해서 망각하게 되는 것이다. 또한, 제품 재구매율을 떨어뜨리는 것은 망각보다 소멸의 영향이 크다. 망각의 경우 재구매율이 서서히 감소하는 반면, 소멸의 경우 급격하게 감소하기 때문이다. 따라서 기업은 소멸방지를 위해 제품의 품질 수준을 일정하게 유지해야 한다.

④ **조형화**

조형화는 수단적 조건화의 원리를 이용한 개념으로, 어떤 반응을 가져올 가능성이 높은 자극을 제공하여 결국 최종 목표인 의도한 반응을 유도하는 것이다. 다시 말해 제품이나 서비스를 이용하여 소비자를 유인해 최종 목표인 제품 구매 행동을 끌어내는 것이다. 이러한 전략에 수단으로 사용되는 미끼상품, 사은품 또는 견본 증정은 소비자가 특정 구매장소까지 이동하도록 고안된 것들로 조형화의 원리를 이용한 마케팅 활동이다. 이렇게 마케터가 원하는 장소까지 소비자가 일단 이동하도록 유도하면 소비자는 다른 상품들까지 구매할 확률이 높아지게 된다. 유명 백화점에서 실연 행사나 이벤트 행사를 유치하는 것도 조형화를 이용한 마케팅 기법이라고 할 수 있다.

제3절　대리학습

1 대리학습의 개념과 이해

대리학습은 소비자가 직접 경험을 하지 않고 다른 사람들의 행동과 결과를 관찰하여 학습하는 것으로, 모델링이라고도 불린다. 관찰자가 모델의 행동을 관찰하여 모방함으로써 자신의 행동을 변화시키는 것이다. 모델을 통해 제품의 효용과 이익을 제시한다. 제품의 사용법과 기능을 효과적으로 보여주는 기능적 측면과 모델과 같이 차별화되고 존경받는 사람이 되고 싶다는 동경심을 유발하는 정서적 측면이다. 이 2가지의 측면을 간접적으로 제시하여 광고효과를 상승시킨다.

2 대리학습의 유형

(1) 공개적 모델링

공개적 모델링은 외재적 모델링으로도 불리며, 소비자가 모델의 행동 및 행동의 결과를 관찰하고 학습함으로써 소비자의 행동을 변화시키고자 하는 시도를 의미한다. 공개적 모델링은 기업의 마케팅 활동에서 빈번하게 사용된다. 예를 들면, TV 음주운전 캠페인에서 사고 현장을 보여주거나, 해당 제품을 사용하는 모델의 행복한 모습을 보여주는 것이다. 공개적 모델링은 주로 미디어, 인적 매체를 사용한다. 만약, 광고에서 제품의 신뢰성을 중요시한다면 전문인을 활용한 광고가, 호감성을 중요시한다면 유명인을 활용한 광고가 효과적이며 증언이나 의견 동의를 중요시한다면 일반인을 활용하여 광고하는 것이 효과적이다.

(2) 비공개적(내재적) 모델링

비공개적 모델링은 내재적 모델링으로도 불리며, 실제적 행동이나 결과가 제시되지 않는 대신 소비자에게 모델이 어떤 상황에서 취하는 행동과 결과를 상상하도록 요구함으로써 학습하는 것이다. 비공개적 모델링에서는 라디오 매체가 효과적이다.

(3) 언어적 모델링

언어적 모델링은 공개적 모델링이나 비공개적 모델링처럼 행동을 직접 관찰하는 것이 아니라, 말이나 글로써 모델의 행동을 파악하는 것이다. 언어적 모델링에서는 소비자에게 자신과 유사한 다른 사람들이 특정 상황에서 어떻게 행동했는가를 직접 증언해주는 방식을 사용한다. 주로 인적 매체를 활용하며 일반인이 행동 전달자로 등장하는 것이 효과적이다. 언어적 모델링은 불우이웃돕기, 수재민 돕기 모금운동 등 기부금을 요청할 때 유용하다.

3 모델링 효과에 미치는 영향요인

(1) 모델의 특성

모델이 매력적이거나 신뢰감을 줄수록 모델링의 효과가 크며, 모델의 지위가 높거나 전문적 지식을 가진 모델일수록 관찰자의 학습에 크게 영향을 미친다. 또한, 자신과 유사하다고 믿는 사람에게 영향을 많이 받는다.

(2) 관찰자의 특성

동일한 모델링이라도 관찰자마다 모델링의 정도가 다르고 형태도 다르게 나타난다. 관찰자가 자존감, 자신감이 낮고 의존적인 사람일수록 모델링이 효과가 크다. 또한, 모델링의 결과가 관찰자의 가치와 부합될 때, 모방행동으로 인해 보상 경험이 많은 사람일수록 모델링 효과가 크다.

4 대리학습의 이론적 배경

(1) 사회학습이론

대리학습은 단순한 모방의 문제가 아니라 적극적인 판단과 이해의 과정이다. 반두라는 대리학습의 본질을 분석한 결과, 네 가지 과정에 의해 대리학습이 이루어지는 것을 발견하였다. 이러한 네 가지 과정은 주의과정, 파지과정(보유과정), 재현과정, 동기과정이다.

① 주의과정

모방하려는 모델의 행위에 주의를 집중하는 것으로, 대리학습의 첫 단계이다. 주의집중은 모방자의 성격(의존성, 자존심, 자신의 능력에 대한 지각 등), 유인가능성, 자극의 질(특수성, 복잡성, 속도)의 영향을 받는다. 모델의 성, 연령 등이 관찰자와 비슷할 때, 존경을 받을 때, 지위가 높을 때, 유능할 때, 막강할 때 주의집중을 많이 받는다. 관찰자의 선택적 주의집중은 과거의 강화에 의해 영향을 받는다.

② 보유과정

관찰된 내용이 기억되는 단계이다. 정보의 내용을 기억하려면 모델의 행동에 주의를 기울이고 그 행동의 사실적 또는 분석적 표상이 형성되어야 한다. 정보는 크게 이미지 정보와 언어적 정보로 나눌 수 있는데, 이는 상징적 기호의 형태로 저장된다. 즉, 단순히 관찰만 하는 경우보다 모방할 행동을 말로 표현하거나 영상으로 그려보는 경우에 학습이 더 잘 된다. 대리학습이 일어난 뒤 오랜 시간이 지나도 그것을 내현적으로 인출하고 재현하고 강화할 수 있는 것은 고등의 상징화 능력 때문이다. 이때 행동의 특징을 회상할 수 있는 능력이 중요하다.

③ 재현과정

모방하려는 것을 실제 행동으로 옮겨 보는 단계이다. 심상 및 언어로 저장된 상징 표상을 적절한 행동으로 전환해야 한다. 적절한 반응을 하는 데 필요한 신체적 도구가 갖추어졌어도 관찰자의 행동이 모델의 행동과 배합할 수 있으려면 일정 기간의 인지적 재현이 필요하다. 재현과정은 네 가지 하부 단계, 즉 반응의 인지 조직화, 반응 시작, 반응 조정, 반응 정교화로 구성된다. 즉, 재현과정을 통해 시행착오를 거쳐 서투른 행동을 조정하여 정교한 행동으로 재현한다.

④ 동기과정

강화를 통해 행동의 동기를 높여 주는 단계로 대리학습의 마지막 단계이다. 반두라는 학습과 실행을 구별하였다. 배웠던 모든 것을 실행하지 않기 때문에 행동을 주의 깊게 관찰하고, 유지하고, 실행할 충분한 능력을 갖춘다고 해도 동기 과정이 없으면 실행으로 옮기지 않는다. 대리학습에서의 강화는 관찰자에게 강화에 대한 기대를 하게 하고 동기를 부여한다. 대리학습에서 강화가 꼭 필요한 것은 아니지만 강화는 학습한 행동을 수행할 가능성을 높인다.

(2) 대리학습과 마케팅

대리학습은 간접적으로 제품의 효능을 전달하여 마케팅 효과를 확대할 수 있다. 이미지가 중요시되는 사업 분야에서 이러한 간접적 방식이 더 효과적이다. 이러한 대리학습에서는 전달자인 모델의 매력이 매우 중요하다. 단순히 신체적 매력뿐만 아니라 사회적 이미지, 전문성, 평가자와의 유사성 등이 종합하여 매력이 결정된다.

유한킴벌리의 화이트는 일반인을 모델로 하여 대리학습을 시도하였다. 화이트 광고 속 모델들은 깨끗함과 청순함의 표본이라고 할 수 있는 일반인 여대생들이다. 유명 연예인이 아닌 여대생을 모델로 한 이유는 여대생들의 순수함이 화이트의 깨끗한 이미지와 잘 맞기 때문이다. 그뿐만 아니라 일반인을 계속적으로 모델로 사용해 화이트 특유의 깨끗함을 표현하면서도 소비자로 하여금 친숙함을 느끼는 광고효과를 극대화하였다. 일반인을 모델로 사용한다는 것은 회사 측에서도 모험적 성향을 가지고 있지만, 대리학습에는 더욱더 효과적일 수 있다. 일반적으로 관리를 받는 연예인들과 달리 일반인과 자신을 동일시함으로써 신뢰성을 가질 수 있었다.

제4절 기억

1 기억의 개념과 이해

기억은 학습을 통해 정보를 습득하고 저장한다. 정보와 경험의 축적을 통해 필요한 상황에서 꺼낼 수 있도록 하는 하나의 과정을 말한다. 기억은 보통 단기기억과 장기기억으로 나누어 설명한다. 단기기억은 현재 사용 중이고 활성화된 총 기억의 비율을 말하며, 장기기억은 변치 않는 정보저장과 관련된 총 기억의 비율을 말한다. 기억을 연구하는 학자들은 인간의 사고과정이 컴퓨터의 데이터 유입, 저장, 산출 과정과 유사하다고 보았다. 이를 바탕으로 인간의 기억에도 3가지의 단계가 존재한다고 생각했다.

첫째, 부호화 과정이다. 즉, 기억에서 처리할 수 있는 형태로 정보가 유입되는 것을 말한다. 단기기억에 저장되는 정보는 대개 특정한 색깔이나 모양 등 감각적 의미를 지닌 것이며, 장기기억에 저장되는 정보는 더 의미 있는 형태를 지닌다. 예를 들어 환타 음료수가 있다고 가정해보자. 단기기억에 환타는 '주황색 음료'로 저장될 것이며, 장기기억에서는 '오렌지맛이 나는 탄산음료'의 의미로 저장될 것이다. 둘째, 저장단계로, 부호화 과정을 거친 정보가 기억 구조에 놓이는 것이다. 정보를 저장하기 위해서 보통 리허설이 요구되는데, 정보의 부호화 형태에 따라 그 방법도 달라진다. 마지막은 인출 단계로 저장한 정보를 기억으로부터 꺼내는 것을 의미한다. 소비자는 제품에 대한 정보의 인출을 통해 의사결정을 내리기 때문이다.

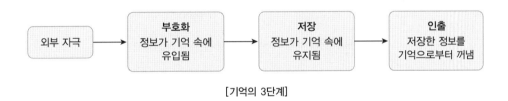

[기억의 3단계]

2 기억구조모델

(1) 정보처리수준 모델

기억이 정보를 처리하는 수준에 따라 달라진다는 모형이다. 즉, 정보처리용량이 정보처리수준에 맞게 할당된다는 것이다. 단순 사실 분석, 언어적 분석, 의미적 분석 중에서 단순 사실 분석이 가장 낮은 정보처리수준이고, 의미적 분석이 가장 심층적인 정보처리수준이다. 중요한 정보일수록 심층적인 수준에서 처리해야 하며, 고도의 정보처리수준이 필요하다고 판단되면 정보처리능력을 높이게 된다. 정보처리능력을 높여 처리하면 그 정보는 장기간 저장된다.

(2) 활성화 모델

활성화 모델에서는 기억이 하나의 구조로 되어 있고 이러한 단일기억구조에서 일부분이 활성화되어 정보를 처리한다고 가정한다. 활성화는 기억으로의 접근 가능성과 그 속도 모두를 결정한다. 활성화 수준은 얼마나 최근에 그 기억을 사용하였는지, 그 기억을 얼마나 많이 사용하였는지에 따라 결정되며, 기억에 접근하는 속도와 확률은 활성화 수준에 의해 결정된다. 활성화는 제시된 재료로부터 연상 재료로 확산하는데 연상 재료로 더 많이 확산할수록, 그 기억은 더 빨리 인출된다. 기억에서 확산하는 활성화의 양은 기억의 빈도와 강도가 클수록 커진다.

(3) 다중기억구조 모델

기억을 연구한 학자들의 다중기억구조 모델에 따르면 기억은 감각기억, 단기기억, 장기기억으로 구성되어 있다. 소비자의 정보처리과정은 정보가 감각기관을 통해 들어오면서 시작된다. 감각기관을 거쳐 유입된 정보의 강도가 어느 정도 강하면 감각기억은 이를 감지한다. 감각기억은 유입정보를 매우 짧은 시간 동안 보유하며, 만약 정보처리자가 정보의 주의를 계속하지 않으면 그 정보는 기억에서 사라진다. 소비자가 계속 관심을 갖고 주의를 기울이는 정보는 단기기억으로 이전된다. 단기기억은 정보처리를 하는 부분으로, 감각기억으로부터 이전된 정보를 장기기억으로부터 인출된 관련 정보와 결합하여 해석한다. 단기기억에서 처리된 정보 중 일부는 리허설을 통해 장기기억으로 이전되어 저장하며 리허설이 이루어지지 않은 정보는 잊는다.

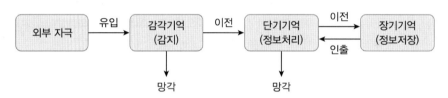

[다중기억구조 모델(Multiple Store Model of Memory)]

3 기억의 유형

(1) 감각기억

감각기억은 오감(시각, 청각, 미각, 후각, 촉각)으로 감각기관을 통해 들어온 정보가 감각적 심상 형태로 남아 있다가 순간적으로 사라져버리는 기억을 말한다. 즉, 정보를 매우 짧은 시간 동안 저장하는 기억이다. 감각 정보가 인지 체계에 처음 등록되는 곳이라는 의미에서 감각 등록기, 감각 저장소라고도 한다. 감각기억은 청각, 시각, 후각, 촉각, 미각의 다섯 개의 감각기관에 따라 각각의 감각기억을 갖는다. 일반적으로 감각기억은 자극을 순간적으로 기억하는 과정인 영상기억과 청각적 자극을 순간적으로 기억하는 과정인 잔향기억으로 분류된다. 시각적 자극으로부터 영향을 받은 영상기억의 경우 정보가 1초 이내로 유지된다. 또한, 청각적 자극으로부터 영향을 받은 잔향기억의 경우 정보가 2초 정도까지 유지되며 계속된 정보처리를 위해 단기기억으로 이전하지 않으면 그 정보는 곧바로 기억에서 사라진다. 즉, 감각기억의 용량은 무제한이지만 소비자가 유입된 정보에 '얼마나 집중하는가'에 따라 단기기억으로 이전되기도 하고 잊히기도 하는 것이다.

① **영상기억**

시각 정보의 경우 사진처럼 잠깐 이미지로 부호화되어 약 1초 정도 기억되며, 후속 자극에 의해 파괴되며, 비연합적이고 반복효과가 없다.

② **잔향기억**

잔향기억은 영상기억보다 정보가 더 오래 지속하며, 청각 정보의 경우 소리의 패턴으로 부호화되어 약 4~5초 정도 기억된다. 영상기억에 비하여 잔향기억이 비교적 오래 지속하는 것은 바로 전에 들은 단어들의 의미를 파악하는 과정에서 비교적 더 많은 시간이 허용되기 때문이다.

(2) 단기기억

감각기억으로부터 이전된 정보는 단기기억에서 처리된다. 감각수용기를 통해 들어온 정보 중 감각기억에 잠시 머물러 있다가 그 내용이 잠시 의식화되어 20~30초 가량 흔적으로 남는 정보를 단기기억이라고 한다. 이렇듯 단기기억은 정보처리가 이루어지는 동안 유입된 정보가 일시적으로 저장되는 장소로, 작업기억 혹은 운영기억으로 불린다.

① **단기기억의 기능**

단기기억은 현재 지각하고 있는 것이 무엇인지를 알려준다. 그뿐 아니라 단기기억은 감각기관으로 들어오는 많은 정보를 조합하여 세상에 대한 통합을 할 수 있게 해준다. 예를 들어 영화를 볼 때, 영화는 한 프레임 한 프레임으로 구성된 것이지만 우리에게는 분리된 그림이 아닌 부드럽게 진행되는 것으로 보인다. 또한, 단기기억은 순간적인 메모지의 역할을 하여 우리가 생각하고 있는 것이나 문제를 푸는 중에 정보를 계속 가지고 있도록 해준다. 그 외에도 단기기억은 계획이나 현재의 의도를 계속 유지하게 해준다. 단기기억이 존재하지 않는 사람은 이러한 중요한 기능이 있지 않으므로 정신 능력에 심각한 손상을 갖게 된다.

② **단기기억의 특징**

단기기억은 처리용량의 한계로 인하여 일정 시점에서 처리될 수 있는 정보의 양이 제한적이다. 어떤 시점에서 처리할 수 있는 정보의 양은 5개에서 9개의 정보단위이다. 만약 소비자가 유입된 여러 정보를 별개로 하나씩 하나씩 처리한다면, 단기기억의 처리능력 한계로 인해 유입 정보 중 극히 일부분만이 일정 시점에서 처리될 것이다. 그러나 관련이 있는 정보들을 하나의 정보단위(chunk : 서로 관련성이 있으며 의미를 가진 정보들의 묶음)로 묶을 수 있으면, 단기기억의 정보처리능력은 향상될 수 있다. 이는 단기기억의 용량이 제한되어 있으나 각 정보단위에 포함된 정보의 수는 제한을 받지 않을 수 있기 때문이다. 단기기억에서 처리된 정보는 일시적으로 저장되므로 리허설을 통해 보존하지 않는 한 처리된 정보는 곧 사라진다. 리허설은 처리된 정보를 마음속으로 반복하거나 깊게 생각하는 것이다. 정보를 많이 리허설 할수록 그 정보는 장기기억에 저장될 가능성이 크다.

③ **단기기억으로의 유입과정**

㉠ 선택적 주의

선택적 주의는 정보가 단기기억으로 들어가는 필터의 역할을 해준다. 어떤 시기에 노출된 모든 자극에 주의를 기울이는 것은 불가능하다. 따라서 이 자극 중에서 많은 것을 무시하고 몇 개의 주요 자극에만 초점을 맞춘다. 주의를 받지 못한 자극은 단기기억에 아주 약하게 기록되거나 전혀 기록되지 않는다. 무엇이 선택적 주의를 하게 하고 어떤 종류의 자극에 주의를 집중하는지는 개인차가 있지만 크기가 크고 현란한 색깔이나 그 밖의 강렬한 자극은 보통 주의를 끈다. 기대하지 않았거나 범상치 않은 장면도 주의를 끄는 경향이 있다. 정서를 유발하는 것이나 개인적인 사항에 관련된 것들은 주의를 집중시킨다. 예를 들어, 고양이를 키우는 사람은 고양이 그림이 들어간 광고지에 더 민감하게 반응할 것이다.

ⓛ 부호화

일단 정보에 주의집중이 이루어지면 그 정보가 단기기억에 저장되기 위하여 부호화되어야 한다. 부호화란 기억 체계가 사용할 수 있는 형태로 자료를 전환시키는 것을 말한다. 이 형태는 우리가 지각하는 대상이거나 가지고 있는 생각일 수 있다. 시력 검사판의 맨 윗줄에 있는 '가'라는 글자를 보았다고 가정해보자. 이때 먼저 시각적 심상을 이용해 이 글자를 단기기억으로 부호화하게 된다. 마치 그림을 보듯이 이제 눈을 감아도 마음속에 '가'라는 글자를 볼 수 있다. 대상들은 어떻게 보이는 것에 대한 기억흔적이 남아있다. 물론 보이는 것뿐만 아니라 들리는 것, 냄새, 맛, 느낌도 흔적이 남아있다. 기억흔적은 뇌의 생리적 변화를 일으키는데, 시간이 지남에 따라 이 흔적은 사라진다. 단기기억에 기억할 내용을 부호화할 때 시각적 흔적을 이용할 뿐만 아니라 음성적 혹은 언어적 흔적도 이용한다. 단기기억에서 청각적 흔적은 시각적 흔적보다 더 지배적이다. 즉, 단기기억에서는 정보를 언어적으로 기억하는 경향이 높다.

ⓒ 보유와 리허설

사물들을 기억할 수 있으려면 감각적 상이 사라지기 전에 이를 다시 되돌릴 수 있어야 한다. 언어적 표상은 정보가 단기기억에 저장하게 하는 데 매우 중요하다. 예를 들어 612-0354라는 전화번호를 전화번호부에서 보았고 이를 머릿속에 입력하려 한다면 전화번호에 대한 심상을 형성할 뿐만 아니라 마음속으로 이 번호를 반복해야 할 것이다. 이러한 소리 없는 반복이 리허설이다. 리허설로 어떤 자극이 사라지기 전에 그 자극을 활성화하여 새롭게 하면 단기기억으로 옮겨진다. 어떤 것을 다른 것보다 마음속에 간직하기가 어렵기 때문에 처음 만난 사람의 이름을 기억하려고 할 때, 혹은 무관한 수나 무의미한 철자들을 기억하려면 열심히 노력하는 리허설을 거쳐야 한다.

④ 단기기억을 증진하는 마케팅 전략

대표적으로 시각화에 의한 기억증대전략인데, 시각적 정보를 언어적 정보와 함께 제시하는 전략이다. 구체적인 정보 혹은 단어를 사용하여 소비자로 하여금 상상을 통해 마음속으로 제품 정보를 시각화하도록 유도하는 기법인 심상지시방법을 사용한다. 기억증대기법은 문자, 숫자 또는 관련 연관성 패턴으로 아이디어나 구를 기억하는 데 도움을 주는 것이다. 예를 들면, '참지 말고 케내자~ 케토톱!'과 같이 상표와 비슷한 어구를 사용하는 것이다. 이러한 니모닉 장치에는 특별한 운과 시, 두문자어, 이미지, 노래, 개요 및 기타 도구가 포함되며 음악을 사용하는 것도 많이 한다. 음악을 이용하여 메시지를 전달하면 회상력이 향상되기 때문이다. 반복광고도 단기기억을 증가시키는데, 제품 정보를 처리할 동기부여와 능력이 낮은 소비자에게는 제품 정보를 이해시키기 위해 반복적으로 제품 광고를 한다. 그러나 지나친 반복광고로 인한 광고효과 감퇴현상을 방지하기 위해 광고실행방법을 달리해야 한다.

> **더 알아두기**
>
> **리허설(rehearsal)이란?**
> 처리된 정보를 마음속으로 반복하거나 깊이 생각하는 것을 의미하며, 유지 리허설과 정교화 리허설 2가지로 분류한다.
> 유지 리허설은 처리된 정보를 지속적이고 반복적인 리허설을 통해 정보를 저장하는 방식을 의미한다. 유지 리허설을 통해 기억된 정보를 재생산기억이라고 하며, 정보를 주어진 그대로 기억하게 된다.
> 정교화 리허설은 유입정보를 장기기억 안에 이미 저장된 기존 정보와 연결시켜 기억하는 방법이다. 정교화 리허설은 정보의 의미를 기존 정보와 연결하여 필요한 상황에서 필요한 정보를 기억하여 재구성한다. 정교화 리허설을 통해 기억된 정보를 재구성기억이라고도 하며, 정보를 많이 리허설 할수록 그 정보는 장기기억에 저장될 가능성이 높다.

(3) 장기기억

단기기억에서 반복적으로 처리된 정보는 장기기억으로 들어가 거의 영구적으로 저장된다. 장기기억에 저장된 정보는 후에 단기기억에 인출되어 의사결정에 사용되거나 단기기억에 유입된 새로운 정보를 처리하는 데 사용된다. 인지심리학 연구자들은 장기기억이 거의 무제한의 정보를 저장할 수 있다고 본다. 그러나 실제로 장기기억에 저장된 정보 중 일부만이 인출 가능하기 때문에 장기기억에 얼마나 많은 정보가 저장되어 있는가 보다 필요한 시점에서 필요한 정보를 인출할 수 있는가가 중요하다.

① 장기기억 내 정보의 유형

장기기억은 크게 외현기억, 암묵기억으로 분류된다.

ㄱ 외현기억

외현기억이란 사람들이 의식적으로 또는 의도적으로 과거의 경험을 인출할 때 발생하는 기억으로, 그 기억에 관해 설명할 수 있기 때문에 서술기억이라고도 한다. 외현기억에는 세상에 대한 일반적인 지식을 구성하는 개념과 사실에 대한 기억인 의미기억과 개인이 경험한 특정한 시간과 장소에서 발생한 과거 사건들에 대한 기억인 일화기억이 포함된다고 보았다.

ㄴ 암묵기억

암묵기억이란 스스로 어떤 것에 대해 기억하고 있다는 것을 알지 못하지만, 과거의 경험들이 나중에 행동이나 수행에 영향을 주는 기억이다. 암묵기억은 그 기억에 관해 설명할 수 없기 때문에 비서술적 기억이라고도 한다. 예를 들어 자전거 타기와 같은 기술은 특별히 기억하려 노력하지 않아도 자동적으로 수행되지만, 어떻게 자전거를 탈 수 있는지에 대해서는 설명하기가 어렵다.

암묵기억은 절차기억, 점화, 고전적 조건화, 비연합 학습으로 분류된다. 절차기억이란 연습의 결과로서 점진적으로 습득하는 기술 또는 행하는 방법을 아는 것이다. 우리가 배우는 대부분의 행동이나 신체적 기술을 유지하는 지식을 말한다. 예를 들어 자동차 운전하기, 피아노 치기, 신발 끈 묶기 등이 이에 해당한다. 점화란 최근에 어떤 자극에 노출된 결과로 어떤 단어나 대상 등의 자극이 더 잘 생각나는 능력이라고 한다. 고전적 조건화란 조건화된 자극으로 인해 인간이 무조건 반응을 하는 것이다. 예를 들면, 전에는 벌에 대해 별로 신경을 쓰지 않았던 사람이 한 번 벌에 쏘여 고생한 후에는 날아다니는 벌만 보아도 아팠던 기억이 떠올라 벌을 피하거나 무서워하는 것을 볼 수 있다. 마지막으로 비연합 학습은 습관화와 민감화의 형태로 분류된다. 습관화는 우리가 환경에 익숙해지는 데 도움을 준다. 예를 들어, 건물 밖 차들의 경적, 시계 초침 소리 등에 반응하지 않고 일상생활을 수행할 수 있는 것은 습관화로 인한 것이다. 민감화는 위협적인 자극에 크게 반응하는 것으로, 예를 들어 전쟁에 참가했던 사람들이 비행기가 지나가는 소리만 들려도 과하게 반응하는 경우로 볼 수 있다.

[장기기억의 분류]

장기기억	외현기억	의미기억
		일화기억
	암묵기억	절차기억
		점화
		고전적 조건화
		비연합 학습

더 알아두기

프라이밍 효과

점화효과라고도 하며, 장기기억에 있는 것을 끄집어내어 단기기억에 띄우는 것을 활성화라 한다. 활성화는 확산한다는 특징을 갖고 있고, 불길이 퍼지듯 관련 노드들을 끄집어낸다. 그러므로 가장 최근에 활성화된 개념이 인접한 것을 활성화할 가능성이 높다. 어떤 개념/정보를 먼저 떠올리느냐에 따라 뒤따라 나올 개념을 어떻게 생각하느냐도 달라지는데 이것이 점화효과이다. 점화효과는 연상 네트워크 모델에 의해 쉽게 이해가 된다. 처음 아이디어가 무엇을 연상시키는가에 따라 뒤이어 떠올리는 생각이 달라지는 것이다. 마케터들은 점화를 사용하는데, 슈퍼마켓에서 샘플을 제공하는 것은 점화의 고전적인 한 예이며, 광고에서 특정 제품의 로고나 시그널을 사용하는 것도 그 제품의 메시지에 대한 점화의 작용을 한다.

② **장기기억의 지식구조**

㉠ 스키마

스키마는 서술적 지식 간의 연상적 네트워크이다. 한 개인이 가지고 있는 조직화된 기대들의 집합이다. 즉, 객관적 실재가 아닌 기억 속의 인식체계이다. 스키마는 주의력과 새로운 기억의 흡수에 영향을 준다. 사람들은 스키마에 맞는 것을 기억할 가능성이 더 높으며 스키마에 대한 모순을 예외적으로 재해석하거나 적합하도록 왜곡한다. 스키마는 모순되는 정보에도 불구하고 변하지 않아 외부 환경을 받아들이고 이해하는 데 도움이 될 수 있다. 스키마를 사용할 때 대부분 상황에서 복잡한 사고가 필요하지 않기 때문에 사람들은 새로운 인식을 스키마로 신속하게 구성할 수 있다.

휴리스틱 기법인 스키마를 사용하면 대부분의 일반적인 상황에서 많은 처리가 필요하지 않기 때문에 새로운 인식을 신속하게 도식화하고 인지적 노력 없이 기억할 수 있다. 그러나 스키마는 기존의 고정관념이 제한적이거나 편향된 기대를 가지고 보거나 기억하도록 유도하는 경우에 새로운 정보의 이해에 영향을 미치고 방해할 수 있다.

ⓛ 스크립트

스크립트는 절차적 지식 간의 연상적 네트워크이다. 특정 상황에서 소비자가 취해야 할 적절한 절차와 행위에 대한 지식체계이다. 소비자들은 은행에서 예금하는 것, 레스토랑에서 식사하기, 약국에서 약을 사는 것과 같은 활동들에 대한 스크립트들을 가지고 있다. 소비자는 구매 시마다 인지적 노력 없이 적절한 행동을 할 수 있다.

③ **정보인출에 영향을 미치는 요인**

㉠ 마케팅 자극

소비자의 장기기억에서 더 쉽게 정보를 인출하기 위해서는 마케팅 자극의 특성을 이용할 수 있다. **구체적인 정보보다는 전반적인 제품의 평가 혹은 브랜드 이미지가 더 잘 인출된다.** 또한 눈에 띄는 자극이 주의를 끌어 소비자가 더 많은 정보처리와 회상을 하도록 하면 장기기억의 인출 가능성이 높아진다. 특정 카테고리에서 가장 인지도가 높은 브랜드가 쉽게 인출된다. 유사한 정보가 추가로 제공될 때 정보들이 서로를 보완하여 더욱 쉽게 정보인출이 이루어진다.

㉡ 인출단서의 제공

정보의 회상에 이용될 수 있는 단서를 제공하여 **점화효과를 활성화하게 되면 장기기억에서 더욱 쉽게 정보를 인출할 수 있다.**

㉢ 소비자의 특성

소비자는 긍정적인 기분일 때 긍정적인 정보를 더 잘 인출하고 부정적인 기분일 때는 부정적인 정보를 더 잘 인출하는 경향이 있으며, 전문지식이 많은 소비자는 장기기억의 활성화 확산이 광범위하고 신속하게 발생하는 특징이 있다.

(4) 기억의 통제

소비자는 '부호화 → 리허설 → 이전 → 배치 → 인출'의 기억 통제 과정을 가지고 있다.

① **부호화**

장기기억에 저장된 정보를 인출하여 유입된 자극에 의미를 부여하는 과정이다. 이때 마케터는 소비자들이 상표 정보를 마케터가 원하는 방식으로 부호화하도록 정보를 제시하는 것이 중요하다.

㉠ 연상부호화이론

의미기억이론에 따르면, 정보는 확산하는 활성화를 통하여 의미적 연상망으로부터 회상된다. 장기기억 내의 어떤 정보가 이용되려면 장기기억으로부터 회상되거나 인출되어야 하는데 이는 활성화를 통해 이루어진다. 하나의 의미개념 또는 망의 마디가 어떤 시점에서 처리되려면, 어떤 의식역 수준을 넘어서 활성화돼야 하는데, 활성화는 장기기억에서 활성화된 한 부분에서 다른 부분으로 급속히 확산하게 된다. 따라서 만약 하나의 자극이 어떤 마디를 활성화하게 되면 활성화는 연상망을 통해 확산하고 다른 마디들을 활성화하게 된다. 그렇게 해서 활성화된 각 마디는 회상된 기억이 된다.

㉡ 이중부호화이론

단기기억에서는 청각적 정보가 주로 기억되는 데 반해 장기기억에서는 청각적, 시각적, 후각적, 미각적, 촉각적 이미지 등도 함께 저장된다. 이때 사람들은 일반적으로 **서로 간의 관련성이 높은 두 가지 이상의 감각적 정보를 동시에 기억할 때 정보를 더 잘 기억하게 된다.**

② 리허설

소비자는 유입된 정보를 단기기억에서 정교화 리허설을 하여 다시 그 정보를 장기기억으로 이전시킨다. 이때 소비자가 그 정보에 대하여 필요성을 느끼지 못하는 경우에는 정교화 리허설을 하지 않는다. 마케터는 이를 대비하여 반복광고들을 통해 유지 리허설을 유도한다.

㉠ 유지 리허설

유지 리허설은 정보의 단순 반복적인 리허설이다. 정보를 그대로 기억하게 되고 이렇게 기억된 정보를 'reproductive memory', 즉 재생산된 기억이라고 한다. 재생산 기억의 원리는 연상 작용과 단서 작용, 앞의 말이나 단어가 단서가 되어 다음 말이나 단어가 반사적으로 그리고 순차적으로 연상되는 형태이다. 예를 들면, 'Just do it'은 나이키를 떠올리고, 'Excellence in flight, 아름다운 사람들'은 대한항공을 떠올리는 것이다.

㉡ 정교화 리허설

새로 유입된 정보에 대해서 장기기억 속 저장된 기본 관련 정보와 연계시켜 분석 및 처리하여 새롭게 기억하는 방법이다. 정보의 여러 가지 의미를 기존 정보와 연결해 정보의 기본적인 골격만을 기억하게 되는데 필요할 때마다 추가 정보를 덧붙여 기억을 재구성하게 된다. 이렇게 기억된 정보를 재구성된 기억이라고 한다.

③ 이전

단기기억에서 리허설을 거친 정보는 장기기억으로 이전되며, 그렇지 않은 경우에는 기억 시스템에서 사라진다.

④ 배치

단기기억으로부터 이전된 정보가 장기기억의 스키마에 연결되는 것을 배치라고 한다. 배치를 잘 못하는 것은 부호화를 정확하게 하지 않았기 때문이다. 또한, 배치를 잘 못하면 인출도 제대로 할 수 없다.

⑤ 인출

장기기억에서 저장된 정보는 의사결정 또는 새롭게 유입된 정보처리가 필요할 경우 단기기억으로 인출된다.

(5) 기억의 대안모형

전통적인 정보처리 모형에 대해 정보의 단계적 처리가 맞는지, 단기기억과 장기기억의 구분이 맞는지, 단기기억의 기능이 무엇인지에 대한 문제가 제기되었다. 전통적인 정보처리 모형에서 기억의 '구조'를 강조한다면, 대안적인 정보처리 모형에서는 기억의 처리 '과정'을 강조하였다.

① 작업기억 모형

작업기억은 제한적 용량을 지니며 단순한 정보의 저장을 담당하는 단기기억과는 달리 정보의 조작, 처리, 통제 등의 기능과 관련된 인간의 핵심적인 기억 체계이다.

여러 작업기억 모형들 중에서 가장 영향력 있고 널리 인정받는 것은 다중작업기억 모형이다. 작업기억은 음운 회로, 시공간 스케치패드, 일화적 완충기, 중앙 집행기의 네 측면으로 구성되어 있다고 주장하였다. 구조의 핵심이 되는 요인은 중앙 집행기로 세 개의 보조 장치인 음운 회로와 시공간 스케치패드와 일화적 완충기를 통제하고 관리하는 역할을 담당한다. 음운 회로란 대화에 기반한 언어 정보를 저장하는 제한된 저장소인데 짧은 시간 동안 제한된 수의 소리를 저장한다. 시공간 스케치패드는 물체에 대한 기억이나 위치 등의 시각적, 공간적 정보를 일시적으로 보관하는 저장소이며 심상을 통합하고 조작하는 데 중요한 역할을 한다. 일화적 완충기는 여러 자원으로부터 온 정보를 조합하여 일관성 있는 일화로 통합하는 기능을 하는데, 일련의 과정은 중앙 집행기의 통제를 받는다. 중앙 집행기는 가장 높은 수준에 위치하며 영역에 구애받지 않고 모든 하위요소를 통제한다. 중앙 집행기는 작업기억을 단기기억과 구분 짓는 가장 핵심적인 구성요소이기에 매우 중요하다.

② 처리수준 모형

처리수준 모형은 기억이 정보처리수준에 달려있다고 가정하고, 정보처리수준이 깊으면 깊을수록 더 오랫동안 기억된다고 주장하였다. 정보처리수준은 물리적, 음운적, 의미적 수준으로 되어 있는데, 물리적 수준은 사물의 시각적 속성을 구별하는 것으로 가장 얕은 수준의 정보처리이고, 음운적 수준은 소리에 의한 정보처리이다. 의미적 수준은 단어의 의미를 판단하는 것으로 가장 깊은 처리인데 자신의 경험과 관련지어 의미를 판단하는 것 등이다.

③ 연결주의자 모형

인지처리과정을 순차적으로 일어나는 것으로 보기보다는 여러 연결망이 동시에 병렬적으로 활성화된다고 보는 모형이다. 기억은 노드와 연결로 구성되어 있다는 가정을 하였고 활성화 확산이란 활동 중인 노드가 관련된 다른 노드로 계속 이동해 나가는 과정을 의미한다고 본다.

(6) 기억이론의 응용

① 기억과 광고

기억에 대한 올바른 이해는 실제 소비자를 대상으로 광고를 만들고 전달하는 마케터들에게 매우 중요하다. 기억을 광고에 적용하면, 독특한 광고는 기억하기 쉽다는 장점이 있으므로 독특한 광고를 만들게 되면 광고효과를 높일 수 있다. 광고 메시지는 제시되는 순서에 따라 기억 가능성이 달라지는데, 중간 부분에 제시되는 메시지는 기억에 남지 않고 맨 앞이나 맨 끝에 제시되는 메시지는 상대적으로 기억이 되기 쉽기 때문에, 중요한 메시지는 광고의 앞이나 맨 뒤에 전달한다. 정보가 단기기억에 입력되고 바로 리허설이 이루어지면 더욱 잘 기억된다. 그러므로 반복광고가 연달아 제시되면 광고가 산발적으로 되는 것보다 효과적일 수 있다. 개별정보가 청크로 조직되면 더욱더 많은 정보가 처리되어 기억되며, 기억은 관련 있는 단서의 제시를 통해 정보의 인출이 쉬워진다. 또한, 소비자들이 관심이 있는 정보는 더 빠르고 쉽게 기억되므로 광고를 관심 있어 할 소비자들에게 노출하는 것이 광고의 효과를 높인다.

② 외부 기억

소비자의 내부 기억은 여러 가지 요인으로 인해 상당히 제한적이다. 이러한 제한적인 내부 기억을 극복하는 것이 외부 정보인 광고이며, 이러한 광고도 내부 기억과 마찬가지로 소비자의 의사결정에 큰 영향을 미치게 된다. 소비자의 판단에 따라 외부 정보인 광고가 아주 유용하다고 판단되면 소비자들은 내부 기억에 대한 복잡한 처리 과정이나 인출 과정의 부담 없이도 손쉽게 의사결정을 내릴 수 있다.

○✕ 로 점검하자 | 제4장

※ 다음 지문의 내용이 맞으면 ○, 틀리면 ✕를 체크하시오. [1~12]

01 인지적 학습은 소비자가 가진 기존 신념에 정보처리 사고과정을 적용하여 태도를 형성하고 구매 의사결정을 내리는 과정이다. (   )

02 학습한 정보를 활용하여 소비자의 기존 지식체계에 새로운 지식을 더해 지식구조를 확장시키고 신념의 변화를 일으키는 것을 첨가라고 한다. (   )

03 소비자를 둘러싼 정보환경의 성격에 따라 학습방법이 달라지며, 상향식 정보처리 방식, 하향식 정보처리 방식, 리허설 방식의 3가지가 있다. (   )

04 행동주의적 학습 이론가들은 인간의 사고는 직접 관찰할 수 있다고 했다. (   )

05 파블로프의 실험은 고기먹이와 종을 활용하여 개를 대상으로 수단적 조건화의 원리를 발견하였다. (   )

06 전진적 조건화는 무조건 자극을 제시한 후 조건 자극을 제시하는 것이다. (   )

정답과 해설   01 ○   02 ○   03 ✕   04 ✕   05 ✕   06 ✕

01 인지적 학습은 소비자가 제품과 서비스에 대한 다양한 정보를 직접 취득하여 정보를 처리하는 방식이 사고과 정을 통해 소비자가 가진 기존 신념에 적용시켜 태도를 형성하고 구매의사결정단계에까지 이르는 과정을 의미한다.

02 소비자가 제품과 서비스에 대한 정보를 처리할 때 기존 지식구조에 새로운 지식이나 신념을 덧붙여서 변화를 일으키는 것을 '첨가'라고 한다.

03 인지적 학습에서 소비자의 학습에 영향을 미치는 요인은 친숙도, 동기부여, 정보환경의 애매모호성이 있는데, 위의 문제는 정보환경의 애매모호성에 대한 문제이다. 정보환경의 애매모호성은 정보환경의 성격에 따라 학 습방법이 달라지며, 하향식 정보처리 방식과 상향식 정보처리 방식의 2가지가 있다.

04 인간의 내적 사고과정에서 발생하는 학습은 인지적 학습이다. 행동주의적 학습 이론가들은 인간의 사고는 직접 관찰할 수 없기 때문에 외부 자극이나 상황을 투입하여 자극에 대한 반응이 결과물로 나타나는 것임을 강조했다.

05 파블로프의 실험은 고전적 조건화에 관련된 실험이다.

06 전진적 조건화는 조건 자극을 먼저 제시한 후 무조건 자극을 제시하는 것이다.

07 조건화의 반복횟수가 증가할수록 조건 자극과 무조건 자극의 연상이 희미해져 소비자의 기억에서 소멸되며, 이와 관련된 효과는 광고 마멸 효과가 있다. (　　)

08 강화 유형 중 부정적 강화는 부정적 결과를 제공하며 행동 확률을 증가시킨다. (　　)

09 제품 구매 후 강화의 발생 정도가 이후의 구매 행동에 영향을 미친다. (　　)

10 단기기억은 처리용량의 한계가 있어 일정 시점에서 처리될 수 있는 정보의 양이 제한적이다.
(　　)

11 구체적인 정보가 전반적인 제품의 평가 혹은 브랜드 이미지보다 더 잘 인출된다. 또한, 눈에 띄는 자극이 주의를 끌어 소비자가 더 많은 정보처리와 회상을 하도록 하면 장기기억의 인출 가능성이 높아진다. (　　)

12 스키마는 모순되는 정보에도 적용되므로 외부 환경을 받아들이고 이해하는 데 도움이 될 수 있다. 스키마를 사용할 때 대부분 상황에서 복잡한 사고가 필요하지 않기 때문에 사람들은 새로운 인식을 스키마로 느리지만 편하게 구성할 수 있다. (　　)

정답과 해설　07 ✕　08 ○　09 ○　10 ○　11 ✕　12 ✕

07 조건화의 반복횟수가 증가할수록 조건 자극과 무조건 자극의 연상은 강해지고, 이에 따라 소비자의 기억에 더욱 오래 남게 된다. 광고 마멸 효과는 조건 자극과 무조건 자극의 노출 및 반복횟수가 감소하게 되어 두 자극 간의 연상이 약해지거나 조건화를 통해 학습효과가 사라지는 것인 소멸과 관련 있다.

08 부정적 강화는 부정적 결과를 제공하고 행동 확률을 증가시키며, 처벌은 부정적 결과를 제공하고 행동 확률을 감소시킨다.

09 제품 구매 후 강화의 발생 정도가 이후의 구매 행동에 커다란 영향을 미친다. 특정 브랜드의 제품이나 서비스를 사용할 때마다 계속해서 만족을 얻게 된다면, 그 만족이 강화요인으로 작용한다. 강화를 경험한 소비자들은 제품이나 서비스의 정보탐색이나 처리 과정을 거치지 않고 습관적으로 구매할 확률이 높아진다.

10 단기기억의 특성은 첫째, 처리용량의 한계로 인하여 일정 시점에서 처리될 수 있는 정보의 양이 제한적이다. 밀러에 의하면 어떤 시점에서 처리할 수 있는 정보의 양은 5개에서 9개의 정보단위이다.

11 구체적인 정보보다는 전반적인 제품의 평가 혹은 브랜드이미지가 더 잘 인출된다. 또한, 눈에 띄는 자극이 주의를 끌어 소비자가 더 많은 정보처리와 회상을 하도록 하면 장기기억의 인출 가능성이 높아진다.

12 스키마는 모순되는 정보에도 불구하고 변하지 않아 외부 환경을 받아들이고 이해하는 데 도움이 될 수 있다. 스키마를 사용할 때 대부분 상황에서 복잡한 사고가 필요하지 않기 때문에 사람들은 새로운 인식을 스키마로 신속하게 구성할 수 있다.

01 연상적 학습에 의한 첨가는 주로 저 관여 제품에 대한 의사결정을 내릴 때 나타난다.

01 다음 중 인지적 학습유형에 대한 설명으로 옳지 <u>않은</u> 것은?

① 이상적 학습에 의한 첨가는 소비자가 스스로 정보처리과정을 거쳐 기존의 지식구조에 정보를 첨가하는 것이다.

② 연상적 학습에 의한 첨가는 욕구와 학습 내용간의 연상 관계를 강하게 만들어 새로운 정보가 첨가되는 것이다.

③ 연상적 학습에 의한 첨가는 주로 고관여 제품에 대한 의사결정을 내릴 때 나타난다.

④ 동조화는 학습을 통한 지식의 축적으로 기존의 지식 구조가 개편되는 것이다.

02 재구조화는 소비자가 의사결정을 위해 많은 인지적 노력을 투입해야 하기 때문에 자주 발생하지 않으며, 과거에 축적된 정보의 양이 과도하게 많을 경우, 지식체계를 다시 설정해야만 할 때 발생한다.

02 다음 중 인지적 학습과 관련된 설명으로 옳지 <u>않은</u> 것은?

① 첨가와 동조화는 소비자가 새로운 정보를 학습하고 이를 기존 지식체계 및 신념에 덧붙이는 것이다.

② 재구조화는 소비자의 추가적인 인지적 노력이 필요하기 때문에 자주 발생하지 않는다.

③ 재구조화는 축적된 정보의 양이 적을 경우에 발생한다.

④ 첨가, 동조화, 재구조화의 공통점은 새로운 지식과 결합하여 새로운 지식 구조를 만든다는 것이다.

정답 01 ③ 02 ③

03 다음 중 인지적 학습 과정에 대한 설명으로 옳은 것은?

① 인지적 학습에서는 자극이 반응을 직접 유발한다.

② 인지적 학습 과정은 지식을 저장, 조직화, 인출하는 과정이다.

③ 외부 자극은 단기기억, 감각기관, 장기기억으로 이동한다.

④ 소비자의 정보 인출 능력은 외부적 영향을 받지 않는다.

03 ① 인지적 학습에서는 자극이 반응을 직접 유발하지 않으며 자극은 인지를 형성한다.
③ 외부 자극은 감각기관, 단기기억, 장기기억 순으로 이동한다.
④ 소비자의 정보 인출 능력은 지속적인 정보의 노출, 정보의 친숙도, 반복 등의 영향을 받아 형성된다.

04 다음 중 용어에 대한 설명이 옳지 <u>않은</u> 것은?

① 정교화 : 특정 정보를 마음속으로 되뇌며 반복한다.

② 연상 네트워크 : 제품이나 서비스에 대해 이미 형성되어 있는 지식을 말한다.

③ 친숙도 : 소비자가 제품과 서비스에 관련된 경험의 정도를 의미한다.

④ 정보환경의 애매모호성 : 정보환경의 성격에 따라 2가지의 정보처리방식이 있다.

04 리허설은 특정 정보에 대해 마음속으로 되뇌며 반복하는 것을 의미하며, 단기기억으로부터 특정한 정보를 재생시킨다.
정교화는 정보처리과정에서 자극과 기존 지식 간의 통합 정도를 의미한다.

05 다음의 설명에 해당하는 용어 ㉠은 무엇인가?

(㉠)은/는 소비자가 제품이나 서비스에 형성된 믿음 혹은 신념을 바꾸어 나가는 과정에서 영향을 미친다. (㉠)의 성격에 따라 학습방법이 달라지며, 그 방법에는 상향식 정보처리방법과 하향식 정보처리방식 2가지가 있다.

① 정보환경의 애매모호성

② 리허설

③ 동기부여

④ 관여도

05 정보환경의 애매모호성은 소비자가 제품이나 서비스에 형성된 믿음 혹은 신념을 바꾸어 나가는 과정에서 영향을 미친다. 정보환경 애매모호성의 성격에 따라 학습방법이 달라지며, 그 방법에는 상향식 정보처리방법과 하향식 정보처리방식 2가지가 있다.

정답 03 ② 04 ① 05 ①

06 ① 행동주의적 학습 이론은 외부로 표출되는 행동만을 연구대상으로 삼는다.
③ 대표적 이론은 고전적 조건화와 수단적 조건화가 있다.
④ 상황이나 자극에 따라 특정한 방식의 행동으로 반응하도록 개인을 조건화시키는 과정이라고 할 수 있다.

06 다음 중 행동주의적 학습에 대한 설명으로 옳은 것은?

① 행동주의적 학습은 내·외부로 표출되는 행동 모두를 연구대상으로 삼는다.
② 자극과 반응의 외적 요소에 의해 이루어진다.
③ 대표 이론은 고전적 조건화가 유일하다.
④ 자극에 따라 다양한 방식의 행동으로 반응하도록 조건화시키는 과정이다.

07 아무런 학습 과정 없이 개가 침을 흘리는 반응을 일으키는 고기 먹이는 무조건 자극이며, 침을 흘리는 반응은 무조건 반응이다.

07 다음 중 파블로프의 실험에 대한 설명으로 올바르지 <u>않은</u> 것은?

① 고전적 조건화의 대표 실험이다.
② 아무런 학습 과정 없이 개가 침을 흘리는 반응을 일으키는 고기 먹이는 무조건 자극이며, 침을 흘리는 반응은 조건 반응이다.
③ 종소리는 조건 자극(conditioned stimulus)이다.
④ 고기 먹이를 제시하지 않고 종소리만 들어도 개는 침을 흘리는 반응을 보이는데 이를 조건 반응이라고 한다.

08 ② 단 한 번의 노출만으로 조건화가 형성될 수 있다.
③ 전방조건화는 조건 자극을 제시한 후 무조건 자극이 제시되는 것이다.
④ 고관여 제품의 경우, 고전적 조건화에 의한 학습 정도가 낮아진다.

08 다음 중 고전적 조건화의 결정 변수에 대한 설명으로 옳은 것은?

① 무조건 자극의 크기 : 무조건 자극의 크기가 증가할수록 조건화가 잘 이루어진다.
② 노출빈도 : 단 한 번의 노출로는 조건화가 형성될 수 없다.
③ 자극의 순서 : 전방조건화는 무조건 자극을 제시한 후 조건 자극이 제시되는 것이다.
④ 관여도 : 고관여 제품의 경우, 고전적 조건화에 의한 학습 정도가 높아진다.

정답 06 ② 07 ② 08 ①

09 다음 내용에서 설명하는 것은 무엇인가?

> 조건화가 발생하더라도 조건 자극과 무조건 자극이 함께 제시되어 노출되는 것이 중단되면 조건화의 효과가 감소한다. 이것의 대표적인 효과로는 소비자가 광고 제품에 대해 정보를 습득하지만, 일정 시간이 지나면 같은 광고에 노출되어도 집중도가 떨어지는 광고 마멸 효과가 대표적이다.

① 일반화
② 소멸
③ 차별화
④ 브랜드 확장

10 다음 중 수단적 조건화에 대한 설명으로 옳지 <u>않은</u> 것은?

① 조작적 조건화라고도 불린다.
② 긍정적 결과를 가져오는 행동을 실시하고 부정적 결과를 가져오는 행동은 기피하는 것을 학습하는 과정이다.
③ 학습이 효과적으로 이루어지기 위해서는 처벌이나 보상 등의 요소가 필요하다.
④ 대표적으로 파블로프의 실험이 있다.

11 수단적 조건화와 고전적 조건화의 공통점은 무엇인가?

① 학습자의 태도
② 결과가 학습자의 행위에 미치는 영향
③ 학습에 영향을 미치는 자극의 시점
④ 자극과 반응 간의 관계 파악

09 소멸은 조건화가 발생하더라도 조건 자극과 무조건 자극이 함께 제시되어 노출되는 것이 중단되면 조건화의 효과가 시간의 흐름에 따라 감소하는 것을 의미하며 대표적으로 광고 마멸 효과가 있다.

10 수단적 조건화의 대표적 실험은 스키너의 실험이다.

11 학습자의 태도, 결과가 학습자의 행위에 미치는 영향, 학습에 영향을 미치는 자극의 시점은 모두 수단적 조건화와 고전적 조건화의 차이점이다. 수단적 조건화와 고전적 조건화의 공통점은 수단적 조건화와 고전적 조건화는 자극과 반응 간의 관계를 파악하고자 하는 것이다.

정답 (09 ② 10 ④ 11 ④)

12 두 번째 경우 지속적으로 전기가 흐르고 있는 방에서 동물이 단추를 누르게 되면 전기가 더 이상 흐르지 않아 동물은 편안한 상태가 된다. 이에 동물은 지속적으로 단추를 누르게 된다. 이처럼 어떤 반응의 결과가 부정적 결과를 제공함으로써 특정한 반응을 보일 확률을 증대시키는 것을 부정적 강화라고 한다.

13 부정적 강화는 부정적 결과를 제공하여 행동확률 증가의 효과가 나타난다.

14 ① 구매가 많을수록 보상 횟수도 같이 증가하는 것이 고정 비율 스케줄이다.
③ 시간 간격을 고정해놓고, 그 시간이 흘렀을 때만 강화를 주는 것을 말한다.
④ 시간이 어느 정도 지나면 강화가 주어지지만 강화가 제시되는 정확한 시점을 소비자는 알지 못한다.

12 **스키너의 실험에 대한 다음 내용과 가장 관련이 있는 것은 무엇인가?**

> 스키너는 상자 모양의 실험 도구를 만들어 쥐나 비둘기 등의 동물이 특정 자극에 반응하는가에 대한 실험을 진행했다. 단추는 자극이 되고 단추를 누르는 행동은 반응으로 나타나는데 그 결과는 3가지 경우로 정리할 수 있다. 두 번째 경우 지속적으로 전기가 흐르고 있는 방에서 동물이 단추를 누르게 되면 전기가 더 이상 흐르지 않아 동물은 편안한 상태가 된다. 이에 동물은 지속적으로 단추를 누르게 된다. 두 번째의 경우는 어떤 원리와 관련이 있는가?

① 긍정적 강화   ② 부정적 강화
③ 처벌   ④ 보상

13 **다음 중 강화에 대한 설명으로 옳지 않은 것은?**

① 긍정적 강화 : 긍정적 결과 제공, 행동 확률 증가
② 부정적 강화 : 부정적 결과 제공, 행동 확률 감소
③ 처벌 : 부정적 결과 제공, 행동 확률 감소
④ 소멸 : 중립적인 결과 제공, 특정 반응 확률 감소

14 **다음 중 강화 스케줄 유형에 대한 설명으로 옳은 것은?**

① 고정 비율 스케줄 – 구매에 관계 없이 보상 횟수가 증가한다.
② 변동 비율 스케줄 – 보상에 대한 믿음으로 계속 구매하게 만드는 것이다.
③ 고정 간격 스케줄 – 시간 간격에 관계 없이 강화를 주는 것을 말한다.
④ 변동 간격 스케줄 – 시간이 어느 정도 지나면 강화가 주어지고, 강화가 제시되는 정확한 시점을 소비자는 알 수 있다.

15 다음 중 대리학습에 대한 설명으로 옳지 <u>않은</u> 것은?

① 관찰자가 모델의 행동을 관찰하여 모방함으로써 자신의 행동을 변화시키는 것이다.

② 모델을 통해 제품의 효용과 이익을 제시하지만, 소비자에게 미치는 영향은 없다.

③ 제품의 사용법과 기능을 효과적으로 리허설하는 것은 기능적 측면이다.

④ 모델과 같이 차별화되고 존경받는 사람이 되고 싶다는 동경심을 유발하는 것은 정서적 측면이다.

16 다음 중 기억에 대한 설명으로 옳지 <u>않은</u> 것은?

① 기억은 정보와 경험의 축적을 통해 필요한 상황에서 꺼내는 하나의 과정이다.

② 인간의 기억은 부호화, 저장, 인출의 3단계를 가진다.

③ 부호화는 기억에서 처리할 수 있는 형태로 정보가 유입되는 것을 의미한다.

④ 정보를 저장하기 위해서는 리허설이 요구되고, 이는 모든 정보에 동일하게 적용된다.

17 다중기억구조 모델에 대한 설명으로 옳은 것은?

① 정보는 단기기억, 장기기억으로 이루어진다.

② 감각기억은 유입정보를 장시간 보유하며, 주의가 기울여지지 않은 정보는 사라진다.

③ 단기기억은 정보처리를 하는 부분으로 장기기억의 인출 정보와 결합하여 해석한다.

④ 단기기억에서 처리된 정보는 인출되거나, 장기기억으로 이전된다.

15 모델을 통해 제품의 효용과 이익을 제시하지만, 소비자에게 미치는 영향은 있다.

16 정보를 저장하기 위해서 보통 리허설이 요구되는데, 정보의 부호화 형태에 따라 그 방법도 달라진다.

17 ① 정보는 감각기억, 단기기억, 장기기억으로 이루어진다.
② 감각기억은 유입정보를 매우 짧은 시간 동안만 보유한다.
④ 단기기억에서 처리된 정보는 장기기억으로 이전되어 저장되며 장기기억으로부터 인출된 관련 정보와 결합하여 해석된다.

정답 15 ② 16 ④ 17 ③

18 운영기억은 단기기억의 다른 명칭이다.

18 다음 중 장기기억과 관련된 것이 <u>아닌</u> 것은?

① 외현기억
② 운영기억
③ 점화
④ 고전적 조건화

19 다중작업기억 모형의 작업기억은 음운 회로, 시공간 스케치패드, 일화적 완충기, 중앙 집행기의 네 측면으로 구성되어 있다.

19 다중작업기억 모형에서 작업기억의 구성요소가 <u>아닌</u> 것은?

① 음운 회로
② 시공간 스케치패드
③ 일화적 완충기
④ 탈중앙 집행기

20 장기기억에 있는 것을 끄집어내어 단기기억에 띄우는 것을 활성화라 한다. 활성화는 확산한다는 특징을 가진다. 어떤 개념/정보를 먼저 떠올리느냐에 따라 뒤따라 나올 개념을 어떻게 생각하느냐도 달라지는데 이것이 점화효과이다. 광고에서 특정 제품의 로고나 시그널을 사용하는 것도 그 제품의 메시지에 대한 점화의 작용을 한다.

20 점화효과와 관련된 개념에 대한 설명으로 옳지 <u>않은</u> 것은?

① 어떤 개념/정보를 먼저 떠올리느냐에 따라 뒤따라 나올 개념을 어떻게 생각하느냐도 달라진다.
② 장기기억에 있는 것을 끄집어내어 단기기억에 띄우는 것을 활성화라 한다.
③ 활성화는 수렴하는 특징을 가진다.
④ 광고에서 특정 제품의 로고나 시그널을 사용하는 것도 그 제품의 메시지에 대한 점화(priming)의 작용을 한다.

정답 18② 19④ 20③

주관식 문제

01 인지적 학습과정 중 재구조화에 대하여 쓰시오.

01

정답 소비자의 추가적인 인지적 노력의 결과로 기존의 지식체계와는 다른 완전히 새로운 지식체계를 만들거나 기존의 지식체계를 완전히 뒤덮어 변화시키는 것을 의미한다. 이 과정에서 소비자는 의사결정을 위해 많은 인지적 노력을 투입해야 하기 때문에 자주 발생하지 않으며, 과거에 축적된 정보의 양이 과도하게 많을 경우, 지식체계를 다시 설정해야만 할 때 발생한다.

02 다음 (   ) 안의 ㉠, ㉡, ㉢에 들어갈 내용을 쓰시오.

외부에서 소비자에게 가해지는 자극, 즉 외적 자극은 (㉠), (㉡), (㉢)의 순으로 이동하게 된다. 이때 정교화와 리허설을 통해 학습효과를 촉진시키게 된다. 결국, 인지적 학습과정을 통해 정보를 활성화시키고, 연상 네트워크를 구축하며 소비자에게 유용한 정보로 기억하는 것이다.

02

정답 ㉠: 감각기관
㉡: 단기기억
㉢: 장기기억

해설 외부에서 소비자에게 가해지는 자극, 즉 외적 자극은 감각기관, 단기기억, 장기기억의 순으로 이동하게 된다.

03

정답 ㉠: 기각
　　 ㉡: 지지
　　 ㉢: 확신편향

해설 소비자들은 설정한 가설을 검증하는 과정을 거친다. 검증과정에서 사용되는 증거들은 직접 제품이나 서비스를 사용하거나 겪어본 경험이거나 소비자가 신뢰할 수 있는 매체(소비자단체, 언론 등)에서 제시하는 자료가 사용된다. 경험과 공신력 있는 자료들을 활용하여 소비자들은 자신의 가설을 기각하기보다는 지지하는 쪽으로 결과를 도출하고자 한다. 이를 확신편향이라고 한다.

03 다음 ( ) 안의 ㉠, ㉡, ㉢에 들어갈 내용을 쓰시오.

> 소비자들은 설정한 가설을 검증하는 과정을 거친다. 이때 사용되는 증거들은 직접 제품이나 서비스를 사용한 경험이거나 공신력 있는 자료를 활용한다. 이후 소비자들은 자신의 가설을 (㉠)하기보다는 (㉡)하는 쪽으로 결과를 도출하고자 하며, 이를 (㉢)이라고 한다.

04

정답 ㉠: 정보환경
　　 ㉡: 학습방법
　　 ㉢: 상향식 정보처리방식

해설 소비자를 둘러싼 정보환경의 성격에 따라 학습방법이 달라지며, 하향식 정보처리방식과 상향식 정보처리방식의 2가지로 나뉜다.
먼저, 정보환경이 애매모호한 경우에 소비자는 하향식 정보처리방식을 선택한다. 이는 가설 또는 개념 위주의 정보처리이다. 이와는 반대로 정보환경이 애매모호하지 않을 때 즉, 명확한 경우 소비자는 상향식 정보처리방식을 선택한다. 이 방식은 경험이나 자료 위주로 정보를 처리한다.

04 다음 ( ) 안의 ㉠, ㉡, ㉢에 들어갈 내용을 쓰시오.

> 정보환경의 애매모호성은 소비자를 둘러싼 (㉠)의 성격에 따라 (㉡)이 달라지며, 2가지 정보처리방식이 있다. 2가지 방식 중 소비자는 정보환경이 애매모호하지 않고 명확한 경우 (㉢)을 선택한다.

05 고전적 조건화의 결정 변수는 어떤 것들이 있는지 쓰시오.

06 자극 제시 순서의 연구 결과에 따른 자극 제시 순서에서 나타나는 특징을 쓰시오.

05

정답 무조건 자극의 크기, 노출빈도, 자극의 순서, 친숙도, 정교화, 소비자 관여도

해설
- 무조건 자극의 크기 : 무조건 자극에 의해 유발되는 느낌의 강도를 의미하며, 무조건 자극의 크기가 증가할수록 조건화가 잘 이루어진다.
- 노출빈도 : 인지적 학습에도 영향을 미치지만, 고전적 조건화에 의한 학습에 더욱 큰 영향을 미친다. 단 한 번의 노출만으로 조건화가 형성될 수 있지만 뚜렷한 학습효과를 위해서는 노출빈도가 증대되어야 한다.
- 자극의 순서 : 조건 자극과 무조건 자극이 제시되는 순서에 따라 조건화가 다르게 나타날 수 있다. 그러나 조건 자극과 무조건 자극의 순서를 통제할 수 있기 때문에 조건 자극이 먼저 제시되었을 때 가장 효과적이다.
- 친숙도 : 학습자가 제시된 무조건 자극에 친숙한 경우, 학습효과는 낮다고 볼 수 있다. 따라서 이미 학습자에게 친숙하거나 잘 알려진 것보다는 잘 알려지지 않은 음악이나 배경 등을 사용하는 것이 효과적이다.
- 정교화 : 메시지 정보처리 과정에 있어서 인지적 정교화의 정도도 조건화에 영향을 미친다. 고전적 조건화는 저몰입 상황의 경우처럼 대상과 관련된 지식과 정보의 수준이 낮은 경우에 더욱 잘 형성된다.
- 소비자 관여도 : 메시지의 정보를 처리하는 과정에 있어서 인지적 정교화의 정도도 조건화에 영향을 미친다. 고전적 조건화는 저몰입 상황의 경우처럼 대상과 관련된 지식과 정보의 수준이 낮은 경우에 더욱 잘 형성된다.

06

정답 자극 제시 순서의 연구 결과에 따르면, 전진적 조건화가 후진적 조건화와 동시 조건화에 비해 조건형성이 잘 이루어지는 것으로 나타났다. 또한, 3가지 조건화 중 가장 효율적인 것은 전진적 조건화이며 가장 비효율적인 것은 후진적 조건화이다.

07

정답 ㉠: 전진적 조건화 혹은 전방조건화
㉡: 후진적 조건화 혹은 후방조건화
㉢: 동시 조건화

해설 조건 자극을 먼저 제시한 다음 무조건 자극이 제시되는 것을 전진적 조건화 혹은 전방조건화라고 한다. 광고에서 제품을 먼저 제시한 후 어울리는 모델이나 배경 등을 제시하는 것을 예로 들 수 있다. 두 번째, 무조건 자극을 조건 자극보다 앞에 두는 것으로 후진적 조건화 혹은 후방조건화라고 한다. 광고에서 모델, 배경이 먼저 제시되고 제품이 후에 나타나는 것이다. 마지막으로, 동시 조건화는 2가지 자극(조건 자극과 무조건 자극)이 동시에 제시되는 것을 의미한다.

07 다음 ( ) 안의 ㉠, ㉡, ㉢에 들어갈 내용을 쓰시오.

> 조건 자극과 무조건 자극을 제시하는 순서는 3가지가 있다. 먼저, 조건 자극을 먼저 제시한 다음 무조건 자극이 제시되는 것을 (㉠)라고 하며, 무조건 자극을 조건 자극보다 앞에 두는 것으로 (㉡)라고 한다. 마지막으로 2가지 자극(조건 자극과 무조건 자극)이 동시에 제시되는 것을 의미하는 (㉢)가 있다.

08

정답 ㉠: 소멸
㉡: 일반화
㉢: 차별화

해설 • 소멸은 조건화가 발생하더라도 조건 자극과 무조건 자극이 함께 제시되어 노출되는 것이 중단되면 조건화의 효과가 시간의 흐름에 따라 감소하는 것을 의미하며 광고 마멸 효과가 대표적이다.
• 일반화는 조건 자극과 유사한 자극이 조건 반응을 도출하는 것을 의미한다. 소비자가 광고의 모델, 음악, 배경 등의 좋은 이미지를 활용한 어떤 제품 광고에 수차례 반복적으로 노출되면 해당 제품에 대해서 긍정적인 태도를 형성하게 된다.
• 소비자가 조건화된 자극과 그렇지 않은 자극을 분별하여 다른 반응을 보이는 것을 차별화라고 한다.

08 다음 ( ) 안의 ㉠, ㉡, ㉢에 들어갈 내용을 쓰시오.

> • (㉠)은 조건화가 발생하더라도 조건 자극과 무조건 자극이 함께 제시되어 노출되는 것이 중단되면 조건화의 효과가 시간의 흐름에 따라 감소하는 것을 의미하며 광고 마멸 효과가 대표적이다.
> • (㉡)는 조건 자극과 유사한 자극이 조건 반응을 도출하는 것을 의미한다. 소비자가 광고의 모델, 음악, 배경 등의 좋은 이미지를 활용한 어떤 제품 광고에 수차례 반복적으로 노출되면 해당 제품에 대해서 긍정적인 태도를 형성하게 된다.
> • 소비자가 조건화된 자극과 그렇지 않은 자극을 분별하여 다른 반응을 보이는 것을 (㉢)라고 한다.

09 수단적 조건화와 고전적 조건화의 차이점을 쓰시오.

09

정답 첫째, 학습자(소비자)의 태도이다. 고전적 조건화의 경우 확립된 자극–반응의 결합 관계를 기반으로 소비자도 인지하지 못할 만큼 자연스럽게 학습된다. 반면에 수단적 조건화의 경우 기존 자극–반응의 결합에는 관심이 없다가 학습자 입장에서 보상이 되는 반응을 발견하여 학습이 이루어지는 것이다.

둘째, 결과가 학습자의 행위에 영향을 미친다. 고전적 조건화에서는 결과가 학습자의 행위에 따라 다르지 않지만, 수단적 조건화에서는 학습자의 반응에 따라 학습자의 상황이나 환경이 변화한다.

셋째, 학습에 영향을 미치는 자극의 시점이 다르다는 것이다. 고전적 조건화에서 학습은 반응 전에 제시된 자극의 영향을 받았지만, 수단적 조건화에서 학습은 주어진 자극에 대한 반응의 결과로 이루어진다.

---

10 다음 ( ) 안의 ㉠, ㉡, ㉢에 들어갈 내용을 쓰시오.

> 수단적 조건화 관련된 대표적인 실험은 (㉠)의 실험이 있다. 그 결과 3가지 강화 유형으로 분류하였다. 여기서 부정적 강화와 처벌의 공통점은 (㉡)이며, 차이점은 (㉢)의 차이이다.

10

정답 ㉠: 스키너
㉡: 부정적 결과 제공
㉢: 행동확률

해설 부정적 강화와 처벌의 공통점은 강화의 수단으로 부정적인 결과를 제공한다는 것이다. 반면에 차이점은 부정적 강화는 강화의 수단에 따라 행동확률이 증가하며, 처벌은 감소한다.

11

정답 ㉠: 보상, ㉡: 강화 스케줄

해설 수단적 조건화를 마케팅에 사용하려면, 소비자에게 얼마나 자주 보상을 제시할지 결정해야 한다. 즉, 강화 스케줄을 결정하는 것이며 이는 크게 비율 스케줄과 간격 스케줄로 분류한다.

11 다음 ( ) 안에 ㉠, ㉡에 들어갈 내용을 쓰시오.

> 수단적 조건화를 마케팅에 사용하려면, 소비자에게 얼마나 자주 (㉠)을 제시할지 결정해야 한다. 즉, (㉡)을 결정하는 것이며 이는 크게 비율 스케줄과 간격 스케줄로 분류한다.

12

정답 ㉠: 대리학습
㉡: 공개적 모델링(외재적 모델링)
㉢: 비공개적 모델링(내재적 모델링)
㉣: 언어적 모델링

해설 소비자가 직접 경험하지 않고 다른 사람들의 행동과 결과를 관찰하여 학습하는 것을 대리학습이라고 한다. 이는 3가지 유형이 있는데 주로 미디어, 인적 매체를 활용하여 모델의 행동 및 결과를 보여주는 공개적 모델링, 라디오 매체가 효과적이며 모델의 행동이나 결과가 제시되지 않는 비공개적 모델링, 행동이 아닌 말이나 글로 파악하는 언어적 모델링이 있다.

12 다음 ( ) 안의 ㉠, ㉡, ㉢, ㉣에 들어갈 내용을 쓰시오.

> 소비자가 직접 경험하지 않고 다른 사람들의 행동과 결과를 관찰하여 학습하는 것을 (㉠)이라고 한다. 이는 3가지 유형이 있는데 주로 미디어, 인적 매체를 활용하여 모델의 행동 및 결과를 보여주는 (㉡), 라디오 매체가 효과적이며 모델의 행동이나 결과가 제시되지 않는 (㉢), 행동이 아닌 말이나 글로 파악하는 (㉣)이 있다.

13 기억의 3단계를 서술하시오.

13

정답 기억의 3단계는 외부자극을 통해 부호화, 저장, 인출의 3단계로 이루어진다. 부호화는 정보가 기억 속에 유입되는 것이며, 저장은 정보가 기억 속에서 유지되는 것이다. 인출은 저장한 정보를 기억으로부터 꺼내는 단계이다.

14 장기기억 중 비연합 학습에 대해 서술하시오.

14

정답 비연합 학습은 습관화와 민감화의 형태로 분류된다.
습관화는 우리가 환경에 익숙해지는 데 도움을 준다. 예를 들어, 건물 밖 차들의 경적, 시계 초침 소리 등에 반응하지 않고 일상생활을 수행할 수 있는 것은 습관화로 인한 것이다.
민감화는 위협적인 자극에 크게 반응하는 것으로, 예를 들어 전쟁에 참가했던 사람들이 비행기가 지나가는 소리만 들려도 과하게 반응하는 경우로 볼 수 있다.

15 감각기억 중 잔향기억에 대하여 서술하시오.

15

정답 잔향기억은 영상기억보다 정보가 더 오래 지속하며, 청각 정보의 경우 소리의 패턴으로 부호화되어 약 4~5초 정도 기억된다. 영상기억에 비하여 잔향기억이 비교적 오래 지속하는 것은 바로 전에 들은 단어들의 의미를 파악하는 과정에서 비교적 더 많은 시간이 허용되기 때문이다.

16

정답 ㉠: 부호화, ㉡: 이전, ㉢: 인출

해설 소비자는 '부호화 → 리허설 → 이전 → 배치 → 인출'의 기억 통제 과정을 가지고 있다.

17

정답 기억을 연구한 학자들의 다중기억구조 모델에 따르면 기억은 감각기억, 단기기억, 장기기억으로 구성되어 있다. 소비자의 정보처리과정은 정보가 감각기관을 통해 들어오면서 시작된다. 감각기관을 거쳐 유입된 정보의 강도가 어느 정도 강하면 감각기억은 이를 감지한다. 감각기억은 유입정보를 매우 짧은 시간 동안 보유하며, 만약 정보처리자가 정보의 주의를 계속하지 않으면 그 정보는 기억에서 사라진다. 소비자가 계속 관심을 갖고 주의를 기울이는 정보는 단기기억으로 이전된다.
단기기억은 정보처리를 하는 부분으로, 감각기억으로부터 이전된 정보를 장기기억으로부터 인출된 관련 정보와 결합하여 해석한다. 단기기억에서 처리된 정보 중 일부는 리허설을 통해 장기기억으로 이전되어 저장하며 리허설되지 않은 정보는 잊힌다.

---

16 다음 ( ) 안의 ㉠, ㉡, ㉢에 들어갈 내용을 쓰시오.

> 소비자는 '(㉠) → 리허설 → (㉡) → 배치 → (㉢)'의 기억 통제 과정을 가지고 있다.

17 다중기억구조 모델에 대하여 서술하시오.

제 5 장

동기와 가치

지식에 대한 투자가 가장 이윤이 많이 남는 법이다.

– 벤자민 프랭클린 –

제5장 | 동기와 가치

제1절 동기의 의의

1 동기의 개념

인간의 행동에는 원인과 이유가 있다. 즉, 어떠한 행동을 하도록 만드는 근본적인 요소가 있다는 것이고 그것이 바로 동기(motive)이다. 동기란 인간이 자신의 욕구를 만족시키기 위해 목표가 생긴 것을 의미한다. 더 자세히 살펴보면 동기에 대한 정의는 학자에 따라 다양하다. 동기는 객관적인 설명이 어렵고 잠재의식 속의 동기에 대한 측정 또한 어렵기 때문이다. 그러나 공통적으로 언급되는 동기의 정의는 개인행동의 방향성을 정해주는 변수로 의사결정 및 소비행동을 이끄는 것이다. 소비심리 분야에서는 동기를 소비자의 구매행동을 유발시키는 것으로 보며, 개인의 욕구 충족을 위해 어떠한 제품 혹은 서비스를 구매하는 것으로 본다.

동기는 욕구(need)로부터 발현된다. 욕구는 인간이 기대하는 바람직한 상태와 현실상황과의 괴리 정도라고 표현할 수 있다. 즉, 일종의 결핍상태를 해결하고 싶은 상태인 것이다. 예를 들어, 날씨가 더운 날 갈증을 느낀 한 사람이 갈증을 해소하기 위해(→ 욕구) 물을 구매하겠다고 마음을 먹은 후(→ 동기) 마트나 편의점을 찾아가 물을 구매하고 마시며 갈증을 해소(→ 행동)하는 것이다. 이처럼 욕구는 동기를 불러오고, 동기는 행동을 유발한다.

[욕구, 동기, 행동의 과정]

2 동기의 분류

동기는 위에 언급했듯이 동기는 객관적인 설명이 어렵고 잠재의식 속에 자리 잡고 있기 때문에 측정이 어렵다. 이러한 이유로 동기는 많은 학자에 의해 다양하게 정의가 내려졌으며, 그 구분 또한 다양하다. 이 부분에서는 동기의 분류에 관하여 공부해보고자 한다.

(1) 1차적 동기와 2차적 동기

동기를 1차적 동기와 2차적 동기로 구분하는 기준은 선천성 여부 즉, 신체의 추진력의 여부라고 할 수 있다. 1차적 동기(primary motive)는 삶을 영위하기 위한 필수불가결한 욕구로 생리적, 자연적, 선천적이라는 특성을 가지고 있으며, 자연적 동기라고도 한다. 1차적 동기는 인간의 출생 시점부터 지니고 있기 때문에 특별한 학습 과정을 거치지 않는다. 즉, 목마름, 배고픔, 모성애, 성욕 등이 대표적인 1차적 동기의 예이다. 2차적 동기(secondary motive)는 학습이론을 바탕으로 형성되는 후천적 동기이며 1차적 동기로부터 형성되어 개인의 특성이나 문화, 환경 등의 요인에 따라서 다르게 나타나며, 인위적이고 개인적인 특성이 있다.

(2) 의식적 동기와 무의식적 동기

의식적 동기(conscious motive)는 소비자가 어떤 행동을 할 때, 그 행동을 하는 이유에 대해 설명이 가능한 경우를 나타낸다. 반면에 잠재적 동기라고도 불리는 무의식적 동기(unconscious motive)는 행동의 이유가 설명이 불가능한 경우를 나타낸다. 의식적 동기와 무의식적 동기는 형태심리학과 정신분석학의 관점으로 동기를 조사할 수 있으며, 관점에 따라 의미의 차이가 있다. 형태심리학의 관점에서 동기의 의미는 소비자가 제품이나 서비스의 구매를 통해 목적을 실현시키는 것으로 실용적인 측면을 강조한다. 정신분석학의 관점에서 제품이나 서비스를 구매함으로써 소비자는 억압된 욕구를 표출하는 상징적 측면을 강조한다.

예를 들면 명품을 구매하는 것이다. 명품을 구매하는 것은 '브랜드를 좋아해서', '디자인이 예뻐서', '유행이라서' 등의 다양한 이유로 대답한다. 그러나 이러한 이유의 이면에는 '남들에게 과시하고 싶어서', '우월하게 보이고 싶어서' 등의 생각이 숨겨져 있으며, 소비자들은 이러한 생각을 잘 드러내려고 하지 않는다. 이러한 예를 통해서 보았듯이 동기는 객관적 설명이 어렵고, 소비자들이 인식하지 못하는 잠재의식 속에도 존재하기 때문에 측정이 어렵다는 사실을 알 수 있다.

(3) 생리적 동기와 사회적 동기

생리적 동기(physiological motive)는 신체의 생리적 요구에 의하여 일정한 균형상태를 유지하려는 특성을 가지며, 인간이 자신의 신체 상태를 조절하는 것과 관련된다. 예를 들어 배고픔, 갈증, 휴직, 수면, 모성애 등이 이에 해당되며 이러한 불균형상태가 해소되면 더 이상의 동기화된 행동은 유발되지 않는다. 대부분의 생리적 동기는 앞서 언급한 1차적 동기와 일치한다.

사회적 동기(social motive)는 인간이 사회에 적응하기 위해 필요한 활동을 위한 동기로 사회적 상황 속에서 학습에 의해 획득되는 동기이다. 인간이 본인과 무관하던 사회적 대상에 대해 가치를 부여하고 그 대상을 얻고자 할 때 갖게 된다. 사회적 동기에는 친밀, 성취, 권력, 신뢰 등의 애정, 소속감, 사회적 인정 및 성취 욕구로 구성된다.

(4) 맥과이어(William J. McGuire)의 동기 분류

동기를 하나의 특성만을 기준으로 분류하는 것은 어렵다. 이는 대부분의 동기가 주관적으로 발생하는 경우가 많기 때문에 객관적인 설명이 어려우며, 잠재의식 속에 내재된 동기의 신뢰성과 타당성을 입증하여 분석하는 것이 쉽지 않기 때문이다.

이에 맥과이어는 기준을 수립하여 동기를 세분화하였다. 첫 번째 단계로 동기가 인지적인가 감정적인가와 동기를 통하여 현재 상황에서의 균형상태를 유지시키기 위한 것(보존 또는 유지)인가 아니면 자아를 개발하여 성장하고자 하는가(발전 혹은 성장)에 따라 나누어진다. 이것을 기준으로 하여 동기를 16가지로 세분화하여 분류한다.

맥과이어는 크게 인지적 동기와 감정적 동기로 분류하였다. 인지적 동기는 어떤 의미를 획득하고 자신을 둘러싼 환경으로부터 어떻게 받아들일 것인가에 집중된다면, 감정적 동기는 개인의 느낌과 목적을 획득하여 개인이 만족하는 데 집중한다. 이후 방향성은 보존과 성장으로 구분할 수 있다.

보존은 행동이 자신의 현재 상황에서의 균형상태를 유지시키기 위한 것인가를 의미하며 성장은 자아를 개발하여 성장한 상태로 이끌기 위한 것인가를 나타낸다. 다음으로 능동적이란 자신의 주체적인 의지를 가지고 행동하는 것인가를 의미하며 반면에 수동적이라는 의미는 행동의 이유가 주체적인 원인이 아닌 외부 자극에 의해 행동하는 것이다. 마지막으로 내부적과 외부적의 기준이다. 내부적은 자신의 내부 상태를 새롭게 형성하기 위해 이루어지는 행동을 말하며 외부적은 환경에 대한 새로운 관계를 구축하기 위해서 이루어지는 것인가를 의미한다. 이러한 4가지 기준을 중심으로 동기를 16개로 세분화하며 자세히 살펴보자.

[맥과이어(William J. McGuire)의 동기 분류_인지적 동기]

구분		능동적		수동적	
내용	방향성	내적	외적	내적	외적
인지적	보존	① 일관성	② 귀인	③ 범주화	④ 객관화
	성장	⑤ 자율성	⑥ 탐색	⑦ 대응	⑧ 실용성

① **일관성의 욕구**

인지 보존 동기 중에서 가장 대표적인 것은 일관성(consistency)이다. 이것은 자신의 이미지, 성향, 태도, 행동 등의 자신만의 세계관을 모두 일치되게 유지하려는 성향이다. 이러한 본인의 성향과 어떤 정보에 대하여 본인이 알고 있던 것이 일치하지 않는다면, 불안을 느끼게 되고 이를 줄이려고 동기가 발생하게 되는 것이다. 예를 들면, 건강에 많은 신경을 쓰는 소비자가 건강에 매우 좋은 것으로 믿어 장기간 섭취해 온 음식이 실제로 그렇지 않다는 새로운 정보를 접하게 되었다. 이때 소비자는 불안을 느끼게 되고, 그 이유를 찾기 위한 행위 동기를 부여한다.

② **귀인의 욕구**

귀인(attribution)은 다양한 사건 발생의 원인을 알고자 끊임없이 생각하고 파악하는 것이며, 3가지로 분류한다. 특정 대상을 선택하여 다양한 사건 발생의 원인을 파악하는 사물 귀인, 자신의 행동으로부터 자신의 태도나 성격, 이미지 등을 파악하여 원인을 찾는 자기 귀인이 있다. 마지막으로, 사건의 원인을 타인의 행동으로 파악하는 타인 귀인이 있다.

③ 범주화의 욕구

사람들은 다양한 정보에 노출되면 주관적 기준에 따라 정보를 처리하고 저장하는 활동을 하는데, 이를 범주화(categorization)라고 한다. 사람들은 많은 정보를 간단하게 처리하기 위해 범주화를 실시한다. 예를 들어, 소비자들이 음료에 대한 정보를 들었을 경우 커피, 주스, 차 등 여러 범주 중의 하나로 기억하고자 할 것이다. 또한, 이러한 욕구는 가격에서도 나타난다. 상품의 가격인 990원, 4,900원 등을 각각 1,000원, 5,000원으로 주관적인 기준에 따라 정보를 처리하는 것이 그 예이다.

④ 객관화의 욕구

소비자는 자신의 주관적인 내적 기준에 의존하지 않고 객관적인 외부정보를 이용하여 자신의 가치나 태도, 성격, 행동을 규정지으려고 하는데, 이를 객관화(objectification)라고 한다. 사람들이 모두가 알고 있는 정보를 소비자 자신을 평가하는 근거로 삼는 것이다.

⑤ 자율성의 욕구

자율성(autonomy)은 본인의 자아실현이나 자아개발을 통해 발전, 성장하여 다른 사람들과는 다른 특별한 존재로서의 가치를 발견하고자 하는 성향이다. 제품이나 서비스를 소유하거나 사용하는 것, 외국어 회화 스터디에 참여하거나 스스로 강연을 찾아 듣는 등 자신의 발전을 위해 자기계발에 힘쓰는 다양한 행위들을 예시로 들 수 있다.

⑥ 탐색의 욕구

탐색(exploration)은 사람들은 다양한 자극으로 인한 새로운 경험을 통해 변화를 추구하려는 성향을 말한다. 특히, 이러한 성향이 잘 반영된 것이 충동 구매이다. 사람들은 충동 구매를 통해 평소 본인이 잘 구매하지 않은 것들을 구매하면서 단조로운 생활에서 벗어나 새로운 경험을 통해 활력을 불어넣고자 한다.

⑦ 대응의 욕구

사람들은 늘 이상적 상태를 추구한다. 이상적 상황과 현실 상황을 비교하여 자신의 이미지를 발견하고 이상적인 결과를 자신에게 투영하고 싶어하는 성향을 대응(matching)이라고 한다. 강한 대응 동기를 가지고 있는 소비자일수록 제품의 평가 기준이 다른 브랜드의 속성(가격, 브랜드 인지도, 만족도 등)이 아니라 자신이 생각하고 있는 이상적이고 주관적인 내적 기준이 된다. 나아가 본인이 생각하는 이상적인 상태에 도달하기 위해 SNS, TV, 인터넷 등과 같은 매체를 통해 제품과 서비스 등에 대한 정보를 얻고자 노력한다.

⑧ 실용성의 욕구

문제를 해결하기 위한 정보나 기능을 얻기 위해 외부환경적인 요소들을 중요한 정보의 원천으로 활용하려는 성향이 실용성(utility)이다. 평소 새로운 정보나 본인에게 도움이 될 만한 정보를 얻기 위해 인터넷, SNS, 백화점, 지인들의 후기 등을 찾는 행위 등은 모두 실용성을 보여주는 행동이다.

[맥과이어(William J. McGuire)의 동기 분류_감정적 동기]

구분		능동적		수동적	
내용	방향성	내적	외적	내적	외적
감정적	보존	⑨ 긴장감소	⑩ 자기표현	⑪ 자아방어	⑫ 강화
	성장	⑬ 주장	⑭ 소속	⑮ 정체성	⑯ 모델링

⑨ **긴장해소의 욕구**

인간은 스트레스를 받으면 긴장을 경험하게 되는데 이때 긴장을 회피하거나 감소시켜 평소와 같은 균형적인 상태로 돌아가고자 하는 것을 긴장해소(tension reduction)라고 한다. 스트레스에 대한 효과적인 관리를 통해 소비자는 심리적 균형상태를 회복할 수 있게 되고, 긴장을 해소시킬 수 있다.

⑩ **자기표현의 욕구**

자기표현(self-expression)은 자신의 정체성을 타인에게 나타내려고 하는 성향이다. 자신의 사용하는 제품과 서비스, 구매, 행동 등을 통해 타인에게 내가 어떤 사람인지 보이고 싶어하는 것이다. 명품 브랜드 제품의 구매를 통해 자신의 사회적 지위나 신분을 과시하려는 경우도 자기표현의 한 예가 될 수 있다.

⑪ **자아방어의 욕구**

자아방어(ego-defense)는 곤란한 상황이나 위협으로부터 자아정체나 자아를 보호하고자 하는 성향이다. 자아방어를 위해 쓰이는 대표저 제품으로 향수, 모발제, 염색제와 같은 제품이 있다. 이러한 제품들은 다른 사람의 시선이나 멸시 등을 예방하며 자아를 보호하기 위해서 사용한다.

⑫ **강화의 욕구**

소비자가 과거 경험 중에서 충분한 보상이 이루어졌던 행동을 반복하는 경향이 있는데 이것이 강화(reinforcement)에 의한 행동이다. 앞서 학습이론 중 수단적 조건화를 통해서도 배웠듯이 동일한 행동을 반복하기 위해 반드시 수행되어야 하는 조건이 강화인 것이다. 예를 들어, 최근 기업들이 CCM(Consumer Centered Management, 소비자 중심 경영) 인증, 고객만족경영 등에 집중하는 것이다. 소비자에게 충분한 만족감을 제공해야만 재구매율, 브랜드 만족도 등이 높아지기 때문이다.

더 알아두기

CCM이란?

CCM은 Consumer Centered Management의 약자로 소비자 중심 경영 인증제도를 의미한다. 기업이 수행하는 모든 활동을 소비자 관점에서 소비자 중심으로 구성하고 관련 경영활동을 지속적으로 개선하고 있는지를 평가하여 인증하는 제도이다. CCM의 기대효과는 소비자, 기업, 공공의 측면이 있다. 먼저, 소비자 측면에서는 상품 및 서비스의 선택기준이 되는 정보를 제공받고, 인증기업과 소비자 문제 발생 시 CCM 운영 체계에 따라 신속하고 합리적인 해결이 가능하다. 기업 측면에서는 CEO와 임직원의 소비자권익에 대한 인식을 제고하고, 상품과 서비스 수준을 소비자 관점으로 끊임없이 개선함으로써 대내외 경쟁력을 강화할 수 있다. 공공(public)의 측면에서는 사후 분쟁해결 및 행정조치로 인한 사회적 비용을 절감하고, 소비자 중심의 선순환 시장을 조성함으로써 기업과 소비자 간의 상생문화 확산에 기여한다.

[CCM 인증 마크]

⑬ **주장의 욕구**

주장(assertion)은 성공, 경쟁, 권력, 칭찬을 추구하는 것으로 소비자는 자기 자신이 타인보다 우월하다는 사실을 어떤 행동을 통해 표현하고자 하는 욕구가 있다. 하나의 예시로 고급외제차를 구매하는 경우, 자동차의 실용적인 측면이 마음에 들어서 구매하는 경우보다 자신의 구매력이나 신분을 과시하고자 자동차를 구매하는 경우가 더 많다. 주장이 강한 동기부여로 작용하는 사람들에게 중요한 것은 힘, 성취감이다.

⑭ **소속의 욕구**

소속(affiliation)은 타인과 원만한 관계를 형성 및 유지하고 발전시켜나가기 위해 노력하는 성향을 말한다. 따라서 사람은 많은 조직이나 단체에 가입하여 사회적 관계를 형성하며 다른 사람으로부터 인정받을 수 있는 행동을 추구하는 것이다.

⑮ **정체성의 욕구**

정체성(identification)은 다양한 사회구성원들이 속해있는 사회에서 다양한 역할을 수행함과 동시에 자신만의 위치와 이미지를 정립하여 자신을 독립적인 존재로 나타내고자 하는 성향을 말한다. 예를 들면, 특정한 목적을 가진 단체에 소속되어 활동하며 자신의 이미지를 구축하여 차별화하거나 한 사람이 다양한 역할(가정에서 자녀, 회사에서 직장인, 학원에서 학생 등)을 수행하여 역할에 맞는 자신의 이미지 즉, 정체성을 갖는 것이 있다.

⑯ **모델링의 욕구**

사람은 자신이 추구하는 이상적 이미지와 유사한 집단이나 개인과 동일해지고 싶은 성향이 있는데 이를 모델링(modeling)이라 한다. 모델링 성향이 강한 사람들은 조직에 순응하고 이들의 행동방식이나 특성을 모방하려고 한다. 특히, 청소년기의 학생들이 자신이 좋아하는 유명 연예인이나 SNS에서 인기가 많은 사람의 외모, 행동, 말투를 모방하려는 경향이 두드러지게 나타난다.

(5) 동기와 갈등

① **접근-접근 갈등**

2가지의 선택할 수 있는 대안이 모두 매력적일 때 생기는 갈등이다. 두 가지 매력적인 대안 중에서 어느 하나만 선택해야 할 때 경험하게 된다. 예를 들면, 부모님 효도 여행을 보내드릴지 아니면 용돈을 드릴지와 같은 갈등인데, 일시적으로 선택에 대한 불안감을 갖게 하기는 하지만 어떤 대안을 선택하더라도 결정에 큰 무리가 없다. 마케터라면 추석엔 효도여행을 보내드리고 설에는 용돈을 드리라는 식으로 기간을 나누어서 결정을 도와줄 수 있다.

② **접근-회피 갈등**

긍정적 특성과 부정적 특성을 동시에 지닌 대안을 선택할 때 겪게 되는 갈등이다. 대안의 긍정적인 측면을 고려하면 구매하고 싶지만 부정적인 측면을 고려하면 사고 싶지 않기 때문이다. 예를 들면, 아이스크림의 맛을 생각하면 먹고 싶지만, 다이어트 중임을 생각하면 열량이 높기 때문에 먹으면 안 된다고 생각하는 상황이다. 이럴 때는 부정적인 측면에 대한 걱정을 없애고 긍정적인 측면을 강조하는 마케팅 전략이 사용된다.

③ 회피-회피 갈등

어떤 선택을 하여도 부정적 결과가 예상되는 두 선택 중에 하나를 반드시 선택해야 할 때의 갈등이다. 예를 들면 오래된 냉장고를 바꿀지 아니면 그냥 고칠지를 선택하는 결정이다. 어느 결정을 하더라도 비용이 많이 들기 때문이다. 이럴 때는 비용을 감소시켜 부정적 측면을 최소화하거나 신제품 기능을 강조하여 소비자들의 신념이나 인지 구조에 변화를 줘서 부분적으로 해소될 수 있게 한다. 예를 들면, 보상 판매로 할인을 받아 신제품을 구매하도록 유도하는 것이다.

(6) 구매상황에서의 동기

① 관여도와 동기

관여도는 소비자 행동에 영향을 미치는 중요한 변수이며 소비자 행동의 의사결정과정의 중요한 조절변수이나. 관여수준이 증대하게 되면 소비사의 제품구매 의사결정에 있어 더 신중을 기하며 정보탐색에 많은 시간과 노력을 투입하고 정보를 더 깊이 있게 처리하게 된다. 즉, 소비자들이 정보처리하려는 동기가 강화된다. 그러나 저관여 상황에서는 구매 또는 의사결정을 하는 경우 정보탐색에 많은 시간과 노력을 투입하지 않으며, 정보탐색의 결과 획득되는 이득이 정보탐색을 위해 소요된 비용에 미치지 못한다고 지각하고 있으므로 외적 정보탐색에 대한 동기가 적다.

② 구매동기와 마케팅 전략

구매상황에서의 동기는 명확한 설명이 가능한 명시적 동기와 자신도 설명하기 힘들고 받아들이기도 꺼려지는 잠재적 동기로 구분할 수 있다. 욕망, 경쟁, 야심, 애정, 호기심, 성취, 창조성, 기분전환 등과 같은 감정적 동기와 가격의 경제성, 품질추구현상, 효율적인 구매, 시간절약 등과 같은 논리와 인과관계에 의하여 발생할 수 있는 이성적 동기로도 분류할 수 있다. 또한, 사회심리적인 욕구인 개인적인 욕구와 사회적인 욕구에 의해서 동기가 발생될 수 있는데 개인적인 동기는 기분전환, 자기만족추구, 학습 욕구, 자극, 활동 등이 여기에 포함되며 사회적 동기는 경험 욕구, 사교, 주변 사람으로부터의 호감, 사회적 지위, 즐거움 등을 의미한다. 마케터의 입장에서 이러한 다양한 동기 중에서 소비자로 하여금 자사 제품을 사용할 수 있는 동기를 유발해야 한다.

더 알아두기

자기결정이론

에드워드 데시와 리차드 라이언이 발표한 자기결정이론은 사람들의 타고난 성장 경향과 심리적 욕구에 대한 사람들의 동기부여와 성격에 관해 설명해주는 이론으로, 사람들이 외부의 영향과 간섭없이 선택하는 것에 대한 동기부여와 관련된 것으로 본다. 자기결정이론은 개인의 행동이 스스로 동기부여되고 스스로 결정된다는 것에 초점을 둔다.

자기결정이론은 인간 행동의 통제 원천이 어디 있는가를 기반으로 하며 이 원천은 그 시작이 내면인가, 아니면 외부인가로 나뉜다. 이 이론은 인간의 동기가 개인 스스로 완전히 내적 통제(예 흥미, 호기심)에 되었을 때 가장 높으며, 내적인 이유가 전혀 없이 순전히 외적인 통제(예 강제, 강요)에 의해서 행동하게 되었을 때 제일 낮다는 명제를 기반으로 한다. 또한, 완전한 내적 통제와 완전한 외적 통제 사이에 다양한 통제 유형이 존재한다. 자기결정성이론에서는 동기를 지각된 자율성 수준에 따라서 동기개념을 6가지로 세분화한다.

① 무동기(amotivation)는 행동의 의지가 결핍된 상태로 행동을 전혀 않거나 의도 없이 수동적으로 움직인다.

② 외적 조절(external regulation)는 외재적 동기 중 자율성이 가장 낮으며 외부의 압력, 강요가 주된 이유가 된다. 보상에 의해 움직이거나 처벌을 피하기 위해 행동한다.

③ 부과된 조절(introjected regulation)는 조절의 힘이 개인 내부에 있으나 죄책감, 불안 같은 타율적인 압력에 기초한 동기이다. 죄의식, 수치심을 피하거나 자아존중감에 기초하여 타인의 인정을 받거나 비판 회피를 위해 행동한다.

④ 확인된 조절(identified regulation)는 앞의 두 가지와 다르게 내면화의 깊은 수준에 도달한 상태이다. 개인적 중요성이나 목표에 부합된다고 판단되면 스스로 선택, 행동하는 것으로 과제 자체의 기쁨이나 만족보다 목적 달성을 위해 행해지기에 외재적인 부분이 있지만 높은 자율성의 지각을 수반하면서 내적인 동기도 가진다.

⑤ 통합된 조절(integrated regulation)는 외재적 동기 중 자율성이 가장 높다. 앞서 확인된 조절이 자신의 가치, 목표, 욕구, 정체성 등과 조화를 이루며 통합될 때 발생한다. 내재적 동기와 특성이 비슷하지만 과제 자체의 즐거움보다 개인적으로 중요한 결과를 얻고자 행해지기에 외재적인 부분이 있다.

⑥ 내재적 동기(intrinsic motivation)는 활동에 참여하는 과정에서의 즐거움과 재미, 만족을 얻으려는 것으로 자율적이고 자기결정적인 행동의 동기이다.

제2절　동기이론

1 동기이론의 발달

동기(motive)에 관한 본격적인 연구는 20세기 초부터 시작되었다. 경영학에서 조직과 인간에 관한 연구를 본격적으로 진행하면서 동기를 중요한 개념으로 인식하였기 때문이다. 이전까지는 많은 학자에 의해 연구가 진행되었지만 특정한 하나의 이론만으로 인간의 행동에 대한 원인을 명확하게 설명하지 못했다.

경영학에서 동기에 관한 연구를 시작하면서 다양한 시각에서 인간 행동에 대한 의의를 찾았다. 임금(wage)에 대한 동기를 부여하여 생산성을 높이고, 생산량의 증가로부터 시작된 공급의 증가는 스스로 창조한 수요에 의해 효과적인 배분이 이루어진다고 가정한 테일러(F.W. Taylor)의 과학적 관리법에서 시작한다. 이후 인간은 경제적 동기에서 더 나아가 안정성을 추구하려는 욕구가 있다는 것을 발견한 메이요(Elton Mayor)의 인간관계론, 인간의 행동을 지배하는 동기는 다양하고 동시에 계층적 구조로 이루어져 있다는 매슬로우(A. Maslow)의 욕구계층이론(hierarchy of needs theory)까지 이어졌다.

이렇게 발전되어온 '동기이론은 동기부여를 일으키는 요인'을 밝히는 내용이론(contents theory)과 '동기부여가 어떤 인지적 과정을 통해 일어나는가'를 밝히는 과정이론(process theory)으로 분류된다. 이제 각 이론에 대한 개념과 특징을 자세히 알아보기로 하자.

2 동기이론의 분류

(1) 내용이론

내용이론은 인간의 행동을 일으키는 요인이 인간 내부에 존재한다고 가정하고, 따라서 이러한 내부 요인들을 발견하는 것을 목표로 한다. 내용이론의 측면을 강조하는 학자들은 인간의 행동을 일으키는 요인에는 욕구, 본능, 만족 등이 있다고 본다. 동기는 선천적으로 특정한 형태가 있기 때문에 필요한 행동을 위해서는 인간 내면에 존재하는 여러 요인 중에서 가장 연관성이 높은 유형의 요인을 발견하고 이를 통해 활동이 일어나는 것이라고 주장한다. 이처럼 내용이론과 관련된 연구로는 매슬로우의 욕구계층이론, 허즈버그(F. Herzberg)의 2요인이론(two-factor theory), 맥클리랜드(D.C. McClelland)의 성취동기이론(achievement motivation theory), 엘더퍼(C. Alderfer)의 ERG이론이 있다.

① 매슬로우의 욕구계층이론

1943년, 매슬로우가 발표한 논문에서 나온 주장이다. 인간은 자신의 욕구를 충족시키기 위해 형성되는 것으로 전제하고 행동에 동기를 부여할 수 있는 욕구가 5개의 계층으로 이루어져 있다고 주장하였다. 5가지의 욕구 중 가장 낮은 단계인 생리적 욕구에서부터 시작하여 안전의 욕구, 애정 및 소속감의 욕구, 존경의 욕구, 가장 높은 단계의 욕구인 자아실현의 욕구로 구성된다. 5가지의 욕구는 서열화되어 있어 낮은 단계의 욕구에서 높은 단계의 욕구까지 차례로 충족되어진다. 또한, 반드시 순서대로 나타나기 때문에 다음 단계를 생략하고 그다음의 단계로 넘어가는 경우는 발생되지 않으며 이를 통해 특정 시점에 개인을 지배하는 욕구는 반드시 하나만 존재한다는 것을 알 수 있다.

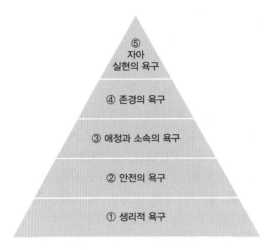

[매슬로우의 5단계 욕구계층이론]

㉠ 생리적 욕구

인간의 삶에 있어 필요한 기본적인 욕구로 숨 쉬는 것, 먹는 것, 옷을 입는 것, 자는 것, 성적인 것 등의 욕구를 말한다. 생리적 욕구는 5가지 욕구 중에서 가장 강력한 욕구이다. 따라서 이 욕구가 어느 정도 충족되기 전까지 모든 행동은 생리적 욕구를 충족시키기 위한 수준에서 머물 것이며, 다른 욕구 가 행동에 미치는 영향은 적다.

㉡ 안전의 욕구

생리적 욕구가 충족되었다고 느꼈다면, 안전의 욕구를 추구한다. 안전의 욕구는 **신체적인 안전과 심 리적인 안정을 추구하는 것**이다. 신체, 재산, 건강 등 자신에 대한 보호나 고용과 같이 직업의 안정으 로 사회적 위협에서 벗어나고 싶은 욕구가 존재한다. 또한, 생리적 욕구의 유지를 위해 필요한 행동을 하고자 하는 욕구도 이에 해당한다.

㉢ 애정과 소속의 욕구

생리적 욕구와 안전의 욕구가 충족되고 나면 애정과 소속의 욕구를 추구한다. 애정과 소속의 욕구는 사회적 욕구 혹은 친화 욕구라고도 불리며 **사람을 사귀거나 관계를 맺고 싶어 하는 것**이다. 뿐만 아니 라 타인과의 상호작용을 중요하게 생각하며 관계를 원만하게 유지하고자 하는 욕구도 마찬가지이다. 우정, 친밀감 등이 이에 해당한다.

㉣ 존경의 욕구

타인으로부터 인정받고 싶은 욕구를 의미한다. 소속감 및 애정의 욕구가 충족되면 타인으로부터 존중 과 인정을 받고 싶어 한다. 자신감, 성취감, 타인 존중, 타인으로부터 존중 등이 이에 해당한다.

㉤ 자아실현의 욕구

인간의 욕구 중 가장 높은 단계에 해당하는 것으로 앞의 4가지 욕구가 충족된 후에 추구하게 된다. 자신의 능력, 성장 가능성, 기술 등을 극대화하는 자기계발을 통해 **자신이 가지고 있는 모든 가능성을 실현하고자** 한다. 인간이 자신의 분야에서 최고가 되기 위해 끊임없이 자신에게 투자하는 등의 노력 하는 행동이 자아실현 욕구에 의해 일어나는 행동인 것이다. 특히, 자아실현 욕구는 다른 욕구와는 달리 충족되면 될수록 욕구의 크기가 더욱 증가하는 특징을 가지고 있다.

② **허즈버그의 2요인이론**

허즈버그는 만족도를 증대시켜 성과에 연결시키는 동기요인과 불만족을 줄이는 역할을 하는 불만요인(위생요인)으로 구분하고 이를 2요인이론에 적용하였다.

이 이론에서는 동기를 독립적인 관계이며, 인간의 행동에 서로 독립적으로 작용하는 것으로 이해한다. 허즈버그는 이를 가설로 설정하여 실험을 통해 검증을 시도했다. 200명을 대상으로 어떤 경우에 일에 대한 적극적 만족과 불만족을 느끼는지에 대해 조사하였다. 실험 결과, 적극적 만족감을 초래하는 원인은 달성, 일에 대한 책임, 승진으로 나타났다. 특히 일에 대한 책임과 승진은 업무에 대한 열정을 지속시키는 요인이었다. 반면, 불만족을 가져오는 요인은 회사의 정책, 급여, 대인관계, 업무환경이었다. 이것은 직무 불만을 일으키는 요인이지만 직무 만족을 일으킬 수 있는 요인은 될 수 없다고 판단하였다.

실험의 결과를 바탕으로 직무 만족 요인은 일을 통해 정신적 성장 및 자아실현을 가능하게 한다는 특성을 포함하며 이를 '동기부여요인'이라고 한다. 반대로 직무 불만을 해소할 수 있는 요인은 동기부여의 요인은 아니나, 부정적 감정을 느낄 수 있는 상황을 최소화하여 좋은 환경을 유지하게 하는 것이므로 이를 불만요인(위생요인)이라고 한다.

③ **맥클리랜드의 성취동기이론**

맥클리랜드는 동기를 연구하는 여러 학자 중에서 처음으로 **성취동기**라는 개념을 소개하였다. 맥클리랜드의 연구는 매슬로우의 5단계 욕구이론과 밀접한 관련이 있다. 매슬로우는 하위 단계의 욕구를 충족시켜야만 상위 단계의 욕구가 생긴다고 가정하였고, 이와 유사하게 맥클리랜드는 인간의 동기 역시 욕구와 더불어 순차적이라고 가정했기 때문이다. 생리적인 욕구의 단계에는 생존의 동기가 있으며, 소속감과 애정의 욕구에는 소속의 동기가 바탕이 되는 것이다. 존경의 욕구에는 힘의 동기가 바탕이 되며, 가장 상위 단계인 자아실현의 욕구에서는 성취동기가 함께 한다고 주장하였다. 즉, 성취동기는 특수한 동기이며, 가장 상위에 존재하는 동기로 정의된다.

맥클리랜드는 개인이 사회문화적 환경과 상호작용하는 과정에서 학습을 통해 동기가 개발될 수 있다고 가정하였다. 이후 조직에서의 동기행동 연구를 통해 성취동기이론을 제시하였다. 연구를 통해서 사회문화적으로 습득된 성취 욕구, 친화 욕구, 권력 욕구를 발견하고 이를 바탕으로 개인의 성취 욕구에 관해 연구하였다. 그 결과, 개인의 성취 욕구가 강한 사람들이 선호하는 공통된 특징을 발견하였다.

첫째, 성취동기가 높은 사람은 그렇지 않은 사람보다 **과업 지향적 성향**이 강하다. 다시 말해, 맡은 일을 능동적이고 효율적으로 수행하고자 하는 경향이 그렇지 않은 사람들에 비하여 강하다는 의미이다.

둘째, 성취동기가 높은 사람은 **도전적이며 모험심이 강하다**. 도전이나 모험을 통해 자신의 능력을 시험하려고 한다. 난도가 아주 낮은 과제 혹은 아주 높아 해결이 불가능한 과제보다는 자신의 수준보다 약간 난도가 높은 과제에 흥미를 갖는다.

셋째, 자신이 하는 일에 대하여 성취에 대한 확신과 자신감이 높다. 성취동기가 높은 사람이 혁신적이며 창의적인 활동을 즐기는 이유가 이러한 성향을 가졌기 때문이다.

넷째, 성취동기가 높은 사람은 **새로운 변화를 통해 문제를 해결해야 하는 상황을 즐긴다.** 또한, 맡은 일에 대한 책임감도 강하다. 때문에 행동의 결과를 타인이나 환경의 탓으로 돌리지 않고 자신의 책임으로 보려는 경향이 강하며 업무를 수행하는 도중에 자신의 노력이 성공으로 이끌고 있는지 아닌지를 수시로 확인하려는 경향이 강하다. 과거의 경험을 현재의 행동 기준으로 삼기보다는 미래의 상황을 예견하며 그에 따라 현재의 행동에 변화를 주는 편이다.

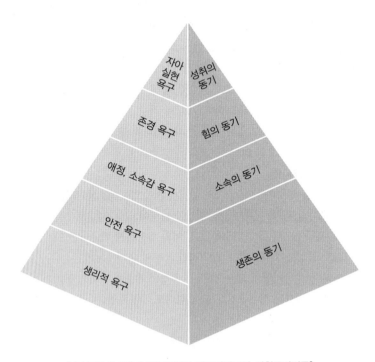

[매슬로우의 5단계 욕구이론과 맥클리랜드의 성취동기이론]

④ 엘더퍼의 ERG이론

엘더퍼의 ERG이론은 매슬로우의 욕구단계이론이 인간의 동기에 대하여 이론적 한계가 있기 때문에 이를 극복하기 위해 제시하였으며, 5단계의 욕구를 ERG의 3단계로 단순화시킨 이론이다.

ERG에서 E는 'Existence'로 존재 욕구를 의미한다. 매슬로우의 욕구이론과 비교해본다면 인간이 살아가면서 필수로 느끼는 배고픔과 갈증, 배출의 욕구와 같은 생리적 욕구와 안정된 직장, 높은 임금, 편한 일자리와 같은 안전의 욕구가 결합된 것으로 인간의 가장 기본적인 욕구이다.

R은 'Relatedness'로 관계 욕구를 의미하며 개인의 인간관계에 대한 욕구로 이해할 수 있다. 즉, 가족, 친구, 직장 동료 등과 의미 있고 원만한 관계를 형성하여 생각과 감정을 공유하고자 하는 것이다. 매슬로우의 이론 중 애정 및 소속감의 욕구와 흡사하다고 볼 수 있다.

G는 'Growth'로 성장 욕구를 의미한다. 매슬로우의 이론에서 자존 욕구와 자아실현의 욕구와 유사하다. 성장 욕구는 자신의 능력을 극대화하여 성장하고 업무를 함에 있어서 만족을 느끼고 성공을 이루고 싶어 하는 욕구로 볼 수 있다. ERG이론의 최상위 욕구이다.

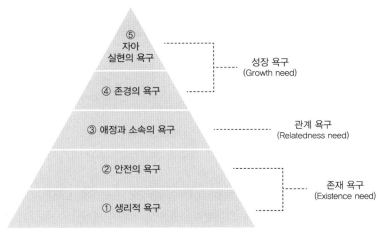

[엘더퍼의 ERG 이론]

ERG이론은 매슬로우의 5단계 욕구이론과 차이점이 존재한다.

첫째, 매슬로우의 이론에서 욕구는 특정한 시점에 순서대로 나타나며 욕구계층은 생략되거나 중복되지 않는다고 설명한다. 그러나 ERG이론은 욕구는 동시에 경험될 수 있으며 반드시 순서대로 나타나지는 않는다고 주장한다.

둘째, 매슬로우의 이론에서 욕구는 가장 낮은 단계에서 가장 높은 단계로 일방향적인 진행을 보인다고 주장한다. 반면 ERG이론에서는 욕구는 가장 낮은 단계에서 가장 높은 단계로 이동하는 경우와 가장 높은 단계에서 가장 낮은 단계로 진행하는 경우 즉, **쌍방향적으로 진행한다고 주장한다**. 예를 들어 생존 욕구가 충족되어 상위 욕구인 관계 욕구를 추구하다가 실패하게 된다면, 다시 전 단계인 생존 욕구로 이행한다는 것이다. 즉, 매슬로우는 욕구계층 간의 '만족-진행(satisfaction-progression)'의 요소만을 중요시하게 생각하였다고 볼 수 있다. 그러나 엘더퍼의 ERG이론에서는 '좌절-퇴행(frustration-regression)'의 요소도 함께 포함하여 인간의 욕구를 설명하고 있다.

(2) 과정이론

동기이론에서 인간 행동이 활성화되는 과정을 중심으로 연구하는 것이 과정이론이다. 과정이론은 인간의 행위가 '욕구'보다는 '인지 요소 간의 상호작용을 통해 특정한 목적과 방향을 갖게 되는 과정을 설명하고 이해하는 것'을 목적으로 하기 때문에 내용이론에 비하여 복잡하다는 특징이 있다.

① 기대이론(expectancy theory)

기대이론은 브룸(V.H. Vroom)에 의하여 가장 먼저 체계화되었다. 기대이론은 "인간의 행동과 노력의 방향을 결정짓는 것은 동기다."라는 관점에서 파악한다. 인간은 행동의 결과에 대하여 성과나 보상을 기대하고 그 기대에 부흥할 수 있는 행동을 선택한다는 것이다. 이를 바탕으로 인간이 자신의 행동 과정에서 여러 가지 행동 대안이나 전략을 평가하여 가장 중요하다고 여기는 결과를 가져올 수 있는 행동 대안을 선택한다고 가정하는 것이다. 이러한 가정에는 행동의 목적성, 행동 상황의 단서, 결과에 대한 기대감 등의 요소가 포함된다. 기대이론은 노력, 성과 보상, 기대치, 도구성, 유인가라는 개념을 중심으로 전개된다.

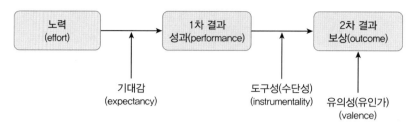

[기대이론 모형]

㉠ 노력

조직구성원 개인이 어떠한 일을 진행하는 데 투입하는 것이 노력이며, 노력은 동기 유발력(MF ; Motivational Force)에 의하여 결정된다. 동기 유발력은 노력의 결과가 발생할 '가능성'과 결과(보상)가 개인에게 가져다주는 매력 및 가치(유인가)에 의하여 결정된다.

㉡ 결과

노력의 결과는 1차 결과와 2차 결과로 나타난다. 1차 결과는 성과, 2차 결과는 보상을 나타낸다. 2차 결과는 1차 결과가 초래할 것으로 예상 및 기대되는 결과라고 할 수 있다. 즉, 1차 결과인 성과에 대한 보상이 2차 결과라는 것이다. 일반적으로 구성원의 성과에 대해 조직이 부여하는 보상으로서 승진, 급여인상, 포상, 집단으로부터의 인정 등이 있다.

㉢ 기대감(Expectancy)

일정한 노력을 투입하는 경우에 성공적인 결과를 얻을 것으로 기대되는 주관적 확률을 기대감이라고 한다. 노력과 성과의 관계에 대해 주관적인 평가를 진행하고 예측하는 것이다.

㉣ 도구성(Instrumentality)

수단성이라고도 하며 성공적인 결과를 얻는 경우, 바람직한 보상을 획득할 것으로 기대되는 주관적 확률을 의미한다. 즉, 노력의 1차 결과(성과)는 개인 입장에서 그 자체가 목적이 아니라 보상을 위한 수단 또는 도구라는 것을 나타낸다. 성과와 보상 사이의 관계에 관한 주관적 평가를 통해 결과를 예측한다. 이를 조직 생활의 관점에서 풀이한다면, 성과가 보상을 가져올 주관적인 확률은 조직이나 관리층의 과거 실적, 보상체계에 관한 조직의 제도 등에 영향을 받는다. 지금까지 성과가 있었음에도 보상이 없었거나 미흡했을 경우 도구성(수단성)의 값은 낮아진다. 그러나 반대로 성과가 있고 그것에 대한 충분한 보상이 이루어졌다면 도구성(수단성)의 값은 높아진다.

㉤ 유의성(Valence)

유인가라고도 하며 개인이 달성한 성과에 대해 조직이 부여하는 승진, 포상 등의 보상에 대해 당사자가 느끼는 매력이나 가치를 나타낸다. 유의성(유인가)은 어떤 결과에 대하여 개인이 부여하는 선호의 강도와 방향으로 구성된다. 방향은 개인이 특정 결과에 좋고 싫음을 나타내고, 강도는 특정 결과에 좋고 싫음의 정도를 말한다. 즉, 성과에 대한 보상에 대해 개인이 갖는 호불호와 개인이 달성한 성과에 대한 보상에 대해 개인이 느끼는 호불호의 감정 차이에 따라 개인의 유의성(유인가)이 달라지는 것이다. 보상에 관해 매력이나 가치를 느끼는 것은 당연하다고 할 수 있으나 개인에 따라 그 선호가 다르게 나타난다. 예를 들어 경제적인 보상을 다른 보상보다 중요시하거나 외적인 보상보다는 내적인 보상을 선호하는 사람이 있는 것이다.

② **공정성이론(equity theory)**

1963년 아담스(S. Adams)가 발표한 이론으로 개인과 개인 또는 개인과 집단 간의 교환관계가 이 이론의 핵심이다. 공정성이론에서는 개인의 행동을 결정짓는 것은 교환과정에서 지각된 불균형의 정도이며, 개인은 자신의 투입과 보상을 타인의 것과 비교하여 그 비율이 동일하지 않고 크거나 작은 경우 불공정을 느끼게 되며 이것이 행동을 유발하는 동기로 작용한다고 주장한다. 비교 대상은 같은 생활환경 내에서 자신과 유사한 사람들이 될 수 있다. 투입 요소에는 기술, 노력, 비교 수준, 비용 및 시간 등이 포함되며 투입을 통해 발생되는 보상에는 인정, 성취감 등 행동의 결과로 얻을 수 있는 모든 것을 포함한다.

개인이 자신의 행동으로부터 얻은 결과에 대해 타인과 비교하면서 불공정성을 인지한다. 부족한 보상에 대해서는 불만이 발생하고, 과다한 보상에 대해서는 부담과 불안감을 느끼게 된다. 이러한 감정들은 심리적 긴장감을 유발하여 불공정한 상황을 타개하기 위해 구체적인 행동을 취하도록 한다.

$$\text{본인} \qquad \text{타인}$$

$$\frac{\text{보상}}{\text{투입}} = \frac{\text{보상}}{\text{투입}} \longrightarrow \begin{array}{c} \text{공정한 상태} \\ (\text{equity}) \end{array}$$

$$\frac{\text{보상}}{\text{투입}} > \frac{\text{보상}}{\text{투입}} \longrightarrow \begin{array}{c} \text{긍정적 불공정} \\ (\text{positive inequity}) \end{array}$$

$$\frac{\text{보상}}{\text{투입}} < \frac{\text{보상}}{\text{투입}} \longrightarrow \begin{array}{c} \text{부정적 불공정} \\ (\text{negative inequity}) \end{array}$$

[공정성이론 모형]

제3절　동기 및 욕구의 측정

앞서 동기와 욕구에 관련된 이론을 공부하였다. 그렇다면 동기와 욕구는 어떤 방법으로 측정할 수 있을까? 앞서 공부했듯이 동기나 욕구는 상당히 주관적이기 때문에 객관적인 조사(조사의 목적이 명시적으로 드러나 있음을 조사 대상자에게 알리는 조사방법)로 측정하기가 어렵다. 따라서 대부분은 간접적인 방법(응답자의 내면 동기, 생각, 감정들이 응답에 간접적으로 나타난다고 보는 간접적인 정성 조사)을 통해 측정한다.

1 수단-목적 사슬이론

수단-목적 사슬은 제품에 존재하는 속성(attribute)과 그 속성에 의하여 소비자에게 제공되는 결과(consequence)를 강화하는 소비자의 개인적 가치(value) 사이의 연결 관계에 초점을 두고 있다. 즉, 소비자가 자신이 중요하다고 생각하는 것에 입각하여 제품과 브랜드의 속성을 지각하는 것이다. 이와 같이 설명하는 이유는 다음과 같다. 첫째, 소비자는 특정 속성을 통해 특정 결과를 연상하며 이를 학습한다. 둘째, 소비자는 바람직한 결과를 창출하는 속성이 있는 제품을 선택한다. 셋째, 특정 결과가 소비자에게 중요한 이유는 그 결과가 소비자의 특정 가치와 연결되어 있기 때문이다. 예를 들어, 어떤 소비자가 옷을 입을 때 고급스러워 보이고 싶어 한다는 것을 알았다. 이 사실만으로는 마케팅 담당자에게 중요한 소비자 정보가 될 수 없다. 왜냐하면, 그 소비자가 왜 그렇게 보이고 싶어 하는가에 대한 이유를 파악할 수 있어야 하고 옷의 속성으로부터 그 소비자가 어떠한 경로로 고급스러움을 연상하게 되는지 알 수 없기 때문이다. 위와 같은 맥락에서 소비자를 구체적으로 이해하려는 것이 수단-목적 사슬 개념이며, 수단-목적 사슬은 구매 의사결정 시 소비자의 기억 속에서 작용하는 인지구조의 체계라고 할 수 있다. 이 개념이 마케팅이나 광고기획 및 소비자 조사에 있어서 중요한 역할을 하기 위해서는 수단-목적 사슬을 구성하는 요소들의 본질 및 요소들 사이의 연결 관계를 상세히 파악할 수 있어야 한다.

2 래더링 기법

래더링 기법(laddering technique)은 수단-목적 사슬이론 내용을 확인하는 조사방법으로, 단계별 항목의 관계를 확인하기 위해 조사 대상자들에게 선택된 중요 항목이 왜 그들에게 중요한가를 계속 묻는 일대일 심층 면접 기법을 말한다. 이것은 제품과 소비자 사이에 마치 사다리형 구조의 과정으로 인터뷰 대상자는 속성(attribute) 간의 차이를 발견하고, 그 차이로부터 연계되는 기능적, 심리적 결과 및 혜택(consequence/benefit) 및 가치(value)에 연계하여 가치 사슬구조를 파악하는 데 중점을 두는 것이다. 인터뷰 대상자들에게 '왜 그것이 중요하십니까?'를 계속해서 질문해 나가는 형식으로 진행하며 이러한 연속적인 질문들을 통해 인터뷰 진행자는 인터뷰 대상자 내면에 존재하는 좀 더 추상적인 요소들을 발견하기 위해 응답자의 답에 계속해서 '왜 그러하십니까?'를 반복해서 묻는다. 이 과정을 통해 소비자가 제품을 지각하고 선택할 때 중요하게 작용하는 속성은 무엇이고, 구현되는 결과에는 어떤 것들이 있으며, 이를 통해 궁극적으로 추구하는 가치가 무엇인지 즉, 속성-결과-가치의 연결 관계인 래더(ladder)를 발견할 수 있는 것이다. 따라서 래더를 파악하는 것은 소비자가 제품을 선택할 때의 이용 동기를 이해하는 것에 유용하며 제품개발, 마케팅 등 전략 수립에 도움이 된다.

래더링 인터뷰 자료가 수집되면, 내용 분석을 통해 속성(attribute), 결과(consequence), 가치(value)에 해당하는 항목을 추출하고 분류한 후 도식화한다. 이를 가치 체계도(HVM : Hierarchical Value Map)라고 한다.

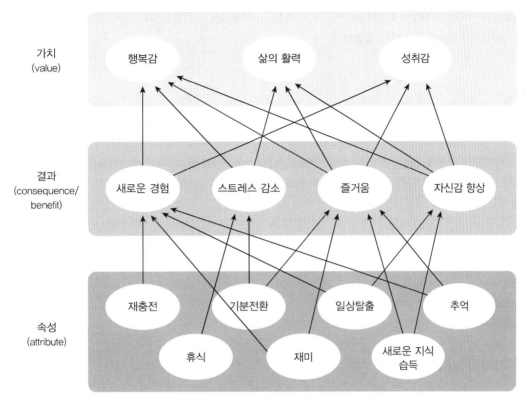

[여행 관련 가치 체계도(HVM)의 예시]

3 투사법

조사의 목적이나 연구 주제를 조사 대상자가 모르도록 하면서 간접적으로 조사하는 방법이다. 응답자의 내면에 있는 동기, 생각 혹은 감정 등이 응답에 투사되어 나타난다고 여기는 것이다. 투사법에는 대표적으로 4가지 기법이 있다.

첫째, **연상법**이다. 조사 대상자에게 자극을 제시하고 곧바로 떠오르는 생각을 말하거나 적도록 하는 방법으로, 대표적으로 단어연상법이 있다.

둘째, 불완전한 문장 또는 스토리를 조사 대상자에게 제시한 후 이를 완성하도록 하는 조사방법인 완성법이 있다.

셋째, 자극에 대한 반응을 스토리, 대화, 기술 등으로 구성하는 방법의 구성법이다. 대표적으로 ZMET(질트만 은유 추출 기법), 사진 분류법, 만화 완성법이 있다. ZMET는 주제와 관련하여 갖는 생각을 잡지, 카탈로그, 사진 등에서 최소 12개를 선택하여 이야기하는 일대일 심층 인터뷰방법이다. 사진 분류법은 조사 대상자에게 조사 주제와 가장 어울리는 사람의 사진을 선택하도록 하는 방법이며, 만화 완성법은 연구 문제와 관련된 상황을 묘사하는 만화를 보여주고 만화 속의 한 사람의 말에 대하여 다른 사람이 어떻게 반응할 것인가를 기술하도록 하는 방법이다.

마지막으로 표현법이다. 표현법에는 역할 연기법(role playing)과 제3자법(third-person technique)이 있다. 역할 연기법은 조사 대상자에게 어떤 역할을 주고 그 역할자로서 행동하게 하는 방법이며, 제3자법은 어떤 상황을 제시하고 제3자로서 반응하도록 하는 방법이다.

4 심층면접법

심층면접법은 숙련된 면접자가 '한 사람의 소비자를 대상(one-on-one basis)'으로 소비자의 동기, 신념, 태도, 감정 등을 알아내는, '정형화되어 있지 않고(unstructured)' '비공개적(undisguised)'인 소비자 심리를 파악하는 방법이다.

제4절 | 가치

1 가치와 가치체계

가치란 개인적으로나 사회적으로 더 선호하는 이상적인 행동 양식이나 존재의 목적 상태에 관련된 하나의 지속적인 신념이라고 정의한다(Rokeach, 1968). 가치의 근본적인 특성은 위계구조(hierarchy)를 갖는다는 것이다. 개인이나 사회가 소유하고 있는 가치의 수는 상대적으로 제한되어 있지만, 가치는 중요성에 따라 가중되고 서열화되어 수없이 많은 가치구조를 유도한다. 이러한 가치구조는 갈등 해결과 의사결정에 중요한 도구가 된다. 또한, 소비에 있어 불변의 가치란 존재하지 않으며, 유사한 가치를 가진 사람들은 대체로 비슷한 소비 행동을 보인다고 할 수 있다. 따라서 중심 가치를 설정하여 가치체계를 유형화하는 것이 소비 행동을 이해하기 위해 필수적이다.

가치를 사용하여 개인이 살아가면서 부딪히는 갈등상황이나 중요한 선택상황에서 판단할 때 사용하는 판단 기준을 가치관 혹은 가치체계라고 한다. 가치관은 개인과 개인의 일상적인 여러 행동을 이해하고 설명·예측할 수 있으며, 개인이 속한 집단이나 사회의 문화를 이해하는 데 매우 유용하다. 또한, 개인 생활에서 중요한 지침을 제공하고 가치체계에 직접적으로 영향을 미치며 갈등의 해결과 의사결정에 대한 규범을 제공한다.

2 가치 측정 방법

소비자 가치의 측정방법으로는 로키치 가치조사(Rokeach Value Survey, RVS), 케일(Kahle)의 List of Value(LOV), VALS(Values and Lifestyle), Global Scan 등이 있다.

(1) 설문조사법

① 로키치 가치조사

가치 측정 조사방법에서 가장 잘 알려진 것은 로키치 가치조사이다. RVS는 18가지 수단적 가치(instrumental values)와 18가지 궁극적 가치(terminal values)로 구성되어 있다. 수단적 가치는 최종 가치에 도달하기 위하여 개인이 선호하는 행동 양식을 의미하며, 궁극적 가치는 가치 자체가 목적이 되며 스스로가 하나의 목표나 목적을 구성함을 의미한다. RVS는 전체 집단의 가치체계를 조사하거나 중요하다고 생각되는 개인과 집단과의 가치체계의 차이를 설명하는 데 사용되어왔다. 최근에는 마케팅 분야에서 전체 인구의 공통된 가치체계를 공유하는 개인을 동일집단으로 세분화시키는 기준을 RVS를 통해 사용하여 설정하고 있다. 하지만 RVS는 항목들의 수가 많아 조사시간이 오래 걸리고, 항목의 신뢰도 등의 문제점을 지니고 있으며, 소비자의 일상생활과 직접 관련이 없는 항목들이 포함되어 있다는 단점을 지니고 있다.

② 케일의 LOV(List of Values)

케일에 의하여 개발된 LOV는 RVS가 지닌 단점을 보완하고자 궁극적 가치 18개의 항목을 9개로 선별하여 실무에서 쉽게 사용하고자 하였다. LOV는 개인의 가치관이 여러 제품 및 서비스 구매행동이나 매체 이용 패턴에 미치는 영향력을 검증하는 데 사용되어왔다. 하지만 LOV 역시 추상적 한계를 크게 벗어나지 못하였다.

③ VALS1

마케팅 관리자에게 소비자의 라이프스타일이나 심리적 분야의 연구에서 가장 자주 활용되는 이론이 1978년 Stanford Research Institute(SRI)에서 개발한 VALS 프로그램이다. VALS1 프로그램은 소비자 집단을 외부지향형(out directed), 내부지향형(inner directed), 그리고 욕구충동형(need driven)의 3가지로 구분한다. 여기서 외부지향형 소비자란 이미 확립된 기존 가치관이나 규범에 순응하려는 소비자를 말한다. 내부지향형 소비자는 외부의 규범을 따르는 것보다 자신의 내적 욕구 충족과 자아표현을 위해 노력하는 소비자들을 의미한다. 욕구충동형 소비자는 가처분 소득이 적어서 삶의 기본적 욕구를 충족시키기 위해 노력하는 소비자이다. 하지만 대부분 소비자들이 외부지향형 집단으로 분류되기 때문에 마케팅 전략에서 표적시장 선정이나 전략 수립에는 용도가 제한적이다.

④ VALS2

SRI는 위에서 언급한 VALS1의 단점을 보완하고자 1989년 VALS2라는 새로운 시스템을 발표하였다. VALS1이 행동이나 관심에 중점을 둔 반면에 VALS2는 더 지속적인 태도나 가치에 관심을 두는 심리적 측면에 중점을 두었다. VALS2는 자기 경향(self-orientation)의 2가지 척도에 의해 조사 대상자를 8가지 (실현자, 성취자, 충족자, 경험자, 신뢰자, 노력가, 자급자, 생존자)로 분류하여 표현하였다.
기존 인구통계학적 방법이 같은 바탕을 가진 사람들의 필요(need)에 집중하는 것이라면 VALS2는 고객의 가치 기준과 그들의 라이프스타일을 분류함으로써 실질적인 그들의 행동을 예측할 수 있게 해주기 때문에 직접적인 요구(demand)에 기업(브랜드)이 더 효과적으로 대처할 수 있게 해준다.

(2) 문화추론법

문화추론법은 소속된 문화를 추론하여 가치를 측정하는 방법이다. 예를 들어, 홍대 젊은이들의 행동 양식을 규명해 그들에게 중요한 가치 기준이 무엇인가를 추론하는 것이다.

(3) 수단-목적 사슬 분석법

소비자들이 심리학적 관점으로 궁극적으로 추구하고자 하는 가치가 무엇인지, 그리고 소비자가 추구하는 가치가 제품의 속성 및 편익에 어떻게 연결되는지를 파악하는 방법 중 하나가 바로 수단-목적 사슬 분석법이다. 심층적 인터뷰를 통해 수단과 그에 따른 최종 목표를 '속성(A) – 혜택(C) – 가치(V)'의 단계로 구분하고 각 단계 항목 간의 연결 관계에 대한 총체적인 형태를 지도의 형태로 묘사하여 소비자가 그 속성을 왜 중요하게 생각하는지 소비자의 가치체계를 역으로 추론하여 소비자의 가치를 탐색하는 방법이다.

제5절 　관여도

1 　관여도의 이해

(1) 관여도의 개념

관여도(involvement)는 Krugmana(1965)이라는 학자에 의하여 처음으로 언급되었고, 이후 마케팅 및 소비자 행동 영역에 있어서 중요한 변수로 활용되어왔다. 관여도란 개인에게 내재된 욕구, 가치관, 흥미에 기반을 둔 대상에 대한 지각된 관련성 즉, 어떤 대상에 대한 관심 정도이다. 이러한 관여도는 소비자의 주관적인 판단으로 결정된다.

이렇듯 개인에 있어서 관여도는 제품에 따라 다르고, 같은 제품이라도 개인의 특징이나 상황에 따라서 달라진다. 그러므로 관여도는 어느 한 가지 경우에 한해서 도출되는 것이 아니라 개인적 요인, 제품적 요인, 상황적 요인의 상관관계에 의해서 결정된다고 말할 수 있다.

(2) 관여도의 측정

① 캐퍼러와 로렌트의 측정방법(Kapferer & Laurent, 1985)

한 제품에 대한 관여도가 높아지는 이유는 여러 가지가 있으므로 단일 차원에 의해 측정하는 것은 부적절하다고 주장하였다. 관여도를 측정할 수 있는 다섯 가지 차원들을 제시하였는데, 제품의 중요성과 잘못된 제품선택에 따른 부정적 결과의 중요성에 대한 개인의 지각, 잘못된 선택을 할 확률에 대한 개인의 지각, 제품이 개인에게 쾌락적 가치와 즐거움을 줄 수 있는 능력(pleasure value), 제품에 대하여 소비자가 부여하는 상징적 혹은 사인가치(symbolic or sign value), 그리고 '지속적 관심'에 대하여 각 차원의 점수를 비교하여 해당 제품의 관여도를 파악하였다.

② **자이코스키의 측정방법(Zaichkowsky, 1985)**

PII(Personal-Involvement Index)라고도 하는 이 방법은 주로 제품의 중요성을 한 가지 차원으로 측정하고 있다는 점에서 위의 방법과는 차이가 있다. '관심 있다, 없다' 등과 같이 의미차별화 척도로 이루어진 20개의 항목으로 구성하여 응답자의 점수를 집계하고, 관여도 수준을 측정한다.

③ **잘트먼의 지멧방법(Zaltman, 1995)**

잘트먼식 은유추출기법인 지멧방법(Zaltman Metaphor Elicitation Technique, ZMET)은 소비자의 말과 행동 간 괴리를 극복하기 위해 소비자가 가져온 그림 속에 감춰진 은유를 독특한 인터뷰를 통해 추출하여 분석함으로써 소비자들의 관여도를 추출하는 기법이다.

(3) 관여도의 모델

① **지속적 관여도**

개인적 요인으로서의 관여도는 지속적 성격이 있어 지속적 관여라고도 한다. 지속적 관여는 개인이 오랜 기간 동안 어떤 제품군에 대해 지속적으로 관심갖는 것을 말한다. 지속적 관여는 개인의 욕구, 동기, 자아 이미지 등과 같은 개인의 특성에 큰 영향을 미친다. 제품이 자신의 중요한 가치와 관련되거나 자아와 관련될수록 지속적 관여가 높아지며, 소비자가 그 제품에 대하여 항상 생각하는 경우에 발생한다.

② **제품 관여도**

제품적 요인이란, 소비자가 관여수준을 결정할 제품에 반응하는 요인을 말한다. 즉, 제품의 특징이 소비자의 관여도를 결정할 수 있는 것이다. 소비자들은 자신이 중요하게 생각하는 욕구와 가치를 충족시키는 제품에 높게 관여하며 자신에게 쾌락적 가치를 부여하는 제품에 대해 높게 관여한다. 또한, 제품에 대해 지각된 위험이 높을 때 그 제품에 더 높게 관여한다. 제품 관여는 고관여(high involvement)와 저관여(low involvement)로 분류된다. 고관여란 제품에 의해서 감정적 애착 수준이 높은 내면의 상태를 말하며, 저관여란 그 수준이 낮은 상태를 말한다. 관여의 수준이 높아짐에 따라 정보탐색이 활발해지고, 대안의 평가도 복잡하게 나타난다. 위의 내용을 종합해보면, 제품 관여도는 제품에 대한 개인적 관심도, 중요성, 관련성, 지각 정도를 모두 고려하여 형성된다고 볼 수 있다.

③ **상황적 관여도**

상황적 요인은 어떤 대상에 대하여 상황에 따라 일시적으로 높은 관심을 보이는 것을 말하며 시간에 따라 변화하게 된다. 이것은 일단 구매가 결정되면 사라지는 일시적 작용이다. 개인적 요인인 지속적 관여는 상당히 안정적인 데 비하여 상황적 관여는 상황에 따라 크게 변화한다. 상대방을 위한 선물을 구매하는 경우 높은 관여를 보인다. 이는 자신이 준비한 선물을 보고 상대방이 자신을 어떻게 생각할까 마음을 쓰게 되어 높은 관여를 보인다. 상대방의 선물 구매 및 전달까지 마친 후 개인적으로 필요한 물품을 구매할 경우 관여수준이 다시 낮아지는 것에서 그 예를 찾아볼 수 있다.

인간은 여러 상황에서 제품을 구매할 때마다 동일한 크기의 관심을 보일 수는 없다. 이는 인간의 정보처리능력에는 한계가 있기 때문이다. 그렇기 때문에 소비자가 제품을 구매할 때 개인적인 연계성이나 관여도의 정도에 따라 제품 관련 정보를 수집하고 처리하는 소비자의 구매행동은 다르게 나타난다.

④ 인지적 관여도

인지적 관여도(cognitive involvement)는 제품이나 서비스의 실용적 동기와 관련된 관여로서, 소비자의 브랜드 선택 시 제품의 실용적인 부분을 크게 지각하게 되면 인지적 관여가 증가한다.

⑤ 감정적 관여도

감정적 관여도(affective involvement)는 어떤 대상물에 관해서 강한 느낌을 가지거나 감정적 에너지를 기꺼이 소비하려는 쾌락적 혹은 상징적 동기와 관련된 것으로서 소비자가 특정 브랜드를 선택할 때 얻을 수 있는 즐거움과 관련된 경험 부분을 중시하면 감정적 관여도가 증가된다.

2 관여도와 소비자 행동

구매상황에서 소비자의 관여도는 구매행동에 영향을 미친다. 한번 구입하여 오랫동안 사용하는 가전제품, 자동차 등과 빈번하게 수시로 구매하게 되는 생활필수품, 문구류 등의 제품에 소비자들은 다른 구매행동을 보인다. 같은 제품이라도 소비자들의 특성, 상황에 따라 차이를 보이기도 한다.

(1) 관여도 분류

많은 학자는 관여도를 고관여와 저관여로 분류하였다. 모든 제품은 관여도의 수준에 따라 고관여 제품과 저 관여 제품으로 구분되며, 이에 따라 소비자의 구매의사결정이 달라진다. 고관여 제품 구매 시, 소비자는 적 극적으로 정보를 탐색하며, 많은 대안을 고려해 구매를 신중하게 결정한다. 또한, 자신의 구매가 올바른 결 정이었는지 끊임없이 의심하는 인지부조화(cognitive dissonance)를 경험하며, 관여도가 높아질수록 제품을 자신의 자아 이미지와 연결해 복잡한 평가를 내리게 된다. 반면에 저관여 제품은 대부분 습관적으로 구매하 기 때문에 정보탐색에 많은 노력을 들이지 않으며, 비교적 신중하게 구매하지 않는다. 따라서 제품에 대한 경제적, 심리적 위험부담이 적고 인지부조화도 거의 경험하지 못한다. 제품의 관여도가 낮을수록 제품의 속 성을 고려하지 않는 감정적 판단을 하여 판매광고나 판매촉진(promotion)의 영향을 많이 받는다.

(2) 관여도에 따른 구매의사결정

고관여와 저관여 사이의 구매의사결정 과정에서도 차이가 존재한다. 한번 구입하여 오랫동안 사용하기에 상 대적으로 고가인 제품 즉, 고관여 제품인 경우 소비자는 '문제인식 – 정보탐색 – 대안평가 – 구매 – 구매 후 행동'의 의사결정과정을 거친다. 값이 비싸지거나 소비자에게 중요한 영향을 끼치는 제품을 잘못 구매한 다면 위험부담이 크기 때문에, 구매의사결정에 소비자가 꼼꼼하게 깊이 관여하게 된다. 반면 생활필수품, 문구류 등과 같이 상대적으로 값이 저렴하고 소비자에게 중요한 영향을 끼치지 않는 저관여 제품의 경우 정 보탐색은 존재하지 않고 수동적으로 정보가 주어진다. 또한, 외부의 자극에 의해 구매행동이 형성된다. 즉, 값이 저렴하거나 소비자에게 중요하다고 생각되지 않는 저관여 제품은 소비자 의사결정과정에서 문제인식이 나 대안평가를 거치지 않고 구매행동을 한다.

[관여도에 따른 구매의사결정]

관여 행동	고관여	저관여
정보탐색	능동적으로 제품이나 브랜드 정보탐색	제품이나 브랜드 정보탐색에 소극적
인지적 반응	소비자는 불일치하는 정보에 대해 저항	소비자는 불일치하는 정보를 수동적 수용
정보처리과정	'문제인식 – 정보탐색 – 대안평가 – 구매 – 구매 후 행동' 과정 철저히 준수	정보처리 단계와 순서 불규칙, 일부 과정 생략 (문제인식, 정보탐색, 대안평가 생략)
태도 변화	태도 변화는 어렵고 드물지만, 한번 변화하면 지속됨	태도 변화가 빈번하고 일시적임
반복	반복횟수보다 내용이 중요	노출빈도가 높으면 높을수록 소비자 설득에 효과적
브랜드 선호	브랜드 로열티(충성도) 형성	습관적 구매
인지부조화	가능성 높음	가능성 낮음. 별로 경험하지 못함
타인의 영향	사회적 모방 기준으로 이용	의사결정에 영향력 미비

(3) 관여도에 따른 구매

① 고관여 제품에 대한 구매

고관여 제품에 대한 소비자의 구매행동은 구매하려는 제품의 특성에 따라 '복잡한 구매행동(complex buying behavior)'과 '부조화 감소 구매행동(dissonance-reducing buying behavior)'으로 구분할 수 있다.

ⓐ 복잡한 구매행동

소비자들은 구매에 높은 관여를 보이고 각 브랜드(상표) 간 뚜렷한 차이점이 있는 제품을 구매할 경우 복잡한 구매행동을 보인다. 복잡한 구매행동이 요구될수록 소비자는 그 제품 구매를 위하여 많은 정보를 찾으려고 한다. 예를 들어 자동차를 구매하기 위하여 디자인, 제조사, 색상 등 쉽게 선택할 수 있는 내용뿐만 아니라 연비, 승차감, 엔진소음, 흔들림 정도 등의 내용도 직접 시승해보거나 인터넷을 통해 정보를 수집하여 고민한다. 여기서 중요한 점은 자동차와 같은 제품의 경우에는 각 제조사의 제품 간 차이가 비교적 뚜렷하기 때문에 소비자들은 자신의 합리적 선택을 위하여 충분히 노력을 기울일 준비가 되어있다는 점이다. 복잡한 제품 구매의 경우 구매자는 제품 지식에 근거한 주관적 신념을 통해 제품에 대한 태도를 형성한 후 가장 합리적이라고 생각하는 구매 대안을 선택한다.

ⓑ 부조화 감소 구매행동

부조화 감소 구매행동은 가격이 비싸고 자주 구입하지 않으며, 위험이 수반되는 구매로 인해 소비자가 구매에 높게 관여되어 있지만 브랜드 간의 별 차이가 없을 경우에 발생한다. 예를 들면, 카페트는 고가품이며 소비자 자신에게 매우 중요한 제품이기 때문에 구매 시 소비자는 높은 관여를 가지고 구매의사결정을 하게 된다. 이때 지각되는 상표들의 차이가 매우 미미하기 때문에 소비자들은 유용한 정보를 얻기 위하여 점포들을 둘러보지만 최종적으로 구매는 비교적 빨리 이루어진다. 일반적으로 이러한 구매에 있어 소비자들은 적절한 가격이나 구매 용이성과 같은 내용에 우선적으로 반응하게 되며 구매 후 불만사항을 발견하거나 구입하지 않은 제품에 대한 호의적인 정보를 얻으면 구매 후 부조화를 경험하게 된다.

② 저관여 제품에 대한 구매

소비자들이 그 제품이나 서비스에 대해 관심이 적고 별로 중요한 구매의사결정이라 생각하지 않거나 제품의 구매가 긴급한 상황이 아닌 경우, 저관여 구매행동을 보인다. 저관여 구매행동은 다시 제품의 특성에 따라 '습관적 구매행동(habitual buying behavior)'과 '다양성 추구 구매행동(variety-seeking buying behavior)'으로 나누어 볼 수 있다.

ㄱ 습관적 구매행동

습관적 구매행동은 제품에 대하여 소비자가 비교적 낮은 관여도를 보이며 제품의 브랜드(상표) 간 별 차이가 없을 때 나타난다. 우리가 문구점에서 지우개를 살 때, 지우개에 대해서 자발적으로 정보를 수집하기 위해 노력하는 경우는 드물다. 우리는 문구점에 들어가서 브랜드에 대한 특별한 인식 없이 눈에 띄거나 손에 잡히는 한 브랜드를 선택할 수 있다. 이때 소비자가 같은 브랜드를 지속적으로 구매하게 된다면 이는 충성도가 아닌 습관적 구매로 볼 수 있다. 이처럼 습관적 구매행동은 소비자들이 어떤 상표에 대하여 강한 신념을 가지고 선택하는 것이 아니라 친숙하다는 이유로 선택하게 되는 경우가 많기 때문에 가격할인, 판촉 등의 사용이 효과적이다. 이런 경우 마케터들은 저관여 제품을 어떤 중요한 내용과 연결시켜 소비자의 인식을 고관여적 제품으로 전환하려고 노력한다.

ㄴ 다양성 추구 구매행동

구매하는 제품에 대하여 저관여 상태이며 제품의 각 브랜드 간 차이가 뚜렷한 경우에 소비자들은 다양성 추구 구매행동을 보인다. 예를 들면 아이스크림을 구매할 때 소비자는 일단 제품에 대한 다양한 평가 없이 특정 브랜드의 상표를 선택하고 그것을 소비하는 동안 그 상품에 대한 평가를 한다. 그러나 그 다음에 또다시 아이스크림을 구매할 경우에는 다른 브랜드의 제품을 선택하는 경우가 발생하는데 이때 소비자는 전에 사용했던 브랜드가 불만족스러워서가 아니라 다양한 제품을 사용해 보고자 하는 다양성을 추구하기 위해 다른 브랜드를 구매하는 것이다.

3 관여도와 구매의사결정이론

(1) 수동적 학습이론

수동적 학습이론에 따르면 TV는 인쇄매체에 비하여 관여도가 낮은 매체로 규정된다. 즉, 긴장이 풀려 있고 메시지에 많은 주의를 기울이지 않는 관여도가 낮은 여건에서 소비자는 메시지의 정보를 그의 욕구나 신념에 연관시키지 않으며 반복을 근거로 하여 메시지를 무작위로 기억하는 수동적 학습에 참여한다. 구매의사결정을 돕는 광고에 있어서 관여도가 낮은 여건에서는 TV가, 관여도가 높은 여건에서는 인쇄매체가 효과적이다.

(2) 사회적 판단이론

사회적 판단이론은 외부적 자극에 대하여 소비자가 취하는 입장을 수용, 거부, 비관심의 세 개 범주로 구분하고 이들의 범위가 관여도 수준에 따라 달라진다고 하였다. 즉, 어떤 문제에 관하여 확고한 자신의 의견을 갖고 있는 관여도가 높은 소비자는 자신의 의견과 일치하는 극히 일부의 자극만을 수용하면서 대부분의 자극을 거부하는 데 반하여, 관여도가 낮은 소비자는 더 많은 자극을 수용하는 경향이 있다. 따라서 관여도가 높은 소비자는 자신의 의견과 일치하는 메시지는 더 긍정적으로 생각하는 동화효과와 자신이 동의하지 않는 메시지는 실제보다 더 부정적으로 해석하는 대조효과를 보이는 경향이 있다. 구매결정에 있어서 **관여도가 높은 소비자에게는 일부 상표만이 수용될 수 있는 데 반하여 관여도가 낮은 소비자에게는 더 많은 상표가 수용될 수 있음을 보여준다.**

(3) 감정이론

저관여 소비자의 경우, 감정이 구매에 더 많은 영향을 미친다. 감정이론 중 감정점화이론은 "먼저 본 정보에 의해 떠올려진 개념으로 인해 이후에 접한 정보를 해석할 때 영향을 받게 된다."라는 이론이다. 따라서 매장에서 판매원의 태도나 다른 소비자들의 반응도 구매의사결정에 중요한 요소로 작용한다. 정보감정모델은 개인의 감정 상태를 기반으로 어떤 대상에 대해 평가한다는 이론이다. 지금 술을 먹어야 할지 말아야 할지 판단해야 할 때 정보감정모델은 개인의 현재 기분상태에 따라 판단을 한다는 것이다. "지금 기분 어때?"라고 스스로에게 물어봄으로써 최종 결정을 하게 된다.

※ 다음 지문의 내용이 맞으면 ○, 틀리면 ✕를 체크하시오. [1~10]

01 1차적 동기는 필수불가결한 욕구로 생리적, 선천적이라는 특징이 있으며, 2차적 동기는 학습이론을 바탕으로 형성된 동기이다. ( )

02 맥과이어(William. J. McGuire)는 동기는 하나의 특성으로 구분이 가능하다고 생각하여 기준을 수립해 동기를 세분화하였다. ( )

03 동기이론은 내용이론과 과정이론으로 분류되며, 과정이론은 동기부여가 어떤 인지적 과정을 통해 일어나는가를 밝히는 이론으로 대표적으로는 매슬로우(A. Maslow)의 욕구계층이론, 엘더퍼(C. Alderfer)의 ERG이론 등이 있다. ( )

04 허즈버그(F. Herzberg)의 2요인이론에서 위생요인은 불만족을 줄이는 역할을 수행한다. ( )

05 아담스(S. Adams)의 공정성이론은 자신과 타인을 비교하여 느끼게 되는 공정과 불공정을 통해 개인의 행동을 결정한다는 내용이다. ( )

정답과 해설 01 ○ 02 ✕ 03 ✕ 04 ○ 05 ○

01 1차적 동기(primary motive)는 삶을 영위하기 위한 필수불가결한 욕구로 생리적, 자연적, 선천적이라는 특성을 가지고 있으며, 자연적 동기라고도 한다. 1차적 동기는 인간의 출생시점부터 지니고 있기 때문에 특별한 학습 과정을 거치지 않는다. 2차적 동기(secondary motive)는 학습이론을 바탕으로 형성되는 후천적 동기이며 1차적 동기로부터 형성되어 개인의 특성이나 문화, 환경 등의 요인에 따라서 다르게 나타나며, 인위적이고 개인적인 특성이 있다.

02 동기는 하나의 특성만을 기준으로 구분하기 어렵다는 것이 가장 큰 특징이다. 맥과이어는 이러한 동기의 특징을 바탕으로 일정 기준을 수립하여 동기를 세분화한 것이다.

03 매슬로우의 욕구계층이론, 엘더퍼의 ERG이론은 모두 동기부여를 일으키는 요인을 밝히는 '내용이론'에 해당한다.

04 허즈버그(F. Herzberg)는 인간의 동기를 자극하는 요인을 만족도를 증대시켜 성과에 연결시키는 동기요인과 불만족을 줄이는 역할을 수행하는 불만요인(위생요인)으로 구분하고 이를 2요인이론에 적용하였다.

05 공정성이론은 1963년 아담스(S. Adams)가 발표한 이론으로 개인과 개인 또는 개인과 집단 간의 교환관계가 이 이론의 핵심이다. 개인의 행동을 결정짓는 것은 교환과정에서 지각된 불균형의 정도이며, 개인은 자신의 투입과 보상을 타인의 것과 비교하여 그 비율이 동일하지 않고 크거나 작은 경우 불공정을 느끼게 되며 이것이 행동을 유발하는 동기로 작용한다고 주장한다.

06 래더링(laddering) 기법은 가치(value) 차이를 발견하고 그로부터 연결되는 결과(consequence)와 속성(attribute)에 대해 가치사슬구조를 파악하는 것이 핵심이다. (   )

07 가치는 개인의 지속적인 신념으로 다양한 가치가 균형적인 구조를 갖는다는 것이 특징이다.
(   )

08 RVS는 항목들의 수가 많아 조사시간이 오래 걸리며 소비자의 일상생활과 직접 관련이 없는 항목들이 포함되어 있다는 단점을 지니고 있다. (   )

09 VALS1이 행동이나 관심에 중점을 둔 반면에 VALS2는 더 지속적인 태도나 가치에 관심을 두는 심리적 측면에 중점을 두었다. (   )

10 고관여 제품을 구매할 때 소비자는 습관적 구매행동과 다양성 추구 구매행동을 보인다.
(   )

정답과 해설 06 × 07 × 08 ○ 09 ○ 10 ×

06 래더링(laddering) 기법은 속성(attribute) 간 차이를 발견하고, 그 차이로부터 연계되는 기능적, 심리적 결과 & 혜택(consequence & benefit) 및 가치(value)에 연계하여 가치사슬구조를 파악하는 데 중점을 두는 것이다.

07 가치의 근본적인 특성은 위계구조(hierarchy)를 갖는다는 것이다. 개인이나 사회가 소유하고 있는 가치의 수는 상대적으로 제한되어 있지만, 가치는 중요성에 따라 가중되고 서열화되어 수없이 많은 가치구조를 유도한다. 이러한 가치구조는 갈등 해결과 의사결정에 중요한 도구가 된다.

08 항목들의 수가 많아 조사시간이 오래 걸리고, 항목의 신뢰도 등의 문제점을 지니고 있으며, 소비자의 일상생활과 직접 관련이 없는 항목들이 포함되어 있다는 단점을 지니고 있다.

09 VALS1이 행동이나 관심에 중점을 둔 반면에 VALS2는 보다 지속적인 태도나 가치에 관심을 두는 심리적 측면에 중점을 두었다. VALS2는 자기 경향(self-orientation)의 2가지 척도에 의해 조사 대상자를 8가지(실현자, 성취자, 충족자, 경험자, 신뢰자, 노력가, 자급자, 생존자)로 분류하여 표현하였다.

10 고관여 제품 구매 시, 소비자는 부조화 감소 구매행동, 복잡한 구매행동을 보인다. 반면에 저관여 제품을 구매할 때 소비자는 습관적 구매행동과 다양성 추구 구매행동을 보인다.

01 2차적 동기(secondary motive)는 학습이론을 바탕으로 형성되는 후천적 동기이며 1차적 동기로부터 형성되어 개인의 특성이나 문화, 환경 등의 요인에 따라서 다르게 나타나며, 인위적이고 개인적인 특성이 있다.

01 다음 중 동기에 대한 설명으로 옳지 않은 것은?

① 동기(motive)는 객관적인 기준으로 측정하는 것이 어렵다.

② 인간의 행동 발생 과정은 욕구(need), 동기(motive), 행동(behavior)이다.

③ 무의식적 동기(unconscious motive)는 행동의 이유가 설명이 불가능한 경우를 나타낸다.

④ 2차적 동기(secondary motive)는 1차적 동기와는 별개로 학습을 통해 형성되는 후천적 동기이다.

02 동기는 객관적인 설명이 어려우며, 잠재의식 속에 내재된 동기의 신뢰성과 타당성을 입증하여 분석하는 것이 쉽지 않다. 따라서 맥과이어는 기준을 수립하여 동기를 세분화하는 연구를 진행하였고, 16가지 동기로 세분화하였다.

02 다음 중 맥과이어의 이론과 관련된 설명으로 옳지 않은 것은?

① 맥과이어의 이론은 동기는 객관적인 설명이 가능하지만 동기의 신뢰성을 입증하는 분석이 쉽지 않다는 점에서부터 출발한다.

② 맥과이어는 기준에 따라 동기를 16가지로 세분화하였다.

③ 맥과이어는 인지적 동기와 감정적 동기로 분류하였으며, 감정적 동기는 개인의 느낌과 목적을 획득하여 개인의 만족을 올리는 데 집중한다.

④ 인지적 동기는 자신을 둘러싼 환경을 어떻게 받아들이는가에 집중한다.

정답 01 ④ 02 ①

03 맥과이어의 동기 분류 중 다음 내용이 가리키는 것은 무엇인가?

> 사람들은 다양한 자극을 통해 새로운 경험으로 변화를 추구하고자 한다. 소비의 측면에서 이를 본다면 충동 구매가 바로 그것이다. 평소에 본인이 잘 구매하지 않는 것들을 구매하면서 단조로운 생활에서 벗어나 새로운 경험을 통해 활력을 얻는다.

① 범주화의 욕구
② 일관성의 욕구
③ 탐색의 욕구
④ 실용성의 욕구

03 제시문은 탐색의 욕구에 대한 설명이다. 탐색(exploration)은 사람들이 다양한 자극으로 인한 새로운 경험을 통해 변화를 추구하려는 성향을 말한다. 특히, 이러한 성향이 잘 반영된 것이 충동 구매이다. 사람들은 충동 구매를 통해 평소 본인이 잘 구매하지 않은 것들을 구매하면서 단조로운 생활에서 벗어나 새로운 경험을 통해 활력을 불어넣고자 한다.

04 다음의 내용이 가리키는 것은 무엇인가?

> 인간의 행동을 일으키는 요인이 인간의 내부에 존재한다고 가정하고, 이러한 내부 요인들을 발견하는 것을 목표로 하는 이론이다. 이 이론을 강조하는 학자들은 인간의 행동을 일으키는 요인에는 욕구, 본능, 만족이 있다고 본다. 이 이론의 대표 이론으로는 매슬로우의 욕구계층이론, 허즈버그의 2요인이론, 맥클리랜드의 성취동기이론이 있다.

① 내용이론(contents theory)
② 과정이론(process theory)
③ 기대이론(expectancy theory)
④ 공정성이론(equity theory)

04 내용이론의 측면을 강조하는 학자들은 인간의 행동을 일으키는 요인에는 욕구, 본능, 만족 등이 있다고 본다. 동기는 선천적으로 특정한 형태가 있기 때문에 필요한 행동을 위해서는 인간 내면에 존재하는 여러 요인 중에서 가장 연관성이 높은 유형의 요인을 발견하고 이를 통해 활동이 일어나는 것이라고 주장한다. 내용이론 관련 연구로는 매슬로우의 욕구계층이론, 허즈버그의 2요인이론, 맥클리랜드의 성취동기이론, 엘더퍼의 ERG이론이 있다.

정답 03 ③ 04 ①

05 매슬로우의 5단계 욕구계층 이론은 1
단계의 생리적 욕구 – 안전의 욕구 –
애정과 소속의 욕구 – 존경의 욕구 –
5단계 자아실현의 욕구로 이뤄진다.

05 **매슬로우의 5단계 욕구계층이론의 순서로 적절한 것은?**

① 생리적 욕구 – 애정과 소속의 욕구 – 존경의 욕구 – 안전의
욕구 – 자아실현의 욕구

② 안전의 욕구 – 생리적 욕구 – 존경의 욕구 – 애정과 소속의
욕구 – 자아실현의 욕구

③ 애정과 소속의 욕구 – 존경의 욕구 – 안전의 욕구 – 생리적
욕구 – 자아실현의 욕구

④ 생리적 욕구 – 안전의 욕구 – 애정과 소속의 욕구 – 존경의
욕구 – 자아실현의 욕구

06 R은 관계 욕구를 의미하며 매슬로우
의 이론 중 애정 및 소속감의 욕구와
흡사하다고 볼 수 있다. G는 성장 욕
구로 매슬로우의 이론 중 존경의 욕
구와 자아실현의 욕구가 결합되었다
고 볼 수 있다.

06 **엘더퍼의 ERG이론에 대한 설명으로 옳지 않은 것은?**

① 매슬로우의 이론적 한계를 극복하기 위해 제시했으며 3가지
욕구를 제시하였다.

② E는 존재 욕구를 의미하며 매슬로우의 이론 중 생리적 욕구
와 안전의 욕구의 결합된 것으로 본다.

③ R은 관계 욕구를 의미하며 매슬로우의 이론 중 애정과 소속
의 욕구, 존경의 욕구를 결합한 것과 유사하다.

④ G는 성장 욕구로 ERG이론의 최상위 욕구이다.

정답 05 ④ 06 ③

07 매슬로우의 욕구계층이론과 엘더퍼의 ERG이론의 차이점에 대한 설명으로 옳은 것은?

① 매슬로우의 이론에서 욕구는 특정한 시점에 순서대로 나타나며 욕구계층은 생략되거나 중복되지 않는다.

② ERG이론은 욕구는 동시에 경험될 수 없으며 반드시 순서대로 나타난다.

③ 매슬로우의 이론은 만족-진행, 좌절-퇴행의 요소를 모두 포함하고 있다.

④ 엘더퍼의 이론은 가장 낮은 단계의 욕구에서 가장 높은 단계의 욕구까지 일방향적으로 발생한다.

07 ② ERG이론은 욕구는 동시에 경험될 수 있으며 반드시 순서대로 나타나지는 않는다고 한다.

③ 매슬로우의 욕구계층이론은 계층 간의 만족-진행(satisfaction-progression)의 요소만을 중요시하게 생각하였다고 볼 수 있다. 그러나 엘더퍼의 ERG이론에서는 좌절-퇴행(frustration-regression)의 요소도 함께 포함하여 인간의 욕구를 설명하고 있다.

④ 매슬로우의 이론에서 욕구는 가장 낮은 단계에서 가장 높은 단계로 일방향적인 진행을 보인다고 주장한다. 반면 ERG이론에서는 욕구는 가장 낮은 단계에서 가장 높은 단계로 이동하는 경우와 가장 높은 단계에서 가장 낮은 단계로 진행하는 경우 즉, 쌍방향적으로 진행한다고 주장한다.

08 기대이론(expectancy theory)에 대한 설명으로 옳지 않은 것은?

① 기대이론은 "인간의 행동과 노력의 방향을 결정짓는 것은 동기다."라는 관점에서 시작한다.

② 브룸(V.H. Vroom)에 의하여 가장 먼저 체계화되었다.

③ 기대이론은 노력, 성과 보상, 기대치, 도구성, 유인가의 개념을 중심으로 전개된다.

④ 도구성은 성공적인 결과를 얻는 경우, 바람직한 보상을 획득할 것으로 기대되는 객관적 확률을 의미한다.

08 도구성(instrumentality)은 수단성이라고도 하며 성공적인 결과를 얻는 경우, 바람직한 보상을 획득할 것으로 기대되는 주관적 확률을 의미한다. 즉, 노력의 성과는 개인 입장에서 그 자체가 목적이 아니라 보상을 위한 수단 또는 도구라는 것을 나타낸다. 성과와 보상 사이의 관계에 관한 주관적 평가를 통해 결과를 예측한다.

정답 07 ① 08 ④

09 수단-목적 사슬은 제품에 존재하는 속성(attribute)과 그 속성에 의하여 소비자에게 제공되는 결과(consequence)를 강화하는 소비자의 개인적 가치(value) 사이의 연결 관계에 초점을 두고 있다. 래더링 기법(laddering technique)은 수단-목적 사슬이론의 대표적인 조사방법이며, 래더링 기법을 통해 도출한 결과는 가치체계도(HVM)로 도식화한다.

09 다음 내용이 설명하는 것은 무엇인가?

> 제품에 존재하는 속성(attribute)과 그 속성에 의해 소비자에게 제공되는 결과(consequence)를 강화하는 소비자의 개인적 가치(value) 사이의 연결 관계에 초점을 두고 있다. 래더링 기법(laddering technique)은 이 이론의 대표적인 조사방법이며, 래더링 기법을 통해 도출한 결과는 가치체계도(HVM)로 도식화한다.

① 수단-목적 사슬이론
② ERG이론
③ 공정성이론
④ 로키치 가치조사(RVS)

10 ① 조사의 목적이나 연구 주제를 응답자가 모르도록 하면서 간접적으로 조사하는 방법이다.
② 연상법은 조사 대상자에게 자극을 제시하고 곧바로 떠오르는 생각을 말하거나 적도록 하는 방법으로 대표적으로 단어연상법이 있다.
③ 자극에 대한 반응을 스토리, 대화, 기술 등으로 구성하는 방법의 구성법이다. 대표적으로 ZMET(질트만 은유 추출 기법), 사진 분류법, 만화 완성법이 있다.

10 다음 중 투사법에 대한 설명으로 옳은 것은?

① 조사의 목적이나 연구 주제를 조사 대상자에게 상세히 설명하고 진행하는 조사법이다.
② 연상법은 조사 대상자에게 자극을 제시하지 않고 떠오르는 생각을 말하거나 적도록 하는 방법이다.
③ 자극에 대한 반응을 스토리, 대화, 기술 등으로 구성하는 방법의 구성법에는 역할 연기법, 사진 분류법, 만화 완성법이 있다.
④ 표현법 중 하나인 제3자법은 어떤 상황을 제시하고 제3자로서 반응하도록 하는 방법이다.

정답 09 ① 10 ④

11 다음 중 가치에 대한 설명으로 옳은 것은?

① 가치는 위계구조(hierarchy)를 갖는다.

② 개인이나 사회가 소유하고 있는 가치의 수는 무제한이다.

③ 소비에 있어 불변의 가치란 존재한다.

④ 중심 가치를 설정하여 가치체계를 유형화하는 것은 소비 행동을 이해하기 위해 필수적이지 않다.

12 다음 내용에 해당하는 가치 측정 방법은 무엇인가?

이 방법은 18가지 수단적 가치와 18가지 궁극적 가치로 구성되어 있다. 전체 집단의 가치체계를 조사하거나 중요하다고 생각되는 개인과 집단과의 가치체계의 차이를 설명하는 데 사용되어왔다. 하지만 이 방법은 항목들의 수가 많아 조사시간이 오래 걸리고, 항목의 신뢰도 등의 문제점을 지니고 있으며, 소비자의 일상생활과 직접 관련이 없는 항목들이 포함되어 있다는 단점을 지니고 있다.

① 로키치 가치조사(Rokeach Value Survey, RVS)

② 케일(Kahle)의 LOV(List of Values)

③ VALS1

④ VALS2

13 가치 측정 방법에 대한 설명으로 옳지 않은 것은?

① LOV는 RVS가 지닌 단점을 보완하고자 등장한 조사방법이다.

② VALS1은 소비자 집단을 외부지향형, 내부지향형, 욕구충동형 3가지로 구분한다.

③ VALS2는 VALS1의 단점을 보완하고자 만든 조사방법이다.

④ VALS2는 소비자의 행동이나 관심에 중점을 둔다.

11 ② 개인이나 사회가 소유하고 있는 가치의 수는 상대적으로 제한되어 있다.

③ 소비에 있어 불변의 가치란 존재하지 않는다.

④ 중심 가치를 설정하여 가치체계를 유형화하는 것은 소비 행동을 이해하기 위해 필수적이다.

12 가치 측정 조사방법에서 가장 잘 알려진 것은 로키치 가치조사(Rokeach Value Survey)이다.

RVS는 18가지 수단적 가치(instrumental values)와 18가지 궁극적 가치(terminal values)로 구성되어 있다.

이 방법은 전체 집단의 가치체계를 조사하거나 중요하다고 생각되는 개인과 집단과의 가치체계의 차이를 설명하는 데 사용되어왔다. RVS는 항목들의 수가 많아 조사시간이 오래 걸리고, 항목의 신뢰도 등의 문제점을 지니고 있으며, 소비자의 일상생활과 직접 관련이 없는 항목들이 포함되어 있다는 단점을 지니고 있다.

13 VALS1이 행동이나 관심에 중점을 둔 반면에 VALS2는 더 지속적인 태도나 가치에 관심을 두는 심리적 측면에 중점을 두었다.

정답 11① 12① 13④

14 관여도는 개인적 요인뿐만 아니라 제품적 요인, 상황적 요인의 상관관계에 의해서 결정된다.

14 다음 중 관여도(involvement)에 대한 설명으로 옳지 <u>않은</u> 것은?

① 관여도는 소비자의 주관적인 판단으로 결정된다.

② 관여도는 개인적 요인에 의해서만 결정된다.

③ 관여도는 마케팅, 소비자 행동 영역에 있어서 중요한 변수로 활용되어왔다.

④ 관여도는 제품에 따라 다르고, 같은 제품이라도 개인의 특징이나 상황에 따라 달라진다.

15 ① 고관여 제품 구매 시, 소비자는 적극적으로 정보를 탐색하며, 많은 대안을 고려해 구매를 신중하게 결정한다. 또한, 자신의 구매가 올바른 결정이었는지 끊임없이 의심하는 인지부조화를 경험한다.
③ 저관여 제품은 대부분 습관적으로 구매하기 때문에 정보탐색에 많은 노력을 들이지 않으며, 비교적 신중하게 구매하지 않는다.
④ 제품의 관여도가 낮을수록 제품의 속성을 고려하지 않는 감정적 판단을 하여 판매 광고나 판매 촉진(Promotion)의 영향을 많이 받는다.

15 다음 중 관여도와 소비자 행동에 대한 설명으로 옳은 것은?

① 고관여 제품 구매 소비자는 이미 충분한 대안을 평가하고 구매했기 때문에 인지부조화를 경험하지 않는다.

② 관여도가 높아질수록 제품을 자신의 자아 이미지와 연결해 복잡한 평가를 내리게 된다.

③ 저관여 제품은 대부분 습관적으로 구매하더라도 정보탐색에 많은 노력을 들인다.

④ 제품의 관여도가 낮을수록 소비자의 기준이 명확하여 광고나 판매촉진(promotion)의 영향을 많이 받지 않는다.

16 습관적 구매행동(habitual buying behavior)은 제품에 대하여 소비자가 비교적 낮은 관여도를 보이며 제품의 브랜드(상표) 간 별 차이가 없을 때 나타난다.

16 다음 중 설명이 옳지 <u>않은</u> 것은?

① 구매에 높은 관여를 보이고 각 브랜드 간의 뚜렷한 차이점이 있는 제품을 구매할 경우 발생 – 복잡한 구매행동

② 구매에 높게 관여되어 있지만 브랜드 간의 차이가 없을 경우 발생 – 부조화 감소 구매행동

③ 저관여를 보이며 제품의 브랜드 간 차이가 있을 경우 – 습관적 구매행동

④ 저관여를 보이며 제품의 각 브랜드 간 차이가 명확할 경우 – 다양성 추구 구매행동

정답 14 ② 15 ② 16 ③

주관식 문제

01 다음 ( ) 안의 ㉠, ㉡, ㉢에 들어갈 내용을 쓰시오.

> 동기는 1차적 동기와 2차적 동기로 구분할 수 있다. 1차적 동기는 삶을 영위하기 위한 필수불가결한 욕구로 (㉠)이라는 특성을 가지고 있다. 1차적 동기는 특별한 학습 과정을 거치지 않으며 대표적으로 목마름, 배고픔 등이 이에 해당한다. 2차적 동기는 학습이론을 바탕으로 형성되는 (㉡) 동기이며, (㉢)이고, 개인적인 특성이 있다.

01

정답 ㉠: 생리적, 자연적, 선천적
㉡: 후천적
㉢: 인위적

해설 1차적 동기와 달리 2차적 동기는 학습으로 형성되기 때문에 인위적이고 개인적인 특성이 있다.

02 내용이론(contents theory)의 특징을 설명하고, 대표 이론을 3가지 이상 쓰시오.

02

정답 내용이론은 인간의 행동을 일으키는 요인이 인간 내부에 존재한다고 가정하고, 따라서 이러한 내부 요인들을 발견하는 것을 목표로 한다.
내용이론과 관련된 연구로는 매슬로우(A. Maslow)의 욕구계층이론(hierarchy of needs theory), 허즈버그(F. Herzberg)의 2요인이론(two-factor theory), 맥클리랜드(D.C. McClelland)의 성취동기이론(achievement motivation theory), 엘더퍼(C. Alderfer)의 ERG이론이 있다.

03

정답 ㉠ : 매슬로우의 욕구계층
㉡ : 안전의 욕구
㉢ : 존경의 욕구

해설 1943년, 매슬로우가 발표한 논문에서 나온 주장이다. 인간은 자신의 욕구를 충족시키기 위해 형성되는 것으로 전제하고 행동에 동기를 부여할 수 있는 욕구가 5개의 계층으로 이루어져 있다고 주장하였다.
5가지의 욕구 중 가장 낮은 단계인 생리적 욕구에서부터 시작하여 안전의 욕구, 애정 및 소속감의 욕구, 존경의 욕구, 가장 높은 단계의 욕구인 자아실현의 욕구로 구성된다. 5가지의 욕구는 서열화되어 있어 낮은 단계의 욕구에서 높은 단계의 욕구까지 차례로 충족되어진다.

04

정답 ㉠ : 독립적인
㉡ : 동기요인
㉢ : 위생요인

해설 허즈버그(F. Herzberg)는 인간의 동기를 자극하는 요인의 만족도를 증대시켜 성과에 연결시키는 동기요인과 불만족을 줄이는 역할을 수행하는 불만요인(위생요인)으로 구분하고 이를 2요인이론에 적용하였다. 이 이론에서는 동기를 독립적인 관계이며, 인간의 행동에 서로 독립적으로 작용하는 것으로 이해한다. 허즈버그는 이를 가설로 설정하여 실험을 통해 검증을 시도했다.

03 다음 ( ) 안의 ㉠, ㉡, ㉢에 들어갈 내용을 쓰시오.

(㉠) 이론은 인간의 행동에 동기를 부여할 수 있는 욕구를 5개 층으로 구분한 것이다. 이 이론은 생리적 욕구, (㉡), 애정 및 소속감의 욕구, (㉢), 자아실현의 욕구로 이루어져 있으며 가장 낮은 단계에서 가장 높은 단계까지 차례로 충족되어진다.

04 다음 ( ) 안의 ㉠, ㉡, ㉢에 들어갈 내용을 쓰시오.

허즈버그의 2요인이론은 동기는 서로 (㉠) 관계이며, 인간의 행동에 서로 독립적으로 작용하는 것으로 이해했다. 이 이론을 통해 허즈버그는 인간의 동기를 자극하는 요인의 만족도를 증대시켜 성과에 연결시키는 (㉡)과 불만족을 줄이는 역할을 수행하는 불만요인 다시 말해, (㉢)으로 구분하고 이론을 적용했다.

05 맥클리랜드의 성취동기이론과 매슬로우의 욕구계층이론의 공통점에 대해 서술하시오.

05

정답 매슬로우는 하위 단계의 욕구를 충족시켜야만 상위 단계의 욕구가 생긴다고 가정하였고, 이와 유사하게 맥클리랜드는 인간의 동기 역시 욕구와 더불어 순차적이라고 가정했다. 또한, 생리적 욕구를 생존의 동기라고 하여 인간의 욕구 중 가장 낮은 단계로 보았으며 자아실현 욕구를 성취동기라고 하여 가장 높은 단계의 욕구로 보았다는 점도 공통점이다.

06 다음 (   ) 안의 ㉠, ㉡, ㉢에 들어갈 내용을 쓰시오.

> 엘더퍼의 ERG이론은 매슬로우의 욕구계층이론의 5단계 욕구를 3단계로 단순화시켰다. 생리적 욕구와 안전의 욕구를 결합하여 (㉠)로, 애정과 소속의 욕구를 (㉡)로, 존경의 욕구와 자아실현의 욕구를 결합하여 (㉢)로 나타내었다.

06

정답 ㉠: 존재 욕구
㉡: 관계 욕구
㉢: 성장 욕구

해설 엘더퍼의 ERG이론은 매슬로우의 욕구단계이론이 인간의 동기에 대하여 이론적 한계가 있기 때문에 이를 극복하기 위해 제시하였으며, 5단계의 욕구를 ERG의 3단계로 단순화시킨 이론이다.
ERG에서 'E'는 Existence로 존재 욕구를 의미한다. 매슬로우의 욕구이론과 비교해본다면 인간이 살아가면서 필수로 느끼는 배고픔과 갈증, 배출의 욕구와 같은 생리적 욕구와 안정된 직장, 높은 임금, 편한 일자리와 같은 안전의 욕구가 결합된 것으로 인간의 가장 기본적인 욕구이다.
'R'은 Relatedness로 관계 욕구를 의미하며 개인의 인간관계에 대한 욕구로 이해할 수 있다. 매슬로우의 이론 중 애정 및 소속감의 욕구와 흡사하다고 볼 수 있다.
'G'는 Growth로 성장 욕구를 의미한다. 매슬로우의 이론에서 자존 욕구와 자아실현의 욕구와 유사하다.

07

정답 첫째, 매슬로우 이론에서 욕구는 특정 시점에 순서대로 나타나며 욕구계층은 생략되거나 중복되지 않지만, ERG이론은 욕구는 동시에 경험될 수 있으며 반드시 순서대로 나타나지 않는다고 주장하였다.
둘째, 매슬로우는 가장 낮은 단계의 욕구에서 가장 높은 단계의 욕구로 일방향적으로 진행한다고 주장하였으나, ERG이론에서는 욕구는 가장 낮은 단계에서 가장 높은 단계 혹은 가장 높은 단계에서 가장 낮은 단계로 쌍방향적으로 진행한다고 주장한다.

07 ERG이론과 매슬로우의 욕구이론의 차이점에 대해 서술하시오.

08

정답 ㉠ : 과정이론
㉡ : 기대이론
㉢ : 유인가

해설 동기이론에서 인간 행동이 활성화되는 과정을 중심으로 연구하는 것이 과정이론이다. 과정이론은 인간의 행위가 '욕구'보다는 '인지 요소 간의 상호작용을 통해 특정한 목적과 방향을 갖게 되는 과정을 설명하고 이해하는 것을 목적으로 하기 때문에 내용이론에 비하여 복잡하다는 특징이 있다. 과정이론의 대표적인 이론인 기대이론은 브룸(V.H. Vroom)에 의하여 가장 먼저 체계화되었다. 기대이론은 "인간의 행동과 노력의 방향을 결정짓는 것은 동기다."라는 관점에서 파악한다. 기대이론의 개념 중 유인가는 개인이 달성한 성과에 대해 조직이 부여하는 승진, 포상 등의 보상에 대해 당사자가 느끼는 매력이나 가치이다.

08 다음 ( ) 안에 ㉠, ㉡, ㉢에 들어갈 내용을 쓰시오.

- (㉠)은 인간의 내용이론과는 다르게 행위가 욕구보다는 인지 요소 간의 상호작용을 통해 이해하는 것을 목적으로 한다.
- 브룸의 (㉡)은 (㉠)의 대표적인 이론이다. (㉡)은 노력, 성과, 보상, 기대치, 도구성, 유인가의 개념을 중심으로 전개된다.
- 위의 개념 중에 하나로 개인이 달성한 성과에 대해 조직이 부여하는 승진, 포상 등의 보상에 대해 당사자가 느끼는 매력이나 가치를 (㉢)라고 한다. 이는 어떤 결과에 대하여 개인이 부여하는 선호의 강도와 방향으로 구성된다.

09 다음 ( ) 안의 ⊙, ⓒ, ⓒ에 들어갈 내용을 쓰시오.

수단–목적 사슬은 소비자가 자신이 중요하다고 생각하는 것에 입각하여 제품과 브랜드의 속성을 지각하는 것이다. 제품에 존재하는 (⊙)과 그에 따라 소비자에게 제공되는 (ⓒ)를 강화하는 소비자의 (ⓒ) 사이의 연결 관계에 초점을 두고 있는 것이 특징이다.

09

정답 ⊙: 속성, ⓒ: 결과, ⓒ: 가치

해설 수단–목적 사슬은 제품에 존재하는 속성(attribute)과 그 속성에 의하여 소비자에게 제공되는 결과(consequence)를 강화하는 소비자의 개인적 가치(value) 사이의 연결 관계에 초점을 두고 있다. 즉, 소비자가 자신이 중요하다고 생각하는 것에 입각하여 제품과 브랜드의 속성을 지각하는 것이다.

10 다음 ( ) 안의 ⊙, ⓒ에 들어갈 내용을 쓰시오.

수단–목적 사슬이론의 내용을 확인하는 대표적 조사방법은 (⊙)이다. 단계별 항목의 관계를 확인하기 위해 조사대상자들에게 선택된 중요 항목이 그들에게 왜 중요한가를 계속 묻는 일대일 심층 면접 기법을 말한다. 이 방법을 통해 자료를 수집, 분석하여 도식화한 것을 (ⓒ)라고 한다.

10

정답 ⊙: 래더링 기법
ⓒ: 가치 체계도(HVM)

해설 래더링 기법은 수단–목적 사슬이론 내용을 확인하는 조사방법으로 단계별 항목의 관계를 확인하기 위해 조사대상자들에게 선택된 중요 항목이 왜 그들에게 중요한가를 계속 묻는 일대일 심층 면접 기법을 말한다. 래더링 인터뷰 자료가 수집되면, 내용 분석을 통해 속성(attribute), 결과(consequence), 가치(value)에 해당하는 항목을 추출하고 분류한 후 도식화한다. 이를 가치 체계도(HVM : Hierarchical Value Map)라고 한다.

11

정답 ㉠: 위계구조
㉡: 제한
㉢: 가치구조
㉣: 소비행동

해설 가치란 개인적으로나 사회적으로 더 선호하는 이상적인 행동 양식이나 존재의 목적 상태에 관련된 하나의 지속적인 신념이라고 정의한다.

가치의 근본적인 특성은 위계구조 (hierarchy)를 갖는다는 것이다. 개인이나 사회가 소유하고 있는 가치의 수는 상대적으로 제한되어 있지만, 가치는 중요성에 따라 가중되고 서열화되어 수없이 많은 가치구조를 유도한다. 이러한 가치구조는 갈등 해결과 의사결정에 중요한 도구가 된다. 또한, 소비에 있어 불변의 가치란 존재하지 않으며, 유사한 가치를 가진 사람들은 대체로 비슷한 소비행동을 보인다고 할 수 있다.

11 다음 ( ) 안에 ㉠, ㉡, ㉢, ㉣에 들어갈 내용을 쓰시오.

가치는 개인의 지속적인 신념으로 근본적인 특성은 (㉠)를 갖는다는 것이다. 개인이나 사회가 가지고 있는 가치의 수는 상대적으로 (㉡)되어있지만, 가치는 중요성에 따라 가중되고 서열화되어 많은 (㉢)를 유도한다. 불변의 가치란 존재하지 않으며 유사한 가치를 가진 사람들은 대체로 비슷한 (㉣)을 보인다.

12

정답 RVS는 항목들의 수가 많아 조사시간이 오래 걸리고, 항목의 신뢰도 등의 문제점을 지니고 있으며, 소비자의 일상생활과 직접 관련이 없는 항목들이 포함되어 있다는 단점을 지니고 있다.

12 RVS의 단점에 대해 서술하시오.

13 다음 ( ) 안에 ㉠, ㉡, ㉢에 들어갈 내용을 쓰시오.

- (㉠)는 RVS가 지닌 단점을 보완하고자 궁극적 가치 항목을 9개로 선별하여 실무에서 쉽게 사용하고자 하였다. 또한, 개인의 가치관이 여러 제품 및 서비스 구매행동이나 매체 이용 패턴에 미치는 영향력을 검증하는 데 사용되어 왔다.
- 라이프스타일이나 심리 분야에서 가장 많이 활용되는 이론은 SRI에서 개발한 (㉡)이다. 소비자 집단을 외부지향형, 내부지향형, 욕구충동형 3가지로 구분하는 것이 특징이다.
- (㉢)은 (㉡)의 단점을 보완하고자 탄생한 시스템이다. 이는 자기 경향의 2가지 척도에 의해 조사대상자를 8가지로 분류하였다.

13

정답 ㉠ : LOV, ㉡ : VALS1, ㉢ : VALS2

해설 케일에 의하여 개발된 LOV는 RVS가 지닌 단점을 보완하고자 궁극적 가치 18개의 항목을 9개로 선별하여 실무에서 쉽게 사용하고자 하였다. LOV는 개인의 가치관이 여러 제품 및 서비스 구매행동이나 매체 이용 패턴에 미치는 영향력을 검증하는 데 사용되어왔다.

마케팅 관리자에게 소비자의 라이프스타일이나 심리적 분야의 연구에서 가장 자주 활용되는 이론이 1978년 Stanford Research Institute(SRI)에서 개발한 VALS(Value And LifeStyle) 프로그램이다. VALS1 프로그램은 소비자 집단을 외부지향형(out directed), 내부지향형(inner directed), 그리고 욕구충동형(need driven)의 3가지로 구분한다.

SRI는 위에서 언급한 VALS1의 단점을 보완하고자 1989년 VALS2라는 새로운 시스템을 발표하였다. VALS1이 행동이나 관심에 중점을 둔 반면에 VALS2는 더 지속적인 태도나 가치에 관심을 두는 심리적 측면에 중점을 두었다. VALS2는 자기 경향(self-orientation)의 2가지 척도에 의해 조사대상자를 8가지(실현자, 성취자, 충족자, 경험자, 신뢰자, 노력가, 자급자, 생존자)로 분류하여 표현하였다.

14

정답 대부분 소비자들이 외부지향형 집단으로 분류되기 때문에 마케팅 전략에서 표적시장 선정이나 전략 수립에는 용도가 제한적이다.

해설 VALS1 프로그램은 소비자 집단을 외부지향형(out directed), 내부지향형(inner directed), 그리고 욕구 충동형(need driven) 3가지로 구분한다. 여기서 외부지향형 소비자란 이미 확립된 기존 가치관이나 규범에 순응하려는 소비자를 말한다. 내부지향형 소비자는 외부의 규범을 따르는 것보다 자신의 내적 욕구 충족과 자아표현을 위해 노력하는 소비자들을 의미한다. 욕구충동형 소비자는 가처분소득이 적어서 삶의 기본적 욕구를 충족시키기 위해 노력하는 소비자이다. 하지만 대부분 소비자들이 외부지향형 집단으로 분류되기 때문에 마케팅 전략에서 표적시장 선정이나 전략 수립에는 용도가 제한적이다.

14 VALS1의 한계를 서술하시오.

15 다음 (   ) 안의 ㉠, ㉡, ㉢, ㉣에 들어갈 내용을 쓰시오.

- (㉠)은 구매에 높은 관여를 보이고 각 브랜드 간의 뚜렷한 차이점이 있는 제품을 구매할 경우에 나타난다. 이와 관련된 소비자는 제품 구매를 위해 많은 정보를 찾고, 제품 지식에 근거한 주관적 신념을 통해 가장 합리적으로 생각하는 구매대안을 선택한다.
- (㉡)은 구매에 높게 관여되어있지만 브랜드 간의 별 차이가 없을 경우에 발생한다. 지각되는 상표들이 차이가 매우 미미하기 때문에 소비자들은 유용한 정보를 얻기 위해 정보를 파악하지만 최종적으로 이를 반영하지 않아 구매는 비교적 빠르게 이루어진다.
- (㉢)은 구매에 낮은 관여를 보이고 브랜드 간의 차이가 없을 때 나타난다. 소비자들이 어떤 상표에 대하여 강한 신념을 가지고 선택하는 것이 아니라 친숙하다는 이유로 선택하게 되는 경우가 많기 때문에 가격할인, 판촉 등의 사용이 효과적이다.
- (㉣)은 구매에 낮은 관여를 보이고 브랜드 간의 차이가 뚜렷한 경우에 발생한다. 소비자는 전에 사용했던 브랜드가 불만족스러워서가 아니라 다양한 제품을 사용하여 보고자 하는 다양성을 추구하기 위해 다른 브랜드를 구매하는 것을 의미한다.

15

정답 ㉠: 복잡한 구매행동
㉡: 부조화 감소 구매행동
㉢: 습관적 구매행동
㉣: 다양성 추구 구매행동

해설 • 복잡한 구매행동(complex buying behavior)은 구매에 높은 관여를 보이고 각 브랜드 간의 뚜렷한 차이점이 있는 제품을 구매할 경우 발생한다.
• 부조화 감소 구매행동(dissonance-reducing buying behavior)은 구매에 높게 관여되어 있지만 브랜드 간의 차이가 없을 경우 발생한다.
• 습관적 구매행동(habitual buying behavior)은 제품에 대하여 소비자가 비교적 낮은 관여도를 보이며 제품의 브랜드(상표) 간 별 차이가 없을 때 나타난다.
• 다양성 추구 구매행동(variety seeking buying behavior)은 저관여를 보이며 제품의 각 브랜드 간 차이가 명확할 경우 나타난다.

SD에듀와 함께, 합격을 향해 떠나는 여행

제 6 장

개성과 라이프스타일

행운이란 100%의 노력 뒤에 남는 것이다.

− 랭스턴 콜먼 −

제 6 장 | 개성과 라이프스타일

제1절 개성

1 개성의 의의

(1) 개성의 개념

개성(personality)은 연구자마다 다른 형성 과정과 정의를 가지고 있다. 개성의 공통적인 정의를 살펴보면, 개성은 개인이 주위상황에 대해 생각하고 반응하는 특징적인 성향이며 이는 내면의 다양한 심리적 특성들로 구성되어있다. 또한, 개성은 환경적 자극에 비교적 일관성 있고 지속적인 반응을 가져오게 한다. 개인의 심리적 특성인 개성은 쉽게 변하지 않지만, 장기적으로는 변화될 수 있다. 어떤 학자들은 개성이 유전과 유아기 경험에서 형성된다고 주장하는 반면 다른 학자들은 개성이 외부환경과 사회화로부터 형성된다고 주장한다.

(2) 개성의 특성

개성의 특성은 다음과 같다. 첫째, 개성은 개인의 성격을 구성하는 다양한 내면특성들의 조합이므로 어떠한 개성도 동일하지 않고 **개인적인 차이**를 가지고 있다. 둘째, 개성은 **일관성 있고 지속적인 내적 성향**이다. 셋째, 개성은 결혼이나 취업 같은 극적 이벤트나 주변 환경에 의해 **점진적으로 변화**할 수 있다. 즉, 개성은 환경적 자극에 대해 비교적 일관적이며 지속적인 반응을 하게 하는 심리적 특성이다. 개성은 타인과 구분되고 차별되는 특성을 가지고 있어 개인의 생각, 태도, 행동의 패턴을 설명한다. 또한, 시간과 상황에 따라 점진적으로 변할 수 있다.

2 소비자의 개성에 영향을 미치는 변수

소비자의 개성에 영향을 미치는 개성변수는 인지 욕구, 자기감시성, 상태-행동 지향성, 소비자 혁신성, 통제성으로 구분될 수 있다.

(1) 인지 욕구

인지 욕구(need for cognition)는 개인이 정보처리를 하려는 노력을 즐기는 정도를 의미하며, 즉 스스로 생각하는 것을 즐기는 성향이다. 만약 소비자의 인지 욕구가 높으면, 이들은 광고 메시지의 중심 단서로부터 많은 영향을 받으며 수집된 정보들을 바탕으로 신중한 의사결정을 한다. 따라서 이들에게 광고를 통해 정보를 전달하는 것은 효과적이다. 반면, 인지 욕구가 낮은 소비자는 광고의 중심 단서보다는 주변 단서로부터 더 많은 영향을 받는다. 광고모델, 음악, 이미지 등이 주변 단서에 포함된다. 따라서 마케터는 광고를 통해 짧은 메시지를 반복적으로 노출시키는 것이 효과적이다. 또한, 인지 욕구가 낮은 소비자는 자신이 스스로 정보처리를 하기보다는 주변인들의 제안에 영향을 많이 받는다.

(2) 자기감시성

자기감시성(self-monitoring)은 개인의 행동이 주변 상황, 주관적 규범을 포함한 사회적 상황에 영향을 받는 정도를 의미한다. 자기감시성이 낮은 소비자는 의사결정을 할 때 사회적 상황보다는 자신의 내적 태도에 더 많은 영향을 받는다. 반면, 자기감시성이 높은 소비자는 의사결정에 있어서 자신의 내적 태도보다는 사회적 상황이나 타인의 의견에 영향을 많이 받는다.

(3) 상태-행동 지향성

상태-행동 지향성(state-action orientation)은 개인이 현재의 상태를 유지하고자 하는 성향이 강한지, 아니면 현재 상태를 변화시키고자 행동을 취하는 성향이 강한지를 의미하는 변수이다. 상태 지향성이 강한 소비자는 자신의 기존 신념에 맞지 않은 것에 대해 저항한다. 행동 지향성이 높은 소비자는 신속하게 의사결정을 하며 행동 수행에 적극적이다.

(4) 소비자 혁신성

소비자 혁신성(consumer innovativeness)이란 타인들보다 신제품을 먼저 수용하고 사용하려는 성향을 의미한다. 소비자 혁신성이 낮은 소비자는 독선주의 성향이 강하고 혁신성이 강한 신제품을 거부하려는 성향이 강하다. 신제품보다는 이미 대중들에게 인정받은 제품을 선호하는 경향이 있다. 반면 소비자 혁신성이 강한 소비자는 독선주의 성향이 낮고 독특함에 대한 욕구가 강하다. 또한, 호기심과 도전정신으로 신제품을 선호한다.

(5) 통제성

통제성은 자기자신, 타인, 주변상황 등을 얼마나 통제하려고 하는지를 의미한다. 통제성이 높은 소비자는 폐쇄적이고 독선적인 성향을 가지고 있으며 혁신성이 낮은 편이다. 이에 반해 통제성이 낮은 소비자는 소비자 혁신성이 높다는 특징이 있다.

3 개성이론

(1) 프로이트이론(Freudian theory)

정신분석이론 중 하나인 프로이트(Freud)의 이론은 프로이트의 심리분석이론이라고도 불린다. 프로이트는 유아기의 경험과 기억, 꿈의 해석, 심리적 및 신체적 적응의 본성 등에 근거하여 심리분석이론을 정립했다고 한다.

프로이트의 심리분석이론은 인간의 성격이 원초아(id), 초자아(superego), 자아(ego)의 세 가지 요인의 상호작용으로 결정된다고 설명한다. 원초아는 배고픔, 갈증, 성적 충동 등과 같은 생존과 관련된 인간의 원초적이고 쾌락적인 욕망이다. 인간은 원초아의 욕구를 해결하기 위해 충분한 생각 없이 즉각적인 만족을 위해 행동하는 경향이 있다. 반면 초자아는 원초아와는 반대되는 개념으로, 억제와 규범을 따르는 도덕적이고 윤리적인 내적 표현이다. 따라서 초자아는 개인이 사회 안에서 옳고 타당한 일을 하는지 감시하는 역할을 한다. 자아는 원초아의 쾌락적 수요가 초자아의 사회적으로 허용되는 범위 수준에 적용되도록 하는 과정의 갈등과 상호작용에서 자아개념이 정립된다. 이렇게 정립된 자아는 현실의 원칙을 따라 원초아와 초자아를 중재하는 역할을 한다. 즉, 원초아, 초자아, 자아의 상호작용이 무의식적인 동기를 유발하고 이러한 무의식적인 동기는 인간의 행동으로 구체화된다.

[프로이트 심리분석이론]

(2) 사회심리이론(socio-phychological theory)

사회심리이론은 개인이 자신의 욕구를 충족시키기 위해 사회적 상황에서 어떻게 행동하는가에 초점을 맞춘 이론이다. 사회심리이론은 생물적, 쾌락적 본능보다 사회적 변수를 중요시하고 무의식적 동기보다 의식적 동기를 중요시한다는 특징이 있다. 또한, 사회심리이론에서 행동은 표면화된 욕구(known needs and wants) 충족을 위하는 것이라고 설명한다.

호나이(Horney)는 개성을 통한 행동성향을 순응형, 공격형, 고립형으로 구분했다.

순응형(compliance)은 다른 사람을 따르는 성향이 강하기 때문에 타인이 원하는 대로 행동하고 타인과의 마찰을 회피, 자기희생을 한다. 또한, 타인을 신뢰하는 정도가 높고 집단에 협력적이다. 공격형(aggressiveness)은 다른 사람들에게 대항하는 성향이 강하기 때문에 다른 사람보다 앞서고 성취력이 강하며 권력 지향적이다. 자신의 지위와 경쟁력을 다른 사람과 비교 평가하여 자아 이미지를 형성하며, 외부지향적이고 자기주장이 강하다. 고립형(detachment)은 타인들과 떨어져 있으려는 성향이 강하기 때문에 홀로 지내는 것을 추구한다. 또한, 내성적이고 타인을 쉽게 신뢰하지 않는다.

> **더 알아두기**
>
> **무의식적 동기를 알아내는 데 사용되는 투사법**
>
> 투사법은 응답자 스스로도 잘 인식하지 못하는 개인적인 욕구, 감정, 동기, 가치관 등이 밖으로 표출될 수 있도록 유도하는 심리학적 기법이다. 응답자에 따라 다양한 응답이 가능하도록 만들어진 비구조화된 애매한 자극물을 응답자에게 제시한 후 그 반응을 분석함으로써 이 사람의 개성, 감정, 생활양식, 동기, 가치관 등을 파악할 수 있도록 고안되어 있다. 응답자가 응답 과정에서 유·무형의 심리적 위협을 느끼지 않는 상황에서 자극물을 접하게 되면, 응답자는 그 자극물에 대해 더 자유롭게 해석을 내리고 반응할 수 있기 때문에 이 반응을 분석하여 응답자의 무의식적인 욕망과 감정을 파악할 수 있다.
>
> 투사법은 마케팅의 여러 영역에서 다양하게 활용되고 있다. 예를 들어, 브랜드 조사의 경우를 들어보자. 브랜드를 사람이라고 가정하고 묘사하게 하는 의인화법, 화성과 같은 외계에서 방문한 사람으로 가정하고 이 사람이 브랜드를 체험했을 때 갖는 반응을 통하여 브랜드에 대한 통찰력을 얻고자 하는 외계인법, 어떤 브랜드가 더 이상 존재하지 않는다고 가정하고 사망기사를 작성하게 하여 특정 브랜드의 강점과 고객 충성도를 파악하고자 하는 사망 부고법, 특정 브랜드의 집은 어떤 집이고 어떤 사람들이 사는가 하는 것을 묘사하게 하여 이 브랜드의 사용자에 대해 파악해보고자 하는 브랜드 주거지법, 브랜드의 사용자들이 사는 나라를 상상하게 하여 브랜드에 대해 말로 표현하지 않았던 부분을 파악하고자 하는 브랜드 세계법 등 다양한 기법들이 개발되고 있다.

(3) 특성이론(trait theory)

특성이론은 인간들이 어떠한 공통적인 특성을 가지고 있으며 개인마다 특성의 정도는 다르지만 개성은 이러한 특성들로 구성되어 있기 때문에 구분할 수 있다는 의견에서 시작되었다. 특성이론의 가정을 살펴보면, 특성은 누구나 가지고 있지만 정도에 차이가 있으며, 특성들은 행동에 일관적인 영향을 미친다고 한다. 즉, 개인이 가지고 있는 여러 가지 특성들로부터 공통된 특성을 찾아내어, 인간의 개성을 특성에 맞추어 설명하는 이론이다.

특성이론을 통해 인간의 개성을 측정하는 다면적 도구가 개발되었으며 가장 보편적으로 사용되는 도구는 5요인 모형(big five model)이다. 5요인 모형은 외향성(extroversion), 우호성(agreeableness), 성실성(conscientiousness), 정서적 안정성(emotional stability), 문화(culture)로 구성되었다. 외향성은 타인과의 사교, 자극과 활력을 추구하는 성향이며, 우호성은 타인에게 친절한, 협조적, 이타적, 동정심을 갖는 성향이다. 성실성은 목표 달성을 위해 성실하게 노력하는 성향이고, 정서적 안정성은 긴장, 분노, 우울함, 불안감 같은 부정적 정서를 덜 느끼는 성향이다. 문화는 경험에 대한 개방성을 가지고 창의적이며 상상력이 풍부하고 호기심이 많은 성향이다. 이러한 5요인 모형을 바탕으로 EPPS, MMPI, SPI, MBTI 등 다양한 성격측정 도구들이 개발되었다.

(4) 자아개념이론(self-concept theory)

자아개념은 개인이 사회적으로 결정된 준거 체계에 따라 자기 자신에 대해 인식하는 이미지 혹은 방식이다. 즉, 개인이 자신의 성격, 습관, 능력, 신체적 특성, 가치관, 라이프스타일 등을 인식하여 느끼는 자신에 대한 총체적인 느낌과 생각이다. 소비자는 자신의 자아개념과 일치하는 이미지를 가진 제품을 선택하게 된다. 자아개념의 유형은 개인적 자아와 사회적 자아로 나뉘진다. 개인적 자아는 자기 스스로가 자신을 어떻게 생각하고 행동하는지를 반영하는 개념이며, 사회적 자아는 타인이 자신을 어떻게 생각하고 인식하는지를 반영하는 개념이다. 이를 세분화해보면 개인적 자아는 실제적 자아개념, 이상적 자아개념으로 구분되고 사회적 자아는 사회적 자아개념과 이상적 자아개념으로 구분된다. 실제적 자아개념은 본인의 시점에서 자기가 자신을 어떻게 지각하는가에 대한 자아개념이다. 이상적 자아개념은 본인의 시점에서 자기가 어떻게 되고 싶은가에 대한 자아개념이다. 사회적 자아개념은 타인의 시점에서 타인들이 나를 어떻게 보고 있는가와 관련된 자아개념이다. 이상적 자아개념은 타인의 시점에서 타인들이 자신을 어떻게 봐주었으면 하는가와 관련된 자아개념이다. 소비자들은 자신의 자아개념과 일치하는 이미지를 갖는 제품 혹은 브랜드를 구매하는 경향이 있다.

[자아개념]

구분	실제적 자아개념	이상적 자아개념
개인적 자아개념	실제적 자아개념	이상적 자아개념
사회적 자아개념	사회적 자아개념	이상적 사회적 자아개념

4 브랜드 개성

(1) 브랜드 개성의 개념

개성은 소비자의 내면에 깊이 존재하며, 소비자의 제품 선택 및 구매행위에 영향을 미치기 때문에 소비자의 개성은 시장세분화와 촉진전략에 활용될 수 있다. 따라서 기업은 소비자가 어떤 개성을 보유하고 있는지 파악하고 브랜드의 마케팅 활동과 프로그램에 활용할 필요가 있다.

브랜드 개성(brand personality)은 특성이론을 마케팅에 적용시켜 개발된 개념이다. 마케터들은 브랜드나 기업을 의인화해서 개성을 부여하고자 하는 시도를 하게 되었다. 즉, 브랜드 개성이란 의도적이거나 인지적으로 브랜드가 인간의 특성이나 성격을 가진 것으로 간주되어 브랜드와 인간적 특성이 연관되어 나타나는 것을 의미한다. 만약 브랜드가 사람이라면 어떤 개성을 가진 사람인지 생각해볼 수 있다. 이러한 브랜드 개성은 소비자가 브랜드에게 친밀감을 가지게 하고 정서적인 정체성을 부여한다. 소비자가 브랜드를 선택할 때 브랜드의 속성 혹은 이미지를 선택하게 되는데, 이때 브랜드 개성이 소비자의 현재 자아나 이상적인 자아의 모습과 일치할 때 소비자는 브랜드에 대한 긍정적인 태도와 충성도를 형성한다. 즉, 브랜드 개성은 브랜드를 차별화하는 수단이며 브랜드에 대한 소비자의 선호도를 증가시키는 역할을 한다.

(2) 브랜드 개성의 척도

아커(Jennifer Aaker)는 114개의 의인화 형용사를 활용하여 37개 브랜드의 설명력 정도를 측정하여 다섯 개 브랜드 개성요인을 추출하여 브랜드 개성 척도(Brand Personality Scale, BPS)을 개발하였다. 5개의 개성요인은 진실성(sincerity), 흥미로움(excitement), 유능함(competence), 세련됨(sophistication), 강인함(ruggedness)이었다.

[아커(Aaker)의 브랜드 개성 5점 척도]

요인	진실성 (sincerity)	흥미로움 (excitement)	유능함 (competence)	세련됨 (sophistication)	강인함 (ruggedness)
하위요인	• 현실적인 • 정직한 • 건전한 • 생기있는	• 대담한 • 최신의 • 상상력이 풍부한 • 활발한	• 신뢰할만한 • 지적인 • 성공지향적인	• 상류계층적인 • 매력적인	• 외향적인 • 거친

제2절   **라이프스타일과 사이코그래픽스**

1 라이프스타일의 의의

(1) 라이프스타일의 개념

개성이 내면의 차이에 초점을 맞췄다면 라이프스타일은 외적으로 나타나는 생활양식에 초점을 맞춘다. 라이프스타일(lifestyle)은 **생활양식에서 나타나는 개인의 견해, 동기, 태도, 활동을 포함하는 복합적인 개념**이다. 라이프스타일은 현대사회가 발전하면서 점점 더 다양한 방식으로 나타나고 있고 소비자 혹은 특정 집단을 구분하기에 유용하다. 라이프스타일은 개성보다 소비자의 행동을 더 체계적으로 측정할 수 있고 설명할 수 있는 척도로써 시장세분화 기준으로 활용되고 있다. 라이프스타일은 가치관을 바탕으로 개인의 활동(activity), 견해(opinion), 관심(interest)으로 측정되는 복합적인 개념으로 넓은 의미에서 삶의 방식을 말한다. 라이프스타일은 특정 사회, 특정 집단, 개인이 지니고 있는 독특한 생활양식으로써 개인이 속한 문화권, 사회계층, 준거집단 등에 따라 형성되고 발전한다. 소비자행동과 관련하여 인구통계학적(demographic) 변수들로 소비자의 행동 패턴의 내재적인 가치나 태도의 변화를 측정하고 설명하는 데 한계를 느끼게 되면서 라이프스타일은 **소비자행동을 측정하고 설명하기 위해 1960년대 후반기에 등장**했다. 이때 라이프스타일은 초기문화, 사회계층, 준거집단, 가족 등과 같이 개인이 속한 그룹에 따라 생활양식을 분석하고 연구했다.

[인구통계학적 특성과 라이프스타일]

구분	인구통계학적 특성	라이프스타일
특징	• 분류가 편리하고 경제적 • 사회적 가치나 태도의 변화를 설명하는 데 한계가 있음	• 소비자의 내적, 질적 측면을 측정 • 세분시장을 구분 • 사회 전체의 행동양식 파악

(2) 라이프스타일에 대한 학자의 정의

라이프스타일이라는 용어는 행동과학자들에 의해 주로 사용되었다. 베블런(Veblen)과 베버(Weber)는 라이프스타일을 행동연구의 분석단위로써 사용했으며, 아들러(Adler)는 라이프스타일이 개인의 삶을 이해할 수 있는 중요한 도구라고 설명했다. 레이저(Lazer)는 라이프스타일을 '사회 혹은 집단의 구성원들이 공통적으로 가지고 있는 타인과 구별되는 특징적인 삶의 양식'으로 정의했으며 이후 '문화, 가치관, 자원, 상징 등과 같은 사회적 영향력의 결과'라고 다시 한번 정의를 내렸다. 올포트(Allport)는 라이프스타일이 개인 생활의 전부 혹은 일부로써 생활 과정에서 형성되며 가족구성원, 준거집단 등 외부에 의해 영향을 받는 개념이라고 설명했다. 즉, 라이프스타일은 시스템적 개념으로써 사회 혹은 개인이 가지고 있는 생활양식이며 상징성을 지니고 있다. 라이프스타일은 가치와 태도를 모두 포함하는 복합적인 개념이며 구체적인 행동이 상징적으로 표현되는 것이다. 라이프스타일은 개인의 가치나 개성과 함께 사회, 문화, 계층, 준거집단 등의 영향을 받으며 학습된 결과이다.

정리하자면 라이프스타일의 특징은 다음과 같다. 첫째, 비슷한 생활양식을 가진 사람들을 집단화시키는 방식으로 집단소비행동을 확인할 수 있다. 둘째, 가치관이 반영된 행동을 보여주기 때문에 소비행동에 일관성이 나타난다. 셋째, 사회구성원이나 외부에 의해 변화한다. 넷째, 가치관, 의식, 관심사, 개인의 견해 등이 반영된 복합적이며 다차원적인 개념이다.

소비자의 구매행동 관점에서 라이스프타일을 본다면, 라이프스타일은 소비자들의 생활방식이나 시간과 돈 등을 소비하는 방식이라고 설명할 수 있다. 라이프스타일 분석을 통해 기업은 시장세분화(market segmentation), 제품 포지셔닝(product positioning)과 리포지셔닝(repositioning), 광고전략(advertising strategy) 등 마케팅전략을 향상시킬 수 있다.

2 사이코그래픽스(psychographics)의 의의

사이코그래픽스는 소비자들의 개인적 특성과 라이프스타일을 측정하는 분석기법이다.

(1) 사이코그래픽스 용어의 정의

소비자행동에 대한 이해를 높이기 위한 시도로 소비자의 심리 혹은 정신을 의미하는 사이코(psycho)와 도식, 묘사, 윤곽을 나타내는 그래픽(graphic)의 합성어로서 소비자의 심리적, 정신적 특성을 양적으로 측정하고 분석하는 조사방법이다.

(2) 사이코그래픽스의 의의

개인의 외양적 생활방식을 설명하는 라이프스타일과 내면적 가치와 특성을 측정하는 사이코그래픽스가 결합되면서 설명력이 높아지고 있다. 사이코그래픽스는 소비자를 분석하고 시장을 세분화하여 전략을 수립하는데 효과적이므로 마케팅과 소비자 심리 영역에서 널리 활용되고 있다.

3 라이프스타일의 측정방법

라이프스타일의 측정방법은 태도 영역 분석조사, 사이코그래픽, 사회경향분석, 생활 유형 분류, 행동적 라이프스타일법, 혜택세분법, AIO법, VALS법 등이 있다. 이 중 가장 많이 활용되면서 소비자프로필을 도출해 소비자의 행동에 관한 정보를 분석하고 군집화하는 측정방법은 AIO법과 VALS법이다.

(1) AIO 조사법

웰스(Wells)와 티거트(Tigert)가 1971년에 개발한 AIO 조사법은 소비자의 심리특성이나 라이프스타일의 유형을 파악하는 분석방법 중 하나이다. **AIO 조사법은 활동(Activity), 관심(Interest), 의견(Opinion)이라는 세 가지 차원을 통해 소비자의 라이프스타일을 파악한다.**

활동은 소비자가 무엇을 하면서 시간과 돈을 소비하는지 알아보는 것으로 사회적 활동, 취미, 쇼핑, 대중매체가 포함된다. 관심은 소비자가 중요하다고 생각하거나 관심이 있고 흥미가 있는 대상, 사건, 상황이다. 의견은 소비자가 특정 사물이나 사건, 주변에 대해 어떻게 생각하고 있는지를 알아보는 것으로 소비자의 해석, 기대, 평가, 견해를 측정할 수 있다.

[AIO의 세 가지 차원]

AIO 차원	측정 내용	예시
활동 (Activity)	소비자가 무엇을 하면서 시간과 돈을 소비하는지 파악하는 것	취미, 일, 쇼핑, 사회적 이벤트
관심 (Interest)	소비자가 좋아하고 중요하게 여기는 것을 파악하는 것	음식, 패션, 가족, 친구
의견 (Opinion)	• 소비자가 특정 사물이나 사건에 대해 어떻게 생각하는 파악하는 것 • 소비자의 해석, 기대, 평가, 견해, 신념, 예측 등	사회적 이슈, 산업, 브랜드, 자아

AIO 조사법 변수와 함께 나이, 소득, 교육수준, 생활 주기 등 인구통계학적 특성도 측정하고 이를 바탕으로 비슷한 라이프스타일을 군집화하여 시장세분화 등의 마케팅전략 수립에 활용할 수 있다. 이러한 AIO 조사는 일반적인 라이프스타일 유형만을 분석하는 일반적인 AIO(general AIO)와 특정 제품이나 대상에 대한 구체적인 활동, 관심, 의견을 측정하는 특수 AIO(specific AIO)로 구성된다.

[AIO 조사법에 사용되는 측정항목]

활동(Activity)	관심(Interest)	의견(Opinion)	인구통계적 특성
• 일 • 취미 • 사회적 활동 • 여가 • 휴가 • 동호회 • 커뮤니티 • 쇼핑 • 스포츠	• 가족 • 가정 • 일 • 직업 • 커뮤니티 • 여가 • 매체 • 패션 • 음식 • 성취감	• 자기 자신 • 사회적 이슈 • 정치 • 기업 • 경제 • 교육 • 제품 • 미래 • 문화	• 나이 • 교육수준 • 수입 • 직업 • 가구원 수 • 주거형태 • 생애주기 단계 • 성별

(2) VALS 프로그램

VALS 측정법은 Value and Life Style의 약자로서 행위와 심리적 요인 인구통계적 요인을 포괄하는 통합적인 측정방법이다. 1978년에 스탠포드 연구소(Stanford Research Institute, SRI)에서 미국 소비자들의 가치 변화와 구매행동의 내면적 동기를 정기적으로 조사하기 위해 매슬로우(Maslow)의 욕구위계이론과 리스먼(Riesman)의 내부 지향성·외부 지향성 개념을 바탕으로 VALS1을 개발했다. 1978년에 VALS1이 개발되어 1960년대 미국 사회의 라이프스타일 세분 조사 연구결과를 발표했다. 이후 SRI는 스탠포드 대학, 캘리포니아 대학, 버클리 등과 연구팀을 구성하여 VALS2를 개발하였다. SRI는 자회사 Strategic Business Insights를 통해 VALS와 관련된 시장조사업무를 꾸준히 진행하고 있다. 마케터들은 이를 제품과 서비스에 대한 시장 세분화를 추진하고 마케팅전략에 활용할 수 있다.

① VALS1

심리통계를 이용하는 대표적인 세분화도구인 VALS1은 미국과 캐나다에서 활용된다. VALS1은 1978년에 스탠포드 연구소에서 처음 개발되었으며 **사회적 가치와 라이프스타일의 변수들을 활용해 시장을 세분화한다.** 초기에는 소비자들의 가치관, 욕구, 필요에 관한 600문항의 설문 문항으로 3년간의 설문 조사를 분석하여 다변량 분석을 통해 다양한 라이프스타일 유형을 도출했다. 그 결과 소비자는 미국 소비자를 외부지향형, 내부지향형, 욕구충족형, 통합형으로 구분되었다.

외부지향형은 사회의 규범이나 문화를 추구하고 순응하는 집단이며 제품 구매 시 타인들의 생각을 의식한다. 내부지향형은 전통적인 사회의 규범과 문화보다는 자신의 내적 욕구를 충족시키고 성숙시키는 것을 지향하는 집단이며 자기표현을 위해 제품을 구매하는 경향이 있다. 욕구충족형은 인간의 기본적인 욕구충족을 가장 우선시하는 집단이며 가처분 소득이 적다는 특징이 있다. 통합형 집단은 외부지향형 집단과 내부지향형 집단의 장점을 통합한 집단이다.

이러한 VALS1의 유형화는 인구통계학적 변수와 행위에 많이 의존하여 너무 광범위하고 일반적이라는 단점이 있었다. 이에 스탠포드 연구소는 VALS1의 단점을 보완하기 위해 1980년 말에 VALS2를 개발하였다.

② VALS2

VALS1이 600여 개의 설문 문항을 기반으로 소비자를 유형화했다면 VALS2는 설문 문항을 감소하여 400여 개의 문항을 이용했으며 '소비자의 자원보유(resources)'와 '자아지향성(self-orientation)'을 주요 기준으로 사용하였다. 따라서 소비자의 연령, 소득, 교육수준을 뛰어넘어 제품과 서비스를 사용하는 경향을 파악할 수 있었다. 소비자의 자원은 소득, 교육수준, 자신감 등으로 구성하고 자아지향성은 소비자가 세상을 바라보는 세 가지 다른 성향으로써 원칙 지향적(이상적), 지위 지향적(성취형), 행동 지향적(자기표현형) 등으로 구분했다. 결과적으로 VALS2는 만 18세 이상의 미국 소비자들을 8가지 유형으로 구분했다. 이렇게 분류된 8개의 유형은 충족자(fulfilleds), 신뢰자(believers), 실현자(actualizers), 성취자(achievers), 노력가(strivers), 생존자(survivors), 경험자(experiencers), 자급자(makers)로 구성된다.

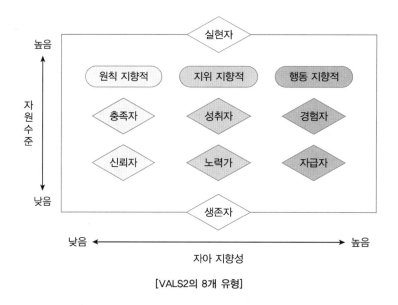

[VALS2의 8개 유형]

원리 지향형은 사회적 규범이나 자신의 가치나 견해에 따라 행동하는 집단으로서 충족자와 신뢰자가 속한다. 충족자는 신뢰자보다 높은 소득수준을 가지고 있으며 교육과 건강을 중요시하고 여행을 즐긴다. 신뢰자 집단은 소득수준이 낮으며 사회적 규범과 자신의 신념을 중요시하고 보수적인 행동을 보인다. 지위 지향형은 타인의 의견에 영향을 많이 받는 집단이며 성취자, 노력가가 속해있다. 성취자는 풍부한 자원을 가진 집단으로 일을 중요하게 생각하며 자신의 성공을 과시하기 위한 소비행태를 보인다. 노력가 집단은 소득이 적으며 주로 나이가 많은 집단으로 안전과 건강에 관심이 많으며 상표 애호도가 높은 집단으로 나타난다.

행동 지향형은 소비를 통해 자신의 개성을 표현하고 다양성과 위험 등을 추구하는 집단이며 경험자, 자급자가 속해있다. 경험자는 가장 젊은 연령의 집단으로 성공하기 위해 노력을 아끼지 않으며 육체적인 활동도 많이 하고 신제품에 민감하다. 자급자 집단은 소득이 많지 않아 실용적 가치를 추구하며 가정과 직장, 육체적 활동에 관심이 많다.

실현자는 가장 많은 자원을 보유하고 있는 집단이며 자존감이 높고 변화를 즐긴다. 신제품에 민감하고 자신의 개성이나 가치를 표현하기 위해 명품을 소비하는 경향을 보인다.

생존자는 자원이 가장 부족하고 나이가 많은 집단이다. 이들은 삶의 안전을 최우선으로 하고 변화를 두려워한다. 저가격 브랜드에 충성도가 높으며 세일에 민감하다.

[VALS2 유형의 특성]

유형 구분	특성
실현자(actualizers)	• 많은 자원과 성공적인 사회적 지위를 가지고 있음 • 여유롭고 교양있는 집단으로 사회 이슈에 관심이 있음 • 자신을 위한 소비를 하며, 소비할 때 타인의 눈을 의식하지 않음
충족자(thinkers)	• 원리지향형이며, 어느 정도의 자원을 가지고 있는 상태로서 성숙하고 생활의 만족도가 높음 • 상품의 실용적성과 기능성을 중요시함
성취자(achievers)	• 지위와 성공을 지향하며, 자원도 풍부함 • 이 집단은 자신의 성공 정도와 지위를 드러내는 제품을 선호함
경험자(experiencers)	• 젊고, 풍부한 자원을 가지고 있으며 행동지향적임 • 다양하고 새로운 제품에 관심이 많음. 얼리어답터들이 여기에 속하게 됨
신뢰자(believers)	• 적은 자원을 가지고 있지만, 원리지향적임 • 이미 검증된 브랜드 제품을 선호하고, 보수적인 성향이 나타남
노력가(strivers)	적은 자원을 가지고 있지만, 안전과 건강에 관심이 많고, 브랜드 제품을 선호하는 집단임
자급자(makers)	• 행동지향적으로 가정과 직장, 육체적 활동에 관심이 많지만 적은 자원으로 한계를 가지고 있음 • 효율적이고, 실용적인 제품을 선호함
생존자(survivors)	• 적은 자원을 가지고 있고 가장 나이가 많음 • 이들은 변화를 두려워하며 주로 생활필수품을 구매함

○✕ 로 점검하자 | 제6장

※ 다음 지문의 내용이 맞으면 ○, 틀리면 ✕를 체크하시오. [1~10]

01 개성은 시간과 상황에 영향을 받지 않고 변하지 않는다는 특징이 있다. (   )

02 인지 욕구가 낮은 소비자는 중심 단서보다는 주변 단서로부터 영향을 받는다. (   )

03 혁신성이 강한 소비자는 호기심과 도전정신으로 신제품을 선호한다. (   )

04 프로이트이론의 세 가지 요인은 원초아, 자아, 자기감시성이다. (   )

05 프로이트이론의 원초아(id)는 쾌락을 추구한다. (   )

06 사회심리이론은 의식적 동기보다 무의식적 동기를 중요시한다는 특징이 있다. (   )

07 EPPS, MMPI, SPI, MBTI 등 다양한 성격측정 도구들을 바탕으로 5요인 모형이 개발되었다.
(   )

08 인구통계학적 특성을 이용한 소비자 군집화는 과정이 불편하고 경제적이지 못하다. (   )

09 사이코그래픽스는 소비자들의 개인적 특성과 라이프스타일을 측정하는 분석기법이다. (   )

10 개성은 개인 내면의 차이에 초점을 맞췄고, 라이프스타일은 개인의 생활양식에 초점을 맞췄다.
(   )

정답과 해설   01 ✕   02 ○   03 ○   04 ✕   05 ○   06 ✕   07 ✕   08 ✕   09 ○   10 ○

01 개성은 쉽게 변하지 않지만 상황의 영향을 받으면 장기적으로는 변할 수 있다.
02 인지 욕구가 낮은 소비자는 광고모델, 음악, 이미지 등 주변 단서로부터 영향을 받는다는 특징이 있다.
03 혁신성이 강한 소비자는 독특함에 대한 욕구가 강하기 때문에 신제품에 대한 거부감이 없다.
04 프로이트이론의 세 가지 요인은 원초아, 자아, 초자아이다.
05 프로이트이론의 원초아(id)는 동물적인 본능과 무의식을 따르며 쾌락을 추구한다는 특징이 있다.
06 사회심리이론은 무의식적 동기보다 의식적 동기를 중요시한다.
07 5요인 모형을 바탕으로 EPPS, MMPI, SPI, MBTI 등 다양한 성격측정 도구들이 개발된 것이다.
08 인구통계학적 특성을 이용한 소비자 군집화는 분류가 편리하고 경제적이라는 장점이 있다.
09 사이코그래픽스를 통해 소비자의 개인적 특성과 라이프스타일을 측정함으로써 소비자 행동에 대한 이해를 높일 수 있다.
10 개성과 라이프스타일은 소비자를 군집화할 수 있다는 공통점이 있지만, 개성은 내면의 차이에 초첨을 맞추고 라이프스타일은 생활양식에 초점을 맞췄다는 차이점이 있다.

01 개성의 특징에 대한 설명으로 옳지 않은 것은?

① 개성은 주변 환경의 영향을 받고 점진적으로 변할 수 있다.

② 개성은 일관성 있고 지속적인 생활양식이다.

③ 개성은 개인의 성격을 구성하는 다양한 내면특성들의 조합이다.

④ 개성은 결혼이나 취업 같은 이벤트에 의해 변할 수 있다.

01 생활양식은 라이프스타일을 통해 확인할 수 있으며 개성은 일관성 있고 지속적인 내적 성향이다.

02 다음 중 개성에 영향을 미치는 개성변수가 아닌 것은?

① 인지 욕구

② 자기감시성

③ 혁신성

④ 지속가능성

02 개성에 영향을 미치는 변수들은 인지 욕구, 자기감시성, 상태-행동 지향성, 혁신성, 통제성 등이 있다.

03 개성에 영향을 미치는 변수인 인지 욕구에 대한 설명으로 옳지 않은 것은?

① 인지 욕구는 개인이 정보처리 노력을 하는 정도를 의미한다.

② 인지 욕구는 소비자가 스스로 생각하는 것을 즐기는 성향이다.

③ 인지 욕구가 높은 소비자는 비교적 빠르고 간단한 의사결정을 한다.

④ 인지 욕구가 낮은 소비자는 주변인들의 제안에 영향을 많이 받는다.

03 인지 욕구가 높은 소비자는 신중한 의사결정을 한다.

정답 (01 ② 02 ④ 03 ③)

04 자기감시성은 개인이 행동할 때 사회적 상황에 영향을 받는 정도를 의미한다. 자기감시성이 높은 소비자는 의사결정을 할 때 사회적 상황이나 타인의 의견에 영향을 많이 받는다.

04 다음은 개성에 영향을 미치는 변수 중 어떤 것에 대한 설명인가?

> 개인의 행동이 주관적 규범을 포함한 사회적 상황과 주변상황에 영향을 받는 정도를 의미한다.

① 인지 욕구
② 자기감시성
③ 상태–행동 지향성
④ 지속가능성

05 동물적 본능을 추구하는 것은 원초아이다. 초자아는 사회화 과정에서 획득된 도덕원리를 추구한다.

05 프로이트이론의 세 가지 요인에 대한 설명으로 옳지 않은 것은?

① 원초아(id) : 무의식의 한 부분으로 쾌락을 추구한다.
② 자아(ego) : 현실원리를 추구한다.
③ 초자아(superego) : 동물적 본능을 추구한다.
④ 자아(ego) : 원초아와 초자아를 중재한다.

06 ① · ② 순응형에 대한 설명이다.
④ 고립형에 대한 설명이다.

06 호나이(Horney)의 개성을 통한 행동성향 중 '공격형'에 대한 설명으로 옳은 것은?

① 다른 사람과의 마찰을 회피하고 자기희생을 하는 경향이 있다.
② 타인을 신뢰하는 정도가 높다.
③ 자신의 지위와 경쟁력을 다른 사람과 비교 평가하여 자아 이미지를 형성한다.
④ 내성적이고 홀로 지내는 것을 추구한다.

정답 04 ② 05 ③ 06 ③

07 자아개념이론(self-concept theory)에 대한 설명으로 옳지 <u>않은</u> 것은?

① 실제적 자아개념은 본인의 시점에서 자신에 대해 지각하는 자아개념이다.

② 이상적 자아개념은 본인의 시점에서 타인이 어떻게 되었으면 좋겠는지에 대한 자아개념이다.

③ 사회적 자아개념은 타인의 시점에서 타인들이 나를 어떻게 보고 있는가에 대한 자아개념이다.

④ 이상적 자아개념은 타인의 시점에서 타인들이 자신을 어떻게 봐주었으면 하는가에 대한 자아개념이다.

08 브랜드 개성(brand personality)에 대한 설명으로 옳지 <u>않은</u> 것은?

① 브랜드 개성이 소비자의 자아개념과 다를수록 소비자는 브랜드에 호감을 가진다.

② 의도적이거나 인지적으로 브랜드가 인간의 특성이나 성격을 가진 것으로 간주하였다.

③ 브랜드 개성은 특성이론을 마케팅에 적용시켜 개발된 개념이다.

④ 브랜드 개성은 브랜드를 차별화하는 수단이다.

09 아커(Aaker)의 브랜드 개성 척도(brand personality scale, BPS)에 포함되지 <u>않는</u> 요인은?

① 건강함
② 성실함
③ 세련됨
④ 강인함

---

07 이상적 자아개념은 본인의 시점에서 자기가 어떻게 되고 싶은가에 대한 자아개념이다.

08 브랜드 개성이 소비자의 자아나 이상적인 자아와 일치할 때 소비자는 브랜드에 대한 긍정적인 태도와 충성도를 형성하게 된다.

09 아커의 5대 브랜드 개성요인은 진실성, 흥미로움, 유능함, 세련됨, 강인함이다.

정답 (07 ② 08 ① 09 ①)

10 사회적 가치나 태도의 변화를 설명
하는 데 한계가 있는 것은 인구통계
학적 특성에 따른 소비자 구분의 단
점이다.

11 EPPS는 특성이론과 5요인 모형을
바탕으로 개발된 성격을 측정하는
도구이다.

12 AIO의 활동요인은 소비자가 무엇을
하면서 시간과 돈을 소비하는지 파
악하고자 하는 것으로 취미, 일, 쇼
핑, 사회적 이벤트 등의 예시가 있다.
패션은 AIO의 관심 요인에 해당되는
예시이다.

10 다음 중 라이프스타일에 대한 특징으로 올바르지 <u>않은</u> 것은?

① 소비자 시장을 세분화할 수 있다.
② 사회적 가치나 태도의 변화를 설명하는 데 한계가 있다.
③ 사회 전체의 행동 양식을 파악할 수 있다.
④ 소비자의 내적, 질적 측면을 측정할 수 있다.

11 다음 중 라이프스타일의 측정방법이 <u>아닌</u> 것은?

① EPPS
② AIO 조사법
③ 사회경향분석
④ 태도영역 분석조사

12 AIO의 세 가지 차원 중 활동에 대한 예시로 옳지 <u>않은</u> 것은?

① 사회적 이벤트
② 일
③ 쇼핑
④ 패션

정답 10② 11① 12④

13 라이프스타일 측정 도구인 VALS의 특징에 대한 설명으로 옳지 <u>않은</u> 것은?

① 시장세분화에 활용할 수 있다.
② 1978년에 스탠포드 연구소에서 개발하였다.
③ VALS1 개발을 시작으로 현재 VALS5까지 개발되었다.
④ 미국 소비자들의 가치변화와 구매 행동의 동기를 정기적으로 조사하고 있다.

14 VALS의 소비자 세분화 유형 중 '내부지향형'에 대한 설명으로 옳은 것은?

① 인간의 기본적인 욕구충족을 가장 우선시한다.
② 자기표현을 위해 소비를 한다.
③ 사회의 규범이나 문화를 추구한다.
④ 타인의 시선을 의식하고 소비를 한다.

15 VALS2에서 소비자세분화의 주요 기준으로 알맞게 짝지어진 것은?

① 자원보유 – 자아지향성
② 자원보유 – 라이프스타일
③ 신념 – 자아지향성
④ 신념 – 인구통계학적 특성

---

13 VALS는 현재 VALS2까지 개발되었으며 SRI는 자회사 Strategic Business Insights에서 연구조사를 진행하고 있다.

14 ① 욕구충족형에 대한 설명이다.
③ · ④ 외부지향형에 대한 설명이다.

15 VALS2는 소비자의 자원보유와 자아지향성을 주요 기준으로 소비자 유형을 구분했다.

정답 13 ③ 14 ② 15 ①

16
① 소비를 위해 자신의 개성을 표현하는 것은 행동 지향형의 특징이며, 원리 지향형은 사회적 규범이나 자신의 가치나 견해를 따른다.
② 충족자, 신뢰자는 원리 지향형에 속하며 지위 지향형에는 성취자, 노력가가 속해있다.
③ 생존자는 자원이 가장 부족한 집단이며 삶의 안전을 최우선으로 하고 변화를 두려워한다.

16 VALS2의 소비자 유형에 대한 설명으로 옳은 것은?

① 원리 지향형 – 소비를 위해 자신의 개성을 표현한다.
② 지위 지향형 – 충족자, 신뢰자가 속해있다.
③ 노력가 – 자원이 가장 부족한 집단이나 변화에 도전하는 집단이다.
④ 실현자 – 신제품에 민감하고 가치표현을 위해 명품을 소비한다.

주관식 문제

01
정답 ㉠ 인지 욕구
㉡ 주변 단서
㉢ 주변인
해설 인지 욕구가 낮은 소비자는 광고의 주변 단서와 주변인의 영향을 많이 받는다. 반면, 인지 욕구가 높은 소비자는 광고의 중심 단서의 영향을 많이 받는다.

01 다음 ( ) 안의 ㉠, ㉡, ㉢에 들어갈 내용을 쓰시오.

개성변수 중 (㉠)는 개인이 정보를 처리하려는 노력을 하는 정도를 의미한다. (㉠)가 낮은 소비자는 광고 모델, 음악, 이미지 등 (㉡)로부터 영향을 많이 받는다. 또한 (㉠)가 낮은 소비자는 자신이 스스로 정보처리를 하기보다는 (㉢)의 영향을 많이 받는다.

정답 16 ④

02 다음 ( ) 안의 ㉠, ㉡에 들어갈 내용을 쓰시오.

> 개성변수 중 (㉠)은 개인의 행동이 주변 상황, 주관적 규범을 포함한 (㉡)에 영향을 받는 정도를 의미한다.

03 소비자 혁신성이 강한 소비자의 특징을 서술하시오.

04 프로이트(Freud) 심리분석이론의 세 가지 요인을 서술하시오.

02
정답 ㉠ 자기감시성, ㉡ 사회적 상황
해설 자기감시성이 높은 소비자는 의사결정과정에서 자신의 내적 태도보다는 사회적 상황이나 타인의 의견에 영향을 많이 받는다.

03
정답 소비자 혁신성이 강한 소비자는 호기심과 도전정신으로 신제품을 선호하며 독선주의 성향이 낮고 독특함에 대한 욕구가 강하다.

04
정답 원초아(id), 초자아(superego), 자아(ego)
해설 프로이트(Freud)의 심리분석이론은 원초아(id), 초자아(superego), 자아(ego)의 세 가지 요인이 상호작용하여 인간의 성격이 결정된다고 설명한다.

05

정답 ㉠ 사회적, ㉡ 의식적, ㉢ 표면화

해설 사회심리이론은 생물적, 쾌락적 본능보다 사회적 변수를 중요시하고 무의식적 동기보다 의식적 동기를 중요시한다. 또한, 행동은 표면화된 욕구충족을 위한 것이라고 설명한다.

06

정답 ㉠ 특성이론, ㉡ 5요인 모형

해설 특성이론을 통해 인간의 개성을 측정하는 다면적 도구 중 가장 보편적으로 사용되는 도구는 5요인 모형이며 이를 바탕으로 다양한 성격측정 도구들이 개발되었다.

05 다음 ( ) 안의 ㉠, ㉡, ㉢에 들어갈 내용을 쓰시오.

사회심리이론은 생물적, 쾌락적 본능보다 (㉠) 변수와 (㉡) 동기를 중요시한다는 특징이 있으며 행동은 (㉢) 된 욕구를 충족하기 위한 것이라고 설명한다.

06 다음 ( ) 안의 ㉠, ㉡에 들어갈 내용을 쓰시오.

(㉠)을 바탕으로 개발된 도구 중 외향성, 우호성, 성실성, 정서적 안정성, 문화 요인을 이용하여 인간의 개성을 측정하는 보편적인 측정 도구는 (㉡)이다.

07 다음 (   ) 안의 ㉠, ㉡에 들어갈 내용을 쓰시오.

> 아커(Aaker)의 브랜드 개성의 5가지 요인 중 '흥미로움'의 하위요인은 (㉠), 최신의, 상상력이 풍부한, (㉡)이다.

07

정답 ㉠ 대담한, ㉡ 활발한

해설 아커(Aaker)의 브랜드 개성의 5가지 요인 중 '흥미로움'의 하위요인은 '대담한, 최신의, 상상력이 풍부한, 활발한'이다.

08 다음 (   ) 안의 ㉠, ㉡에 들어갈 내용을 쓰시오.

> (㉠)이 내면의 차이에 초점을 맞췄다면 (㉡)은 외적으로 나타나는 생활양식에 초점을 맞춘다.

08

정답 ㉠ 개성, ㉡ 라이프스타일

해설 개성은 개인이 주위상황에 대해 생각하고 반응하는 특징적인 성향이며 이는 내면의 다양한 심리적 특성들로 구성되어 있다. 라이프스타일은 생활양식에서 나타나는 개인의 견해, 동기, 태도, 활동을 포함하는 복합적인 개념이다.

09

정답 ㉠ 사이코그래픽스
㉡ 사이코(psycho)
㉢ 그래픽(graphic)

해설 사이코그래픽스는 소비자의 심리적, 정신적 특성을 양적으로 측정하고 분석하는 조사방법이다.

10

정답 활동, 관심, 의견

해설 AIO 조사법은 활동, 관심, 의견의 세 가지 차원을 통해 라이프스타일을 파악한다.
[문제 하단의 표 참고]

09 다음 ( ) 안의 ㉠, ㉡, ㉢에 들어갈 내용을 쓰시오.

(㉠)는 소비자들의 개인적 특성과 라이프스타일을 측정하는 분석기법이다. 소비자의 심리 혹은 정신을 의미하는 (㉡)와 도식, 묘사, 윤곽을 나타내는 (㉢)의 합성어이다.

10 AIO 조사법의 세 가지 차원을 쓰시오.

》》O

[AIO의 세 가지 차원]

AIO 차원	측정 내용	예시
활동(Activity)	소비자가 무엇을 하면서 시간과 돈을 소비하는지 파악하는 것	취미, 일, 쇼핑, 사회적 이벤트
관심(Interest)	소비자가 좋아하고 중요하게 여기는 것을 파악하는 것	음식, 패션, 가족, 친구
의견(Opinion)	• 소비자가 특정 사물이나 사건에 대해 어떻게 생각하는 파악하는 것 • 소비자의 해석, 기대, 평가, 견해, 신념, 예측 등	사회적 이슈, 산업, 브랜드, 자아

11 VALS1 측정법의 특징과 유형에 대하여 서술하시오.

11

정답 VALS1은 미국 소비자들의 가치변화와 구매행동의 내면적 동기를 조사하면서 라이프스타일을 측정한다. 소비자를 외부지향형, 내부지향형, 욕구충족형, 통합형으로 구분하였다. VALS1의 유형화는 인구통계학적 변수와 행위에 많이 의존하여 너무 광범위하고 일반적이라는 단점이 있다.

12 VALS2의 유형 중 실현자의 특징을 2가지 이상 서술하시오.

12

정답 • 많은 자원을 가지고 있다.
• 사회적 지위를 가지고 있다.
• 교양있고 여유로운 집단이다.
• 사회적 이슈에 관심이 있다.
• 자신을 위한 소비를 한다.
• 소비할 때 타인의 눈을 의식하지 않는다.
• 자존감이 높다.
• 신제품에 민감하다.
• 자신의 개성이나 가치를 표현하기 위해 명품을 소비한다.

SD에듀와 함께, 합격을 향해 떠나는 여행

제 7 장

태도

또 실패했는가? 괜찮다. 다시 실행하라. 그리고 더 나은 실패를 하라!

– 사뮈엘 베케트 –

제 7 장 | 태도

제1절 태도의 개념

1 태도의 정의

(1) 태도의 발전과정

태도는 17세기 후반부터 사회과학적 연구의 고려대상으로 정착되어 행동을 설명하는 매개 요소로 사람의 태도가 어떠한가를 연구했다. 태도는 학자와 연구목적에 따라 다양하게 정의된다. 올포트(Allport, 1935)는 태도를 '개인이 외적 사물 및 상황에 반응하는 데 영향을 주는 정신적인 상태'라고 정의했으며 태도가 경험을 통해 형성된다고 하였다. 피쉬바인과 아젠(Fishbein & Ajen, 1975)은 태도를 평가적인 반응 행동으로 보고 '대상물에 대한 개인들의 모든 긍정적, 부정적, 호의적, 비호의적, 동의, 거부 등의 느낌'으로 정의했으며 베팅하우스와 코디(Bettinghaus & Cody, 1987)는 태도를 호(好)와 불호(不好)의 감정적인 측면에서 바라보고 '사람들이 사물에 대해 느끼는 좋고 싫은 감정'이라고 정의했다. 이외에도 태도는 '사물, 사람 또는 이슈에 대해 가지는 일반적이거나 지속적인 긍정적 혹은 부정적인 감정(Bem, 1970)'으로 정의되기도 한다.

(2) 태도의 개념

태도의 개념은 '습관, 가치, 의견' 등의 개념과 혼용되는 경향이 있으나 엄밀한 의미에서 태도의 개념은 이들과 다르다. 습관은 태도와 비슷하게 지속적이고 학습되는 것이지만, 습관은 규칙화된 행동의 패턴을 일컫는다는 점에서 태도와 차이를 가진다. 반면, 가치는 태도보다 더 광범위하고 일반적인 개념으로 쓰이며 사람들이 추구하고자 하는 궁극적인 목표이자 이상이다. 의견은 인지적 판단을 의미하지만 태도는 '인지적 판단과 감정적 요소'를 포함한 개념이다.

(3) 태도의 정의

태도란 어떤 대상에 대해 지속적으로 호의적 또는 비호의적으로 반응하려는 학습된 사전적 견해(Predisposition)이며 평가적 판단이다. 소비자가 물건, 장소, 이슈, 특정사람 등에 대해 얼마나 좋게 혹은 나쁘게 평가하는지를 나타내는 것이다. 이 평가적인 판단은 긍정, 부정, 중립의 방향으로 나타내는 방법과 약함, 중간, 강함으로 정도를 나타내는 방법이 있다. 이런 판단은 신념이나 욕구충족 정도에 따라 결정되며 특히 태도는 여러 신념이 모여 형성된다. 사회심리학에서는 태도를 인지적 요소, 감정적 요소, 행동적 요소가 복합된 개념으로 보고 태도를 '개인의 특정 측면에 관한 동기적, 감정적, 지각적, 인지적 과정이 계속되는 조직화'로 정의한다. 한편, 태도에 관한 최근의 연구들은 태도를 단일차원적 개념에서 다차원적 개념으로 확대하여 해석하고 태도가 대상에 대한 속성과 소비자의 중요도에 의해 결정되는 개념으로 본다.

(4) 태도의 대상

태도에 대한 다양한 정의를 살펴보았을 때, 태도는 특정한 대상에 대해 소비자가 우호적 혹은 비우호적으로 반응하도록 하는 학습된 선유경향이라고 종합된다. 태도의 대상은 제품, 상표, 서비스, 점포 또는 판매원 등이 될 수 있다.

2 태도의 구조

(1) 3원론적 관점

태도의 구조는 전통적으로 삼각이론 혹은 3원론적 관점에서 설명되며 인지적 요소, 감정적 요소, 행동적 요소의 세 부분으로 구성되어 있다고 본다. 이 세 가지 요소들 사이에는 일관성이 존재한다는 견해가 지배적이며 이는 심리학의 균형이론을 기초로 한다.

① 인지적 요소

인지적 요소는 지각적 요소 혹은 신념 요소라고도 하며 인지는 대상에 대한 주관적인 지식이나 신념을 의미한다. 소비자는 특정한 대상에 대해 다양한 신념을 지니고 있고 이런 신념들의 총체적 집합이 특정 상표에 대한 태도의 인지적 요소라고 할 수 있다. 이런 신념은 선천적인 것보다는 학습과 사회화 과정을 통해 형성된다. 소비자가 문화, 가정, 집단, 매체 등으로부터 정보를 획득하고 경험하면서 신념이 형성되고 이런 신념들이 통합되어 소비자의 태도를 구성하는 것이다.

② 감정적 요소

감정적 요소는 대상에 대한 소비자의 전반적인 평가를 의미하며 이는 긍정적 또는 부정적인 느낌을 의미한다. 감정적 요소는 각 신념이나 지각을 통한 대상의 평가와 감정적 반응이 종합되어 나타나는 결과를 단일차원적인 개념으로 보는 것이다. 예를 들어 제품에 대한 소비자의 전반적인 감정은 '탁월하다', '가장 선호한다' 등으로 평가될 수 있다.

③ 행동적 요소

행동적 요소는 행위적 요소 혹은 의도 요소라고 한다. 행동적 요소는 대상을 향해 개인이 행동하려는 반응성향을 의미하며 이는 행위 의도의 개념을 통해 측정된다.

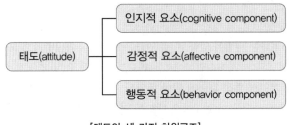

[태도의 세 가지 하위구조]

(2) 단일차원이론

태도의 구조는 최근에 단일차원이론에 따라 설명되기도 한다. 이에 따르면 인지적 요소, 감정적 요소, 행동적 요소 중 감정적 요소만을 태도로 보며 인지적 요소와 행동적 요소는 태도와는 별개의 요소로 보고 있다. 즉, 인지적 요소의 특징인 신념이 태도에 영향을 미쳐 감정적 요소로 나타나고 결과적으로는 구매의도로 측정되어 행동적 요소에 영향을 미치는 것으로 본다.

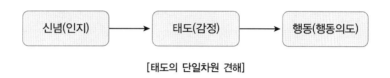

[태도의 단일차원 견해]

3 태도의 특성

(1) 대상성

태도는 특정한 대상을 가지고 있다. 태도의 대상은 컴퓨터, 의류, 가전제품, 커피 등 상품이 될 수도 있고 제품구매와 같은 특정한 행위가 될 수도 있다. 또한, 개인이나 특정 상표처럼 단일 목적물일 수도 있고 사회집단처럼 단일 구성물의 집단이 될 수도 있다.

(2) 학습성

태도는 후천적으로 학습된다. 태도는 소비자가 선천적으로 가지고 태어나는 것이 아니라 후천적으로 학습되고 습득된다. 태도는 학습의 결과로서 부분적으로 장기기억 속에서 구축된다. 따라서 소비자의 태도는 타인과의 상호작용, 미디어나 마케터의 광고, 인적 판매, 새로운 경험 등을 통해 변화될 수 있다.

(3) 선유경향

태도는 무엇인가에 반응하려는 선유경향이다. 선유경향은 소비자가 특정한 방법으로 지각하거나 행동하도록 하는 특성이다. 태도는 소비자가 행동하는 것보다 앞선 것으로, 소비자의 실제 행동은 이런 선유경향과 다르게 나타날 수 있다. 예를 들어, 소비자가 브랜드에 호감을 가지게 되는 긍정적인 경험을 하는 선유경향을 유발하게 되었더라도, 소비자의 재정 상태나 다른 경쟁제품 등 다른 요소가 소비자의 최종 선택과정에 개입하여 소비자의 우호적인 태도보다 크게 작용하면 태도와 다른 행동을 보일 수 있다. 즉, 태도와 행동이 완벽한 일치관계를 가진다고는 할 수 없지만 많은 경우에 태도와 행동은 일치한다.

(4) 평가성

태도는 평가적 차원의 속성을 갖고 방향성, 강도, 수준으로 표현된다. 태도는 특정 제품이나 일에 대한 호의적, 비호의적 평가를 상징한다. 따라서 태도의 소비자의 대상에 대한 평가는 방향성, 강도, 수준으로 표현된다. 이는 좋고 싫음, 긍정적 혹은 부정적, 찬성 또는 반대 등의 방향성으로 표현된다. 또한, 태도의 강도는 대상에 대한 확신, 신뢰의 크기를 의미하고 수준은 긍정적 혹은 부정적인 느낌의 크기를 나타낸 것이다. 이들은 소비자와 제품에 따라 차이를 보인다.

(5) 지속성

태도는 지속적이다. 태도는 일시적인 기분이나 충동에 의해 형성되는 것이 아니고 비교적 장기간에 걸쳐 형성되어 지속적으로 나타난다. 즉, 소비자가 어떤 제품에 태도를 갖게 된다면 이는 일시적인 것이 아니라 몇 주, 몇 개월 또는 그 이상 동안 유지될 수 있다. 이러한 특성 때문에 소비자의 태도를 평가하고 측정하여 소비자의 미래행동을 예측할 수 있다.

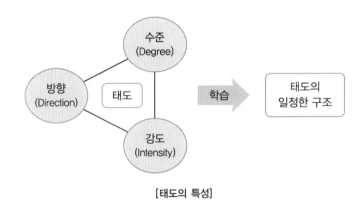

[태도의 특성]

4 태도의 유용성

태도는 마케팅 전략을 수립하는 데 유용하다.
첫째, 개별 소비자의 태도를 파악하게 되면 소비자 행동 예측이 가능한데, 다수의 소비자를 조사하여 비슷한 태도를 가진 집단을 구분할 수 있게 되면 측정 제품의 수요 조사가 용이해진다.
둘째, 태도를 통하여 세분화된 시장의 특성 파악이 가능해지면 표적 시장에 대한 타겟 마케팅을 할 수 있다.
셋째, 마케팅 활동의 궁극적 목적은 소비자 태도변화이므로 마케팅 활동 전후의 소비자 태도를 비교하면 마케팅 활동의 효과를 측정할 수 있다.

5 태도와 행동의 불일치 요인

(1) 태도의 강도

태도가 약할수록 행동 예측력이 낮아진다. 태도 강도에 영향을 주는 요인은 지식, 경험, 이해관계 여부이다. 즉, 대상에 대한 지식이 많을수록 태도가 강해지며, 대상에 대한 직접적인 경험이 있을수록 태도가 강해진다. 또한, 태도 대상에 대한 이해관계가 있을수록 태도가 강해진다. 따라서 대상에 대한 지식수준이 낮고 직접적인 경험이 없으며, 이해관계가 없을수록 태도와 행동이 불일치한다.

(2) 태도와 행동의 부합성

태도와 행동의 불일치가 발생하는 이유는 태도는 추상적 수준에서 측정하고 행동은 구체적으로 설정하기 때문이다. 따라서 구체적 행동은 구체적인 태도와 연결하여 조사해야 일치할 가능성이 높아진다. 예를 들어, 환경을 보존하려는 태도는 가지고 있으나 일회용품을 많이 사용하는 것 등이다. 이런 경우에는 일회용품 사용을 자제하려는 태도를 가지고 있는지가 더 행동예측력이 있다.

(3) 태도의 현저성

대상에 대한 태도를 환기 혹은 마케팅을 통해 현재 상황으로 인식하게 하면 행동과 일치 가능성이 높아진다.

제2절   태도의 기능

효과적인 마케팅 전략을 위해서 소비자 태도의 역할과 기능을 파악하는 것이 중요하다. 카츠(Katz)는 태도의 기능을 네 가지로 나누어 설명했다.

1 실용적 기능

소비자가 갖는 태도는 소비자가 바라는 욕구를 달성하는 지침이 되므로 소비자는 제품이 욕구달성에 도움이 된다고 생각이 된다면 긍정적인 태도를 형성하게 되고 별 도움이 되지 못한다고 인식하게 된다면 부정적인 태도를 형성하게 된다. 또한, 소비자는 제품을 구매할 때 자신이 부담하는 비용보다 제품으로부터 얻는 편익이 큰 제품을 실용적인 제품이라고 인식하고 긍정적인 태도를 형성한다. 따라서 태도는 소비자가 선택 행동을 할 때 비용은 최소화하고 편익은 최대화할 수 있게 한다.

2 가치 표현적 기능

태도는 소비자의 가치관이나 자아개념을 나타내는 기능을 한다. 가치표현은 소비자가 자신의 신념을 태도로 표현함으로써 자신의 이미지를 표출시키고 향상시키는 것이다. 이런 가치표현적 기능은 소비자가 자신이 추구하는 이미지로 타인들의 눈에 비춰지기를 원하는 욕망에서 비롯된다. 따라서 소비자는 자아개념과 일치하는 제품 혹은 자기표현이 가능한 제품에 긍정적인 태도를 형성하게 된다. 예를 들어 어떤 브랜드의 이미지가 자신의 라이프스타일과 비슷하다고 생각되면 그 브랜드에 긍정적인 태도를 가지게 된다.

3 자아 방어적 기능

태도의 자아 방어적 기능은 소비자의 열등감이나 불안으로부터 소비자가 자신의 이미지를 보호하거나 해소하는 역할을 하는 것을 의미한다. 소비자는 자신의 단점과 약점이 드러나지 않게 자신을 보완해줄 수 있는 제품에 긍정적인 태도를 형성한다. 소비자는 태도의 자기방어적 기능을 통해 열등감이나 불안의 크기를 감소시키고자 한다. 소비자는 이러한 내적 감정뿐만 아니라 외부의 위협으로부터 자신을 보호해주는 제품에 긍정적인 태도를 형성한다. 즉, 소비자는 자신이 가지고 있는 단점과 약점을 가려주거나 외부의 위협으로부터 자신을 보호해주는 제품을 선호한다.

4 지식 통합적 기능

소비자는 새로운 사실을 알고자 하는 욕망을 가진 정보 탐색자로서 소비자들은 주변 지인들과 매체들을 통해 정보를 획득하여 평가한다. 평가된 정보들은 태도를 형성하여 보관하게 되고 소비자가 실제 구매행동을 할 때 잠재적인 역할을 한다. 이렇게 태도는 제품에 대한 여러 가지 정보, 지식, 경험을 요약하는 기능을 하고 소비자에게 잠재적으로 남게 되어 소비자가 제품을 지각하는 역할을 한다. 즉, 태도의 지식 통합적 기능은 소비자가 환경을 이해하고 제품을 평가하는 기준을 제공하는 것이다.

제3절 | 태도형성이론

태도는 소비자의 고전적 혹은 조작적 조건 형성, 관찰에 의한 학습이나 일관성 유지, 손익계산에 의해 형성된다. 이를 구체화한 태도형성이론은 기업이 마케팅 활동을 할 때 소비자의 태도를 마케팅 목표에 부합되도록 적용할 수 있도록 돕는다. 따라서 마케터의 입장에서 소비자가 태도를 형성하는 원인과 기초를 발견하는 것은 중요하다. 하지만 실제 태도의 구성요소는 매우 다양하고 복합적인 것으로 태도의 측정에는 인지, 감정, 행동의 개념을 동시에 다루는 것은 불가능하다는 한계가 있다. 이를 보완하기 위해 태도형성이론과 모델들이 제시되었다. 소비자의 태도는 특정 대상에 대해 무의식적이고 자동적으로 형성된다는 점에서 감정적 학습의 이론이나 인지적 학습에 대한 이론들에 기초해서 설명될 수 있다. 이러한 이론들은 소비자의 태도가 특정 제품이나 상표에 대한 지식과 소비자의 신념을 통합한 결과로 형성된다고 설명한다.

1 인지반응이론(cognitive response theory)

그린월드(Greenwald, 1968)의 인지반응이론은 인지반응의 특성이 설득 여부를 결정한다고 보았다. 즉, 제품에 대한 평가는 소비자가 그 제품에 대한 여러 가지 메시지와 속성을 접하는 동안에 발생하는 소비자의 인지반응에 따라 달라진다는 것이다. 즉, 인지반응이란 커뮤니케이션 동안 나타나게 되는 능동적인 사고과정의 결과이며, 사고과정에서 기준은 개인의 태도, 신념 등 내적 정보라는 것이다. 이러한 인지반응이 소비자의 태도에 미치는 영향을 살펴보면, 첫째, 인지반응은 소비자의 주장과 실행을 지지하는 소비자의 태도에 긍정적으로, 반박 주장과 실행에 반하는 소비자의 태도에 부정적인 영향을 미친다. 둘째, 고관여 소비자는 중심 메시지에, 저관여 소비자는 주변 메시지에 대한 반응을 많이 한다.

2 단순노출효과(mere exposure effect)

자이언스(Zajonc, 1980)는 소비자가 특정 대상에 대한 의식적인 인식이 없어도 대상에 대한 태도가 생길 수 있다고 주장했다. 인지가 감정을 결정하는 것이 아니라 인지와 감정은 독립적으로 형성할 수 있다고 설명했다. 즉, 소비자가 특정 대상에 대한 철저한 인지적 분석이 없어도 특정 대상에 자주 노출되기만 해도 특정 대상에 긍정적인 태도를 형성하는 현상이 있을 수 있다는 것이다. 이는 특정 대상에 단순히 반복적으로 노출되는 것만으로도 친숙함이 생기고 이 친숙함이 긍정적인 태도가 될 수 있다고 본다. 이는 특히 광고마케팅에서 많이 활용되는 효과이다.

3 동화/대조 효과(assimilation/contrast effect)

쉬리프(Shrief, 1967)의 사회적 판단이론은 소비자가 기존의 태도를 중심으로 수용영역, 중립영역, 거부영역을 가지고 있다고 설명한다. 사회적 판단이론에 따르면 소비자는 현재 자신이 가지고 있는 태도와 차이가 크지 않은 정보는 실제보다 더 좋게 해석되어 받아들이고, 기존의 태도와 큰 차이를 보이는 정보는 실제보다 더 나쁘게 해석되어 받아들이는 경향이 있다고 한다. 즉, 소비자가 제품의 새로운 정보에 노출되었을 때, 그 메시지가 소비자의 수용영역에 해당하면 긍정적으로 정보를 해석하며 형성되고, 거부영역에 해당하면 부정적으로 정보를 해석하는 것이다. 즉, 동화효과란 제품정보가 소비자의 수용영역에 해당하면 소비자가 이를 실제보다 더 긍정적으로 제품을 받아들이는 것이다. 대조효과란 제품정보가 소비자의 거부영역에 해당하면 소비자가 이를 실제보다 더 부정적으로 받아들이는 것이다. 이때 소비자의 관여도가 높을수록 수용영역과 중립영역은 좁아지고 거부영역이 넓어진다. 반면 관여도가 낮을수록 수용영역은 넓어지고 거부영역이 좁아지기 때문에 제품에 대한 태도가 쉽게 형성된다.

4 인지적 학습이론(cognitive learning theory)

다속성 태도 모델은 인지적 학습이론을 통해 설명된다. 단일차원이론에 따르면 태도의 구조는 소비자의 제품에 대한 신념이 태도를 형성하고 이렇게 형성된 태도는 제품의 구매의도에 영향을 미치는 것으로 이해된다. 이때 신념이란 소비자가 특정 대상에 대해 가지고 있는 인지적 지식을 의미한다. 이는 비교, 판단, 추론 등의 인지적인 과정을 거쳐 태도가 형성되고 이러한 과정을 인지적 학습이라고 한다. 이러한 인지적 학습이론을 기반으로 소비자의 제품에 대한 신념과 태도 형성의 관계를 설명하는 다속성 태도 모델이 설명된다.

제4절 태도측정모델

소비자 행동이론들을 바탕으로 소비자들의 특정 대상에 대한 신념과 지식의 결합방식을 나타내는 것이 다속성 태도 모델이며 이는 통합 방식에 따라 다양한 형태의 모델들이 존재한다. 이런 다속성 태도 모델은 태도를 측정하여 시장세분화와 제품개발 및 개선 과정에 활용될 수 있다.

1 이상점 모델(ideal-point model)

이상점 모델은 소비자가 제품의 여러 가지 속성들의 이상적인 상표 수준을 확인하고, 이를 바탕으로 상표 대안들을 평가하며 소비자의 이상적 제품과 이 상표 정보들을 평가하는 모델이다. 즉, 이 모델의 특성은 기존 제품들에 대한 소비자의 신념과 지식뿐만 아니라 이상적인 상표에 관한 정보를 평가한다는 것이다. 이상점 모델에서 소비자들은 제품의 속성들에 대한 특정 상표의 위치를 인식하고, 가장 이상적인 상표가 취하는 위치와 비교한다. 이때 이상적 상표의 위치와 가장 가까운 상표 수준을 가지고 있는 제품에 긍정적인 태도를 형성한다.

2 피쉬바인 태도 모델(Fishbein attitude model)

태도 형성을 설명하는 초기 다속성 태도 모델 중 하나인 피쉬바인 태도 모델은 피쉬바인(Fishbein)이 1963년에 제시한 모델이다. 피쉬바인 태도 모델은 어떤 대상에 대한 부각된 신념의 강도와 속성의 평가에 의해 대상의 태도가 결정된다고 본다. 이처럼 피쉬바인 태도 모델은 감정적 요소를 포함하여 좋음 혹은 싫음 등 신념에 대한 평가적 측면을 제시했다. 이때 신념은 어떤 브랜드가 특정 속성에서 어떤지에 대한 소비자의 생각을 의미하며 이는 소비자의 지식, 경험, 추론 등에 의해 결정된다. 속성의 평가는 소비자가 특정 속성을 얼마나 호의적으로 보고 있는지를 의미한다. 즉, 피쉬바인 태도 모델은 상표의 속성에 대한 소비자의 신념과 평가를 통해 태도가 형성된다고 보는 것이다.

노트북A의 디자인이 우수한 것 같은가?

전혀 그렇지 않다 1 2 3 4 5 6 7 매우 그렇다

[신념의 강도]

노트북의 디자인이 우수하다는 것은

매우 나쁘다 1 2 3 4 5 6 7 아주 좋다

[속성의 평가]

3 피쉬바인 확장 모델(extended Fishbein model)

피쉬바인은 자신의 태도 모델에 다음과 같은 한계가 있다고 생각했다.

첫째, 소비자의 반응은 소비상황에 따라 변하므로 소비자의 태도도 상황에 따라 변할 수 있다는 것이다. 둘째, 소비자의 태도가 형성되는 시점과 태도에 기초하여 행동하는 시점 사이에 어떤 변수들이 개입되어 시점 간 차이가 발생할 수 있다. 셋째, 특정 대상에 대한 태도와 특정 대상에 대한 행동 의도는 다를 수 있다. 넷째, 소비자의 특성 중 하나는 타인들이 자신의 행위에 대해 어떻게 생각하는지 의식하고 이에 영향을 받아 행동한다는 것이다.

피쉬바인은 소비자가 타인이나 집단의 규범이나 가치관에 영향을 받아 행동한다는 것과 행동 의도와 행동에 차이가 있을 수 있다는 점을 고려하여 소비자의 행동을 측정하고자 했다. 이에 기존의 다속성 태도 모델을 확장하고 '이성적 모델(theory of reasoned action)' 혹은 '피쉬바인 확장 모델'이라고 불리는 모델을 개발했다. 피쉬바인 확장 모델은 소비자들이 주어진 상황에서 있을 수 있는 여러 가지 행동의 결과들을 의식적으로 비교 검토하고 가장 좋은 결과를 가져올 것이라고 예상되는 선택지를 합리적으로 선택한다고 설명하기 때문에 이성적 모델이라고 불리기도 한다. 이 모델에서는 행동 의도를 행동 앞에 있는 선행변수로 보고 행동 의도가 구매 행동을 비교적 정확히 예측할 수 있다고 설명했다. 그리고 이 행동 의도는 행동에 대한 태도와 주관적 규범으로 결합되어 있다고 했다. 즉, 피쉬바인의 확장 모델에서 구매행동 의도는 내면의 상표의 태도가 아닌 외면의 행동에 대한 태도와 내가 의식하는 주변의 요구수준을 측정하여 종합한 것이다.

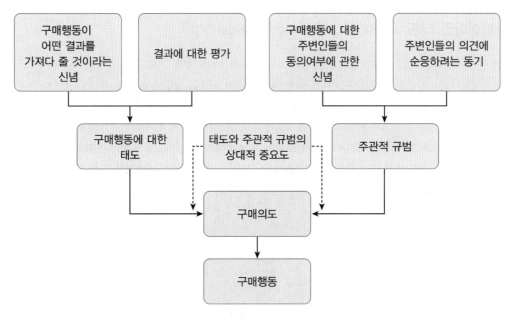

[피쉬바인 확장 모델(extended Fishbein model)]

(1) 행동에 대한 태도

태도의 평가는 소비자가 어떤 특정 대상에 대해 가지고 있는 태도 외에도 어떤 행동에 대한 태도의 전반적인 평가를 할 수 있다. 피쉬바인 확장 모델에서는 태도를 '어떤 대상에 관련된 행동을 수행하는 것에 대한 태도'라고 이해한다. 행동에 대한 태도는 **행동으로부터 얻어지는 결과에 대한 신념과 결과에 대한 평가**에 의해 결정된다고 본다.

(2) 주관적 규범

사람들은 어떤 행동을 할 때 자신의 신념과 이익만 생각하기보다는 다른 사람들의 신념이나 규범 등의 생각을 고려하여 행동하는 경우가 많다. 예를 들어 "내가 A 명품가방을 구매하면 학교 친구들은 어떻게 생각할까?" "내가 A 명품가방을 구매하면 직장상사는 나를 어떻게 생각할까?" 등 가까운 지인, 주변 사람, 사회적 측면에서 자신의 구매행동을 어떻게 생각하는지, 어떤 신념을 가지고 있는지를 의식하는 주관적 생각을 주관적 규범(subjective norm)이라고 한다. 이처럼 주관적 규범은 규범적 신념과 순응 동기로 구성되어있다. 규범적 신념은 가족, 친구, 직장상사 등 나의 행동에 중요한 영향을 미치는 중요한 사람들이 나의 행동을 어떻게 생각하는가를 주관적으로 생각하는 것이다. 순응 동기는 자신의 행동이 다른 사람들의 기대에 얼마나 부합할 수 있는가를 생각하는 것이다. 이런 소비자의 특성으로 마케터는 광고 중에 소비자가 특정 제품 구매에 관해 가족이나 동료로부터 지지를 받는 장면을 추가하여 마케팅 효율을 높일 수 있다.

내 친한 친구는 내가 에너지자동차를 구매하는 것을								
좋게 생각할 것이다	1	2	3	4	5	6	7	나쁘게 생각할 것이다

[규범적 신념]

나는 일반적으로 우리 가족의 의견을								
거의 수용하지 않고 행동한다	1	2	3	4	5	6	7	매우 수용하여 행동한다

[순응 동기]

4 태도 모델의 활용

다속성 태도 모델은 소비자 태도 형성에 영향을 미치는 속성에 대한 신념을 파악한 후 자사의 마케팅 전략 수립에 유리한 방향으로 소비자의 태도를 변화시킬 수 있다는 이점이 있어 마케팅 관리자들에게 유용하다. 태도 모델은 구체적으로 시장세분화와 신제품 개발, 경쟁관계 분석에 활용된다.

(1) 시장세분화

다속성 태도 모델의 구성요소 중 속성의 중요성이 세분화 기준으로 사용할 수 있다. 마케팅 전략의 수립에 있어서 중요한 단계 중 하나는 시장세분화이다. 소비자들이 중요하게 여기는 속성에 따라 소비자를 세분하는 방법을 흔히 혜택세분화 또는 편익세분화라고 하는데, 속성의 중요성이 비슷한 소비자들끼리 한 세분시장으로 분류하는 것이다.

(2) 신제품 개발

다속성 태도 모델은 신제품 개발 과정에도 활용된다. 제품을 여러 가지 속성에 따라 평가해 보고 소비자들이 원하는 이상적인 제품에 비추어 볼 때에 어떤 속성이 취약한지를 판단하여 개선된 제품을 개발하는 것이다. 또한, 개발과정 중의 시제품을 소비자들로 하여금 평가하게 한 후 소비자들이 이상적 속성을 가진다고 제시한 제품과 비교하여 더욱 소비자의 이상적 속성을 가진 제품을 개발할 수 있다.

(3) 경쟁관계 분석

경쟁제품에 비해 어떤 속성에서 경쟁적 위치에 있는지 분석하고 미충족된 욕구 영역을 파악하여 신제품 컨셉트를 개발할 수 있다. 또한, 경쟁제품의 속성과 비교하여 제품 포지셔닝 전략수립에 활용할 수 있다.

제5절 | 태도변화이론

태도는 다양한 요인들에 의해 장기간에 걸쳐 학습되어 형성된다. 이렇게 형성된 태도는 인지적 요소와 감정적 요소가 균형을 이룰수록 일관성을 유지하는 경향이 나타나게 된다. 태도는 이런 일관성을 유지하기 위해서 다양한 정보나 자극의 영향을 받으면 이에 저항하려는 특징을 가진다. 하지만 강한 외적 정보와 자극에 의해 태도는 변화되기도 한다. 이처럼 태도는 선천적인 것이 아니라 후천적으로 다양한 영향을 받아 형성된다는 점에서 광고, 구매경험, 구전에 의해 형성되거나 변화될 수 있다. 즉, 외부자극으로 인해 인지적 요소와 감정적 요소가 불균형을 이루게 되거나 새로운 정보를 흡수하여 내적 안정성을 회복하기 위해 태도는 변화되어 재조직된다. 소비자 태도의 변화는 기업이 소비자에게 부가적인 정보와 설득적 메시지를 제공함으로써 상표의 태도와 선호도를 변화시키기 위해 노력한다는 점에서 마케팅에서 중요한 요소이다. 기업은 자신들의 상품에 대한 소비자의 긍정적인 태도를 더 강화하고 부정적인 태도는 긍정적인 태도로 변화시키기 위해 광고, 판촉 활동, 판매원, 커뮤니케이션 활동을 수행한다.

따라서 소비자의 태도 변화 특성을 이해하고 이론들을 파악하는 것은 중요하다. 소비자의 태도 변화에는 다섯 가지 특징이 있다.

첫째, 신념의 변화가 감정의 변화에 선행한다는 위계이론에 따르면 태도의 인지적 요소는 감정적 요소보다 변화시키기가 쉽다. 둘째, 약한 태도는 강한 태도보다 변화시키기가 쉽다. 셋째, 자신의 상품평가능력에 대한 신념이 약한 소비자일수록 태도가 변하기 쉽다. 넷째, 욕구는 태도보다 더 내면적이고 지속적이기 때문에 태도는 욕구보다 변화되기가 쉽다. 다섯째, 소비자가 제품 또는 상표에 대한 몰입수준이 낮은 경우에 태도의 변화가 쉽다.

현실적으로 소비자들은 태도변화에 대하여 저항하기 때문에 소비자의 태도를 변화시키는 것은 어렵다. 소비자의 저항하는 방법은 크게 5가지 정도로 구분해 볼 수 있다.

첫째, 소비자는 자신의 태도에 배치되는 다른 주장이 제시될 때 이를 반박함으로써 기존의 태도를 옹호한다. 둘째, 정보원의 가치나 능력을 격하시킴으로써 새로운 정보를 받아들여 생기는 내적 긴장을 피하고자 한다. 셋째, 선택적 지각을 하는 소비자는 보고 싶은 것만 보고 듣고 싶은 것만 듣기 때문에 자신의 태도와 상충되는 정보를 자신의 태도와 일치하는 방향으로 왜곡하거나 일부만 수용한다. 넷째, 정서적 불안감을 증가시키는 정보에 대해서는 자의적으로 해석하여 합리화한다. 다섯째, 아무런 이유 없이 주장을 거부하기도 한다.

따라서 태도변화를 마케팅 측면에서 적용하기 위해서는 같은 자극이나 정보가 주어지더라도 태도변화에 대한 저항과 개인의 특성에 따라 달라진다는 것을 고려하여야 한다.

1 균형이론(balance theory)

인간은 신념이나 태도 같은 인지적 요소 간의 일관성을 유지하려는 본능이 있다. 하이더(Hider, 1958)는 개인과 대상 사이의 관계를 설명하고 소비자 태도의 변화를 설명하기 위해 균형이론을 발표했다. 균형이론은 소비자는 자신이 가지고 있는 신념과 태도들 간에 일관성(조화)을 유지함으로써 편안한 느낌을 가지고자 하는 성향이 있다고 제시한다. 이 이론에 따르면 만약 소비자의 신념과 태도들 간에 일관성이 유지되지 않을 때 소비자는 심리적으로 불편하고 긴장하게 되고 불편한 심리를 유발하는 불균형을 해소하기 위해 소비자는 태도를 변화시키게 된다. 즉, 균형상태란 소비자의 느낌, 신념, 태도 등의 인지적 요소들이 심리적으로 조화를 이루고 일관성을 유지하는 상태이며 인지적 요소들 간에 불균형이 발생할 경우 소비자는 균형을 회복하기 위해 기존의 태도를 변화시키는 것이다. 하이더는 이런 개인의 태도변화 과정을 설명하기 위해 태도와 관련된 삼각관계의 세 요소로 각 개인(person : P), 태도 대상(attitude object : O), 관련 대상(X)을 제시했다. 세 요소들은 긍정적 관계(+) 혹은 부정적 관계(−)로 설명되어 총 여덟 개의 관계를 형성한다. 세 요소들이 모두 (+)로 연결되어 있거나 하나의 (+)와 두 개의 (−)로 연결되어 있다면 소비자가 균형상태를 이루고 있는 것이고, 세 요소가 모두 (−)이거나 두 개의 (+)와 하나의 (−)로 연결되어 있다면 소비자는 불균형 상태를 이루고 있는 것이다. 이는 세 요소의 관계를 나타내는 세 개의 부호를 모두 곱하여 (+)가 되면 균형, (−)가 되면 불균형이라고 설명될 수 있다. 여기서 불균형의 결과가 나온다면 소비자는 사람이나 대상에 대한 태도를 변경하여 불균형상태를 균형상태로 변경시키는 것이다.

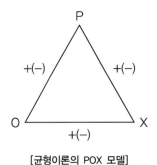

[균형이론의 POX 모델]

2 인지부조화이론(cognitive dissonance theory)

서로 모순되어 충돌하는 두 개 이상의 신념이나 생각, 가치 등의 인지적 요소들로 인해 사람이 심리적 불편함을 느끼는 것을 인지부조화라고 하며 인간은 이런 인지들의 부조화를 피하려는 성향이 있다. 인지부조화가 발생하는 경우는 다음과 같다.

첫째, 기존의 생각, 신념, 가치 등과 다른 행동을 하게 되는 경우이다. 둘째, 기존의 생각, 신념, 가치 등과 차이가 있는 정보를 접하게 되는 경우이다. 이런 인지부조화상태에서 인간은 인지적 요소들의 부조화를 감소시키고 조화를 이룬 상태로 가고자 하는 욕구를 가지고 있다. 페스팅거(Festinger, 1957)의 인지부조화이론에 따르면 소비자가 어떤 대상에 대한 태도와 행동 간 불일치가 발생한 경우 혹은 태도와 정보 간의 불일치가 발생하는 경우에 소비자는 인지적 부조화를 경험하게 되고 이런 인지부조화를 피하고 감소시키는 과정에서 태도를 변화시킨다.

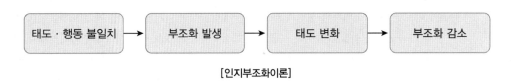

[인지부조화이론]

3 자기지각이론(self-perception theory)

자기지각이론은 소비자의 행동에 의해서 태도가 결정된다는 가정에서 소비자의 행동이 변하면 태도도 변한 것으로 추론하는 이론으로, 주로 저관여 의사결정 과정에서 나타난다. 자기지각이론은 소비자가 자신의 태도를 확신하지 못할 때, 자신의 행동과 환경 등을 관찰함으로써 태도를 변화시킨다고 설명한다. 즉, 개인이 자신의 행동이 곧 자신의 태도를 표출하는 것이라고 본다. 인지부조화이론은 소비자가 인지적 요소들의 부조화를 인식하고 조화를 위해 태도를 변화시키는 것이라면, 자기지각이론은 뚜렷한 인식 없이 그저 행동만을 토대로 태도를 변화시킨다. 자기지각이론은 소비자의 태도가 약하거나 애매할 때 외부에서 자신을 관찰하는 입장이 되어 자신의 행동을 관찰하고, 관찰된 행동에 근거해서 자신의 태도를 추론하고 변화시킨다는 것이다.

4 장이론

레빈(Lewin)의 장이론에서 장은 개체와 그 주변을 모두 포함하는 개념이며, 장이론은 개인이 속한 준거집단(주변인)의 영향력이 작용하여 태도 변화를 유도한다는 이론이다. 태도는 인간의 심리상태로서 안정적이거나 고정되어 있지 않으며, 서로 상충되는 힘이 계속 작용하고 있는 동적인 환경에서 균형상태를 유지한다고 가정된다. 이 이론은 소비자의 태도, 감정, 기대, 욕구 등이 내면적인 힘을 이루고 있으며 이 내면적인 힘은 소비자를 둘러싼 외적 힘과 상호작용한다고 설명한다. 즉, 장이론은 개인의 태도 변화를 내면적 요소와 개별적 접근보다는 외부적 요소와의 상호작용으로 설명한다.

5 태도변화전략의 유형

(1) 인지적 요소의 변화

태도를 변화하는 가장 효과적인 접근은 대상에 대한 소비자의 믿음, 그 중에서도 부정적인 믿음을 바꾸는데 있다.

① 대상에 대한 믿음의 변화

대상에 대한 믿음을 변화시키기 위해서는 기존의 중요하다고 생각되는 속성의 성과에 대한 정보를 추가하는 것이다. 그러나 믿음은 변화하기 힘들기 때문에 추상적인 브랜드 믿음을 먼저 변화시켜서 전반적인 브랜드 태도를 변화하는 전략이 유용하다. 예를 들면 기업은 여러 브랜드를 비교한 평가에서 1위 등과 같이 자사의 브랜드에 대한 믿음을 높여 자사 브랜드 제품에 대한 태도를 바꾸고자 한다.

② 새로운 속성에 대한 믿음 추가

소비자의 평가 기준이 되는 속성을 추가하여 자사 제품에 대한 태도를 변화시키는 것이다. 예를 들면, 코로나 19가 확산되면서 마스크에 대한 수요가 증가하였는데 이전에는 비말을 막는 마스크는 별도로 구분되지 않아 K94 혹은 K80 마스크에 대한 수요가 폭증하였다. 그러나 코로나 19가 장기화되면서 KF-AD라는 비말차단 마스크 기준이 생겨났다. 즉, 미세먼지 차단이라는 속성 외에 코로나 19라는 외부변수로 인하여 비말차단이라는 속성이 추가된 것이다.

③ 중요한 속성 이동

소비자들이 다른 속성보다 더 중요하게 생각하는 속성이 있으면 가장 중요한 속성으로 생각하도록 믿음을 변화시키는 것이다. 최근 언택트에 대한 관심이 높아졌는데 언택트 생활에 도움이 되는 속성이 중요해졌고 그 속성을 최우선으로 하는 특허를 통해 자사 제품에 대한 태도를 변화시키는 전략을 사용할 수 있다.

> **더 알아두기**
>
> **올해 특허·상표 출원 역대 최고… 코로나, 언택트 관련 급증**
> • 코로나와 언택트 관련 출원
> 중소기업의 특허·상표 출원 동향을 살펴보면, 코로나에 대한 대응과 언택트 기반 경제로의 전환으로 분석됐다.
> 먼저 특허출원의 경우, 바이오기술(721건)이 33.5%로 가장 높은 증가율을 보였고, 고분자화학(214건, 26.6% 증가)과 의료기술(2,216건, 23.5% 증가) 역시 높은 상승세를 보이면서 의료와 위생 분야에 대한 높은 관심이 반영됐다.
> 또한, 언택트와 관련이 깊은 전자상거래 분야의 경우, 중소기업 출원은 총 3,391건으로 모든 기술 분야 중 가장 많은 출원이 이루어지는 동시에 증가율 역시 22.7%에 달했다.
> 상표출원 역시 의료용기기가 포함된 분류(제10류, 2,761건)가 66.2%로 가장 큰 증가율을 보임과 동시에 의약품 포함 분류(제5류, 4,498건, 45.0% 증가) 역시 큰 폭으로 상승했다. 언택트에 따른 개인방송 증가와 더불어 음상·영상기기 포함 분류(제9류, 7,651건)도 36.3%라는 높은 상승률을 기록했다. 〈조선일보〉

④ 이상적 상태의 변화

이상적이라고 생각하는 브랜드나 상황에 대한 개념을 바꾸면 동일한 제품이라고 할지라도 그 태도가 바뀌게 된다. 예를 들면, 온라인 강의를 오프라인 강의보다 덜 효과적이라고 생각했거나 거래처를 꼭 방문해야 한다고 생각했던 사람들도 온라인 강의가 보편화되고 화상회의가 보편화되면서 온라인 강의도 화상회의도 이상적인 상태라고 이상점을 이동하여 태도가 바뀌는 것이다.

(2) 감정적 요소의 변화

① 고전적 조건

감정적이거나 무의식적인 반응이 일어나게끔 영향을 주는 것이 고전적인 조건을 통한 태도의 변화이다. 예를 들면, 애버크롬비는 매장의 향수를 애버크롬비의 옷에도 베이도록 하고 매장 근처만 가도 그 향기를 통해 애버크롬비가 생각이 나도록 한다. 그 결과, 어디에서든 그 향수를 맡으면 애버크롬비가 생각이 나게 된다.

② 광고

소비자들의 광고에 대한 호의적인 태도가 형성되면 그대로 제품과 브랜드에 대한 태도도 긍정적으로 바뀐다. 관여도가 높은 제품의 경우에는 브랜드에 대한 태도가 속성신념으로부터 영향을 받지만, 관여도가 낮은 제품의 경우에는 광고에 대한 태도가 브랜드에 미치는 영향이 커지므로 광고의 영향력이 커진다.

> **더 알아두기**
>
> **"BTS 광고 뜨니 적자 기업도 흑자 전환?" 코로나에 가열되는 빅스타 마케팅**
>
> 아이돌 그룹 방탄소년단(BTS)이 유통 기업 광고 시장에서 핫이슈다. 세계적인 스타로 성장한 BTS를 앞세워 국내는 물론 해외 시장을 공략하는 데 효과적이기 때문이다. BTS가 광고를 하면 적자 기업도 흑자로 전환할 수 있다는 말도 나온다.
>
> 롯데칠성음료는 지난 1일 BTS를 모델로 한 칠성사이다 TV 광고를 선보였다. 회사 70주년을 맞아 BTS를 광고 모델로 기용해 대표 브랜드인 칠성사이다 매출을 끌어올리겠다는 계획에서다. 회사는 이번 BTS 광고를 계기로 코로나 바이러스 감염증(코로나19) 이후 주춤했던 회사 음료 부문 실적 회복을 노리고 있다. 롯데칠성음료는 올해 1분기 음료 부문 매출이 전년 대비 12% 감소했다.
>
> 실제로 경남제약은 BTS를 광고 모델로 기용한 후 실적이 크게 증가했다. BTS가 지난해 말 경남제약의 레모나 광고 모델로 나선 후, 이 회사는 1분기 영업이익 11억 원을 기록하며 흑자로 돌아섰다. 2018년 2분기 이후 7분기만의 흑자였다. 경남제약은 1분기 매출도 175억 원을 올리며 전년 대비 74% 증가했다. 〈조선비즈〉
>
> ※ 음료나 비타민은 저관여 제품에 속한다. BTS에 대한 태도가 브랜드와 제품에 대한 태도로 쉽게 전환되는 사례로 볼 수 있다.

③ **단순 노출**

단순히 브랜드에 대한 노출만으로도 브랜드에 대한 태도가 긍정적으로 형성된다. 이 원리는 사람들이 친하다고 생각하면 우호적으로 변한다는 것과 연관이 있다. 이 방법은 인지구조를 바꾸지 않더라고 태도를 변화시킬 수 있다는 점에서 반복이라는 것이 마케팅에서 매우 중요하다는 것을 보여준다.

6 태도변화와 커뮤니케이션 전략

(1) 전달 주체

메시지를 전달하는 주체에 대한 신뢰도가 높을 때, 메시지 전달자와 메시지 수신자가 유사하다고 생각할 때, 메시지 전달자와 가까운 관계라고 생각될 때 호감을 느끼고 태도를 쉽게 변화시킨다. 예를 들면, 실버보험의 모델은 나이가 많고 노인들에게 신뢰감을 주는 모델을 선택하는 것이다.

(2) 메시지 특성

전달되는 메시지를 더 잘 이해할 수 있을수록 태도에 미치는 영향력이 크다. 따라서 어떤 경우에는 메시지의 이해를 방해하여 태도변화를 덜 일으키게 한다고 한다. 즉, 선도기업은 이미지 광고를 하여 소비자들이 현재 태도를 유지하길 바라고 후발기업은 제품의 우수성에 대한 정보를 정확히 전달함으로써 자사 제품에 대한 태도를 더 좋게 만들려고 한다.

(3) 정보원천의 신뢰성

정보원천은 신뢰할 수 있고 전문적이어야 소비자를 설득할 수 있다. 예를 들면, 오래전 광고이긴 하지만 대우전자의 '탱크박사', 헬리코박터균을 설명하는 외국 의사, 축구선수 손흥민, 테니스의 페더러 등이 신뢰할 수 있으며 전문성을 지닌 모델들이다.

(4) 전달방법

메시지 전달방법은 커뮤니케이션 방법만큼 그 방법이 다양하다.

첫째, 태도나 행동이 바뀌지 않으면 부정적인 결과를 가져올 것이라고 위협하는 것이다. 두려움을 자극하는 메시지를 접하면 환기가 일어나기 때문에 효과적이다.

둘째, 유머를 바탕으로 하는 광고는 주의를 집중시키고 광고에 대한 친밀감과 호감도를 증가시킨다. 유머가 효과적이려면 목표 소비자에게 맞는 유머여야 하며 제품과 브랜드와 연결되어야 한다.

셋째, 2가지 이상의 브랜드 특징이나 혜택을 비교하는 것이다. 예를 들면, 세탁세제의 세정력 등이다.

넷째, 감점에 호소하는 것이다. 이 방법은 자주 광고하는 것이 중요하다. 예를 들면, 판피린 에프의 '감기조심하세요~' 등이다.

다섯째, 가치표현에 호소하는 것이다. 예를 들면, 삼성생명의 이미지 광고 등이다.

※ 다음 지문의 내용이 맞으면 ○, 틀리면 ✕를 체크하시오. [1~10]

01 태도는 어떤 대상에 대해 지속적으로 호의적 혹은 비호의적으로 반응하려는 학습된 평가적 판단이다. (   )

02 태도의 대상은 제품, 상표, 서비스, 점포, 판매원 등이 될 수 있다. (   )

03 태도의 개념은 '습관', '가치', '의견'의 개념과 같다. (   )

04 태도는 인지적 요소와 감정적 요소를 포함한 2원론적 관점에서 충분히 설명된다. (   )

05 태도는 일시적이다. (   )

06 태도는 가치관이나 자아개념을 나타내는 기능을 한다. (   )

07 소비자의 태도는 특정 대상에 대한 의식적인 인식이 없이는 형성될 수 없다. (   )

08 이상점 모델에 의하면, 소비자는 이상적인 상표의 위치와 가장 가까운 상표 수준을 가지고 있는 제품에 긍정적인 태도를 가지게 된다. (   )

09 피쉬바인의 확장된 모델에서 태도는 '어떤 제품이나 서비스에 대한 태도'로 정의된다. (   )

10 인간은 신념이나 태도 같은 인지적 요소의 주기적인 변화를 추구하는 본능이 있다. (   )

정답과 해설   01 ○   02 ○   03 ✕   04 ✕   05 ✕   06 ○   07 ✕   08 ○   09 ✕   10 ✕

01 태도의 평가적 판단은 긍정, 부정, 중립 혹은 약함, 중간, 강함으로 나타낼 수 있다.
02 태도는 특정한 대상에 대한 소비자의 호의적 혹은 비호의적인 판단이며 그 대상은 제품, 상표, 서비스, 점포, 판매원 등이 될 수 있다.
03 태도의 개념은 '습관', '가치', '의견'의 개념과 엄밀히 다르다.
04 태도는 3원론적 관점에서 설명되며 인지적 요소, 감정적 요소, 행동적 요소로 구성되어있다.
05 태도는 장기간에 걸쳐 형성되어 지속적으로 나타나는 특징이 있다.
06 태도는 자신의 가치관이나 자아개념을 나타내는 가치 표현적 기능을 한다.
07 소비자의 태도는 특정 대상에 대한 의식적인 인식이 없어도 형성될 수 있으며 이를 '단순노출효과'라고 한다.
08 이상점 모델은 이상적인 상표 수준과 여러 가지 대안들을 비교 평가하여 태도를 형성하는 모델이다.
09 피쉬바인의 확장된 모델에서 태도는 '어떤 대상에 관련된 행동을 수행하는 것에 대한 태도'로 정의된다.
10 인간은 신념이나 태도 같은 인지적 요소의 일관성을 유지하려는 본능이 있으며, 소비자는 자신의 인지적 요소의 일관성을 유지하기 위해 태도를 변화시키기도 한다. 이를 바탕으로 균형이론, 인지부조화이론이 발달되었다.

01 태도는 특정 대상에 대한 지속적인 긍정적 혹은 부정적인 감정이다.

01 다음 중 태도에 대한 학자들의 정의로 옳지 않은 것은?

① 개인이 외적 사물 및 상황에 반응하는 데 영향을 주는 정신 적인 상태

② 대상물에 대한 개인들의 모든 긍정적, 부정적, 호의적, 비호 의적, 동의, 거부 등의 느낌

③ 사람들이 사물에 대해 느끼는 좋고 싫은 감정

④ 사물, 사람 또는 이슈에 대해 가지는 일반적이거나 단기적인 긍정적 혹은 부정적인 감정

02 태도의 구조는 인지적 요소, 감정적 요소, 행동적 요소의 3원적 관점에 서 설명된다.

02 태도의 구조를 3원론적 관점에서 설명할 때 세 가지 요인에 포 함되지 않는 요소는?

① 감정적 요소

② 인지적 요소

③ 주관적 규범 요소

④ 행동적 요소

03 태도의 구조는 신념(인지) → 태도 (감정) → 행동(행동 의도)의 단일차 원이론으로 설명된다.

03 태도의 구조를 단일차원이론으로 설명할 때 올바른 순서는?

① 신념(인지) → 태도(감정) → 행동(행동 의도)

② 신념(인지) → 행동(행동 의도) → 태도(감정)

③ 태도(감정) → 신념(인지) → 행동(행동 의도)

④ 행동(행동 의도) → 태도(감정) → 신념(인지)

정답 01 ④ 02 ③ 03 ①

04 다음 중 태도의 특징으로 올바르지 <u>않은</u> 것은?

① 태도는 특정한 대상을 가지고 있다.

② 태도는 선천적이다.

③ 태도의 평가적 수단은 방향성, 강도 수준으로 표현된다.

④ 태도는 반응하려는 선유경향이다.

04 태도는 후천적으로 습득되고 학습되는 것이다.

05 카츠(Katz)가 주장한 태도의 네 가지 기능에 포함되지 <u>않는</u> 것은?

① 실용적 기능

② 사회협력적 기능

③ 가치표현적 기능

④ 자아방어적 기능

05 카츠(Katz)가 주장한 태도의 네 가지 기능에는 실용적 기능, 가치표현적 기능, 자아방어적 기능, 지식통합적 기능이 있다.

06 태도의 자아방어적 기능에 대한 설명으로 옳은 것은?

① 소비자는 자신의 약점을 드러내는 제품에 긍정적인 태도를 형성한다.

② 태도의 자아방어적 기능의 대상은 내적 감정뿐이다.

③ 소비자는 외부의 위협으로부터 자신을 보호해주는 제품에 부정적인 태도를 형성한다.

④ 소비자는 태도의 자아방어적 기능을 통해 열등감이나 불안의 크기를 감소시킨다.

06 ① 소비자는 자신의 약점을 드러내는 제품에 부정적인 태도를 형성한다.
② 태도의 자아방어적 기능은 소비자의 내적 감정, 외부의 위협 등에 적용될 수 있다.
③ 소비자는 외부의 위협으로부터 자신을 보호해주는 제품에 긍정적인 태도를 형성한다.

정답 (04 ② 05 ② 06 ④)

07 인지반응은 커뮤니케이션 동안 나타나게 되는 능동적인 사고과정의 결과이며 소비자 태도에 영향을 미친다.

07 **다음은 무엇에 대한 설명인가?**

> 커뮤니케이션 동안 나타나며 개인의 태도, 신념 등 내적 정보가 기준이 되는 능동적인 사고과정의 결과이다.

① 반박주장
② 고관여
③ 인지반응
④ 가치표현

08 사회적 판단이론의 수용영역, 중립영역, 거부영역은 소비자의 제품에 대한 관여도가 낮을수록 수용영역은 넓어지고 거부영역이 좁아진다.

08 **사회적 판단이론과 동화/대조효과에 대한 설명으로 옳지 않은 것은?**

① 동화/대조 효과는 Shrief(1967)의 사회적 판단이론을 바탕으로 설명된다.
② 동화효과란 제품정보가 소비자의 수용영역에 해당하면 소비자가 이를 실제보다 더 긍정적으로 제품을 받아들이는 것이다.
③ 대조효과란 제품정보가 소비자의 거부영역에 해당하면 소비자가 이를 실제보다 더 부정적으로 받아들이는 것이다.
④ 관여도가 낮을수록 수용영역은 좁아지고 거부영역이 넓어진다.

09 ①·②는 소비자의 신념과 구매행동을 측정하여 라이프스타일로 소비자 유형을 구분하는 측정 모델이다.

09 **소비자들의 특정 대상에 대한 신념과 지식의 결합방식을 나타낸 측정 모델을 무엇이라고 하는가?**

① VALS
② AIO 측정 모델
③ 다속성 태도 모델
④ 시장세분화 모델

정답 (07 ③ 08 ④ 09 ③)

10 피쉬바인 확장 모델에서 주관적 규범을 구성하는 요인들로 알맞게 짝지어진 것은?

① 구매행동이 어떤 결과를 가져다줄 것이라는 신념, 결과에 대한 평가

② 결과에 대한 평가, 주변인들의 의견에 순응하려는 동기

③ 구매행동에 대한 주변인들의 동의 여부에 관한 신념, 주변인들의 의견에 순응하려는 동기

④ 결과에 대한 평가, 구매행동에 대한 주변인들의 동의 여부에 관한 신념

11 하이더(Hider)의 균형이론에 대한 설명으로 옳지 <u>않은</u> 것은?

① 개인(person : P), 태도 대상(attitude object : O), 경쟁 대상(X)으로 태도변화 과정을 설명한다.

② 세 요인들이 긍정적 관계(+) 혹은 부정적 관계(−)로 설명된다.

③ 소비자는 신념과 태도 간의 일관성이 유지되지 않을 때 심리적으로 불안함을 느낀다.

④ 세 요인들이 불균형상태가 되면 소비자는 균형상태가 되기 위해 태도를 변화시킨다.

12 다음 중 자기지각이론에 대한 설명으로 옳은 것은?

① 주로 고관여 의사결정 과정에서 나타난다.

② 소비자는 자신의 행동이 곧 자신의 태도를 표출하는 것이라고 생각한다.

③ 개인의 태도가 변하면 행동도 변한 것으로 추론한다.

④ 소비자가 타인의 행동을 관찰함으로써 태도를 변화시키는 것이다.

---

10 주관적 규범은 자신의 행동에 대한 주변인들의 동의 여부에 관한 신념과 주변인들의 의견에 순응하려는 동기로 이루어졌다.

11 균형이론은 개인(person : P), 태도 대상(attitude object : O), 관련 대상(X)으로 태도변화 과정을 설명한다.

12 ① 주로 저관여 의사결정 과정에서 나타난다.
③ 개인의 행동이 변하면 태도도 변한 것으로 추론한다.
④ 소비자가 자신의 행동을 관찰함으로써 태도를 변화시키는 것이다.

정답 (10 ③ 11 ① 12 ②)

13 소비자는 행동할 때 다른 사람들의 신념이나 규범도 고려하여 행동하는 경우가 많다.

13 피쉬바인 확장 모델의 주관적 규범에 대한 설명으로 옳지 <u>않은</u> 것은?

① 규범적 신념과 순응 동기로 구성되어있다.

② 순응 동기는 자신의 행동이 다른 사람들의 기대에 얼마나 부합할 수 있는가를 생각하는 것이다.

③ 소비자는 행동할 때 자신의 신념과 이익만 생각한다.

④ 특정 제품의 구매나 사용하는 행동이 가족이나 주변 사람으로부터 지지받는 장면을 추가하는 것은 마케팅 효율을 높일 수 있다.

14 인지부조화이론은 소비자가 인지부조화를 경험했을 때 인지부조화를 피하고 감소시키기 위해 태도를 변화시키는 과정을 설명한다.

14 소비자가 어떤 대상에 대한 태도와 행동 간 불일치가 발생한 상태, 혹은 태도와 정보 간의 불일치가 발생한 상태를 피하고자 태도를 변화시키는 이론을 무엇이라고 하는가?

① 귀인이론

② 인지부조화이론

③ 장이론

④ 기대성과이론

15 욕구는 태도보다 더 내면적이고 지속적이기 때문에 태도는 욕구보다 변화가 쉽다.
① 태도의 인지적 요소는 감정적 요소보다 변화시키기 쉽다.
② 약한 태도는 강한 태도보다 변화시키기 쉽다.
③ 소비자가 제품 또는 상표에 대한 몰입수준이 낮은 경우에 태도의 변화가 쉽다.

15 다음 중 태도변화에 대한 특성으로 옳은 것은?

① 태도의 감정적 요소는 인지적 요소보다 변화시키기 쉽다.

② 강한 태도는 약한 태도보다 변화시키기 쉽다.

③ 소비자가 제품 또는 상표에 대한 몰입수준이 높은 경우에 태도의 변화가 쉽다.

④ 태도는 욕구보다 변화되기 쉽다.

정답 13 ③ 14 ② 15 ④

주관식 문제

01 다음 ( ) 안의 ㉠, ㉡, ㉢에 들어갈 내용을 쓰시오.

태도의 개념은 (㉠), (㉡), (㉢) 등의 개념과 혼용되기도 하나 엄밀히 다르다. (㉠)은 지속적이고 학습된다는 점에서 태도와 공통점을 가지지만, (㉠)은 규칙화된 행동의 패턴을 일컫는다. (㉡)는 태도보다 더 광범위하고 일반적인 개념이며 사람들이 추구하고자 하는 궁극적인 목표이다. 태도는 '인지적 판단과 감정적 요소'를 포함한 개념이지만 (㉢)은 인지적 판단을 의미한다.

01
정답 ㉠ 습관, ㉡ 가치, ㉢ 의견
해설 습관, 가치, 의견은 태도와 다른 개념을 가지고 있다.

02 태도의 구조를 3원론적 관점에서 설명할 때 3요소를 나열하시오.

02
정답 인지적 요소, 감정적 요소, 행동적 요소
해설 3원론적 관점에서 태도의 구조를 살펴볼 때, 세 가지 요소들 사이에 일관성이 존재한다고 설명한다.
[문제 하단의 그림 참고]

>>>🔍

[태도의 세 가지 하위구조]

03

정답 소비자 태도의 변화는 기업이 소비자에게 부가적인 정보가 설득적 메시지를 제공함으로써 상표의 태도와 선호도를 변화시키기 위해 노력한다는 점에서 마케팅에서 중요한 요소이다. 소비자 태도는 타인과의 상호작용, 미디어, 광고, 인적판매, 새로운 경험 등을 통해 변화된다.

04

정답 실용적 기능, 가치표현적 기능, 자아방어적 기능, 지식 통합적 기능

해설 Katz는 태도의 기능을 실용적 기능, 가치표현적 기능, 자아방어적 기능, 지식 통합적 기능으로 구분했다. 소비자가 갖는 태도는 소비자가 바라는 욕구를 달성하는 지침이 되므로 소비자는 제품이 욕구달성에 도움이 된다고 생각이 된다면 긍정적인 태도를 형성하게 되고 별 도움이 되지 못한다고 인식하게 된다면 부정적인 태도를 형성하게 된다. 가치표현적 기능은 소비자가 자신이 추구하는 이미지로 타인들의 눈에 비춰지기를 원하는 욕망에서 비롯된다. 따라서 소비자는 자아개념과 일치하는 제품 혹은 자기표현이 가능한 제품에 긍정적인 태도를 형성하게 된다. 태도의 자아방어적 기능은 소비자의 열등감이나 불안으로부터 소비자가 자신의 이미지를 보호하거나 해소하는 역할을 한다. 태도의 지식 통합적 기능은 소비자가 환경을 이해하고 제품을 평가하는 기준을 제공한다.

03 후천적으로 학습되는 태도의 특징을 바탕으로, 소비자 태도는 무엇을 통해 변화될 수 있는지 세 가지 이상 나열하시오.

04 카츠(Katz)가 설명한 태도의 네 가지 기능을 서술하시오.

05 다음 ( ) 안의 ㉠, ㉡, ㉢에 들어갈 내용을 쓰시오.

> (㉠)은 인지적 학습이론을 통해 설명된다. 단일차원이론에 따르면 태도의 구조는 소비자의 제품에 대한 신념이 (㉡)를 형성하고 이렇게 형성된 (㉡)는 제품의 (㉢)에 영향을 미치는 것으로 이해된다.

05
정답 ㉠ 다속성 태도 모델
㉡ 태도
㉢ 구매의도

해설 인지적 학습이론은 다속성 태도 모델의 바탕이 된다. 태도의 구조를 단일차원이론의 관점에서 살펴보면, 신념이 태도를 형성하고 태도가 행위 혹은 제품의 구매의도에 영향을 미치는 것으로 설명할 수 있다.

06 다음 ( ) 안의 ㉠, ㉡, ㉢에 들어갈 내용을 쓰시오.

> 피쉬바인 태도 모델에서는 특정 상표에 대한 (㉠)과 (㉡)를 통해 (㉢)가 형성된다. 특정 상표의 속성에 대한 소비자의 생각을 (㉠)이라고 하며 이는 소비자의 지식, 경험, 추론 등에 의해 결정된다. 속성에 대한 (㉡)는 소비자가 특정 속성을 얼마나 호의적으로 보고 있는지를 의미한다.

06
정답 ㉠ 신념, ㉡ 평가, ㉢ 태도

해설 피쉬바인 태도 모델은 태도가 특정 상표에 대한 신념과 평가에 의해 결정된다고 설명한다.

07

정답 피쉬바인 확장모델에서는 태도를 '어떤 대상에 관련된 행동을 수행하는 것에 대한 태도'로 정의한다.
주관적 규범은 가까운 지인, 주변 사람, 사회적 측면에서 자신의 구매 행동을 어떻게 생각하는지 어떤 신념을 가지고 있는지를 의식하는 주관적 생각이다.

07 피쉬바인 확장 모델에서 '태도'와 '주관적 규범'의 정의를 서술하시오.

08

정답
• 개인(person : P)
• 태도 대상(attitude object : O)
• 관련 대상(X)

해설 세 요소들은 긍정적 관계 혹은 부정적 관계로 설명된다. 3요소가 모두 (+)이거나 한 요소가 (+), 두 요소가 (−)이면 균형상태이고, 하나의 (−)와 두 개의 (+)이거나 모두 (−)이면 불균형상태라고 설명한다.

08 하이더(Hider)의 균형이론에서 삼각관계를 이루는 세 요소를 나열하시오.

09

정답 ㉠ 부조화 발생, ㉡ 태도 변화

해설 인지부조화 이론은 '태도·행동 불일치 → 부조화 발생 → 태도 변화 → 부조화 감소'의 과정이다.

09 인지부조화 이론을 설명하는 단계에서 ㉠, ㉡에 들어갈 내용을 쓰시오.

> 태도·행동 불일치 → (㉠) → (㉡) → 부조화 감소

10 다음의 설문 문항은 주관적 규범의 구성요인 중 무엇을 측정하기 위한 것인지 각각 쓰시오.

(1)

나의 가족은 내가 명품가방을 구매하는 것을								
좋게 생각할 것이다	1	2	3	4	5	6	7	나쁘게 생각할 것이다

(2)

나는 일반적으로 우리 가족의 의견을								
거의 수용하지 않고 행동한다	1	2	3	4	5	6	7	매우 수용하여 행동한다

10

정답 (1) 규범적 신념, (2) 순응동기

해설 주관적 규범은 규범적 신념과 순응동기 등으로 구성되어 있다.
• 규범적 신념 : 가족, 친구 등 나의 행동에 중요한 영향을 미치는 중요한 사람들이 나의 행동을 어떻게 생각하는가를 주관적으로 생각하는 것이다.
• 순응동기 : 자신의 행동이 다른 사람들의 기대에 얼마나 부합할 수 있는가를 생각하는 것이다.

SD에듀와 함께, 합격을 향해 떠나는 여행

제 8 장

문화

이성으로 비관해도 의지로써 낙관하라!

- 안토니오 그람시 -

제 **8** 장 | 문화

제1절 | 문화의 이해

1 문화의 개념

문화는 '사상, 의상, 언어, 종교, 의례, 법이나 도덕 등의 규범, 가치관과 같은 것들을 포괄하는 사회 전반의 생활 양식'이라 정의할 수 있다. 사회구성원에 의하여 습득, 공유, 전달되는 행동이나 생활 양식을 통해 이룬 물질적ㆍ정신적 소득을 통틀어 이르는 말로, 의식주를 비롯하여 언어, 풍습, 종교, 학문, 예술, 제도 등을 모두 포함한다. 즉, 문화는 인간 집단의 지식ㆍ신념ㆍ행위의 총체라고 할 수 있다.

현대 시장 환경의 변화는 문화기반의 접근이 필요하다. 인간의 총체적 지식정보의 방향인 '문화'에 대한 분석은 기업과 소비자에게 필요한 과정이며, 시대 흐름에 따라 변화하는 문화에 맞추어 소비자들의 니즈를 파악하여야 한다.

2 문화의 특징

(1) 규범성

문화는 사회 규범적 기능을 가지고 있어 사람들의 행위의 기준을 제시하며, 사회구성원으로서 개인의 욕구를 어떻게 충족시켜야 하는지 그 방향을 제시한다. 문화는 사회구성원에 의해 공유된 이상적인 행동을 제시하고 사회가 원하는 가치를 습득하게 한다. 한 사회 내에서 문화와 어긋나는 행동을 하는 자에 대해서는 처벌이 이루어진다. 개인은 문화를 통해 사회에서 이탈되지 않도록 압력을 받게 되고 사회의 기대에 맞는 행동을 하게 된다.

(2) 학습성

문화는 선천적으로 알게 되는 것이 아니라 학습을 통해 체화된다. 어린 시절부터 학습을 통해 문화를 구성하는 신념이나 가치관, 관행 등을 습득하게 된다. 인류학자들은 문화학습의 유형을 자기문화학습과 타문화학습으로 구별하였는데, 자기문화에 대한 학습은 문화화라고 하며, 외국문화에 대한 학습은 '문화이식'이라고 한다. 문화화는 각 사회 내의 문화적 가치를 점차 개인적 가치로 내부화시키는 과정이며, 문화이식은 타문화를 이해하고 배우는 것이다.

(3) 공유성

문화는 문화권 내의 구성원에게 공유된다. 즉, 어떤 신념이나 가치, 관습 등이 문화적이라고 여겨지기 위해서는 공유되어야 한다. 문화를 공유하는 가장 작은 단위는 가족이며, 넓은 범위로는 지역, 국가 전체 혹은 여러 국가에게까지 확장될 수 있다. 각 사회의 구성원들은 가족 안에서 그 사회의 문화적 신념, 가치를 공유하고, 교회, 학교, 직장에서도 문화를 공유하며, 대중매체를 통해서도 문화를 공유한다. 최근에는 유튜브, 페이스북, 인스타그램과 같은 SNS의 사용이 활발해지면서 SNS를 통해서도 공유된다. 마케터들은 이러한 문화의 공유성에 대하여 충분히 이해하고 마케팅 커뮤니케이션을 수행할 수 있어야 한다.

(4) 보편성과 다양성

인간이 구성하는 모든 사회에는 문화가 있다는 보편성을 가진다. 하지만 문화마다 구체적인 문화의 모습은 다양하게 나타난다. 그 예로 모든 사회는 언어와 종교, 의식주를 구성하는 생활양식을 가지고 있지만, 문화권마다 언어와 종교, 의식주를 구성하는 생활양식이 다 다르다는 것을 알 수 있다. 따라서 문화의 존재는 보편적이지만 출연하는 방식은 매우 다양하다.

(5) 지속성과 동태성

문화는 다양한 관습으로 구성되며 이러한 관습을 통해 인간은 생리적 욕구뿐만 아니라 지위와 사회적 인정 등의 욕구를 충족해 왔다. 사회구성원들이 원하는 욕구가 공유된 관습으로 충족되면 이러한 관습을 유지하게 되고 문화는 지속된다. 그러나 **문화는 지속성과 동태성을 동시에 가지고 있다.** 부모세대와 자녀세대로 전수되는 문화는 새로운 가치가 생겨나고 사회구조가 바뀌고 기술이 발전됨에 따라 점진적이고 지속적으로 변화를 거듭한다. 그 예로 산업화가 이루어짐에 따라 도시가 건설되고 아파트가 지어지며 여성의 사회진출이 늘어나고 주5일제 도입으로 인하여 여가 시간이 많아지는 등의 **사회 변화는 사회구성원의 욕구를 변화시키고 관습을 바꾸어 문화에 영향을 미친다.**

3 문화의 구성요소

(1) 물질적 요소

문화는 다양한 물질적 요소를 통해 밖으로 표현된다. 사회구성원은 추구하는 가치와 욕구를 반영하여 물건을 만들기 때문이다. 어떤 문화인지를 파악하는 것도 물건을 통해서 가능한데, 그 예로 다양한 유물과 유적은 현대인에게 과거의 문화를 알게 해준다. 따라서 현대의 물건들은 현재 우리 문화의 구성요소이다. 한국의 아파트는 미국이나 유럽의 아파트와 구별되며 이로써 **한국의 아파트는 한국의 문화를 구성하는 구성요소가** 되는 것이다.

(2) 사회기관

문화가 지속성을 가지기 위해서는 문화를 공유하는 집단이 필수적이다. 사회기관은 문화가 만들어지고 지속되고 발전하고 공유되는 기반이다. 가족은 모든 문화권에 존재하는 가장 작은 단위의 사회기관이고 학교, 모임, 사회단체, 직장, 공공기관, 미술관, 공연장, 카페 등등 사람들이 모이고 문화가 공유되며, 서로의 의견을 주고받을 수 있는 사회기관은 문화를 이루는 구성요소가 된다.

(3) 언어

언어는 문화에 가장 영향을 미치는 요소이며 밀접하게 연결되어 있다. 언어를 통해 지식, 경험, 기술을 전달하며, 문화를 계승하고 발전시킨다. 따라서 언어는 국가별로 다를 뿐만 아니라 세대별, 집단별로 쓰는 언어가 다르다. 그 이유는 언어는 각 집단 내에서만 통용되는 의미구조를 가지고 있으며 이러한 의미구조는 그 집단의 문화와 연결되기 때문이다. 예를 들어 특정 집단에서만 통용되는 은어는 사전적인 의미 외에 그 집단의 독특한 의미가 포함되어 있는데 그러한 은어를 사용함으로써 구성원 간의 결속력을 다지고 그 의미를 아는지 모르는지에 따라 그 문화의 내부 구성원인지 외부 구성원인지도 구별되게 된다. 이러한 언어의 쓰임은 언어가 문화의 중요한 구성요소임을 보여준다.

(4) 가치와 신념체계

가치는 일반적으로 좋은 것의 값어치 혹은 유용한 정도를 뜻하며, 인간의 욕구나 관심을 충족시키는 것을 '가치 있다'라고 말한다. 즉, 가치란 '대상이 인간과의 관계에 의하여 지니게 되는 중요성'이다.

모든 인간의 삶은 끊임없는 의사결정의 과정을 통해 어떤 행동을 할지 선택한다. 그러나 자원은 유한하며 시·공간적 제약도 있기 때문에 최적의 의사결정을 하는 데 있어 기준이 필요하다. 그 기준이 되는 것이 '가치'이다. 가치는 인간으로부터 도출되는데 인간이 원하는 것은 매우 다양하므로 가치도 매우 다양하다. 인간은 속한 집단에 통용되는 가치를 받아들이고 행동의 기준으로 삼는다.

신념은 '굳게 믿는 마음'이며 신념체계는 굳게 믿고 있는 것들이 체계화되어 내재화된 것이다. 예를 들면, "어려운 사람들을 보면 도와줘야 한다.", "가족이나 친구들과 좋은 관계를 유지하도록 노력할 필요가 있다."와 같은 것이 모여 신념체계를 구성한다.

(5) 관습과 의식

관습이란 사회구성원들이 인정하는 오래된 질서나 풍습을 말한다. 의식은 행사를 치르는 일정한 형식 또는 정하여진 방식에 따라 치르는 행사이다. 관혼상제, 종교 행사 등이 여기에 해당되며, 일정한 규칙과 격식을 가지고 있다. 관습과 의식은 세대를 거쳐 반복되고 지속되며, 문화를 이루는 구성요소가 된다.

4 의례

(1) 의례의 개념

의례는 의례를 준비하거나 의례의 과정에 참여하는 사람들이 서로의 사회적 관계를 인식하도록 한다. 의례를 통해 사회적 관계는 규격화하고 더욱 돈독하게 변한다. 사회적 관계의 원활함을 위해 준비하고 예를 갖추는 것이 의례의 본래 목적이다.

개인은 출생부터 사망에 이르기까지 삶의 중요한 사건이 일어날 때 일정한 의례를 치르게 된다. 의례는 가족을 중심으로 행하기 때문에 가정의례라고 부르며, 현재 우리 사회에서 중요한 가정의례로서는 혼례·상례·제례 및 회갑연 등이 있다.

의례는 사회적 규범에 맞는 형식과 행동이 중요하기 때문에 상징 소비로 이어지는데, 대표적으로 의례에 맞는 의복구매와 의례에 맞는 선물구매 등이다. 예를 들면, 친구 결혼식에 참석하기 위해 하객에 맞는 의상을 구입하거나 돌잔치에 참석하면서 돌반지를 선물로 가져가는 것 등이다.

(2) 소비의례

문화와 연결된 상징 소비에서 주목해야 할 현상은 유사한 소비 취향과 스타일로 생각되는 소비자들의 집단적 소비행위이다. 서로에게 상징적인 의미를 가진 상품을 소비함으로써 의미를 주고받는데, 이때 상품은 단순한 재화가 아니라 소통의 수단이다. 이런 소비는 개개인의 선택적 소비가 아니라 타인과의 상호작용 속에 결합되어 공통된 감정들을 형성하고, 공유한다. 이때 정형화되고 반복적이고 관계 지향적인 소비행동 즉, 소비의례가 동반된다. 여기서 말하는 소비의례란 사회문화적 의미를 가진 상품의 소비과정에서 나타나는 의례적 특성을 가진 소비행위를 의미한다.

① 맥크라켄(McCracken)의 소비의례

맥크라켄은 소비자가 제품의 사용으로 자신에게 어떤 의미를 전이하는 데 사용하는 의례행동을 소유의례, 손질의례, 교환의례, 박탈의례의 4가지로 나누어 설명하였다.

소유의례란 사람들이 새로운 소유품을 닦고 논의하고 비교하며 자랑하는 행위이다. 소유의례를 통해 상품에서 문화적 의미가 삶 속으로 전달된다. 수집가가 수집물 취득능력을 과시하기 위해 시간과 비용을 투자하는 수집행동은 소유의례의 전형적인 예다. 수집가는 자신의 수집품과 상호작용함으로써 소유물의 의미와 가치를 형성하고 이 과정에서 수집품은 표현수단이 되고 때로는 그 자체로 신성화된다.

손질의례는 상품으로부터 사라져가는 의미를 도출하는 데 필요한 반복적인 의례행동이다. 손질의 대상은 자신일 수도 소유하는 대상물일 수도 있다. 수집품을 손질하거나 장식품으로 자신을 치장하는 것이 대표적인 손질의례이다. 손질의례는 자신의 소유품으로부터 의미를 도출하고 의미를 새롭게 하는 상징적인 반복과정이다.

교환의례란 선물교환과 같이 개인 간 영향을 미칠 때 사용되며, 선물 받은 사람의 생활 속에 상징적 속성을 심어줌으로써 의미 이전의 가능성을 열어주는 의례이다. 선물이라는 독특한 소비교환 행위를 통해서 의미를 전달하고 자신을 표현한다.

박탈(처분)의례는 새로운 소유자가 이전 소유자의 의미를 지울 때 또는 개인이 물건을 버리거나 팔아버림으로써 그 물건의 의미를 없애려고 할 때 일어나는 의례이다.

② 홀트(Holt)의 소비행위

홀트는 체험적 상품을 소비할 때 나타나는 소비행위를 행동목적과 행동구조의 두 가지 차원으로 나눈 후, 행동목적은 자기목적 행동과 도구적 행동, 그리고 행동구조는 대상물 행동과 대인 간 행동으로 다시 구분하여 전체 4가지로 소비행위를 구분하였다.

'경험으로서의 소비'는 소비가 목적이며 개인적 차원에서 발생하는 소비행위를 의미한다. 여기에서는 소비대상에 대한 주관적이며 감정적인 반응이 중요하다. 예를 들면, 혼자 즐기기 위해 하는 모든 소비는 이 범주에 들어간다. 소확행, 욜로족의 소비가 여기에 해당된다.

'사회적 유희로서의 소비'는 '경험으로서의 소비'와 마찬가지로 소비가 목적이지만 사회적 차원에서 소비행위가 일어난다는 차이가 있다. 이 소비는 소비경험이 공유되고 극대화된다. 예를 들면, 친구들과 함께 모이는 기회를 만들기 위해 여행을 가는 것 등이다.

'통합으로서의 소비'는 소비대상의 상징 사용을 촉진시키는 개인적이면서 도구적인 행위이다. 소비대상의 의미를 습득하고 조작하면서 자신의 정체성을 강화하는 과정이다. 예를 들면, 나 자신을 밖으로 표현하는 도구로서 소비를 활용하는 것이다. 친환경 소비자임을 나타내기 위해 전기차를 구매하는 것을 예로 들 수 있다.

'분류로서의 소비'란 사회적 상황에서 소비자의 위치를 나타내고자 하는 소비이다. 즉, 소비대상이 담고 있는 의미를 소비하는 사람들이 소비하는 제품을 통해 어떤 위치나 계층으로 분류됨을 의미한다. 예를 들면, 어떤 계층은 어떤 차를 구매하는지를 고려하여 지위에 맞는 차를 구입하는 것이다. 만약 어떤 회사에 "사장은 에쿠스를 타고 부장은 그랜저를 타고 과장은 소나타를 탄다."라는 암묵적인 관례가 있다면 그 관례를 따라 자동차를 구매하는 것이다.

McCracken(1986)의 소비의례 (consumer ritual)	
분류	세부내용
소유의례	의례적 과시(알림, 과시, 축하)
손질의례	개인치장, 대상물 치장
교환의례	선물 증정 (성취, 성인 지위, 감사, 호위 등)
처분의례	대상물 처분, 개인적 부분의 의미 제거

Holt(1995)의 소비행위 (consumer practice)		
구분	자기 목적적 행동	도구적 행동
대상물 행동	경험으로서의 소비	통합으로서의 소비
대인 간 행동	사회적 유희로서의 소비	분류로서의 소비

제2절 대중문화의 창조

1 대중문화의 개념

대중문화는 문화 엘리트주의나 지배계급층이 향유하는 것들이 아닌 일반 대중들이 일상 속에서 향유하는 문화로 정의된다. 예술이 특권층의 전유물이라고 여기는 문화 엘리트주의에서 대중문화는 예술적 맥락이 아니라 사회적 현상으로 인식하였다. 이러한 문화 엘리트주의자들은 대중문화를 선정적이고 통속적이며 경박하고 감상적이고 진부하고 유치하며 폭력적이라고 평가하였다. 그러나 대중문화에 대한 부정적 이미지를 면밀하게 고찰하게 되면, 바로 이러한 속성들이 대중문화를 대중문화이게 만든 핵심코드라는 것을 알 수 있다. 즉, 이들 용어는 "대중문화가 저급하다."라는 것이 아니라, '일상의 소재'들이 대중문화로 만들어졌기 때문에 대중문화를 표현하는 언어가 된 것이다.

대중문화는 평범한 사람들이 성장 과정에서 접하고 즐겼던 '경험'의 산물이다. 연속극의 긴박함과 라디오 DJ의 감미로운 목소리, 청소년 관람 불가 영화를 보면서 느꼈던 스릴감, 불량식품의 달콤함은 체험의 산물이면서 대중문화가 된다. 이러한 경험들은 대중의 미적 감수성의 형성에 중요한 역할을 수행한다.

대중문화는 당대 대중이 많이 알고 향유하는 '대중성'을 가진다. 대중성은 대중문화의 필수적 요소이다. 이때 대중성은 집합적 삶의 양식과 공유된 취향(감정구조)이 결합한 대중의 일상을 의미한다.

대중문화는 대중 욕망의 산물임과 동시에 욕망하는 대중이 필요하다. '욕망하는 대중'이란 대중문화에 대한 체험, 소비, 참여를 통해 자신의 욕구를 형성하고 해소하는 대중이다. 대중문화는 추상적이거나 상징적이지 않은, 영화, 가요, 음주, 쇼핑, 춤, 주거 등을 통해 구체적으로 체험할 수 있다. 이렇게 구성된 욕망은 교환되기 쉽게 상품화가 되기도 하지만, 이로부터 발전하여 새로운 삶을 상상하는 생산적 힘으로 작동하기도 한다.

2 대중문화와 대중적인 문화

대중문화는 한 시대를 지배한다. 우리의 생활, 윤리관, 가치관 등은 사회·경제적 성장과 기술 발전에 따라 변화하고 있다. 그렇기 때문에 대중문화는 그 시대의 기술, 정치, 경제, 문화, 사회적 현상을 반영하며 그 시대의 가치를 나타낸다.

대중문화의 발생은 하나의 동일한 사건과 경험이 신문, 베스트셀러, 라디오, 음악 같은 매체를 통해 공유되어 공통의 관심사로 확대되기 시작한다. 최근 SNS 등을 통해 정보의 공유영역이 넓어져 대중문화는 쉽게 대중적 문화로 확대된다. 대중은 이미 사회의 중심세력으로 대두되어 있다. "대중이 문화를 공유하므로 대중문화를 생산하지 않을까?"라는 생각과 다르게 대중문화의 시장에서 생산자와 소비자는 분리되어 있다. 대중문화의 생산자는 신문·방송·잡지·출판·영화·음반·광고·패션 등이며 동시다발적으로 대중문화를 생산하는데, 대중은 이런 포괄적인 문화를 받아들임으로써 쉽게 조정되기도 한다.

그러나 대중문화를 창조하는 생산자나 소비자들 모두 자본주의의 경제원칙을 벗어날 수 없다. 즉, 대중문화는 대중에게 선택되고 수용되어야 대중문화가 되며, 소비자를 배제하고서는 성공적인 대중문화라 할 수 없다. 왜냐하면, **자본주의의 이윤을 형성하는 주체가 소비자이기 때문이다.** 대중문화는 마케팅의 원리처럼 수요와 공급의 법칙에 의해 시장에서 요구하는 수요 상황에 따라 공급도 변한다. 대중문화의 감성 호소는 감성적 소비자를 창출하며 기업은 대중문화를 활용하여 고객의 충성도를 높여 매력적인 제품 또는 브랜드를 창출할 수 있다. 대중에게 받아들여진 감성은 소비자의 가치 인식에서 장기적 로열티를 형성하는 데 중요한 역할을 하며 구매 결정과 매출 향상에 기여한다.

영국의 신경학자 도널드 칸은 "이성과 감성의 근본적인 차이는 이성은 결론을 낳는 데 반해 감성은 행동을 낳는다는 점이다. 또한, 감성과 이성은 서로 관련되어 있지만, 그 둘이 상충할 때 승리하는 쪽은 언제나 감성이다."라고 하였다. 마케팅 측면에서 텔레비전이나 매체 등에서 대중문화로 생산된 소비자 감성을 읽을 수 있다면 상품에는 소비자 감성을 담아야 한다. 그렇기 때문에 **상품 속에 포함된 문화적 코드와 소비자의 감성 코드를 읽어내는 마케터의 역할은 중요하다.** 대중문화에서 인간이 늘 간직하고자 하는 감성은 앞으로도 계속 대두될 것이다. 따라서 현대사회에서 대중문화는 우리에게 소비자의 감성 니즈와 소비가치를 알려준다.

3 소비문화

(1) 소비문화의 개념

소비는 소비하는 물건의 상징을 통해 정체성 의식을 창조하고 유지하는 능동적인 과정이다. 소비는 소비자의 욕구와 욕망을 만족시키기 위하여 재화와 서비스를 선택하고, 구매, 사용하는 과정이다. 소비는 자신의 독특한 주관적인 환상과 정체성을 재현하고 체험하기 위한 방식이다. 소비는 사물 자체의 사용가치를 소비하는 것이 아니라 사물에 부여된 상징을 소비하는 것이며 이러한 소비가 상징과 기호로 작용할 때 소비자는 상품을 통해 자신이 누구인가에 대한 정체성을 구성한다.

소비문화는 여러 학문 분야에서 연구되었다. 사회학에서는 현대사회의 기본적인 구성 원리로서 소비문화를 활용하여 현대사회를 설명하고 사회 문제를 성찰한다. 인류학에서 소비문화는 한 사회의 소비 의미와 상징이 무엇인지 해석하고 설명한다.

인류학에서 문화의 핵심 주제는 '상징과 의미의 체계'이다. 소비 자체를 문화적인 과정으로 이해하는데, 사물이 문화적인 의미를 함축하고 있다는 인류학적 사고에 근거한다. 인류학자에 따르면, 소비문화란 사람들이 문화적인 범주와 원리를 표현하고, 이상을 추구하고 라이프스타일을 창출해서 유지하고, 자신에 대한 관념을 구성하며 사회 변화를 만들어내기 위해서 제품의 의미를 사용하는 것이다. 따라서 소비는 철저하게 문화적인 것으로 이해된다. 즉, 소비문화는 '**소비재의 문화적 및 상징적 속성에 관한 체계적인 탐구**'라고 정의된다. 사회학적 소비문화 연구는 개인의 선택, 욕망에 대한 연구가 아니고 사회관계, 사회구조, 제도, 사회체계 안에서 소비문화를 바라본다. 즉 소비문화는 개별적이고 사회적인 욕구와 사회자원 배분을 상호 규정하는 사회적 조건이라는 것이다.

더 알아두기

아비투스

사회학자인 피에르 부르디외(Pierre Bourdieu)는 다양한 소비, 음식을 차리고 먹는 방식, 가구, 실내장식, 음악, 예술적 취향 등의 소비는 특정 집단, 특히 사회적·경제적 계급 사이의 생활방식을 표시하고 타인과 자신을 구별 짓기 위해 쓰인다고 보았다. 소비와 계급 정체성 간의 관계를 다룬 부르디외의 '차이화 이론'은 근대 사회학적 소비문화 이론이다. 피에르 부르디외는 저서 『구별 짓기』에서 문화적 생활 양식인 아비투스는 개인의 무의식과 습관을 지배하고 있으며, 바로 이러한 이유로 현대사회의 권력 관계가 쉽게 드러나지 않으며, 보이지 않는 문화 권력의 그물망 안에서 평등을 망각하고 계급적 불평등에 익숙한 채 살아가고 있다고 하였다.

더 알아두기

사회적 차이화 이론

프랑스의 사회학자 장 보드리야르(Baudrillard Jean)는 상품의 소비를 사용가치의 소비보다는 행복, 안락함, 사회적 권위, 현대성 등의 소비로 규정하였다. 그는 사물을 기호로 파악하고, 사회를 언어의 체계로 해석한다. 옷, 음식, 장신구, 가구, 오락 등을 소비함으로써 '내가 누구인가'에 관한 생각을 표현할 뿐 아니라 '내가 누구인가'에 대한 정체성 의식을 만들어 나간다고 하였다. 장 보드리야르는 인간의 욕구를 특정 사물에 대한 욕구로 해석하지 않고 사회적 차이에 대한 욕구로 해석하며, 이런 해석 방식을 기초로 '사회적 차이화의 이론'을 만들어냈다. 장 보드리야르의 『소비의 사회』는 이 같은 혁신적인 이론을 전개한 책인데, 현대사회를 소비사회라 정의하고 상품의 소비란 사용가치의 소비를 포함하면서도 그것을 초월하며, 소비에 소비의 본래 의미가 있다고 주장하며 소비개념을 통해 현대사회의 본질을 분석하였다.

홉스테드는 문화는 상징, 영웅, 의식, 가치라는 요소로 구성되어 있다고 하였다. 이러한 문화의 네 가지 요소에 기반하여 소비문화에 대해 다음과 같은 정의를 도출할 수 있다. 소비문화는 소비가 상징하는 의미(상징), 사회구성원이 추구하는 바람직한 소비의 모델(영웅), 소비의 의미와 소비의 이상을 추구하기 위한 구체적인 소비 행동 양식(의식), 마지막으로 소비자의 소비생활을 지배하는 관념이나 사상, 소비 규범(가치)으로 구성된다.

(2) 소비문화와 트렌드

트렌드는 사전적으로 '사상이나 행동 또는 어떤 현상에서 나타나는 일정한 방향'을 의미하며 현재 어떠한 일이 일어나고 있는가, 그리고 그 일이 앞으로 어떠한 일로 연속적으로 이어지는가, 그 결과 어떠한 미래를 가져오는가에 대한 지식정보이다. 트렌드는 1년에서 5년, 길게는 10년까지 지속되며 많은 소비자에게 호응을 얻는 경향으로 사회문화 변화와 흐름에 큰 영향을 미친다.

제3절 │ 문화적 선택

1 하위문화

(1) 하위문화의 개념과 특성

하위문화는 일반적으로 어떤 사회의 전체적인 또는 주요한 문화에 대비되는 개념으로 '하위의, 종속의 또는 지하의' 뜻으로 주류 사회로부터 구별이 되는 문화이다. 이 문화는 주류문화로부터 영향을 강하게 받아 그에 좌우되거나 지배되는 문화 혹은 우세한 가치와 윤리로부터 배제된 문화, 같은 시대의 지배적인 문화 형태와는 다른 이질적이고 새로운 문화 등이다.

하위문화를 가지고 있는 집단은 이탈적이거나 수준이 낮은 위치로 여겨지며 인종, 연령, 계급의 사회적인 차별로 인하여 수직적인 구조에서 낮은 위치로 인식된다. 또한, 어떤 사회의 지배적 문화와는 다른 방면으로 청소년이나 히피와 같은 특정 사회 집단으로부터 발전하는 독특한 문화를 뜻하며, 사회 안의 소수(또는 하위) 집단의 가치, 신념, 태도 그리고 라이프스타일을 가리킨다. 켄 젤더가 제시한 하위문화의 특성을 살펴보면 다음과 같다.

① 놀기 좋아하고 게으르다는 비난을 받는다.
② 전통적인 계급에 대한 연대감이 없고 이중적 태도를 가진다.
③ 경제적 위치보다 거주지 또는 활동지역으로부터 더 영향을 받는다.
④ 가족으로부터 자유로운 생활을 하고 가족에 대해 부정적인 생각을 갖는 경우가 많으며 나이나 신분이 같은 집단으로부터 더 많은 영향을 받는다.
⑤ 과장된 스타일을 좋아한다.
⑥ 대중적이고 일반적인 것에 대해 본능적으로 거부감을 가진다.

이러한 특성으로 봤을 때 하위문화는 젊은이들의 막대한 영향력을 통해 발생하는 사회문화적 변화를 일컫고, 주류문화와 비주류 문화의 충돌로서 주류문화에 대한 반발심과 거부감으로 저항하며 다른 영역으로의 도전으로 해석된다. 하위문화의 성격은 저항의식과 변화를 추구하는 청년층에서 잘 드러난다.

과거 비주류였던 하위문화는 사회의 부조리나 기득권에 대한 저항성, 반항성과 경쟁의식이 크게 작용했다면 2000년 이후의 하위문화는 주류에 대한 경쟁의식이 크지 않으며 2000년 이전 과거의 저항문화와는 다른 성격을 가진다. 현재의 하위문화는 진지함보다는 가벼움, 메시지보다는 재미, 주류보다는 비주류를 지향하는 문화이다. 하위문화가 주류문화로 떠오르고 밀레니엄 세대와 Z 세대로 불리는 새로운 패션 소비자인 젊은 세대들의 영향력이 강해지면서 주류문화인 럭셔리 브랜드들이 오히려 하위문화의 스타일을 받아들이면서 과거의 하위문화의 개념과는 달라졌다.

(2) 시대별 하위문화의 사례

① 1960년대 − 히피족

1960년대 베이비붐 세대는 낙천성과 자신을 가지고 있었고, 이 새로운 세대는 부모세대와 차별화된 그들만의 스타일을 원했기 때문에 전쟁 전과 전후 세대 사이의 세대 차는 히피족의 등장으로 더욱 벌어졌다.

1960년대 미국을 중심으로 일어난 반문화 운동으로 베트남 전쟁 발발로 인해 사회에 대한 분노와 절망감을 불러일으켰으며, 미국의 청년층들은 현 상황을 부정하고 **평화와 사랑**, 자연으로의 회귀를 주장하였으며, 도덕과 이성보다는 자유로운 감성과 즐거움을 추구하였다. 이 시기에 존재하는 다양한 집단과 이데올로기적 운동을 반문화라고 지칭하며, 이러한 반문화는 규범적 사회의 전통적 개념에 도전하였고, 마약 복용과 물질주의에 대한 반발심, 기계 문명과 반대가 되는 전원생활의 가치를 공유하였다.

② **1970년대 - 여피족**

여피(yuppie)는 Young Urban Professionals의 머릿글자 YUP에 히피(hippie)를 결합하여 IE를 붙인 단어이다. 뉴욕을 중심으로 한 도시의 젊은 지식노동자, 특히 도시 근교의 25세~45세까지의 전문직 혹은 고소득 사무직에 종사하는 회사원들을 이와 같이 불렀다. 여피족은 자신들의 지식과 부유한 자본을 과시하려고 하는 물질만능주의 성향이 강했다.

③ **1980년대**

㉠ 트워너

부유층과 빈곤층의 중간에 위치한 중산층의 인생을 즐길 줄 아는 사람들로 **화려한 생활을 피하고 저축을 하며 소비를 통해 과시하기보다 마음의 평안을 추구한다.** Between을 어원으로 하여 여피족의 과도한 소비성향에 대비한 개념으로 긍정적으로 사용된다.

㉡ 플리퍼족

대부분은 인내심이 부족하여 TV프로가 조금만 재미없어도 채널을 바꾸는, 참을성 없는 10대 청소년들이 주축을 이룬다. 리모컨의 대중화에 따라 1분당 2~3개의 채널을 동시에 돌리면서 재미있는 프로그램을 골라 보는 집단을 말한다.

㉢ 네비족

베이비붐 시대에 태어난 세대 중 80년대의 과소비로 인하여 재산이 부채와 비슷하거나 **재산보다 부채가 더 많아** 겉으로만 그럴듯해 보이는 이들을 말한다.

④ **1990년대**

㉠ 제트족

'제트족'이란 민간항공기가 발달하기 전에 제트 여객기로 **전 세계를 돌아다니는 상류 계층**을 지칭하는 말로 사용됐다. 이후 일등석 티켓을 구입할 수 있거나 초음속 여객기인 콩코드를 탈 수 있는 일부 부유층을 지칭한다. 이들은 소비성향이 매우 높고 화려한 휴가를 즐긴다.

㉡ 딩크족

'**맞벌이 무자녀 가정**'으로 미국을 중심으로 나타난 새로운 가족 형태로 부부가 결혼한 뒤 맞벌이를 하면서 자식을 두지 않는 부부가정을 말한다. 딩크(DINK)족은 1990~2000년대 이후 생활비나 집세, 각종 공과금 등의 지출이 많아지고 여기에 소비수준이 높아지면서 가장 한 명의 수입으로 가계를 유지하기 어려워 맞벌이가 늘어났는데, 그 결과 자녀 출산 및 양육에 전념하는 전업주부가 감소하여 생겨났다. 여성들의 사회진출은 늘어나는데 출산에 대한 사회적 배려는 부족하여 남자와는 달리 여성은 가정생활이나 개인의 목표 중 하나를 포기해야 하는 상황에 놓이면서 딩크족이 늘어나게 되었다.

ⓒ 유미족

자녀와 동시에 자신에게 투자하는 활동적인 젊은 어머니를 가리킨다. 가사 외에 풀타임제나 파트타임제의 직장 생활을 하거나 여가시간을 에어로빅 같은 몸매 다듬는 운동을 하며 출산, 육아, 교육문제에 관심이 많다.

ⓔ 오렌지족

1990년대 부유층 자녀들이 압구정동 등지에 형성한 집단이다. 최초에는 압구정에 모여들었던 부유층 젊은이들의 문화를 지칭하였으나, 이후 사회 전반으로 그 현상이 확대되어 소비적 문화에 열중하는 성향을 가진 젊은이를 의미하게 되었다. 오렌지족이 사회에 충격을 불러왔던 이유는 그들이 최초로 소비문화에서 자아를 찾았던 세대라는 점 때문이다. 즉, 그들은 경제를 일으켜 세우거나 정치를 개혁하는 것이 아니라 오직 쓰고 노는 것에서 보람을 찾아 기성세대의 사고방식과 다른 가치를 추구하였다. 긍정적 측면에서 보면 경제, 정치에 이어 문화에 열중하는 새로운 시대가 왔다고 해석할 수 있다.

ⓜ 댄디족

오렌지족과는 달리 부모의 돈이 아니라 **자기가 벌어 자신을 꾸미는 소비생활을 즐기는 젊은 남자들이**다. 주로 20~30대의 방송, 광고, 이벤트, 프로듀서, 컴퓨터 그래픽 디자이너 같은 전문직 종사자들이 여기에 속한다. 좋은 분위기에 세련된 이미지를 풍기며 자기를 꾸미는 데에 소비를 한다.

ⓗ 샤피족

오렌지족의 소비 지향적이고 유행을 추종하는 감각적인 문화생태에 반발하여 **지적 개성을 강조하고 심플라이프를 지향하는 신세대 젊은이를** 일컫는다.

ⓢ 미시족

미시족은 93년 서울의 한 백화점 광고에 미시족이라는 용어를 사용하면서 널리 퍼지기 시작했다. 결혼하면 모두 아줌마로 불리던 주부들에게 붙여진 새로운 이름인 미시(missy)는 **아가씨 같은 외모를 지닌 20~30대의 고학력이면서 자기주장을 하는 당당한 신세대 주부를** 말한다. 1994년 일일 연속극 〈당신이 그리워질 때〉에 여주인공으로 등장한 탤런트 박지영은 당시 미시족의 상징이었다. 남편과 시부모에게 당당하게 자기주장을 하는 미모의 며느리는 시대 분위기에 맞물려 각 TV 채널에서 미시족을 주인공으로 한 드라마가 많았다. 그 후 미시족이 등장하는 광고가 유행이었다.

ⓞ 우모족

미시족에 대응하는 신세대 남편들로 보통 **20대 후반에서 30대 중반의 총각 같은 유부남을** 가리킨다. 결혼하고 아빠가 된 뒤에도 총각 시절의 정서를 그대로 유지하며, 미시족 못지않은 뛰어난 패션 감각과 깨끗한 자기 관리가 특징이다.

ⓩ 통크족

경제력을 바탕으로 자신들만의 인생을 즐기려는 실버 세대를 일컫는다. 자녀는 있지만 자녀에게 의존하지 않고 취미, 운동, 여가 생활로 부부만의 인생을 즐기는 새로운 노년 세대를 말한다.

ⓐ 네스팅족

신가정주의를 추구하기 때문에 단란하고 화목한 가정 분위기를 무엇보다 중요시하고 이에 따른 **집안 꾸미기에 열중하는 신세대이다.** 최근 개인주의와 생활 양식의 서구화로 인해 1인 가구의 증가와 가정 해체가 많아지는 데 반해 가족 중심적인 생활과 여가 중시 문화가 결합하여 새로 등장하였다.

ⓒ 사이버펑크족

컴퓨터 세대들이 이끄는 새로운 반문화 집단을 지칭한다. 이들은 금속 마찰음과 전자음, 무전기 송신음 등 온갖 소리들을 뒤섞은 새로운 음악을 만들고 미술, 의상, 헤어스타일 등 다른 분야들에서도 실험적인 시도들을 한다. 이들은 컴퓨터 섹스, 두뇌 개발 등 향락적이고 비생산적인 분야에 집중한다. 사이버와 불량기를 내포한 펑크의 합성어이다.

ⓔ 슬로비족

슬로비족은 '천천히 그러나 더 훌륭하게 일하는 사람(Slow But Better Working People)'의 약칭이다. 이들은 주식투자보다 저축을 하고 돈보다 행복을 위해 근무시간을 줄이거나 전원생활을 위해 도시 외곽으로 거주지를 옮기기도 한다. 빠르게 돌아가는 사회에서 속도를 늦추고 더 천천히 살기를 원하며 물질적 풍요와 성공 지향적 출세보다는 마음의 행복과 가족을 중시한다. 이들은 주5일제 확대시행과 함께 점차 늘어나고 있다.

ⓟ 보보족

보보는 부르주아(bourgeois)와 보헤미안(bohemians)의 합성어이다. 보보족이라는 단어는 데이비드 브룩스가 『보보스 인 파라다이스(Bobos In Paradise)』라는 제목의 책을 발간하며 처음 사용하였다. 부르주아의 야망과 성공, 보헤미안의 반항과 창조성이라는 이중적 성향을 모두 가진 남성을 보보라고 한다. 즉, 보보는 미국의 전통적인 중상류층을 대체하며 등장한 계층으로, 교육을 많이 받은 엘리트라는 것이 특징이다. 야망과 세속적 성공을 추구한다는 점에서 지난 세기의 부르주아와 공통되지만, 자유와 진보, 야성과 자연, 창조성 등을 추구한다는 점에서 히피와도 닮았다. 이런 보보족은 아이디어와 지식으로 성공을 이루며 디지털 정보 시대의 미국 사회를 지배하는 새로운 기득권층이 되었다.

2 비교문화

국제시장에 진출하기 위해서는 각국의 소비자행동을 파악해야 하고 비교문화에 대한 이해를 가지고 접근해야 한다. 우리나라에서 잘 팔리는 제품을 그대로 다른 나라에 가져간다고 해서 잘 팔릴지는 미지수이다. 비교문화 분석은 국제화된 시장 환경에서 필수적이다.

(1) 홉스테드의 4차원 모델

홉스테드의 IBM 연구는 국가 간의 문화 차이를 설명하는 데 많이 인용된다. 홉스테드는 다국적 기업 IBM의 세계 각 지부에 근무하는 직원들을 대상으로 국가문화 간의 차이를 연구하였다. 여기에서 그는 가치 수준에서 네 개의 문화 차원을 발견하였다.

① **개인주의 vs 집합주의**

개인주의 vs 집합주의 차원은 사회에서 개인과 집단 중에 어느 쪽의 역할이 우선되는지에 따라 정체성을 구분한다. 개인주의는 '한 국가의 사람들이 집단의 일원으로서보다는 개인으로서 행동하는 것을 선호하는 정도'를 의미한다. 개인주의에 대립되는 것은 집합주의이다. 개인주의 사회는 집단이익보다 개인이익을 우선시한다. 그래서 개인주의 사회에서는 개인 간의 연계가 느슨하다. 반면 집합주의 사회는 개인이익보다 집단이익을 우선시한다. 자기 자신을 '우리'라는 집단의 일부라고 생각한다. 개인이라는 의미가 '우리 집단' 속에 통합되어 있다. 개인은 평생 동안 집단에 충성하는 대가로 보호를 받는다.

집합주의 문화에서는 구성원의 조화와 체면 유지가 매우 중시된다. 대결과 갈등은 되도록 피하거나, 피할 수 없다면 체면이 손상되지 않도록 해야 한다. 그래서 집합주의 문화에서는 나 자신보다는 타인과 집단을 의식하는 체면과 수치심의 속성이 부각된다. 반면 개인주의 문화에서는 정면 대결과 갈등을 순기능적으로 생각하고 갈등상황에서 토론하는 것을 유익한 것으로 간주하며, 체면을 덜 의식한다. 따라서 개인주의 문화에서는 타인과 집단보다는 나 자신을 의식하는 자존심과 죄의식이 부각되는 특징을 가진다.

② **권력거리**

권력거리는 '한 나라의 국민이 정상적으로 생각하는 사람들 사이의 불평등 정도'로 정의된다. 이 개념은 권력의 측면에서 강자보다는 약자의 기대와 수용성에 초점을 둔다. 즉, 권력거리란 '한 국가 내 상대적 약자가 권력의 불평등성을 기대·용인하는 정도'를 말한다. 권력거리는 사회가 불평등을 다루는 방식이다. 권력이 작은 사람이나 집단의 불평등한 권력배분상태를 사회가 수용할수록 권력거리가 커진다고 해석한다. 반면 권력의 불평등성을 용인하지 않을수록 권력거리가 작은 문화권으로 해석한다.

③ **불확실성의 회피**

불확실성의 회피 차원은 비구조적 상황 대비 구조적 상황에 대한 선호 정도를 나타낸다. 여기에서 구조적 상황이란 행동방법에 대한 명확한 규칙의 존재가 있는 상황이다. 그래서 불확실성의 회피는 '한 문화권에 속한 구성원들이 애매하거나 모르는 상황으로 인해 위협을 느끼는 정도'로서 정의된다. 불확실의 감정은 학습되기 때문에 불확실성과 이에 대응하는 방식은 문화적 유산이다. 불확실에 대한 감정은 가정, 학교, 그리고 정부와 같은 제도를 통해 전이되고 강화된다. 불안 수준이 높아지면 불확실성의 회피 수준도 증가하는 경향이 있다. 높은 불확실성의 회피는 공식적 규칙과 제재에 대한 믿음으로 연결된다. 같은 맥락에서 불확실성의 회피가 강한 문화에서는 제도에 대한 의존 정도가 높고 변화보다는 안정에 가치를 부여한다.

불확실성의 회피가 강한 문화권에서는 감정적으로 격한 행태가 사회적으로 용인된다. 불확실성의 회피가 강한 국가에서 사람들은 더 신경질적인 에너지를 드러내는 반면, 불확실성을 받아들이는 국가에서 사람들은 덜 신경질적인 경향이 있다. 그래서 불확실성의 회피가 강한 사회는 경직적인 반면에 반대되는 사회는 유연하다. 전자에서는 "다른 것은 위험하다."라는 정서가 강하고 후자에서는 "다른 것은 호기심을 유발한다."라는 정서가 깔려 있다.

④ **남성성 vs 여성성**

남성성 vs 여성성 차원은 모든 사회에서 남성의 역할과 연관된 '강인함의 가치'가 여성의 역할과 연관된 '부드러움의 가치'를 압도하는 정도를 나타낸다. 이 차원은 사회적 성역할을 기초로 남성성과 여성성을 정의한다.

남성성이 지배하는 사회에서는 성의 역할을 명확히 구분한다. 남성은 자기주장이 강하며 물질적 성공에 초점을 두는 반면에 여성은 겸손하고 삶의 질에 관심을 둔다고 가정한다. 여성성이 지배하는 사회에서는 남녀역할이 명확히 구분되지 않고 중첩된다. 남성과 여성 모두 겸손하고 부드러우며 삶의 질에 관심을 둔다고 가정한다. 조직단위에서 남성성이 지배하는 조직은 결과를 강조하며 실적에 따라 보상하는 형평성 원리를 적용하는 경향이 있다. 이에 반해 여성성의 조직은 필요성과 욕구에 보상하는 평등성 원리를 바탕으로 한다. 남성성의 국가는 성취사회를 지향하는 반면에 여성성의 국가는 복지사회를 지향한다. 생물학적 성과 사회적 성 사이에 상관은 있지만 일치하지는 않는다. 남성이 지배하는 상황에서 남성성의 문화가 부각되고 여성이 지배하는 상황에서 여성성의 문화가 부각될 확률은 높다. 그러나 남성이 지배하는 곳에서도 여성적 가치가 강할 수 있고 여성이 지배하는 곳에서도 남성적 가치가 강할 수 있다. 전통적으로 남성이 지배해 온 사회에서 여성이 성공하려면 남성적 가치를 배제해야 한다. 반면 여성이 지배하는 상황에서 남성이 성공하려면 여성적 가치를 습득할 필요가 있다.

(2) 홀의 고맥락 문화와 저맥락 문화

홀(Hall)은 맥락 문화의 차이에 따라 메시지 사용방식이 어떻게 달라지는지 설명하고 있다. 즉, 고맥락 문화는 관조적이어서 간접적이고 모호한 메시지를 사용하는 경향이 있다. 반면에, 저맥락 문화는 분석적이고 행동 지향적이어서 명료한 메시지를 사용하는 경향이 있다. 따라서 커뮤니케이션 상황에서 맥락은 정보의 추상성과 구체성, 빈약함과 풍부함, 피상성과 직접성의 대립으로 설명될 수 있다.

홀(Hall)은 일반적으로 동양 문화권은 고맥락 문화권으로, 서양 문화권은 저맥락 문화권으로 구분하였다. 이는 중국, 한국, 일본과 같은 고맥락 문화에서는 맥락에 대한 깊은 이해를 전제하여 메시지를 암시적이고 함축적으로 제시하는 반면에 미국, 캐나다, 영국과 같은 저맥락 문화권은 이 같은 암시적이고 함축적인 상징에 의존하기보다는 맥락에 대한 낮은 이해도를 전제하여 직접적이고 구체적인 메시지를 선호하며 전달된 메시지의 의미 또한 표현된 그대로 분명히 드러난다.

3 비교문화와 마케팅

국제마케팅 마케터는 두 가지를 함께 고민해야 한다.

첫 번째는 각 나라의 문화와 관계없이 동일하게 요구되는 상품에 대한 니즈를 파악하는 것이고 두 번째는 각 나라의 정치, 경제, 사회, 문화에 대한 차이를 마케팅에 반영하는 것이다. 특히, 경제 발전 수준에 따라 영향을 받는 물품들은 파악이 쉽고 정치의 문제는 마케팅으로 해결하기 어렵지만 그 사회만의 독특한 문화의 차이에 대한 이해는 국제마케팅의 성패를 가르는 데 있어 매우 중요하며 필수적이다.

예를 들면, 삼성전자의 스마트폰은 전 세계에 팔리는 제품이다. 이러한 삼성전자의 스마트폰 마케팅은 여러 문화권에 통하는 보편적이고 공통된 마케팅 전략을 사용하면서도 지역에 따른 독특한 관습과 관행에 맞춘 마케팅을 활용한다. 그 예로 일본을 들 수 있는데, 일본은 애플사의 아이폰의 수요가 커 삼성전자, LG전자 등 국내 제조사의 점유율이 높지 않은 지역이다. 삼성전자는 오직 일본 시장에서만 브랜드 이미지 제고를 위해 2015년부터 '삼성' 대신 '갤럭시' 로고를 쓰고 있다. 즉, 다른 나라에서와 달리 삼성전자가 일본에서 판매하는 갤럭시 스마트폰은 '삼성

(SAMSUNG)' 로고 대신 '갤럭시(GALAXY)' 로고를 부착한 것이다. 일본은 워낙 자국 브랜드에 대한 선호도가 강한 데다, 세계 시장을 주름잡던 자국 토종 브랜드들이 한순간에 쇠락한 것에 대한 경계심까지 겹쳐 삼성의 브랜드가 판매에 악영향을 미치고 있다는 판단에서다. 게다가 일본 국민은 자국 브랜드의 기술력이 최고라는 보수적인 생각을 갖고 있고, 통신사들도 보조금 등에서 철저히 자국 제조사를 우대하는 정책을 쓰고 있기 때문에 선호가 뚜렷한 아이폰을 제외한 다른 외국산 스마트폰은 진입이 쉽지 않은 시장임을 반영한 것이다.

이렇듯 광고나 브랜드 전략은 현지의 환경을 고려해야 한다. 해당 국가의 소비자들에게 예민한 문구는 피해야 하고 유통경로 또한 한번 확립되면 바꾸기 힘들기 때문에 독특한 유통구조를 가지고 있는 지도 반드시 확인해야 한다.

제4절   소비자문화의 확산

오늘날 소비자는 다른 사람과 다르게 보이기를 열망하며 혁신적이고 새로운 것에 대한 욕구가 강하다. 이러한 열망의 추구는 개인의 내면적 욕구에 관심을 기울이게 하고 소비행위를 통해 자신을 표현하려는 것으로 나타난다. 소비자가 자기를 표현하려는 시도 중 하나가 혁신적인 기술적 가치나 상징적 가치에 관심을 기울이는 것이다. 이러한 관심은 소비자들이 구매할 때, 의미적 요소를 눈으로 보고, 손으로 만질 수 있는 지각요소로 바꾸는 기술과 디자인, 브랜드, 상징을 중요하게 생각한다는 것을 의미한다.

1 혁신의 의미

혁신이란 '소비자가 가치 있게 지각하는 새로움의 창조'라 할 수 있다. 소비자 중심의 관점에서 바라보는 혁신이 성공하려면 소비자의 필요와 요구에 대한 이해가 필수적이다. 소비자 관점의 혁신성은 소비자가 혁신을 어떻게 인식하는가에 초점을 맞추고 있다. 혁신성은 소비자가 지각하는 혁신의 새로움 정도이다. 즉, 소비자 관점에서 혁신성이란 '기업 관점에서 제품의 새로움이나 디자인의 새로움에 관계없이 소비자의 관점에서 소비자들의 필요와 욕구를 충족시키는 새로움 정도'라고 정의할 수 있다. 소비자행동과 연관 지어 보면, 소비자들은 혁신을 지각하게 되면 확산하려는 동기를 가지게 된다. 따라서 어떤 제품이나 서비스에 혁신이 일어나게 되고 소비자들에게 받아들여지게 되면, 그 다음으로 혁신의 전파가 이루어진다.

2 혁신의 분류

(1) 제공되는 편익의 유형에 의한 분류

기능적 혁신은 기존 제품에서 사용할 수 없었던 기능이 새롭게 등장한 것을 의미한다. 예를 들면, 통화기능만 있던 핸드폰 시장에 사진도 찍고 음악도 들을 수 있는 스마트폰이 등장한 것이다. 쾌락적 혁신은 소비자에게 새로운 쾌락적 추구를 충족시키도록 제품과 서비스가 개발되는 것을 의미한다. 예를 들면, 패션에서의 이전 시즌과 전혀 다른 새로운 유행이 도래하는 것 등이다. 상징적 혁신은 새로운 사회적 의미가 생성되는 것이다. 예를 들면, 코로나 19가 확산됨에 따라 마스크의 상징이 가리는 것의 의미에서 자신을 보호하기 위해 사용하는 필수품이라는 상징이 추가된 것 등이다.

(2) 소비패턴 변화에 의한 분류

연속적 혁신은 기존 제품을 개선시킨 것으로 HDTV에서 올래드TV로 바뀌면서 TV의 부피가 작아지고 선명해지는 것이다. 즉, 기존 제품의 기능이 개선되는 것을 의미한다. 동적 연속적 혁신은 기존의 제품보다 기술진보가 이루어진 신제품이지만 기존 소비자의 행동유형 변화가 거의 없는 제품이다. 예를 들면, 블루투스 이어폰의 개발이다. 이어폰을 귀에 꽂아 사용하는 방법은 변화가 없지만, 기술 면에서는 큰 변화가 이루어진 것이기 때문이다. 비연속적 혁신은 새로운 소비자행동이 요구되는 혁신이다. 신용카드를 단말기에 긁어서 결제하던 시스템에서 QR코드를 사용하거나 어플을 이용하여 비접촉으로 결제하는 것이다. 새로운 결제방식에 적응하기 위해서 소비자는 행동의 변화가 요구된다.

3 혁신수용의 결정요소

(1) 혁신제품의 특성

혁신제품의 특성에 따라 마케팅 포인트와 마케팅 대상이 되는 소비자들이 달라진다. 즉, 혁신제품에 맞는 마케팅의 여부에 따라 혁신제품의 확산 속도가 달라지므로 혁신제품의 특성을 파악할 필요가 있다. 혁신제품의 특성 5가지는 다음과 같다.

① 상대적 이점

기존 제품과 차별화된 기능이나 성능이 얼마나 혁신적인지에 따라 혁신제품의 수용 속도가 달라진다. 예를 들면, 기존의 데스크탑의 속도가 빨라진다고 해도 데스크탑을 하나 더 사려는 욕구가 생기지는 않지만, 노트북이 출연했을 당시 가지고 다닐 수 있다는 혁신성 때문에 노트북을 구매하려는 소비자들이 가파르게 증가했던 것이다. 차별화된 기능이나 성능이 기존 제품에 없을수록 그러한 기능이나 성능이 필요할수록 혁신제품의 수용 속도는 빨라진다.

② 가치 부합성

소비자가 추구하는 가치와 혁신제품이 표방하는 가치가 일치할 경우, 소비자들은 혁신제품을 사용하는 것을 자신의 가치를 표현하는 것으로 생각하게 된다. 가치부합이 중요한 이유는 소비자는 개인이 추구하는 가치와 소비자가 지각한 혁신제품의 표방 가치가 유사할 경우, 주의를 기울이고 혁신제품이 표현하는 가치를 매력적이며 중요하다고 여기기 때문이다. 예를 들면, 친환경 소비를 추구하는 소비자들은 계면활성제가 없는 친환경 세제가 개발되면 친환경 세제가 자신이 가진 소비가치와 일치하고 그 소비를 통해 자신이 추구하는 가치를 표현하므로 훨씬 더 고민하지 않고 가격이 높더라도 구매한다.

③ 단순성

혁신제품을 이해하거나 사용하기가 얼마나 쉬운지도 혁신제품의 수용 속도에 영향을 미친다. 예를 들면, 핸드폰에서 스마트폰으로 바뀔 때, 아이폰은 기술의 혁신도 추구하였지만 새로운 기계라고 할지라도 보면 바로 쓸 수 있게 만드는 데에 많은 투자를 하였다. 그 결과 초기 안드로이드폰보다 사용자들의 만족도가 높았고 한번 아이폰을 쓰게 된 소비자들은 그 후에도 아이폰을 사용하였다. 초기 안드로이드폰은 사용의 편의성보다는 기술의 혁신에 초점을 맞추어 초기 시장에서 점유율이 낮았다. 즉, 사용자 편의성을 갖추는 것은 혁신제품의 수용 속도를 빠르게 한다.

④ 관찰 가능성

혁신제품이 관찰로 구분이 가능할 때 혁신제품의 수용 속도가 빨라진다. 예를 들면, 처음 하이브리드차가 개발될 때 기존의 자동차 브랜드에 하이브리드차를 추가한 하이브리드차의 판매량보다 하이브리드차를 위한 새로운 브랜드를 개발한 도요타의 프리우스의 판매량이 월등하게 높았다. 환경을 위해 전기를 사용하는 하이브리드차를 구매했다는 사실이 표현될수록 판매가 더 이루어진다는 것을 보여준다.

⑤ 시험사용 가능성

소비자들이 혁신제품이나 서비스를 사용하는 기회를 제공하는 경우 혁신제품의 수용 속도가 높아진다. 예를 들면, 모든 은행의 계좌를 한눈에 볼 수 있고 이체도 가능한 '토스' 애플리케이션의 경우, 토스에 처음 가입한 사람에게 1,000원을 주고 이체를 경험하도록 한다. 이러한 경우 토스의 메인 기능인 이체를 경험하도록 하는 효과가 있어 토스를 설치한 이후에 토스를 통해 이체할 가능성이 높아진다.

(2) 사회적 시스템

혁신이 확산되는 데 있어 사회구조, 사회적 규범, 얼리어답터의 존재, 혁신수용의 의견 전달 체계 등 사회시스템이 어떤 형태로 이루어져 있는지가 혁신확산의 패턴과 속도에 영향을 미친다. 예를 들면, 긴급재난지원기금이 일본과 한국이 같은 날 결정되었음에도 불구하고 긴급재난지원금의 지급 속도는 한국이 훨씬 빨랐다. 이는 사회시스템이 새로운 것을 받아들이는 속도에 영향을 미친다는 것을 보여준다.

(3) 시간

혁신확산에 있어 같은 사회 속에 존재한다고 하더라도 개인적인 시간 차이가 있게 된다. 이는 개별 소비자마다 혁신수용과정, 혁신수용속도에 차이가 있다는 것을 보여준다. 소비자의 혁신수용과정은 일반적으로 지식수준, 설득유형, 의사결정유형, 실행력, 필요도에 따라 차이가 발생한다. 예를 들면, 은행이 모바일 뱅킹이 시작된 지 10년이 넘었지만, 아직도 모바일 뱅킹을 사용하지 않는 소비자들도 많은 것은 소비자마다 혁신수용속도가 다르다는 것을 보여준다.

(4) 의사소통경로

혁신이 전파되고 수용되는 과정은 크게 두 가지로 나뉜다. 하나는 매스미디어를 통해서이고 다른 하나는 인적경로를 통해서이다. 전달 속도와 비용효율의 측면에서는 매스미디어가 유용하지만 혁신성에 대한 설명이 구매로 이어지는 확률은 인적 의사소통이 더 높다. 따라서 혁신제품의 경우, 광고도 중요하지만, 구전 커뮤니케이션도 매우 중요하다.

4 혁신확산이론

혁신확산이론에 따르면, 혁신수용시기에 따라 혁신 수용자는 다섯 집단으로 나뉜다. 즉, **혁신자, 얼리어답터, 초기 대중, 후기 대중, 느린 사람**으로 구분할 수 있는데, 이들 집단은 각기 다른 특성들을 지니고 있다. 혁신 커브에서는 소비자를 소비성향에 따라 5단계로 구분하여 보여준다. 신제품을 가장 먼저 구입하는 2.5%는 혁신가, 15%는 얼리어답터, 50%까지는 초기 대중, 그 이하부터 84%까지는 후기 대중, 가장 밑의 16%는 느린 사람으로 구분했다. 이는 원래 기업의 마케팅전략을 짜기 위해 고안된 개념인데, 예를 들어 물건을 출시하기 전에 전체 예측판매량을 100으로 예상했다면 2.5개가 팔려나간 시점, 15개가 팔려나간 시점, 50개가 팔려나간 시점, 84개가 팔려나간 시점에 가격정책을 다르게 가져가야 한다는 것을 시사한다.

일반적으로, 혁신자 및 초기 수용자들은 다른 사람들에 비해 모험심, 리더십, 복잡한 기술에 대한 이해력 등이 더 뛰어나다고 한다. 하지만, 어떤 특정한 새로운 것을 언제 수용했느냐에 따라 개인의 혁신성을 측정하는 것은 이미 혁신대상을 수용한 상태에서 이루어지는 것이기 때문에 미래 예측에 크게 기여하지 못하며 그 측정의 신뢰성이나 타당성을 평가할 방법이 없다는 점이 단점이다.

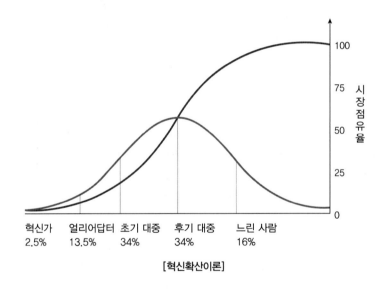

[혁신확산이론]

5 기술수용모델

기술수용모델(TAM : Technology Acceptance Model)은 다양한 정보기술을 사용하는 소비자를 대상으로 이용 행동을 설명하고 예측하기 위해 시스템적으로 개발된 간단하고 설명력이 높은 모형이다. 새로운 정보기술을 왜 사람들이 수용하거나 거부하는지를 이해하기 위하여 활용된다.

기술수용모델은 크게 '지각된 유용성, 지각된 용이성, 태도, 행동의도'의 4가지로 구성되어 있다. 지각된 유용성은 '소비자가 혁신제품을 사용할 때 유용하다고 기대하는 정도'라고 정의할 수 있다. 이는 소비자가 기존의 기술이 보여줄 수 없었던 특정 기술을 유용하게 이용하는 것이 소비자의 삶의 질이 향상될 것이라는 결과에 대한 평가로 이해할 수 있다.

지각된 (사용) 용이성은 '소비자가 혁신제품을 이용하는 데 특별한 어려움이 없을 것이라고 생각하는 정도'라고 정의할 수 있다. 이는 정보기술이나 혁신제품에 대해 습득하고 사용하는 데 필요한 소비자의 정신적 또는 물리적 노력에 대한 평가로 이해할 수 있다. 즉, 신기술이나 새로운 시스템에 대해 적응하기 쉽다고 생각되거나 유용하다고 판단되는 경우에 따라 혁신제품 수용에 대한 소비자의 태도가 결정된다고 볼 수 있다.

이렇게 형성된 태도는 개인의 행동에 대한 신념과 감정을 나타내며, 직접적으로 구매의도에 영향을 주게 된다. 즉, 태도는 지각된 유용성과 자각된 사용 용이성에 영향을 받으며, 이러한 태도는 구매 의도에 영향을 끼치게 되고 구매행동으로 연결되는 것이다. 기술수용모델은 은행의 ATM이 도입될 때, 가상화폐가 막 시작되었을 때, 인터넷 전용 은행이 새로 만들어졌을 때 등 새로운 기술과 결합된 제품이나 서비스가 소비자들에게 어떻게 수용되는지를 평가하는 도구로써 활용되고 있다.

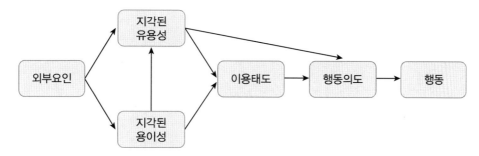

[Davis(1989)의 기술수용모델(TAM : Technology Acceptance Model) 모형]

※ 다음 지문의 내용이 맞으면 ○, 틀리면 ✕를 체크하시오. [1~10]

01 문화는 사회구성원에 의하여 습득, 공유, 전달되는 행동이나 생활 양식을 통해 이룬 정신적 소득을 통틀어 이르는 말이다. (   )

02 '경험으로서의 소비'는 소비가 목적이며 집단적 차원에서 발생하는 소비행위를 의미한다.
(   )

03 사회학에서 소비문화는 한 사회의 소비 의미와 상징이 무엇인지 해석하고 설명한다. (   )

04 예술이 특권층의 전유물이라고 여기는 문화 엘리트주의에서 대중문화는 사회적 맥락이 아니라 예술적 현상으로 인식하였다. (   )

05 네스팅족은 미시족에 대응하는 신세대 남편들로 보통 20대 후반 30대 중반의 총각 같은 유부남을 가리킨다. (   )

06 하위문화를 가지고 있는 집단은 이탈적이거나 수준이 낮은 위치로 여겨지며 인종, 연령, 계급의 사회적인 차별로 인하여 수직적인 구조에서 낮은 위치로 인식된다. (   )

정답과 해설 01 ✕ 02 ✕ 03 ✕ 04 ✕ 05 ✕ 06 ○

01 문화는 사회구성원에 의하여 습득, 공유, 전달되는 행동이나 생활 양식을 통해 이룬 물질적·정신적 소득을 통틀어 이르는 말이다.
02 '경험으로서의 소비'는 소비가 목적이며 개인적 차원에서 발생하는 소비행위를 의미한다.
03 인류학에서 소비문화는 한 사회의 소비 의미와 상징이 무엇인지 해석하고 설명한다.
04 예술이 특권층의 전유물이라고 여기는 문화 엘리트주의에서 대중문화는 예술적 맥락이 아니라 사회적 현상으로 인식하였다.
05 우모족은 미시족에 대응하는 신세대 남편들로 보통 20대 후반에서 30대 중반의 총각 같은 유부남을 가리킨다.
06 하위문화를 가지고 있는 집단은 이탈적이거나 수준이 낮은 위치로 여겨지며 인종, 연령, 계급의 사회적인 차별로 인하여 수직적인 구조에서 낮은 위치로 인식된다.

07 홀(Hall)은 일반적으로 서양 문화권은 고맥락 문화권으로, 동양 문화권은 저맥락 문화권으로 구분하였다. (   )

08 소비자가 추구하는 가치와 혁신제품의 표방하는 가치가 일치할 경우, 소비자들은 혁신제품을 사용하는 것을 자신의 가치를 표현하는 것으로 생각하게 된다. (   )

09 권력거리는 '한 나라의 국민이 정상적으로 생각하는 사람들 사이의 평등 정도'로 정의된다.
(   )

10 개인주의는 '한 국가의 사람들이 집단의 일원으로서보다는 개인으로서 행동하는 것을 선호하는 정도'를 의미한다. (   )

정답과 해설   07 ×   08 ○   09 ×   10 ○

07 홀(Hall)은 일반적으로 동양 문화권은 고맥락 문화권으로, 서양 문화권은 저맥락 문화권으로 구분하였다.
08 소비자가 추구하는 가치와 혁신제품의 표방하는 가치가 일치할 경우, 소비자들은 혁신제품을 사용하는 것을 자신의 가치를 표현하는 것으로 생각하게 된다.
09 권력거리는 '한 나라의 국민이 정상적으로 생각하는 사람들 사이의 불평등 정도'로 정의된다.
10 개인주의 사회는 집단이익보다 개인이익을 우선시한다. 그래서 개인주의 사회에서는 개인 간의 연계가 느슨하다.

제 **8** 장 | **실전예상문제**

01 사회적 관계의 원활함을 위해 준비하고 예를 갖추는 것이 의례의 본래 목적이다.

01 다음 중 의례에 대한 설명으로 옳지 않은 것은?

① 의례는 의례를 준비하거나 의례의 과정에 참여하는 사람들이 서로의 사회적 관계를 인식하도록 한다.
② 의례를 통해 사회적 관계는 규격화하고 더욱 돈독하게 변한다.
③ 사회적 관계의 위계질서 확립을 위해 준비하고 예를 갖추는 것이 의례의 본래 목적이다.
④ 개인은 출생부터 사망에 이르기까지 삶의 중요한 사건이 일어날 때에 일정한 의례를 치르게 된다.

02 가족으로부터 자유로운 생활을 하고 가족에 대해 부정적인 생각을 갖는 경우가 많으며 나이나 신분이 같은 집단으로부터 더 많은 영향을 받는다.

02 다음 중 켄 젤더가 제시한 하위문화 특성으로 옳지 않은 것은?

① 놀기 좋아하고 게으르다는 비난을 받는다.
② 전통적인 계급에 대한 연대감이 없고 이중적 태도를 가진다.
③ 대중적이고 일반적인 것에 대해 본능적으로 거부감을 갖는다.
④ 가족으로부터 자유로운 생활을 하고 가족에 대해 긍정적인 생각을 갖는 경우가 많으며 나이나 신분이 다른 집단으로부터 더 많은 영향을 받는다.

정답 01 ③ 02 ④

03 다음 중 ( )에 들어갈 개념은 어떤 것인가?

> 기술수용모델은 크게 ( ), 지각된 용이성, 태도, 행동 의도의 4가지로 구성되어 있다. ( )은/는 '소비자가 혁신제품을 사용할 때 유용하다고 기대하는 정도'라고 정의할 수 있다. 이는 소비자가 기존의 기술이 보여줄 수 없었던 특정 기술을 유용하게 이용하는 것이 소비자의 삶의 질이 향상될 것이라는 결과에 대한 평가로 이해할 수 있다.

① 지각된 유용성
② 혁신성
③ 편의성
④ 관여도

04 다음 중 소비에 대한 설명으로 옳지 않은 것은?

① 소비는 소비하는 물건의 상징을 통해 정체성을 잃어버리는 수동적인 과정이다.
② 소비는 소비자의 욕구와 욕망을 만족시키기 위하여 재화와 서비스를 선택하고, 구매, 사용하는 과정이다.
③ 소비는 자신의 독특한 주관적인 환상을 재현하고 체험하기 위한 방식이다.
④ 소비는 사물 자체의 사용가치를 소비하는 것이 아니라 사물에 부여된 상징을 소비하는 것이다.

03 지각된 유용성은 '소비자가 혁신제품을 사용할 때 유용하다고 기대하는 정도'라고 정의할 수 있다.

04 소비는 소비하는 물건의 상징을 통해 정체성 의식을 창조하고 유지하는 능동적인 과정이다.

정답 (03 ① 04 ①)

05 대중에게 받아들여진 감성은 소비자의 가치 인식에서 장기적 로열티를 형성하는 데 중요한 역할을 하며 구매결정과 매출 향상에 기여한다.

05 다음 중 대중문화에 대한 설명으로 옳지 않은 것은?

① 대중문화는 대중에게 선택되고 수용되어야 대중문화가 되며, 소비자를 배제하고서는 성공적인 대중문화라 할 수 없다.

② 대중문화는 마케팅의 원리처럼 수요와 공급의 법칙에 의해 시장에서 요구하는 수요 상황에 따라 공급도 변한다.

③ 대중문화의 감성 호소는 감성적 소비자를 창출하며 기업은 대중문화를 활용하여 고객의 충성도를 높여 매력적인 제품 또는 브랜드를 창출할 수 있다.

④ 대중에게 받아들여진 감성은 소비자의 가치 인식에서 새로운 고객을 발굴하는 데 중요한 역할을 하지만 구매결정과 매출 향상에 영향을 미치지 않는다.

06 ② 손질의례는 상품으로부터 사라져가는 의미를 도출하는 데 필요한 반복적인 의례행동이다. 손질의 대상은 자신일 수도 소유하는 대상물일 수도 있다.
③ 교환의례란 선물교환과 같이 개인 간 영향을 미칠 때 사용되며, 선물 받은 사람의 생활 속에 상징적 속성을 심어줌으로써 의미 이전의 가능성을 열어주는 의례이다.
④ 처분의례는 새로운 소유자가 이전 소유자의 의미를 지울 때 또는 개인이 물건을 버리거나 팔아버림으로써 그 물건의 의미를 없애려고 할 때 일어나는 의례이다.

06 맥크라켄(McCracken)의 의례행동 중 소유의례, 손질의례, 교환의례, 박탈의례에 관한 설명으로 옳은 것은?

① 소유의례란 사람들이 새로운 소유품을 닦고 논의하고 비교하며 자랑하는 행위이며, 소유의례를 통해 상품에서 문화적 의미가 삶 속으로 전달된다.

② 교환의례는 상품으로부터 사라져가는 의미를 도출하는 데 필요한 반복적인 의례행동이다.

③ 처분의례란 선물교환과 같이 개인 간 영향을 미칠 때 사용되며, 선물 받은 사람의 생활 속에 상징적 속성을 심어줌으로써 의미 이전의 가능성을 열어주는 의례이다.

④ 손질의례는 새로운 소유자가 이전 소유자의 의미를 지울 때 또는 개인이 물건을 버리거나 팔아버림으로써 그 물건의 의미를 없애려고 할 때 일어나는 의례이다.

정답 05 ④ 06 ①

07 다음 중 문화에 대한 설명으로 올바르지 <u>않은</u> 것은?

① 문화는 사상, 의상, 언어, 종교, 의례, 법이나 도덕 등의 규범, 가치관과 같은 것들을 포괄하는 사회 전반의 생활 양식이다.

② 문화는 사회구성원에 의하여 습득, 공유, 전달되는 행동이나 생활 양식을 통해 이룬 물질적·정신적 소득을 통틀어 이르는 말이다.

③ 시대 흐름에 따라 변화하는 문화에 맞추어 소비자들의 니즈를 파악하기는 힘들다.

④ 문화는 인간 집단의 지식·신념·행위의 총체라고 할 수 있다.

07 시대 흐름에 따라 변화하는 문화에 맞추어 소비자들의 니즈를 파악하여야 한다.

08 보보족에 대한 설명으로 옳지 <u>않은</u> 것은?

① 부르주아의 야망과 성공, 보헤미안의 반항과 창조성이라는 이중적 성향을 모두 가진 남성을 보보라고 한다.

② 보보족은 미국의 전통적인 중상류층을 대체하며 등장한 계층으로, 교육을 많이 받은 엘리트라는 것이 특징이다.

③ 야망과 세속적 성공을 추구한다는 점에서 지난 세기의 부르주아와 공통되지만, 자유와 진보, 야성과 자연, 창조성 등을 추구한다는 점에서 히피와도 닮았다.

④ 보보족은 경제적 성공을 이루지는 못했지만, 디지털 정보시대의 반항아가 되었다.

08 보보족은 아이디어와 지식으로 성공을 이루며 디지털 정보시대의 미국 사회를 지배하는 새로운 기득권층이 되었다.

정답 07 ③ 08 ④

09 태도는 개인의 행동에 대한 신념과 감정을 나타내며, 직접적으로 구매 의도에 영향을 미친다.

09 기술수용모델에 대한 설명으로 옳지 않은 것은?

① 신기술이나 새로운 시스템에 대해 적응하기 쉽다고 생각되거나 유용하다고 판단되는 경우에 따라 혁신제품 수용에 대한 소비자의 태도가 결정된다고 볼 수 있다.

② 태도는 지각된 유용성과 자각된 (사용) 용이성에 영향을 받으며, 이러한 태도는 구매의도에 영향을 끼치게 되고 구매행동으로 연결된다.

③ 기술수용모델은 은행의 ATM이 도입될 때, 가상화폐가 막 시작되었을 때, 인터넷 전용 은행이 새로 만들어졌을 때 등 새로운 기술과 결합된 제품이나 서비스가 소비자들에게 어떻게 수용되는지를 평가하는 도구로써 활용되고 있다.

④ 태도는 개인의 행동에 대한 신념과 감정을 나타내며, 직접적으로 구매의도에 영향을 주지 못하고 간접적으로만 영향을 미친다.

10 대중문화에 대한 부정적 이미지를 면밀하게 고찰하게 되면, 바로 선정적이고 통속적이며 경박하고 감상적이고 진부하고 유치하며 폭력적인 속성들이 대중문화를 대중문화이게 만든 핵심코드라는 것을 알 수 있다.

10 대중문화에 대한 설명으로 옳지 않은 것은?

① 대중문화는 문화 엘리트주의나 지배계급층이 향유하는 것들이 아닌 일반 대중들이 일상 속에서 향유하는 문화로 정의된다.

② 문화 엘리트주의자들은 대중문화를 선정적이고 통속적이며 경박하고 감상적이고 진부하고 유치하며 폭력적이라고 평가하였다.

③ 대중문화에 대한 긍정적 이미지를 면밀하게 고찰하게 되면, 그러한 속성들이 대중문화를 대중문화이게 만든 핵심코드라는 것을 알 수 있다.

④ 대중문화는 평범한 사람들이 성장 과정에서 접하고 즐겼던 '경험'의 산물이다.

정답 09 ④ 10 ③

11 다음 중 혁신에 대한 설명으로 옳지 <u>않은</u> 것은?

① 혁신이란 '소비자가 가치 있게 지각하는 새로움의 창조'라 할 수 있다.

② 소비자 관점에서 혁신성이란 '기업 관점에서 제품의 새로움 이나 디자인의 새로움을 바탕으로 소비자들의 필요와 욕구 를 충족시키는 새로움 정도'라고 정의할 수 있다.

③ 소비자들은 혁신을 지각하게 되면 확산하려는 동기를 가지 게 된다.

④ 소비자 중심의 관점에서 바라보는 혁신이 성공하려면 소비 자의 필요와 요구에 대한 이해가 필수적이다.

11 소비자 관점에서 혁신성이란 '기업 관점에서 제품의 새로움이나 디자인 의 새로움에 관계없이 소비자들의 필요와 욕구를 충족시키는 새로움 정도'라고 정의할 수 있다.

12 다음 중 소비문화에 대한 설명으로 옳지 <u>않은</u> 것은?

① 사회학적 소비문화 연구는 개인의 선택, 욕망에 관한 연구가 아니고 사회관계, 사회구조, 제도, 사회체계 안에서 소비문 화를 바라본다.

② 사회학자에 따르면, 소비문화란 사람들이 문화적인 범주와 원리를 표현하고, 이상을 구하고 라이프스타일을 창출해서 유지하고, 자신에 대한 관념을 구성하며 사회변화를 만들어 내기 위해서 제품의 의미를 사용하는 것이다.

③ 사회학에서는 현대사회의 기본적인 구성 원리로서 소비문화 를 활용하여 현대사회를 설명하고 사회 문제를 성찰한다.

④ 인류학에서 소비문화는 한 사회의 소비의 의미와 상징이 무 엇인지 해석하고 설명한다.

12 인류학자에 따르면, 소비문화란 사 람들이 문화적인 범주와 원리를 표 현하고, 이상을 구하고 라이프스타 일을 창출해서 유지하고, 자신에 대 한 관념을 구성하며 사회변화를 만 들어내기 위해서 제품의 의미를 사 용하는 것이다.

정답 11 ② 12 ②

13 어떤 특정한 새로운 것을 언제 수용
했느냐에 따라 개인의 혁신성을 측
정하는 것은 미래 예측에 크게 기여
하지 못하며 그 측정의 신뢰성이나
타당성을 평가할 방법이 없다는 점
이 단점이다.

13 혁신확산이론에 대한 설명으로 옳지 <u>않은</u> 것은?

① 혁신확산이론에 따르면, 혁신수용시기에 따라 혁신 수용자
는 다섯 집단으로 나뉜다.
② 혁신자 및 초기 수용자들은 다른 사람들에 비해 모험심, 리
더십, 복잡한 기술에 대한 이해력 등이 더 뛰어나다고 한다.
③ 어떤 특정한 새로운 것을 언제 수용했느냐에 따라 개인의 혁
신성을 측정하는 것은 미래 예측에 크게 기여한다.
④ 기업의 마케팅전략을 짜기 위해 고안된 개념이다.

14 각 나라의 정치, 경제, 사회, 문화에 대
한 차이는 마케팅에 반영해야 한다.

14 다음 중 국제마케팅에 대한 설명으로 옳지 <u>않은</u> 것은?

① 각 나라의 문화와 관계없이 동일하게 요구되는 상품에 대한
니즈를 파악해야 한다.
② 광고나 브랜드 전략은 현지의 환경을 고려하여 해당 국가의
소비자들에게 예민한 문구는 피해야 한다.
③ 유통경로 또한 한번 확립되면 바꾸기 힘들기 때문에 독특한
유통구조를 가지고 있는지도 반드시 확인해야 한다.
④ 각 나라의 정치, 경제, 사회, 문화에 대한 차이는 마케팅에
반영을 안 하는 것이 좋다.

15 '경험으로서의 소비'는 소비가 목적
이며, 소비대상에 대한 주관적이며
감정적인 반응이 중요하다.

15 홀트(Holt)의 소비행위에 대한 설명으로 옳지 <u>않은</u> 것은?

① '목적으로서의 소비'는 소비가 목적이며, 소비대상에 대한
주관적이며 감정적인 반응이 중요하다.
② '사회적 유희로서의 소비'는 소비경험이 공유되고 극대화
된다.
③ '통합으로서의 소비'는 소비대상의 의미를 습득하고 조작하
면서 자신의 정체성을 강화하는 과정이다.
④ '분류로서의 소비'란 사회적 상황에서 소비자의 위치를 나타
내고자 하는 소비이다.

정답 13 ③ 14 ④ 15 ①

16 피에르 부르디외(Pierre Bourdieu)의 소비이론에 대한 설명으로
옳지 <u>않은</u> 것은?

① 문화적 생활양식은 개인의 무의식과 습관을 지배하고 있으
며, 문화에 감춰진 계급적 불평등에 익숙한 채 살아가고 있다.

② 문화는 사회적·경제적 계급 사이의 생활방식을 표시하고
타인과 자신을 구별 짓기 위해 쓰인다.

③ 다양한 소비, 음식을 차리고 먹는 방식, 가구, 실내장식, 음
악, 예술적 취향 등의 소비는 특정 집단의 계급 정체성을 나
타낸다.

④ 부르디외의 차이화이론은 최신 소비문화이론이다.

17 장 보드리야르(Jean Baudrillard)의 소비에 대한 설명으로 옳지
<u>않은</u> 것은?

① 인간의 욕구를 사회적 차이에 대한 욕구로 해석하며, 이런
해석 방식을 기초로 '사회적 차이화이론'을 만들었다.

② 옷, 음식, 장신구, 가구, 오락 등을 소비함으로써 내가 누구
인가에 관한 생각을 표현할 뿐 아니라 내가 누구인가에 대한
정체성 의식을 만들어 나간다.

③ 사회를 기호로 파악하고, 사물을 언어의 체계로 해석한다.

④ 상품의 소비를 사용가치의 소비보다는 행복, 안락함, 사회
적 권위, 현대성 등의 소비로 규정하였다.

---

16 부르디외의 차이화이론은 근대 사회
학적 소비문화이론이다.

17 사물을 기호로 파악하고, 사회를 언
어의 체계로 해석한다.

정답 16 ④ 17 ③

01

정답 지각된 유용성, 지각된 용이성, 태도, 행동의도

해설 기술수용모델은 다양한 정보 기술을 사용하는 소비자를 대상으로 이용 행동을 설명하고 예측하기 위해 시스템적으로 개발된 간단하고 설명력이 높은 모형이다. 기술수용모델은 지각된 유용성, 지각된 용이성, 태도, 행동의도 크게 4가지로 구성되어 있다. 지각된 유용성은 '소비자가 혁신제품을 사용할 때 유용하다고 기대하는 정도'라고 정의할 수 있다. 지각된 (사용) 용이성은 '소비자가 혁신제품을 이용하는 데 특별한 어려움이 없을 것이라고 생각하는 정도'라고 정의할 수 있다. 태도는 지각된 유용성과 자각된 (사용) 용이성에 영향을 받으며, 이러한 태도는 구매의도에 영향을 끼치게 되고 구매행동으로 연결된다.

02

정답 ㉠: 상징
㉡: 영웅
㉢: 의식
㉣: 가치

해설 홉스테드는 문화는 상징, 영웅, 의식, 가치라는 요소로 구성되어 있다고 하였고 이러한 홉스테드의 구성요소를 통해 각 나라, 각 집단의 소비문화를 파악할 수 있다.

주관식 문제

01 기술수용모델의 4가지 구성요소를 기술하시오.

02 다음 ( ) 안의 ㉠, ㉡, ㉢, ㉣에 들어갈 내용을 쓰시오.

> 홉스테드는 문화는 (㉠), (㉡), (㉢), (㉣)라는 요소로 구성되어 있다고 하였다. 이러한 문화의 네 가지 요소에 기반하여 소비문화에 대해 다음과 같은 정의를 도출할 수 있다. 소비문화는 소비가 상징하는 의미(㉠), 사회구성원이 추구하는 바람직한 소비의 모델(㉡), 소비의 의미와 소비의 이상을 추구하기 위한 구체적인 소비 행동 양식(㉢), 마지막으로 소비자의 소비생활을 지배하는 관념이나 사상, 소비 규범(㉣)로 구성된다.

03 다음 ( ) 안의 ㉠, ㉡, ㉢, ㉣, ㉤에 들어갈 내용을 쓰시오.

> 혁신확산이론에 따르면, 혁신수용시기에 따라 혁신 수용자는 다섯 집단으로 나뉜다. 즉, (㉠), (㉡), (㉢), (㉣), (㉤)으로 구분할 수 있는데, 이들 집단은 각기 다른 특성들을 지니고 있다. 혁신 커브에서는 소비자를 소비성향에 따라 5단계로 구분하여 보여준다. 신제품을 가장 먼저 구입하는 2.5%는 (㉠), 15%는 (㉡), 50%까지는 (㉢), 그 이하부터 84%까지는 (㉣), 가장 밑의 16%는 (㉤)으로 구분했다.

03

정답 ㉠: 혁신자
㉡: 얼리어답터
㉢: 초기 대중
㉣: 후기 대중
㉤: 느린 사람

해설 혁신확산이론에 따르면, 혁신수용시기에 따라 혁신 수용자는 혁신자, 얼리어답터, 초기 대중, 후기 대중, 느린 사람으로 구분하였다. 이 이론은 기업의 마케팅 전략을 짜기 위해 고안된 개념인데, 예를 들어 물건을 출시하기 전에 전체 예측판매량을 100으로 예상했다면 2.5개가 팔려나간 시점, 15개가 팔려나간 시점, 50개가 팔려나간 시점, 84개가 팔려나간 시점에 가격정책을 다르게 가져가야 한다는 것을 시사한다.

04 트렌드의 정의와 특징에 대하여 설명하시오.

04

정답 트렌드는 사전적으로 '사상이나 행동 또는 어떤 현상에서 나타나는 일정한 방향'을 의미하며 현재 어떠한 일이 일어나고 있는가, 그리고 그 일이 앞으로 어떠한 일로 연속적으로 이어지는가, 그 결과 어떠한 미래를 가져오는가에 대한 지식정보이다. 트렌드는 1년에서 5년, 길게는 10년까지 지속되며 많은 소비자에게 호응을 얻는 경향으로 사회문화 변화와 흐름에 큰 영향을 미친다.

05

㉠: 연속적 혁신
㉡: 동적 연속적 혁신
㉢: 비연속적 혁신

연속적 혁신은 기존 제품을 개선시킨 것으로 HDTV에서 올래드TV로 바뀌면서 TV의 부피가 작아지고 선명해지는 것이다. 비연속적 혁신은 새로운 소비자 행동이 요구되는 혁신이다.

05 다음 ( ) 안의 ㉠, ㉡, ㉢에 들어갈 내용을 쓰시오.

(㉠)은 기존 제품을 개선시킨 것으로 HDTV에서 올래드TV로 바뀌면서 TV의 부피가 작아지고 선명해지는 것이다. 즉, 기존 제품의 기능이 개선되는 것을 의미한다. (㉡)은 기존의 제품보다 기술진보가 이루어진 신제품이지만 기존 소비자의 행동유형 변화가 거의 없는 제품이다. 예를 들면, 블루투스 이어폰이 개발된 것이다. 이어폰을 귀에 꽂아 사용하는 방법은 변화가 없지만 기술 면에서는 큰 변화가 이루어진 것이기 때문이다. (㉢)은 새로운 소비자 행동이 요구되는 혁신이다. 신용카드를 단말기에 긁어서 결제하던 시스템에서 QR코드를 사용하거나 어플을 이용하여 비접촉으로 결제하는 것이다. 새로운 결제방식에 적응하기 위해서 소비자는 행동의 변화가 요구된다.

06 시대별 하위문화의 사례 중 다음 제시문에서 설명하는 하위문화의 명칭을 쓰시오.

> • (㉠) : 이들은 돈보다 행복을 위해 근무시간을 줄이거나 전원생활을 위해 도시 외곽으로 거주지를 옮긴다. 빠르게 돌아가는 사회에서 더 천천히 살기를 원하며 물질적 풍요와 성공지향적 출세보다는 마음의 행복과 가족을 중시한다.
> • (㉡) : 신가정주의를 추구하기 때문에 단란하고 화목한 가정 분위기를 무엇보다 중요시하고 이에 따른 집안 꾸미기에 열중하는 신세대이다.

06

정답 ㉠ 슬로비족, ㉡ 네스팅족

해설 슬로비족은 천천히 그러나 더 훌륭하게 일하는 사람(Slow But Better Working People)의 약칭이다. 네스팅족은 최근 개인주의와 생활 양식의 서구화로 인해 1인 가구의 증가와 가정해체가 많아지는 데 반해 가족 중심적인 생활과 여가 중시 문화가 결합하여 새로 등장하였다.

07 다음 제시문에서 설명하는 문화의 특징에 대해 쓰시오.

> • (㉠) : 문화는 사회구성원으로서 개인의 욕구를 어떻게 충족시켜야 하는지 그 방향을 제시하고, 사회구성원에 의해 공유된 이상적인 행동을 제시하고 사회가 원하는 가치를 습득하게 한다.
> • (㉡) : 문화는 선천적으로 알게 되는 것이 아니라 어린 시절부터 문화를 구성하는 신념이나 가치관, 관행 등을 습득하게 된다.

07

정답 ㉠ 문화의 규범성
㉡ 문화의 학습성

해설 문화는 사회 규범적 기능을 가지고 있어 사람들의 행위의 기준을 제시하며, 사회구성원으로서 개인의 욕구를 어떻게 충족시켜야 하는지 그 방향을 제시한다. 또한, 문화는 선천적으로 알게 되는 것이 아니라 학습을 통해 체화된다. 인류학자들은 문화 학습의 유형을 자기문화학습과 타문화학습으로 구별하기도 하였다.

08

정답 개인주의 vs 집합주의, 권력거리, 불확실성의 회피, 남성성 vs 여성성

해설 홉스테드는 다국적 기업 IBM의 세계 각 지부에 근무하는 직원들을 대상으로 국가문화 간의 차이를 연구하였다. 여기에서 그는 가치 수준에서 네 개의 문화 차원을 발견하였다.

개인주의 vs 집합주의 차원은 사회에서 개인과 집단 중에 어느 쪽의 역할이 우선되는지에 따라 정체성을 구분한다.

권력거리란 '한 국가 내 상대적 약자가 권력의 불평등성을 기대·용인하는 정도'를 말하며 사회가 불평등을 다루는 방식이다.

불확실성의 회피 차원은 비구조적 상황 대비 구조적 상황에 대한 선호 정도를 나타낸다.

남성성 vs 여성성 차원은 모든 사회에서 남성의 역할과 연관된 '강인함의 가치'가 여성의 역할과 연관된 '부드러움의 가치'를 압도하는 정도를 나타낸다.

08 홉스테드의 네 개의 문화 차원을 나열하시오.

09

정답 가치 부합성은 소비자가 추구하는 가치와 혁신제품이 표방하는 가치가 일치할 경우, 소비자들은 혁신제품을 사용하는 것은 자신의 가치를 표현하는 것으로 생각하게 된다.

예를 들면, 친환경 소비를 추구하는 소비자들은 계면활성제가 없는 친환경 세제가 개발되면 친환경 세제가 자신이 가진 소비가치와 일치하고 그 소비를 통해 자신이 추구하는 가치를 표현하므로 훨씬 더 고민하지 않고 가격이 높더라도 구매한다.

09 혁신제품의 특성 5가지 중 '가치 부합성'의 특징과 예를 서술하시오.

10 홀의 고맥락 문화와 저맥락 문화를 서술하시오.

10

정답 홀(Hall)은 맥락문화의 차이에 따라 메시지 사용방식이 어떻게 달라지는지 설명하고 있다. 즉 고맥락 문화는 관조적이어서 간접적이고 모호한 메시지를 사용하는 경향이 있다. 반면에, 저맥락 문화는 분석적이고 행동 지향적이어서 명료한 메시지를 사용하는 경향이 있다. 따라서 커뮤니케이션 상황에서 맥락은 정보의 추상성과 구체성, 빈약함과 풍부함, 피상성과 직접성의 대립으로 설명될 수 있다. 일반적으로 동양 문화권은 고맥락 문화권으로, 서양 문화권은 저맥락 문화권으로 구분한다.

SD에듀와 함께, 합격을 향해 떠나는 여행

제 9 장

사회계층, 준거집단, 가족

할 수 있다고 믿는 사람은 그렇게 되고, 할 수 없다고 믿는 사람도 역시 그렇게 된다.

- 샤를 드골 -

사회계층, 준거집단, 가족

1 사회계층의 개념

사회계층이란 부와 명예와 권력의 불평등한 분배가 제도화되고 구조화된 불평등 체계이며, 사회구성원의 세계관에 통합하여 다차원의 위계질서를 내면화한 주관적인 개념이다. 개인이 속한 사회계층에서의 경험은 개인의 태도, 의식, 가치관, 행동 및 타인과의 상호작용에 영향을 미친다. 사회계층 경험은 정량화하기 어렵고, 사회계층 변화는 외부조건의 변화뿐만 아니라 다른 계층의 규범, 가치관, 문화 등을 습득해야만 가능하다.

사회계층은 사회계급과는 구별되는 개념이다. '계층'은 단순한 경제적 자원의 차이를 넘어 사회 지위, 문화적 자원, 권력의 차이를 포함하는 다차원적 개념이다. 사회계층의 구분은 여러 측면으로 바라볼 수 있고 수시로 변할 수 있기 때문에 계층은 연속적 집단으로 구성된다. 따라서 계층의 구성원은 사회계층에 대한 심리적 귀속의식이 뚜렷하지 않으며, 한 개인이 차원에 따라 여러 계층에 속하기도 하는 지위불일치 현상이 일어난다. 예를 들면 어떤 개인의 지위는 상류층이지만 권력은 중류층이기도 한 것이다. 그에 반해 '계급'은 라틴어 classis에서 유래되어 그 구분이 뚜렷하게 단절되어 있다. 따라서 집단 간의 경계가 뚜렷하기 때문에 계급에 대한 귀속의식이 강하다. 칼 마르크스에 의하면, 계급은 통상적으로 생산 수단의 소유 여부에 따라 구분되며, 지배층과 피지배층의 관계에 놓여 있기 때문에 서로 갈등과 대립이 불가피하다고 보았다. 그에 반해, 베버는 사회계층을 구분하기 위해서는 계급, 지위, 권력의 세 차원을 모두 고려해야 한다고 보았다.

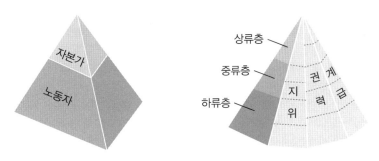

[사회계급(왼쪽)과 사회계층(오른쪽)]

2 사회구조의 관점

사회계층을 바라보는 관점은 대표적으로 기능론적 관점, 갈등론적 관점이 있으며, 최근 사회문화적 관점도 사회현상을 설명하는 데 유용하게 쓰이고 있다.

기능론적 관점에서는 **사회계층을 '소득 및 자산 또는 사회적 지위의 계층적 연속체'로 그리고 계층을 '개인이 소유하고 있는 어떤 기준(예 소득, 재산, 교육, 직업)의 합계'로 바라본다.** 이 접근에서는 사회계층을 나누는 수단으로 소득, 재산, 교육 및 직업 등을 이용한다. 기능적 접근은 양적이며 단계적이기 때문에 각 계층은 상위계층, 중위계층, 하위계층과 같이 범주화된다. 이러한 기능론적 접근은 계층 갈등을 유발하고, 세대에 걸쳐 사회계층을 유지시키는 사회구조적 모순을 인정하지 않고, 단순한 수치적 관계로만 사회계층을 측정한다는 비판을 받기도 한다.

갈등론적 관점에서는 **사회계층의 구분이 음과 양처럼 상호의존적이며 본질적으로 갈등 관계에 있다고 본다.** 이 관점에서는 사회계층을 '생산 수단에 대한 통제를 기반으로 한 관계'로 정의하였으며, 그 구분을 위해 근로자인지 사업주인지 혹은 노동자인지 자본가인지 등과 같이 상호배타적으로 구분한다. 갈등적 사회계층의 대표적 이론가인 칼 마르크스와 막스 베버는 통제, 권위, 착취와 같은 사회적 불평등 관계에 주목하며, 사회계급 갈등이나 계급투쟁을 강조하였다.

사회문화적 관점에서는 **계층 구분에 있어서 문화적 자본을 강조하였다.** 이 관점의 기원은 사회학자인 피에르 부르디외로부터 시작했다고 볼 수 있다. 그는 칼 마르크스와 막스 베버의 이론을 바탕으로 자신만의 독특한 관점을 제시하였으며, 개인의 성장 과정에서 내면화된 문화적 상징이나 행동특성을 나타내는 아비투스를 핵심개념으로 사용하였다. 계층에는 사회적으로 조건화된 특정한 취향이 반영되게 된다. 각 계층의 구성원들은 성장 과정에서 자기계층의 몸의 자세 및 움직임, 언어, 사고방식, 교양, 취미, 문화적 취향, 심미안 등을 학습하게 되고, 이런 아비투스를 통해 다른 계층과 '구별 짓기'가 이루어지는 것이다. 이 관점에 의하면 페이스북, 트위터나 인스타그램과 같은 SNS 상에서 사진이나 글도 문화 및 사회적 자본을 표현하여 아비투스를 나타내는 행동으로 간주할 수 있다.

더 알아두기

사례 : 문화와 예술을 향유하는 고객을 위한 초프리미엄 가전 'LG 시그니처'

LG 시그니처는 LG전자가 선보이는 초프리미엄 브랜드로 프리미엄보다 한 단계 위를 표방한다. 'LG 시그니처'는 아트 시리즈를 론칭하였는데, 가전과 생활공간을 각각 작품과 갤러리로 삼아 신진 작가들의 사진과 영상으로 LG 시그니처를 표현했다. LG전자는 신진 작가뿐 아니라 예술계 거장과도 손잡았다. 2019년 이탈리아 유명 건축가 마시밀리아노 푹사스와 협업하여 IFA 2019에서 전시하였다. 2018년에는 알렉산드로 멘디니와 협업하여 'LG시그니처 아트워크'를 진행하였다. 또한, 영국의 유명 설치 미술가 제이슨 브루지스와 함께 IFA 2017에서 특별 전시관을 운영했다. 예술과 문화를 접목한 마케팅에 힘입어, LG 시그니처 브랜드는 초프리미엄 제품과 함께 프리미엄 제품군의 매출 비중이 꾸준히 높아지고 있다.

---

3 사회계층의 특징

(1) 지위

지위는 타인이 지각하는 사회시스템 안에서 개인의 서열을 의미한다. 따라서 사회계층은 사회적 지위와 밀접하게 연결된다. 각 사회는 그 사회를 지배하는 가치관이 있으며 그러한 가치관에 부합하는 구성원은 다른 구성원의 존경을 받으며 권위를 가지게 된다. 그 결과 서열이 생겨나고 그 서열에 따른 권력을 가진다. 지위를 부여하는 기준과 상대적 중요성은 사회마다 다르다. 예를 들면, 어떤 사회에서 사업가보다 학자나 교육자가 높은 지위를 얻는 반면, 다른 사회에서는 학자나 교육가보다 사업가가 상대적으로 높은 지위를 가진다.

① 과시소비

과시소비란 타인으로부터 사회적 지위를 인정받기 위한 소비이다. 베블렌은 가격이 오를수록 수요가 줄지 않고 증가하는 소비현상을 발견하였는데, 이러한 현상은 '베블렌 효과'라고도 한다. 이렇게 초고가 제품의 소비를 열망하는 이유는 일반인들이 구매할 수 없는 값비싼 제품을 살 수 있는 능력을 보여주기 때문이다. 즉, 부와 성공을 과시함으로써 허영심을 만족시키려고 초고가 상품을 구매하는 것이다. 이러한 과시소비는 그러한 소비를 한다는 것만으로도 어떤 사회계층에 속하는지 보여주는 상징이 된다. 베블렌 효과의 영향으로 유명 브랜드의 초고가 제품은 고가일수록 더 많은 수요가 발생하기 때문에 더욱 고가로 판매하는 전략을 사용한다. 그 이유는 과시소비 욕구를 가진 소비자들이 구매하는 초고가 제품은 더욱 비쌀수록 잘 팔리고 값이 내리면 그 제품을 구매하는 것의 과시효과도 낮아지므로 구매를 줄이게 되기 때문이다. 또한, 과시소비의 대상이 되는 제품은 그 상품을 구매한 소비자가 많아질수록 수요가 줄고 값이 올라 소비가 감소하면 수요가 증가한다. 이러한 현상은 '스놉효과'라고 한다. 다른 사람과 차별화하기 위해 극소수가 소유하고 있는 초고가 제품이라는 사실에 가치를 부여하고 그 희소가치를 구매하여 만족을 느끼는 것이다. 스놉효과를 이용하여 명품은 수량이 제한된 한정판 제품을 만들어 더 고가로 판매한다.

더 알아두기

물질주의

물질주의는 소비행동의 기준이 되는 소비가치로서 물질적 재화를 획득하여 소유하는 것을 중요하게 생각하는 정도로 개인의 삶 전체에 영향을 미치며 특히, 구매의사결정에 중요한 역할을 수행한다.
예를 들어 물질주의는 물건이 지니는 가치를 평가하는 기준이 되고, 경제적 성공과 같은 외재적 동기, 물질이 주는 편안함, 자기실현과 같은 인생 목표 수준을 설정하는 데에도 영향을 미친다. 소비자 행동 측면에서 보면, 물질주의가 높을수록 체면소비, 과시소비, 동조소비 등의 소비를 증가시킨다.

물질주의를 구성하는 3가지 핵심요소
- 행복추구적 물질주의 : 행복을 경험하는 것보다 물질을 소유하는 행복이 더 크다고 믿기 때문에 삶의 만족도를 높이고, 즐거움을 느끼고 행복하기 위하여 제품을 구매한다. 최근 국내에서 유행하는 소비 트렌드인 소비를 통해 소소하지만 확실한 행복을 추구하는 소확행이 행복추구적 물질주의의 특징을 잘 반영한다.
- 성공수단적 물질주의 : 어떤 제품을 소유하는지가 소유자의 지위와 이미지를 반영한다고 믿는다. 즉, 소유하고 있는 재품의 양적·질적 수준이 높을수록 성공한 사람이라고 판단하기 때문에 성공수단적 물질주의가 높은 사람은 고가 제품, 명품 등 상징 제품의 구매를 더 선호한다.
- 획득중심적 물질주의 : 이들은 더 많은 것을 소유하는 것이 삶의 목표이다. 따라서 제품을 구매하는 목적이 없어도 제품을 구매한다. 획득중심적 물질주의가 높은 사람은 제품을 소유하는 소비행위 자체에 큰 의미를 부여한다.

물질주의 측면에서 소확행, 가심비, YOLO는 물질주의의 핵심요소 가운데 하나인 행복추구적 물질주의와 관련이 깊다. 최근 국내 소비자들은 타인과의 관계를 의식하거나 사회적 지위에 맞는 구매를 하기보다는 개인의 만족을 더 중요하게 생각한다. 이러한 새로운 소비 현상은 소비에서 타인의 시선보다 소비행위 자체를 중요하게 생각하는 소비자들이 늘어나고 있음을 의미한다.

물질주의적 가치관은 주관적 계층의식을 하락시키기도 한다. 물질주의적 가치관은 구매를 통하여 욕구충족을 추구하게 되고, 과도한 소비로 이어지는데, 이 과정에서 자신의 수입과 소비욕구를 만족시키기 위한 기대 수입 간의 괴리가 발생하면 개인의 경제적 만족도가 저하되며, 그 결과, '내가 상류층이 아니구나' 혹은 '내가 중산층이 아니구나'라는 생각을 하게 되어 주관적 계층이 하락하는 것을 경험하게 된다.

② 모방소비

사회계급을 드러내는 또 다른 소비는 같은 계층의 사람들 혹은 추종하는 계급의 소비를 모방하는 모방소비이다. 이러한 소비를 나타내는 구매현상을 '밴드왜건 효과'라고 한다. 이는 제품을 구매한 소비자가 많아질수록 그 제품의 수요가 증가하는 소비현상이다. 소비자들이 대중의 소비 트렌드를 따라가는 것으로, 어떤 계층의 일부라는 귀속감에 안심하는 것이다. 사회구성원의 집단주의 성향이 강할수록 대세를 추종하는 밴드왜건 효과가 강하게 나타나게 된다.

더 알아두기

모방브랜드 vs 복제품

모방브랜드는 원제품을 정밀하게 복사한 복제품이 아니라 원브랜드와 비슷하게 보이도록 만들어 소비자로 하여금 원브랜드를 '생각하게'하는 제품이다. 그에 반해, 복제품은 원제품과 똑같게 만들어 소비자에게 가격을 싸게 해서 제공하는 제품이다.

모방브랜드는 소비자들에게 브랜드를 쉽게 인식하게 하기 위해 유사성을 활용하는 효율성 높은 마케팅 전략이다. 또한, 이 브랜드는 선도브랜드와 연결되는 긍정적인 연상을 활용하기 위해 선도브랜드의 외형의 특징을 모방한다.

예를 들면, 몇 해 전 화장품 브랜드 미샤(Michaa)는 고가의 수입명품 화장품과 비교하는 파격적인 마케팅을 전개하였다. 명품화장품 기업의 대표적 상품과 유사한 상품을 출시하여, 기능은 거의 유사하지만 가격은 낮추었다고 홍보하였다. 미샤에서 전개한 모방 마케팅은 큰 성공을 거두었다.

더 알아두기

유행의 이동

트리클다운(trickle down, 낙수효과)은 유행의 변화를 설명하기 위해 짐멜이 주장한 이론이다.

모방의 원리란 "사회의 하위계층은 상위계층의 패션을 모방하여 상위계층의 지위를 확보하려한다."라는 원리이며, 차이의 원리란 상위계층은 새로운 패션을 선택하여 하위집단과의 차별화를 이루려 한다는 원리이다. 이 이론은 사회체계가 지위가 높고 낮은 사회계층으로 구성되어 있다는 것을 전제한다. 유행의 이동은 사회적 관계들의 위계서열적인 특성이 만들어내는 사회적 상호작용으로 파악하였다. 유행변화는 두 동기가 서로를 견제하기 때문에 일어나며 모방이 있는 한 차이화가 있고, 차이화가 있는 한 모방이 있게 된다.

예를 들면, 강남 엄마의 교육방법이라고 하면서 전파되는 교육방법을 강남이 아닌 다른 지역의 엄마들이 받아들이게 되면, 강남 엄마들은 이제 그 전략을 사용하지 않고 다른 차별화 전략을 추구하는 것이다.

(2) 다차원성

사회계층은 다차원적으로 분류될 수 있다. 사회계층을 구별하는 요소에는 소득, 직업, 교육수준, 재산 등 여러 가지 구성요소를 포함한다. 특히, 사회문화적 관점에서 상류층이라고 부르는 사회계층에는 소득, 직업, 교육수준, 재산 외에도 교양, 명예, 문화적 취향 등이 포함되어 있다. 또한, 한 개인은 어떤 측면에서는 높은 사회계층에 속하더라도 다른 측면에서는 낮은 사회계층에 속할 수 있기 때문에 사회계층의 다차원성으로 인하여 지위불일치 현상이 발생하기도 한다.

(3) 위계성

사회계층은 낮은 계층에서 높은 계층으로 **수직적으로 서열화된 위계 구조**를 가진다. 개인은 여러 단계의 수직적인 계층구조 상에서 특정 계층에 속하게 된다.

(4) 규범성

개인은 자신이 속한 사회계층의 행동 양식에 영향을 받는다. 즉, 자신이 속한 사회계층에서 통용되는 관습과 규정을 따르며, 유사한 가치관을 가진다. 자신이 속한 사회계층의 규범과 가치관에 부합하는 행동을 할 때는 적절한 보상을 받고, 그 규범이나 관습을 어기고 일탈 행동을 할 때 제재를 받게 된다.

(5) 동질성

어떠한 사회계층에 속해 있는지에 따라 같은 사회계층에 속한 사람들은 가치관, 태도, 관심, 행동 패턴이 유사하다. 그 결과, 동일한 사회계층에 속하는 구성원들은 노출되는 광고도 비슷하고, 비슷한 제품과 서비스를 구매하며, 유사한 매장에서 쇼핑을 하게 된다. 따라서 사회계층에 따라 효과적으로 시장을 세분화할 수 있고, 각 시장에 맞춘 마케팅 전략을 수립할 수 있다.

(6) 동태성

환경과 시간의 변화에 따라 각 개인이 속해 있는 사회계층은 변하게 된다. 즉, 사회계층은 언제든지 바뀔 수 있다. 봉건시대 혹은 조선시대의 계급은 개인의 노력과 관계없이 세습되었지만, 현대사회에서 사회계층은 교육, 시험, 결혼 및 선거를 통해 상위 사회계층으로 이동이 가능해졌다. 그러나 다른 사회계층에 속하기 위해서는 가치관과 태도, 취향, 지위에 대한 차이가 영향을 주기 때문에 단순히 소득, 재산, 교육수준 또는 직업의 변화가 반드시 계층이동으로 이어지는 것은 아니다. 사회계층 간의 사회이동 가능성을 높일수록 사회 안의 활력이 높아지고 사회 통합이 이루어진다.

4 사회계층의 분류기준

사회계층은 다차원적 특성을 가지고 있기 때문에 한 개인이 속한 사회계층을 평가하기 위해서는 여러 요소를 동시에 고려해야 한다. 또한, 사회계층의 요소들은 서로 밀접한 관계를 가지고 있으며, 개인마다 중요한 가중치가 다르기 때문에 일률적으로 한두 가지 요소를 파악하는 것만으로 사회계층을 판단할 수는 없다. 대표적인 사회계층을 구성하는 요소들은 다음과 같다.

(1) 소득과 재산

소득은 교육수준과 직업이 영향을 미치므로 사회계층 구조 내에서 개인의 지위를 알려준다. 재화의 구입 및 건강관리와 같은 서비스에 대한 접근성을 직접적으로 알려준다는 점에서 소득은 사회계층을 분류하는 데 유용하게 사용되는 지표이다. 재산은 소득, 부채, 보유 주식 및 부동산과 같은 개인의 경제력의 집합체이다. 재산은 개인이나 가족의 경제적 지위를 종합적으로 측정할 수 있으므로 사회계층을 분류하는 기준이 된다.

(2) 직업

직업은 특정 직업을 가지기 위해 필요한 교육수준을 반영하며, 각 직업의 평균적인 소득을 통해 소득수준도 유추해 볼 수 있게 해준다. 일반적으로 한 사회에서 인정받는 직업은 많은 교육이 필요하고 소수의 사람만 가질 수 있으며, 소득수준이 높고 전문지식과 경험이 필요하기 때문에 높은 사회계층의 지위를 가지는 경향이 있다. 따라서 이러한 경우는 직업적 지위가 사회계층을 나타내기도 하며, 특정 직업에 대해 사회적 합의가 이루어진 서열이 있다면 사회계층을 분류하는 데 유용하게 쓰일 수 있다.

(3) 교육

교육수준은 인적자원에 투자된 자원을 보여주며, 인적자본에 투자할 수 있는 여력을 대략적으로 측정하게 해준다. 학위는 소득과 지위가 높은 직업과 연결되고, 중산층과 상류층 환경의 문화적 자본 유형에 대한 접근성을 높이므로 사회계층의 분류기준이 된다. 교육수준이 높을수록 취업 가능성이 높아지고, 고소득의 여유 있는 재정상태가 될 가능성이 높고, 더 많은 통제감과 사회적 지지를 얻어 심리사회적 자원이 증가되기 때문이다.

(4) 사회관계망

사회관계망도 사회계층에 영향을 미친다. 다만 사회계층에 따라 사회관계망의 영향력이 상이하며, 사회계층이 높을수록 사회관계망이 방대한 경향이 나타난다. 사회관계망은 양뿐만 아니라 질 또한 중요하기 때문에 사회계층을 분류할 때, 사회관계망도 고려해야 한다. 유사한 가치관, 태도, 행동패턴을 가진 집단과의 교류가 사회계층을 나타낸다고 볼 수 있다.

5 사회계층의 측정방법

사회계층의 측정방법은 다양한 방법을 통해 특정 방법으로 연구하고 있는데, 크게 객관적 측정방법, 주관적 측정방법, 평판 이용 측정방법으로 구분할 수 있다.

(1) 객관적 사회계층 측정방법

'객관적 계층'은 소득, 재산, 교육, 주거, 직업 등 사회계층의 객관적 지표를 통해 추출되며, 객관적 사회계층 측정방법은 이러한 지표들을 수치화하여 평가한 후, 합하여 사회계층을 구분하는 방법이다. 단일지표보다는 여러 지표를 중요도에 따라 가중치를 부여하여 점수를 산출하는 방식으로 이루어진다. 사회마다 특정 지표의 가중치가 다르고 각 항목의 가중치에 따라 산출되는 점수가 달라지므로 같은 지표를 가지고 있더라도 사회마다 다른 계층에 속할 수 있다.

(2) 주관적 사회계층 측정방법

'주관적 사회계층'은 사회의 계층구조 속에서 자신이 어느 계층에 속한다고 생각하는지를 묻는 설문조사를 통해 파악된다. 즉, "당신은 스스로를 상류층, 중산층, 그리고 하류층 중에 어디에 속하신다고 생각하십니까?"에 답하게 하는 것이다. 이러한 주관적인 계층의식 측정방법의 단점은 자신이 중산층에 속한다고 응답하는 비율이 높고, 상류층이나 하류층에 속한다고 응답하는 비율이 낮아질 수 있다는 점이다. 우리나라의 경우, 객관적 지표를 사용한 중간계층의 비율보다 주관적으로 측정된 중간층의 비율이 높게 나타났다. 즉, 실제보다 주관적 계층의식이 과대평가되는데, 이는 사람들이 자신을 중간에 위치시키려는 경향이 있고 개개인이 자원이 유사한 사람들과 상호작용을 하면서 자신의 계층위치를 파악하기 때문으로 설명되고 있다.

객관적 사회계층과 주관적 계층의식이 얼마나 일치하는지 살펴보면, 객관적 사회계층과 주관적 계층 인식 간에는 높은 상관성은 있지만, 반드시 일치하지는 않는다. 이렇듯 객관적 사회계층과 주관적 계층의식이 독자적인 개념임에도 불구하고 둘 사이의 상관관계가 높은 이유는 객관적 사회계층 요소들이 주관적 계층의식에 영향을 미치기 때문이다.

'주관적 계층의식의 결정요인'은 국내외를 불문하고 소득, 교육, 주거 등이 주관적 계층의식의 결정요인이다. 이러한 객관적 계층지표가 주관적 계층의식에 영향을 미치는 이유는 소득, 교육, 직업 등이 생활양식을 다르게 하고, 이를 통해 개인의 가치관, 사회적 태도에 영향을 미치기 때문이다.

(3) 평판 이용 사회계층 측정방법

평판을 이용한 사회계층의 측정방법은 스스로의 사회계층을 평가하는 주관적 평가방법과 달리 자신이 아닌 타인의 계층적 지위나 사회계층을 평가하는 방법이다. 이러한 방법은 소규모 집단 혹은 지역사회의 사회계층을 파악할 때 유용한 방법이며, 특히 각 사회의 구성원들이 서로를 잘 알고 있을 때 사용될 수 있다. 만약 마케터가 특정 지역에 진출하기 위해 그 지역의 사회계층을 파악해야 할 때 그 지역 구성원들을 잘 알고 있는 사람들에게 사회계층을 평가하게 하면 더 정확하게 사회계층을 파악할 수 있다.

예를 들면, 일반적으로 시중은행들이 최근 3개월 예금평균잔액이 1억 원 이상이면 VIP 고객이 되는 데 반해 유독 대구은행의 VIP인 '로열고객'이 되기 위해서는 최근 3개월 예금평균잔액이 5억 원 이상이어야 한다.

이는 대구 지역의 사람들은 5억 이상의 예금 정도는 있어야 VIP라고 받아들이고 VIP가 되는 것에 자부심을 가지기 때문으로 해석될 수 있다. 즉, 타인의 사회계층을 평가하는 기준이 사회계층의 기준이 될 수 있음을 보여준다.

6 사회계층과 마케팅

(1) 사회계층과 소비자행동

사회계층에 따라 소비행태가 달라지므로 **사회계층은 시장세분화의 기준이** 된다. 동일한 사회환경에서도 상류층 소비자와 하류층 소비자의 소비행동에 영향을 미치는 요소들이 달라지기 때문이다. 하류층 소비자들은 브랜드보다는 필수적인 소비를 중심으로 '가격'과 '품질'을 중요하게 생각하는 반면, 상류층 소비자들은 제품이나 서비스가 추구하는 브랜드와 이미지를 소비하는 경향이 높으며, 중산층 소비자들은 브랜드와 이미지가 중요한 사치성 제품에 대해서는 상류층 소비자들이 추구하는 소비행태를 모방하고자 하는 소비행태를 보이면서도 필수품을 구매할 때에는 브랜드보다는 '가격'과 '품질'을 중요한 기준으로 삼아 이중적인 기준을 가지고 있다.

> **더 알아두기**
>
> **욕망의 삼각형 이론을 통해 본 명품 구매 심리**
>
> 르네 지라르는 인간의 욕망에는 언제나 주체의 욕망 대상, 그리고 매개하는 삼각형의 구조를 갖게 되며 이를 '욕망의 삼각형'이라고 하였다. 욕망하는 개인은 그 욕망을 부추기는 매개를 통해 어떤 대상을 욕망하게 된다는 것이다.
>
> 인간의 욕망은 본질적으로 타인의 욕망을 모방하며 생성된다. 즉 우리는 욕망을 타자로부터 빌려오기 때문에 우리의 욕망은 자신이 모델로 삼는 다른 사람의 욕망에 의해 드러나게 된다. 이처럼 모방욕망이 생기는 이유는 자신보다 우월한 모델을 모방하여 자기 존재 가치를 상승시키려는 '형이상학적 욕망'이 있기 때문이다. 형이상학적 욕망은 매우 전염성이 강하다. 즉 형이상학적 모방욕망은 욕망의 주체들을 동일한 욕망으로 이끈다. 욕망을 성취한 사람을 부러워하면서 동시에 시기한다. 그리고 〈나〉의 욕망을 성취하는 데 있어 방해물이 있으면 이 욕망은 더욱 강화되고, 경쟁상대가 있으면 욕망을 줄이기보다는 더욱 욕망의 대상이 마치 자신의 내부에서 발생한 자연스러운 욕망인 것처럼 생각하게 한다.
>
> 지라르는 욕망의 삼각형에서 '매개와 욕망하는 주체 사이의 거리'가 중요하며, 주체와 매개 사이에 있는 거리에 따라 '외적 매개'와 '내적 매개'로 나누었다. 외적 매개는 욕망하는 주체와 매개 사이의 정신적 거리가 아주 멀리 떨어져 있는 경우를 말한다. 예를 들면 모든 축구선수에게 있어서 메시는 넘어설 수 없는 정신적 거리가 먼 외적 매개이지만 그를 닮고 싶어 하며, 넘어서고 싶은 선수들의 모방욕망이 끊임없이 생산되는 것이 대표적인 사례이다. 거의 신적인 존재로 추앙받는 스포츠 스타들은 외적 매개의 명백한 모델들이다. 내적 매개는 욕망의 주체와 매개 사이의 정신적 거리가 서로 가까이 있는 매개를 말한다. 내적 매개의 모방욕망은 주체와 매개 사이에 적대적 경쟁 관계가 발생하여 주체가 매개자를 얼마든지 뛰어넘을 수 있다고 느낄 때 둘 사이의 경쟁이 치열해지고 갈등이 발생하는데, 이때 두 경쟁자 간의 유일한 목표는 욕망의 대상

을 소유하는 데 있는 것이 아니라 곧 경쟁상대를 물리쳐야 하는 것으로 전환된다. 이렇게 되면 경쟁자들은 갈수록 더 똑같아지는데, 이런 상태가 바로 '짝패'이다. 이러한 짝패 상황은 욕망을 불러일으키게 하면서 동시에 경쟁을 과열시킨다.

지라르는 베블렌 효과를 상류층을 모방하는 소비로 보았다. 즉, 중산층의 일차적인 중개자는 상류층인 것이다. 그러나 심리적인 거리는 멀기 때문에 중산층에게 상류층은 외적 매개이다. 중산층의 또 다른 중개자는 주변의 중산층이다. 물리적, 정신적 거리가 가깝기 때문에 욕망의 강도가 높아지고 서로의 소비를 모방하며 특정 사치품을 사는 것이 유행된다. 지라르는 이렇게 말했다. "속물은 자신의 개인적인 판단을 믿을 엄두를 내지 못하고, 단지 타인이 욕망하는 것만을 욕망한다. 그래서 그는 유행의 노예가 된다."

국내의 명품소비에 관한 연구에서 중산층은 소위 '벼락부자'에 대해서는 돈 많은 그들의 소비를 추종하여 명품소비를 하면서도 자신의 욕망이 자발적이고 독창적이라고 생각하며, 증오와 경멸의 시선을 보내며 짝패 갈등을 보여주었다. 그러나 중산층의 소비욕망은 명품소비를 모방하는 것으로 채워지지 않기 때문에 명품을 사고 나면 '겨우 이 정도인가'라고 실망하게 된다. 이러한 좌절은 명품소비를 안 하게 하기보다는 더 고가의 명품을 사는 계기가 된다.

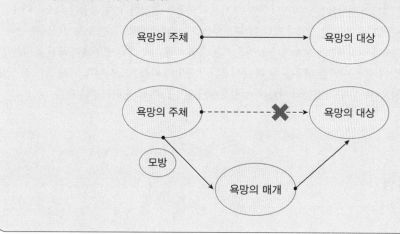

(2) 사회계층과 마케팅 전략

사회계층에 따라 소비자행동이 달라지므로 이에 맞춤 마케팅 전략이 필요하다. 여러 사회계층 중 표적시장이 선정되면 그 표적시장에 맞는 제품계획, 가격결정, 광고전략, 유통경로를 선택하여야 한다.

예를 들어, 전통시장이 코로나 19로 인하여 판매 부진으로 고민한다면, 전통시장의 표적시장은 저렴하고 신선한 제품을 찾는 중노년층이므로 세일을 하거나 배달을 하는 촉진전략과 유통전략을 사용하는 것이 매출을 높이는 방법이다. 반대로 백화점이 코로나 19로 인하여 판매 부진으로 고민한다면, 백화점의 표적시장은 초고가 상품을 구매하는 상류층 VIP와 상류층의 제품은 구매하지 못하지만, 백화점의 편안한 쇼핑공간을 이용하려는 중산층 두 부류로 구분할 수 있다. 따라서 상류층에게는 할인 전략보다는 프라이빗한 공간에서 1대1로 초고가 상품의 쇼핑을 도와주는 전략이 유용할 것이며, 중산층에게는 점원과의 접촉을 최소화할 수 있도록 하여 편안한 쇼핑환경을 마련해주는 전략이 유용할 것이다. 이렇듯 동일한 사회환경이라고 할지라도 사회계층에 따라 마케팅 전략을 달리해야 매출을 증가시킬 수 있다.

제2절 준거집단

사회학자 하이만은 준거집단을 자신을 평가하기 위해 자신과 비교하는 대상이 되는 개인 또는 집단을 지칭하기 위해 처음으로 사용하였다. 준거집단은 판단의 준거점을 제공하는 집단이다. 이러한 준거집단의 정의는 준거집단의 규모, 구조, 소속 여부에 제한을 두고 있지 않으며 상상의 집단도 포함한다. 개인은 여러 준거집단을 가지며, 직접 그 집단에 속하지 않고서도 준거집단으로 사용될 수 있다. 사회적으로 멀리 떨어진 준거집단에 대해 호의적인 태도를 가질수록 그 준거집단에 의해 영향을 받기 쉽다는 것이 밝혀지면서 준거집단의 개념은 더 확장되었다.

1 준거집단의 개념 및 특성

준거집단은 개인이 속하였거나 미래에 속하길 원하는 집단으로서 개인의 가치관, 행동, 태도, 신념 등에 영향을 미치는 집단을 의미한다. 그리고 사람들은 준거집단을 통해 자신의 행동을 결정한다. 일반집단은 소속되어 규범과 가치관을 공유하지만, 준거집단은 소속된 개인이 집단 내 구성원들과 동일한 의견과 행동을 형성하도록 한다. 따라서 준거집단의 사람들에게서는 여가시간을 보내거나 쇼핑을 하는 것과 같은 개인적인 행동에 대해서 동일한 양상을 보인다. 준거집단에 속한 사람들은 어떠한 행동을 할 때 준거집단의 규범에 따라 행동하는데, 사람들이 준거집단에 의지하며 같은 행동을 하는 이유는 준거집단의 다른 구성원들에게 인정을 받길 원하기 때문이다.

2 준거집단의 유형

(1) 긍정적 회원집단

긍정적 회원집단은 공식집단과 비공식집단, 1차 집단과 2차 집단, 회원집단과 비회원집단으로 나누어 볼 수 있다.

공식집단은 구성원의 명단이 있고 조직구조가 기록되어 있는 집단이다. 예를 들면, 학교, 교회, 동창회 등이다. 비공식집단은 조직구조 없이 우정이나 친교 등으로 생기는 집단이다. 내부 규범이 엄격할 수도 있지만, 일반적으로 기록이나 문서를 남기지 않는다.

1차 집단은 작은 규모의 사회집단이며, 구성원끼리 자주 접촉하는 가족, 친구 등을 말한다. 1차 집단 중에서도 가족, 친구와 같이 집단 구성원들 간에 친밀한 관계를 맺고 있는 집단을 1차 비공식집단이라 한다. 또한, 학교, 회사와 같이 접촉이 빈번하지만 공식적 집단은 1차 공식집단이라고 한다. 2차 집단은 구성원끼리 가끔 만나는 집단이며, 서로의 생각이나 행동에 미치는 영향력이 적다. 예를 들어서 지역단체, 협회 등이다. 2차 집단 내에서도 쇼핑 혹은 스포츠 활동을 함께 즐기는 집단을 2차 비공식 집단이라고 하고, 동창회 등과 같이 지속적인 상호작용 없이 공식적 관계를 맺고 있는 집단은 2차 공식집단이라고 한다.

회원집단과 비회원집단은 구성원 자격 기준을 집단에서 규정하였는지에 따라 구분된다. 연예인이나 유명 인사를 좋아하는 사람들의 모임 등이 포함되며 회원가입을 통해 구성원이 되면 회원집단이고 회원가입 절차 없이 모이게 되면 비회원집단으로 구분할 수 있다.

(2) 열망집단과 회피집단

열망집단이란 현재 개인이 소속되어 있지 않지만 그 집단으로부터 인정받기를 열망하는 집단이다. 열망집단에 합류하기를 기대하는 이유는 열망집단에 속하게 되면 권력, 지위, 품위, 금전과 같은 보상을 받을 것이라고 생각하기 때문이다. 열망집단의 가치, 규범 또는 행동은 제품을 구매하는 데 영향을 미친다. 열망집단은 기대 열망집단과 상징 열망집단으로 구분되는데, 기대 열망집단은 개인이 미래의 어떤 시점에서 속할 수 있으리라고 예상되는 집단이고, 상징 열망집단은 미래에도 속할 가능성이 없으나 호의적인 태도를 갖고 있는 집단을 말한다. 반면, 회피집단이란 현재 소속되어 있지 않고 미래에도 소속되고 싶지 않은 집단이며, 그 집단의 가치와 태도에 대해 부정적으로 생각하고 같은 행동을 회피하고자 하는 집단이다.

3 집단의 영향

(1) 정보적 영향

정보적 영향은 소비자가 정보를 수집하는 과정에서 특정 집단이 소비자에게 정보를 제공함으로써 영향을 미치는 것을 의미한다. 이러한 영향력은 그 집단이 소비자가 제품을 구매할 때 도움이 되는 것으로 인식될 때 정보적 영향력을 가지게 된다.

소비자는 두 가지 방법으로 집단으로부터 정보를 수집한다. 첫째는 전문적인 지식을 초기 수용자나 집단 구성원으로부터 수집하며, 둘째는 집단의 행동을 관찰함으로써 정보를 수집한다. 그러나 이러한 정보탐색은 소비자와 집단 간의 실제적인 상호작용이 없이도 이루어진다. 최근에는 SNS를 활용한 정보탐색이 보편화되었다. 즉, 소비자는 정보를 수집할 때, 판매원이나 광고보다 친구, 이웃 및 가족 혹은 비슷한 취향을 가진 SNS 연결망에 의존하는 경향이 있다.

(2) 규범적 영향

규범적 영향은 집단의 규범이나 기대가 미치는 영향력이다. 집단은 기대하는 행동을 하면, 보상을 제공하고 그렇지 않으면 벌을 준다. 집단 규범에 대한 순응에 따른 일차적인 보상은 수용이다. 특히 개인의 행동이 집단 구성원에게 보이는 제품의 소비라면 소비자는 집단의 규범에 동조하는 소비를 하도록 동기부여된다. 예를 들어, 옷이나 가방은 보이는 제품이기 때문에 집단의 규범이나 기대가 영향력을 발휘할 수 있다. 그러나 식료품 같은 제품은 드러나지 않기 때문에 규범적 영향보다 오히려 정보적 영향이 강하게 작용한다.

(3) 가치표현적 영향

가치표현적 영향에서 소비자는 자신의 가치표현과 중요하게 생각하는 집단의 가치표현을 비교하여 영향을 받는다. 그리고 비교과정에서 자신과 가치표현이 동일한 집단은 참여하고 동일하지 않은 집단은 분리시킴으로써 자신의 행동을 유지하고자 한다. 따라서 가치표현적 영향은 자신을 집단의 다른 구성원과 비교하면서 자신의 가치를 어떻게 표현하는가를 판단하는 것이다. 개인은 자신을 표현하기 위하여 준거집단을 이용한다. 즉, 자아 이미지를 강화시켜주고 자기만족에 도움이 되는 집단과의 관련을 통해 자기 이미지를 고양시키며 그러한 집단에 매력과 호감을 느끼고 동일시하며, 자신과 유사하다고 생각하는 친구들로부터 정보를 수집하고, 그러한 정보원을 신뢰한다.

4 준거집단으로 인한 현상

준거집단의 영향력은 과시적 소비자에게 더 크게 나타난다. 그 이유는 제품의 사용가치보다 제품이 가지는 상징, 즉 브랜드에 대한 다른 사람들의 반응이나 판단에 영향을 받기 때문이다. 준거집단은 제품이나 브랜드의 과시성이 있는 경우, 같은 제품과 브랜드를 선택하도록 영향력을 발휘한다. 특히, 타인의 눈에 띄는 사치품일수록 준거집단의 영향을 크게 받고 준거집단의 영향을 많이 받을수록 과시소비를 하는 성향이 높다.

5 준거집단이 소비자행동에 미치는 영향

준거집단이 소비자행동에 미치는 영향력이 매우 크다. 소비자구매결정 측면에서 보면, 소비자들은 제품을 구매하거나 정보를 수집할 때, 가족이나 주변 친구와 같은 준거집단으로부터 브랜드나 제품과 관련된 정보와 지식을 얻고, 준거집단의 태도, 신념, 가치를 자신의 태도나 가치의 기준으로 사용하고 적용하게 된다.

준거집단이 소비자행동에 영향을 미치는 이유는 다음과 같다. 소비자는 자신의 가치표현을 위하여 준거집단의 규범과 가치에 의존하는데, 그 결과 소비에서도 준거집단과 동일한 선택을 하려고 한다. 또한, 소비자는 준거집단의 구성원들과 가까워지려는 열망을 가지고 있기 때문에 준거집단과 동일한 선택을 하려고 한다. 마지막으로 소비자가 어떠한 제품을 구매했을 때 구매에 대한 확신을 가지기 위하여 준거집단의 구성원들과 비슷한 구매를 하려고 한다.

제3절　가족

가족은 자녀의 사회화에 크게 영향을 미치며 한 개인의 소비행동 또한 가족에 영향을 받는다. 따라서 **가족을 하나의 집합적 구매단위로서 분석할 필요가 있다.** 가족은 가족구성원이 공동으로 소비하는 TV, 세탁기, 냉장고 등에서 자동차, 주택 구매에 이르기까지 많은 물품의 구매에 있어 영향력을 가지기 때문이다.

1 가족 시장의 특성과 중요성

가족은 결혼, 혈연, 동거, 입양 등에 의해 관계가 맺어진 다양한 개인들의 복합체이다. 가족은 사랑의 감정, 애정, 연민 등에 의하여 결속되며 가족 내에서 사회화 과정을 학습하게 된다. 따라서 가족의 의사결정은 사회화의 학습과정이라고 볼 수 있다.

2 가족의 라이프사이클 구분

가족생활주기의 변화는 가족의 소비패턴을 변화시킨다. 마케팅 측면에서도 매우 중요하다. 가족생활주기란 여러 가계가 갖는 공통적인 특성을 기준으로 가계의 형성과 발전과정을 구분한 단계이다. 가족생활주기의 각 단계는 각 단계마다의 특정한 요구 및 독특한 자원배분 패턴을 가지고 있어 소비자 행동을 결정하는 데 있어 매우 중요한 요인이다.

가족생활주기는 결혼 여부, 가족 성원의 연령, 자녀 수, 가장의 직업 유무 등의 인구통계학적 변수들을 체계적으로 결합하고 있다. 따라서, 같은 나이라 할지라도 가족생활주기의 단계는 다를 수 있고 다른 구매패턴을 가질 수 있다. 즉, 가족생활주기는 경제력과 소비행태를 결합시키므로 개인과 가족을 분석하고 분류하는 효과적인 방법이다. 가족생활주기에 의한 시장세분화는 가족의 생활단계에 따라 나타나는 요구에 부응하여 제품과 서비스를 개발하게 도와주고, 판매 촉진전략을 구체화시켜 줄 수 있다.

(1) 전통적 가족형태 모델

① 듀발(Duvall) 모델

듀발은 첫째 자녀를 중심으로 가족생활주기를 8단계로 구분했다. 1단계는 자녀가 없는 신혼 부부단계, 2단계는 자녀 출산 및 첫째가 30개월까지 영아기, 3단계는 첫째 2~6세 유아기, 4단계는 첫째 6~13세 학동기, 5단계는 첫째 13~20세 청년기, 6단계는 자녀들이 집을 떠나는 독립기 단계, 7단계는 부부만이 남은 가족으로 정년퇴직까지 중년기, 8단계는 정년퇴직에서 부부 사망까지 노년기로 분류하였다.

② 웰스-구바(Walls-Gubar) 모델

웰스와 구바는 가족생활주기를 다음의 9단계로 분류였다.

독신기는 수입은 적지만 고정지출이 거의 없어 가처분소득이 높다. 유행의 선도자가 되기도 하고 오락 등 여가를 즐긴다. 자동차, 주방기기, 가구 등 자신의 주거와 관련한 필요장비, 의복, 외식, 여행, 여가활동, 취미생활용품 등을 구매한다. **신혼기**에는 맞벌이 부부는 경제적으로 나을 가능성이 있다. 자녀가 없어 높은 구매율을 보인다. 값비싼 가구, 냉장고 등의 내구재 구입에 높은 관심을 가지고 광고에 민감하다. 소득의 대부분을 자동차, 의복, 여행, 여가활동에 소비한다. **보금자리 1기**에는 첫 자녀가 생기면서 주부가 휴직을 하게 되어 수입이 감소한다. 주택구입 필요성이 증가하고 유동자산 감소로 인한 금전적 불안감을 느낀다. 신제품에 관심이 크고 광고된 제품을 선호한다. 자녀를 위한 가구, 세탁기, 건조기, 유아용품 등을 구매한다. **보금자리 2기**는 가장 어린 아이가 6세 이상이고, 재무적 상황이 다시 호전된다. 주부들이 다시 직장을 갖기도 한다. 소비패턴은 아직도 아동의 영향이 크고 합리적인 구매행위를 하며 구매수량단위가 커진다. 자녀들의 생활비가 소비의 큰 부분을 차지한다. **보금자리 3기**에는 자녀들이 용돈을 버는 등 재무적 상황이 더욱 호전된다. 광고의 영향을 더욱 덜 받게 되고 가구, 자동차 등을 교체한다. 보트 등 여가 장비 구입에 관심을 가진다. **노부부 1기**는 수입이 계속 증가하고 자녀들이 독립하여 재무사정과 저축 규모에 가장 만족하는 단계이다. 여행, 오락, 자기개발 등에 관심을 갖게 되지만 신제품에 대해서는 무관심하다. 집수리, 사치품, 선물 구입에 돈을 쓴다. **노부부 2기**에는 가장의 은퇴로 인해 수입이 격감한다. 친근한 분위기를 찾아 집을 줄이거나 이사를 한다. 건강과 관련된 제품의 소비가 증가한다. **고독생존 1기** 은퇴 전에는 직장이 있으므로 소득은 충분하다. 주택을 팔고 아파트로 옮긴다. 여행, 건강용품의 수요가 증가한다. **고독생존 2기** 은퇴 후에는 소득이 격감하고 개인적 보살핌을 필요로 하며, 애정과 안전에 대한 욕구가 증가하고, 의료건강용품의 수요가 증가한다.

(2) 현대적 가족형태 모델

소비자행동을 잘 이해하기 위해서는 가족마다 지니고 있는 구조와 특징에 대한 이해가 있어야 더 효과적인 분석이 가능하다. 따라서 마케팅 측면에서 다양한 가족구조들로 인해 형성된 새로운 시장군에 대해서도 주의를 기울일 필요가 있다.

① 머피-스테이플(Murphy-Staple) 모델

머피와 스테이플은 사회변화와 가족구조의 변화를 반영하는 새로운 가족생활주기 모델을 소개하였는데, **가족 형태를 '기타'를 포함하여 14개로 분류하였다.**

이 모델은 가장의 나이를 35세, 64세로 구분하여 35세 미만을 청년기, 35~65세는 중년기, 65세 이상을 노년기로 구분하였다. 아이 없는 이혼가정, 아이가 있는 이혼가정, 아이가 없이 중년에 결혼한 가정과 재혼가정을 구분하였으며, 나이 든 부부와 독신주의자를 마지막 두 단계로 구성하였다. 전통적 가족생활주기와 현대적 가족생활주기의 주요 차이는 이혼과 자녀가 없는 가정의 인식에 있다.

② 길리-이너스(Gilly-Enis) 모델

길리와 이너스가 처음 제안한 가족생활주기 모델은 **소비경험을 통해 가족생활주기를 분류**하였다. 이 모델은 공변량으로 소득을 조정한 후에도 다양한 소비 영역에서 큰 차이를 생성하였으며, 표본의 1%만이 '기타'로 분류되었다. 젊은 독신들은 주로 소비가 적은 것이 특징이며, 독신 부모는 소득이 낮기 때문에 아기와 육아 서비스 구매가 많고 내구재에 대한 지출은 매우 적었다. 아이 없는 신혼부부는 식당을 많이 사용하고 있으며, 홈 엔터테인먼트 기기를 구입하고 저축을 시작하였다. 아이가 태어난 1단계 가족, 아이를 늦게 가진 2단계 가정과 3단계 가정의 소비는 비슷한데 자녀 양육의 일반적인 특성 때문인 것으로 해석하였다. 자녀가 없는 부부는 레스토랑을 많이 이용했고 나이가 많은 부부는 가벼운 정크푸드, 테이크아웃 음식, 패스트푸드를 구매하는 경향을 보였다.

3 가족구매의사결정

(1) 가족구성원의 역할

가족구성원은 의사결정과 구매행위에서 각기 다른 역할을 한다. 가족구성원의 구매과정을 보면, 제품 및 서비스에 대한 욕구를 인식한 후에 정보를 수집하고 처리하는 일련의 구매의사결정과정을 거치게 된다. 구매과정에서 수행되는 역할은 다음과 같이 분류되고 있다.

① **제안자** : 새로운 문제를 인식하여 특정상품이나 서비스를 구매하려는 생각을 제안하는 사람으로서 구매의사결정의 필요성을 제안하는 사람이다.

② **정보수집자** : 여러 정보를 획득하고 평가하는 사람으로서 의사결정에 필요한 정보를 수집한다.

③ **영향자** : 여러 개의 상표를 서로 비교하고 예산을 배정하고 구매장소를 비교하는 등 구매요건들을 가족에게 전달하고 의견을 형성하여 최종 의사결정에 중요한 영향력을 형성하는 사람이다. 필요한 정보를 제공하거나 충족되어야 할 요건을 설정함으로써 의사결정에 영향을 미치는데, 일반적으로 부인은 가정용품, 남편은 레저용품이나 자동차 등을 구매할 때, 영향자가 된다.

④ **결정자** : 의사결정에 있어서 결정권을 갖는 사람으로서 즉, 구매할지, 무엇을 구매할지, 어떻게 구매할지, 어디서 구매할지를 최종적으로 결정한다. 제품과 가정의 역할구조에 따라 누가 결정권자의 역할을 담당하는지 달라질 수 있다.

⑤ **구매자** : 실제의 구매행위를 책임지는 사람이다. 일반적으로 남편이나 자녀의 소비제품에 대해서도 부인이 대신 구매하는 경향이 있어 부인과 어머니가 구매대리인 역할을 담당한다. 그러나 쇼핑활동이 점차 가족외출의 개념으로 바뀌어 남편이 적극적으로 구매행위에 참여하고 있다. 대부분 의사결정자가 구매자이지만 구매결정은 다른 사람이 하고 구매만 구매자가 맡게 되는 경우도 있다.

⑥ **평가자** : 제품사용의 결과를 평가하려 만족수준을 평가하는 사람이다. 대체로 사용자가 평가하지만 유아용품의 경우는 사용자인 자녀보다는 부모가 평가를 담당한다.

(2) 공동의사결정

최근에는 온 가족이 함께 쇼핑하는 모습을 쉽게 접하게 되는데, 가족구매 역시 공동결정의 범위가 확대되고 있으며, 자녀들의 참여가 높아지고 있다. 개별의사결정보다 가족 공동의사결정의 가능성이 높은 상황은 다음과 같다.

① 구매의 위험 수준이 높을 때 공동으로 결정할 가능성이 높다. 즉, 잘못된 결정을 할 경우, 그 영향이 전체 가족에게 미치므로 위험과 불확실성을 줄이기 위해 공동결정을 한다.

② 구매결정이 가족에게 중요할 때 공동의사결정의 가능성이 높다.

③ 시간적 압박이 거의 없을 때 공동의사결정이 이뤄질 가능성이 높다.

(3) 가족구성원 간의 영향력의 관계

구매의사결정 시 가족구성원의 역할은 영향력 구조로 이해되는데, 영향력 구조란 각각의 구매의사결정 항목에 대해 구성원이 참여하는 정도를 나타낸다. 이것은 각 의사결정영역에 대한 지배력이 구체화된 결과이기도 한데 누가 더 지배적인가를 파악하는지가 중요하다. 그 이유는 구매결정자의 대상이 누구인지에 따라 마케팅 전략 혹은 광고가 달라지기 때문이다.

① 남편과 아내의 영향 관계

남편과 아내의 영향 관계를 제품 종류, 의사결정단계, 의사결정내용, 가족 환경적 특성에 따라 달라지는지 살펴보면 다음과 같다.

제품 종류에 따라 남편, 부인 또는 공동지배의 영향력을 발휘하게 되는데 남편은 주로 자동차, 주류에서, 부인은 식품류, 화장품, 소형전기기구에서 영향력을 발휘하게 되고 휴가는 공동의사결정에 속하였다. 우리나라는 부부의 역할변화로 인해 전통적으로 아내에 의해 결정되었던 것으로 여겨지던 가전제품, 식품류, 화장품 등에 대한 남편의 영향력이 증대되고 있고 남편의 영역으로 가정되던 보험, 저축상품 등에 대한 아내의 영향력이 증대되고 있다.

부부간의 상대적 영향력을 의사결정 단계별로 구분하여 문제인식, 정보탐색, 최종결정의 3가지 단계로 나누면, 문제인식단계에서 정보탐색단계로 진전됨에 따라 남편의 영향력이 지배적인 반면, 정보탐색단계에서 최종결정단계로 갈수록 남편과 아내의 영향력은 거의 동등해졌다. 결국, 정보탐색은 개인적인 과정인 데 반해 최종의사결정은 공동적인 형태이어서 정보탐색단계는 나머지 단계에 비해 역할 전문화가 잘 이뤄진다.

의사결정내용별로 보면, 남편은 TV의 구매, 승용차의 구매, 가격 범위, 상표에 관한 결정과 휴가여행의 시기와 숙박시설 선택, 보험의 가입에서 남편의 영향력이 크게 작용하고, 그 외의 역할은 모두 부인의 영향력이 크다. 남편이 부인보다 구매에 대한 영향력이 큰 경우는 다음과 같다.

남편의 교육수준이 높을 때, 남편의 소득과 직업상의 신분이 높을 때, 부인이 직업을 가지지 않을 때, 신혼부부일 때, 자녀 수가 많을 때 등이다. 이와 반대로 부인이 지배적인 경우는 직업이 있고 남편보다 교육수준이 높은 경우이다.

② 부모와 자녀 상호 간의 영향력

자녀는 가족의사결정의 중요한 역할을 하며, 자녀가 단독으로 의사결정을 하는 경우도 많다. 자녀는 간식, 만화영화, 학용품 등 개인적인 용품뿐만 아니라 휴가계획, 여가, 외식 등과 같이 온 가족에 의해 소비되는 제품이나 서비스까지도 영향을 주고 있다. 자녀들의 구매의사결정에 대한 역할의 비중이 증가하는 이유는 과거에 비해 자녀의 수가 많이 줄어들어 부모들이 자녀들의 의사를 많이 존중하고 받아들이기 때문이다. 그 결과, 자녀들을 표적대상으로 하는 마케팅이 증가하게 되었다.

자녀의 구매결정 영향력은 자녀의 독립성이 증가함에 비례하게 되는데 자녀들이 스스로 자신들의 욕구를 해결하고자 한다. 예컨대 핸드폰, 게임기에 대한 광고에서 자녀들의 견해를 포함하는데, 이는 고가의 제품에 대해서도 자녀가 영향을 준다는 것을 보여준다.

자녀와 관련된 물품의 구매에 있어서 부모들은 실제 구매자이지만 주 사용자인 자녀에 의해 많이 영향을 받게 된다. 그러나 주로 관심을 가지는 제품의 속성은 부모와 자녀들 간에 차이가 나타난다. 예컨대 핸드폰 구매 시 자녀들은 색상과 스타일을 평가하는 반면 부모들은 가격, 보증 등을 평가한다.

⊙ 소비자사회화

소비자사회화는 환경에 적응하는 인지발달 과정뿐 아니라 환경요인과 상호작용을 거치는 사회학습과 정으로, 소비자로서의 역할을 수행하는 데 필요한 지식, 태도, 기능을 습득해가는 과정이다.

⊙ 사회화 방법

자녀의 사회화 방법은 부모로부터 소비자로서의 지식을 습득하는 방법, 관찰하고 모방하는 방법, 부모와 공동쇼핑, 직접 소비 경험 등으로 나누어 볼 수 있다.

⊙ 소비자사회화 과정 모델

소비자는 배경요인, 사회화대리인, 학습 메커니즘을 통해 사회화된다. 배경요인은 자녀의 인구통계적 특성과 가정의 사회경제적 특성을 포함한다. 사회화대리인은 소비자사회화에 영향을 미치는 주체인데, 주로 부모님이지만 청소년기에는 또래 관계를 통한 영향이 커진다. 학습 메커니즘은 소비자로서의 지식을 습득하는 과정을 의미한다.

⊙ 부모의 유형

부모의 유형을 양육 태도에 따라 크게 세 가지로 나눈다.

권위적 부모는 자녀들에 대하여 많은 통제를 하고 절대 복종을 요구하는 부모이다. 의사결정을 할 때 자녀의 의견을 반영하지 않고 독단적으로 결정하는 경향이 있으며, 부모의 결정을 강요한다. 사회규범에 맞는 소비를 지향하고 일방적인 의사소통을 한다. 자녀는 반항적이고 공격적인 성향을 가지는 경우가 많고, 무시하는 부모는 거의 통제를 하려 하지 않는다. 자녀의 의사결정에 대한 의견을 제시하지 않고 어떤 결정을 하더라도 관심을 주지 않는다. 자녀는 부모와 심적으로 멀어지게 된다.

민주적 부모는 부모와 자녀들 간에 권리의 균형을 맞추려고 하며, 자녀들의 자기표현과 자주성을 격려한다. 자녀의 의사결정을 존중하지만 구매결정을 할 때, 예산에 대한 가이드라인을 제시하고 구매의 목적에 맞는 의사결정이 이루어지도록 의견을 제시한다. 자녀는 자신의 의사결정에 자신감을 가지게 된다.

허용적 부모는 가급적 자녀들을 구속하려 하지 않고 어떤 결정을 하든지 지지한다. 자녀는 자신의 결정이 사회규범에 맞는지에 대한 불안감을 가지게 되고 소극적인 태도를 가지게 되는 경우가 많다.

③ **가족과 마케팅 전략**

가족을 소재로 만든 TV 프로그램이나 광고가 많다. 특히, 아파트, 가전제품 등 가족이 함께 사용하는 제품의 광고들이 가족을 소재로 하는 경우들이 많다. 가족을 중심으로 마케팅 전략을 세울 때는 가족의 구조와 가족생활주기와 가족의사결정과정을 모두 고려하여 소비행동을 예측하여 마케팅 전략을 세워야 한다. 예를 들면, 자동차를 성공의 이미지로 만든 광고에서는 자동차만 나오는 경우도 있지만, 지방에 계시는 부모님을 찾아뵐 때 타고 가는 광고도 있다. 최근에는 반려동물에 대한 인식이 가족으로 여겨지는 것을 반영하여 뒷좌석에 편안하게 반려동물을 태울 수 있다는 것을 보여주는 자동차 광고도 등장하였다. 또 다른 예시로 우유를 광고하는 데 있어 우유를 주로 구매하는 엄마가 아닌 아이와 아빠가 등장하는 광고 있다. 이러한 광고는 아동을 돌보는 주체가 엄마만 하는 것이 아니라는 것을 반영하는 것으로 볼 수 있다. 이렇듯 가족이 어떤 형태로 광고에 등장할지는 그 시대를 반영하므로 가족을 중심으로 한 마케팅을 고려할 때는 그 시기의 가족을 반영하여야 한다.

○✕로 점검하자 | 제9장

※ 다음 지문의 내용이 맞으면 ○, 틀리면 ✕를 체크하시오. [1~10]

01 가격이 오를수록 수요가 줄지 않고 증가하는 소비현상을 발견하였는데, 이러한 현상은 스놉효과라고도 한다. (　　)

02 과시 소비의 대상이 되는 제품은 그 상품을 구매한 소비자가 많아질수록 수요가 줄고 값이 올라 소비가 감소하면 수요가 증가한다. 이러한 현상은 베블렌 효과라고 한다. (　　)

03 물질주의는 소비행동의 기준이 되는 소비가치로서 물질적 재화를 획득하여 소유하는 것을 중요하게 생각하는 정도이다. (　　)

04 한 개인은 어떤 측면에서는 높은 사회계층에 속하더라도 다른 측면에서는 낮은 사회계층에 속할 수 있기 때문에 사회계층의 수직성으로 인하여 지위불일치 현상이 발생하기도 한다. (　　)

05 길리-이너스(Gilly and Enis)가 처음 제안한 가족생활주기 모델은 소비경험을 통해 가족생활주기를 분류하였다. (　　)

06 구매의사결정 시 가족구성원의 역할은 영향력 구조로 이해되는데, 영향력 구조란 각각의 구매의사결정 항목에 대해 구성원이 분석하는 정도를 나타낸다. (　　)

정답과 해설　01 ✕　02 ✕　03 ○　04 ✕　05 ○　06 ✕

01 가격이 오를수록 수요가 줄지 않고 증가하는 소비현상을 발견하였는데, 이러한 현상은 베블렌 효과라고도 한다.

02 과시 소비의 대상이 되는 제품은 그 상품을 구매한 소비자가 많아질수록 수요가 줄고 값이 올라 소비가 감소하면 수요가 증가한다. 이러한 현상은 스놉효과라고 한다.

03 물질주의는 소비행동의 기준이 되는 소비가치로서 물질적 재화를 획득하여 소유하는 것을 중요하게 생각하는 정도로 개인의 삶 전체에 영향을 미치며 특히, 구매의사결정에 중요한 역할을 수행한다.

04 한 개인은 어떤 측면에서는 높은 사회계층에 속하더라도 다른 측면에서는 낮은 사회계층에 속할 수 있기 때문에 사회계층의 다차원성으로 인하여 지위불일치 현상이 발생하기도 한다.

05 길리와 이너스가 처음 제안한 가족생활주기 모델은 소비경험을 통해 가족생활주기를 분류하고, 공변량으로 소득을 조정한 후에도 다양한 소비 영역에서 큰 차이를 생성하였다.

06 구매의사결정 시 가족구성원의 역할은 영향력 구조로 이해되는데, 영향력 구조란 각각의 구매의사결정 항목에 대해 구성원이 참여하는 정도를 나타낸다.

07 가족은 결혼, 혈연, 동거, 입양 등에 의해 관계가 맺어진 다양한 개인들의 복합체이다. 가족은 사랑의 감정, 애정, 연민 등에 의하여 결속되며 가족 내에서 사회화 과정을 학습하게 된다. 따라서 가족의 의사결정은 개인화 과정이라고 볼 수 있다. (　　)

08 지라르는 욕망의 삼각형에서 '매개와 욕망하는 주체 사이의 갈등'이 중요하며, 주체와 매개 사이에 있는 갈등에 따라 '외적 매개'와 '내적 매개'로 나누었다. (　　)

09 '객관적 계층'은 소득, 재산, 교육, 주거, 직업 등 사회계층의 객관적 지표를 통해 추출되며, 같은 지표를 가지고 있으면 각 사회마다 같은 계층에 속한다. (　　)

10 타인의 눈에 띄는 사치품일수록 준거집단의 영향을 덜 받고 준거집단의 영향을 많이 받을수록 과시소비를 하는 성향이 낮다. (　　)

정답과 해설　　07 ×　08 ×　09 ×　10 ×

07 가족은 결혼, 혈연, 동거, 입양 등에 의해 관계가 맺어진 다양한 개인들의 복합체이다. 가족은 사랑의 감정, 애정, 연민 등에 의하여 결속되며 가족 내에서 사회화 과정을 학습하게 된다. 따라서 가족의 의사결정은 사회화의 학습과정이라고 볼 수 있다.

08 지라르는 욕망의 삼각형에서 '매개와 욕망하는 주체 사이의 거리'가 중요하며, 주체와 매개 사이에 있는 거리에 따라 '외적 매개'와 '내적 매개'로 나누었다.

09 '객관적 계층'은 소득, 재산, 교육, 주거, 직업 등 사회계층의 객관적 지표를 통해 추출되며, 객관적 사회계층 측정방법은 이러한 지표들을 수치화하여 평가한 후, 합하여 사회계층을 구분하는 방법이다. 단일지표보다는 여러 지표를 중요도에 따라 가중치를 부여하여 점수를 산출하는 방식으로 이루어진다. 사회마다 특정 지표의 가중치가 다르고 각 항목의 가중치에 따라 산출되는 점수가 달라지므로 같은 지표를 가지고 있더라도 사회마다 다른 계층에 속할 수 있다.

10 타인의 눈에 띄는 사치품일수록 준거집단의 영향을 크게 받고 준거집단의 영향을 많이 받을수록 과시소비를 하는 성향이 높다.

01 사회계층이란 부와 명예와 권력의 불평등한 분배가 제도화되고 구조화된 불평등 체계이며, 사회구성원의 세계관에 통합하여 다차원의 위계질서를 내면화한 주관적인 개념이다.

01 다음 중 사회계층에 대한 설명으로 옳지 <u>않은</u> 것은?

① 사회계층은 사회계급과는 구별되는 개념이다.

② 사회계층 변화는 외부조건의 변화뿐만 아니라 다른 계층의 규범, 가치관, 문화 등을 습득해야만 가능하다.

③ 개인이 속한 사회계층에서의 경험은 개인의 태도, 의식, 가치관, 행동 및 타인과의 상호작용에 영향을 미친다.

④ 사회계층이란 부와 명예와 권력의 불평등한 분배가 제도화되고 구조화된 불평등 체계이며, 사회구성원의 세계관에 통합하여 다차원의 위계질서를 내면화한 객관적인 개념이다.

02 계층 갈등을 유발하고, 세대에 걸쳐 사회계층을 유지시키는 사회구조적 모순을 인정하지 않고, 단순한 수치적 관계로만 사회계층을 측정한다는 비판을 받기도 한다.

02 사회계층을 바라보는 관점 중 기능론적 관점에 관한 내용으로 옳지 <u>않은</u> 것은?

① 계층 갈등을 유발하고, 세대에 걸쳐 사회계층을 유지시키는 사회구조적 모순을 인정하고, 단순한 수치적 관계로만 사회계층을 측정한다는 비판을 받기도 한다.

② 각 계층은 상위계층, 중위계층, 하위계층과 같이 범주화된다.

③ 계층을 '개인이 소유하고 있는 어떤 기준(예 소득, 재산, 교육, 직업)의 합계'로 본다.

④ 사회계층을 '소득 및 자산 또는 사회적 지위의 계층적 연속체'로 정의한다.

정답 01 ④   02 ①

03 사회계층을 바라보는 관점 중 갈등론적 관점에 관한 내용으로 옳지 <u>않은</u> 것은?

① 칼 마르크스와 막스 베버는 통제, 권위, 착취와 같은 사회적 불평등 관계에 주목하였다.

② 사회계층을 근로자인지 사업주인지 혹은 노동자인지 자본가 인지 등과 같이 상호배타적으로 구분한다.

③ 사회계층을 '생산 수단에 대한 통제를 기반으로 한 관계'로 정의한다.

④ 사회계층의 구분이 음과 양처럼 상호의존적이며 본질적으로 상호보완의 관계에 있다고 본다.

04 다음 중 물질주의에 대한 설명으로 옳지 <u>않은</u> 것은?

① 물질주의적 가치관은 주관적 계층의식을 상승시킨다.

② 물질주의 측면에서 소확행, 가심비, YOLO는 물질주의의 핵 심 요소 가운데 하나인 행복추구적 물질주의와 관련이 깊다.

③ 획득중심적 물질주의가 높은 사람은 제품을 소유하는 소비 행위 자체에 큰 의미를 부여한다.

④ 성공수단적 물질주의가 높은 사람은 고가 제품, 명품 등 상 징 제품의 구매를 더 선호한다.

05 다음 중 밴드왜건 효과에 대한 설명으로 옳지 <u>않은</u> 것은?

① 사회구성원의 집단주의 성향이 강할수록 강하게 나타난다.

② 소비자들이 대중의 소비 트렌드를 따라가는 것이다.

③ 제품을 구매한 소비자가 많아질수록 그 제품의 수요가 감소 하는 소비현상이다.

④ 같은 계층의 사람들 혹은 추종하는 계급의 소비를 모방하는 모방소비가 원인이다.

---

03 갈등론적 관점은 사회계층의 구분이 음과 양처럼 상호의존적이며 본질적 으로 갈등 관계에 있다고 본다.

04 물질주의적 가치관은 주관적 계층의 식을 하락시키기도 한다.

05 제품을 구매한 소비자가 많아질수록 그 제품의 수요가 증가하는 소비현 상이다.

정답 (03 ④ 04 ① 05 ③)

06 유행변화는 '모방'과 '차이화'라는 두 동기가 서로를 견제하기 때문에 일어난다.

06 다음 중 트리클다운에 대한 설명으로 옳지 않은 것은?

① 유행변화는 '모방'과 '차이화'라는 두 동기가 서로를 보완하기 때문에 일어난다.

② 유행의 이동은 사회적 관계들의 위계서열적인 특성이 만들어내는 사회적 상호작용으로 파악하였다.

③ 이 이론은 사회체계가 지위가 높고 낮은 사회계층으로 구성되어 있다는 것을 전제한다.

④ 트리클다운은 유행의 변화를 설명하기 위해 짐멜이 주장한 이론이다.

07 평판 이용 측정방법의 예를 들면 일반적으로 시중은행들이 최근 3개월 예금평균잔액이 1억 원 이상이면 VIP 고객이 되는 데 반해 유독 대구은행의 VIP인 '로열고객'이 되기 위해서는 최근 3개월 예금평균잔액이 5억 원 이상이어야 한다. 이는 대구 지역의 사람들은 5억 이상의 예금 정도는 있어야 VIP라고 받아들이고 VIP가 되는 것에 자부심을 가지기 때문으로 해석될 수 있다. 즉, 타인의 사회계층을 평가하는 기준이 사회계층의 기준이 될 수 있음을 보여준다.

07 사회계층 측정 방법 중 평판 이용법에 대한 설명으로 올바르지 않은 것은?

① 마케터가 특정 지역에 진출하기 위해 그 지역의 사회계층을 파악해야 할 때 그 지역 구성원들을 잘 알고 있는 사람들에게 사회계층을 평가하게 하면 더 정확하게 사회계층을 파악할 수 있다.

② 소규모 집단 혹은 지역사회의 사회계층을 파악할 때 유용한 방법이며, 특히 각 사회의 구성원들이 서로를 잘 알고 있을 때 사용될 수 있다.

③ 평판을 이용한 사회계층의 측정방법은 자신이 아닌 타인의 계층적 지위나 사회계층을 평가하는 방법이다.

④ 평판 이용법을 활용하면, 은행의 VIP 고객의 기준은 지역에 관계없이 동일하다.

정답 (06 ① 07 ④)

08 다음 중 준거집단에 대한 설명으로 옳지 <u>않은</u> 것은?

① 준거집단은 소속된 개인이 집단 내 구성원들과 동일한 의견과 행동을 형성하도록 한다.

② 직접 그 집단에 속해야 준거집단으로 사용될 수 있다.

③ 준거집단에 의지하며 같은 행동을 하는 이유는 준거집단의 다른 구성원들에게 인정을 받길 원하기 때문이다.

④ 준거집단은 개인이 속하였거나 미래에 속하길 원하는 집단으로서 개인의 가치관, 행동, 태도, 신념 등에 영향을 미치는 집단을 의미한다.

09 다음 중 열망집단에 대한 설명으로 옳지 <u>않은</u> 것은?

① 상징 열망집단은 개인이 미래의 어떤 시점에서 속할 수 있으리라고 예상되는 집단이고 기대 열망집단은 미래에도 속할 가능성이 없으나 호의적인 태도를 갖고 있는 집단을 말한다.

② 열망집단의 가치, 규범 또는 행동은 제품을 구매하는 데 영향을 미친다.

③ 열망집단에 합류하기를 기대하는 이유는 열망집단에 속하게 되면 권력, 지위, 품위, 금전과 같은 보상을 받을 것이라고 생각하기 때문이다.

④ 열망집단이란 현재 개인이 소속되어 있지 않지만, 그 집단으로부터 인정받기를 열망하는 집단이다.

08 직접 그 집단에 속하지 않고서도 준거집단으로 사용될 수 있다.

09 기대 열망집단은 개인이 미래의 어떤 시점에서 속할 수 있으리라고 예상되는 집단이고 상징 열망집단은 미래에도 속할 가능성이 없으나 호의적인 태도를 갖고 있는 집단을 말한다.

정답 08② 09①

10 시간적 압박이 거의 없을 때 공동의 사결정이 이뤄질 가능성이 높다.

10 가족공동의사결정에 대한 설명 중 옳지 <u>않은</u> 것은?

① 공동결정의 범위가 확대되고 있으며, 자녀들의 참여가 높아 지고 있다.

② 구매의 위험 수준이 높을 때 공동으로 결정할 가능성이 높다.

③ 구매결정이 가족에게 중요할 때 공동의사결정의 가능성이 높다.

④ 시간적 압박이 있을 때 공동의사결정이 이뤄질 가능성이 높다.

주관식 문제

01

정답 ㉠: 계층, ㉡: 계급

해설 계급은 통상적으로 생산 수단의 소유 여부에 따라 구분되며, 지배층과 피 지배층의 관계에 놓여 있기 때문에 서로 갈등과 대립이 불가피하다고 보 았다. 그에 반해, 사회계층을 구분하 기 위해서는 계급, 지위, 권력의 세 차원을 모두 고려해야 한다.

01 다음 (   ) 안의 ㉠, ㉡에 들어갈 내용을 쓰시오.

(㉠)은 단순한 경제적 자원의 차이를 넘어 사회 지위, 문화적 자원, 권력의 차이를 포함하는 다차원적 개념이다. (㉠)은 연속적 집단으로 구성된다. 따라서 (㉠)의 구성원은 심리적 귀속의식이 뚜렷하지 않으며, 한 개인이 차 원에 따라 여러 (㉠)에 속하기도 하는 지위불일치 현상 이 일어난다. 예를 들면 어떤 개인의 지위는 상류층이지만 권력은 중류층이기도 한 것이다.

그에 반해 (㉡)은 라틴어 classis에서 유래되어 그 구분 이 뚜렷하게 단절되어 있다. 따라서 집단 간의 경계가 뚜렷 하기 때문에 (㉡)에 대한 귀속의식이 강하다.

정답 10 ④

02 사회계층을 바라보는 관점을 세 가지로 나열하시오.

02
정답 기능론적 관점, 갈등론적 관점, 사회
문화적 관점
해설 사회계층을 바라보는 관점은 대표적
으로 기능론적 관점, 갈등론적 관점
이 있으며, 최근 사회문화적 관점도
사회현상을 설명하는 데 유용하게 쓰
이고 있다.

03 다음 ( ) 안의 ㉠, ㉡에 들어갈 내용을 쓰시오.

사회문화적 관점에서는 개인의 성장 과정에서 내면화된 문화적 상징이나 행동특성을 나타내는 (㉠)를 핵심개념으로 사용하였다. 계층에는 사회적으로 조건화된 특정한 (㉡)이 반영되게 된다. 각 계층의 구성원들은 성장과정에서 자기계층의 몸의 자세 및 움직임, 언어, 사고방식, 교양, 취미, 문화적 (㉡), 심미안 등을 학습하게 되고, 이런 (㉠)를 통해 다른 계층과 '구별 짓기'가 이루어지는 것이다. 이 관점에 의하면 페이스북, 트위터나 인스타그램과 같은 SNS상에서 사진이나 글도 문화 및 사회적 자본을 표현하여 (㉠)를 나타내는 행동으로 간주할 수 있다.

03
정답 ㉠: 아비투스, ㉡: 취향
해설 개인의 성장과정에서 내면화된 문화적 상징이나 행동특성은 아비투스이다. 각 계층의 아비투스는 사회적으로 조건화된 특정한 취향이 반영된다.

04

정답 ㉠: 지위, ㉡: 다차원성

해설 지위는 권력, 계급과 더불어 사회계층을 구분 짓는 중요한 요소 중의 하나이다.
사회계층은 다차원적으로 분류될 수 있으며 한 개인은 어떤 측면에서는 높은 사회계층에 속하더라도 다른 측면에서는 낮은 사회계층에 속할 수 있기 때문에 사회계층의 다차원성으로 인하여 지위불일치 현상이 발생하기도 한다.

05

정답 행복추구적 물질주의, 성공수단적 물질주의, 획득중심적 물질주의

해설 물질주의는 소비행동의 기준이 되는 소비가치로서 물질적 재화를 획득하여 소유하는 것을 중요하게 생각하는 정도이다. 물질주의는 개인의 삶 전체에 영향을 미치며 특히, 구매의사결정에 중요한 역할을 수행한다. 물질주의를 구성하는 3가지 핵심요소는 행복추구적 물질주의, 성공수단적 물질주의, 획득중심적 물질주의로 이루어진다.

04 다음 ( ) 안에 ㉠, ㉡에 들어갈 내용을 쓰시오.

> • (㉠)는 타인이 지각하는 사회시스템 안에서 개인의 서열을 의미한다. 따라서 사회계층은 사회적 (㉠)와 밀접하게 연결된다. 각 사회는 그 사회를 지배하는 가치관이 있으며 그러한 가치관에 부합하는 구성원은 다른 구성원의 존경을 받으며 권위를 가지게 된다. 그 결과 서열이 생겨나고 그 서열에 따른 권력을 가진다.
> • 사회계층은 (㉡)으로 분류될 수 있다. 사회계층을 구별하는 요소에는 소득, 직업, 교육수준, 재산 등 여러 가지 구성요소를 포함한다. 특히, 사회문화적 관점에서 상류층이라고 부르는 사회계층에는 소득, 직업, 교육수준, 재산 외에도 교양, 명예, 문화적 취향 등이 포함되어 있다.

05 물질주의를 구성하는 3가지 핵심요소를 쓰시오.

06 다음 설명하는 사회계층의 특징은 무엇인지 쓰시오.

- (㉠) : 환경의 변화에 따라, 시간의 변화에 따라 각 개인이 속해 있는 사회계층은 변하게 된다. 즉, 사회계층은 언제든지 바뀔 수 있다. 사회계층 간의 사회이동 가능성을 높일수록 사회 안의 활력이 높아지고 사회 통합이 이루어진다.
- (㉡) : 어떠한 사회계층에 속해 있는 지에 따라 같은 사회계층에 속한 사람들은 가치관, 태도, 관심, 행동 패턴이 유사하다. 그 결과, 동일한 사회계층에 속하는 구성원들은 노출되는 광고도 비슷하고, 비슷한 제품과 서비스를 구매하며, 유사한 매장에서 쇼핑하게 된다.

07 다음 ( ) 안의 ㉠, ㉡, ㉢, ㉣에 들어갈 내용을 쓰시오.

사회계층에 따라 소비자행동이 달라지므로 이에 맞춤 마케팅 전략이 필요하다. 여러 사회계층 중 표적시장이 선정되면 그 표적시장에 맞는 (㉠), (㉡), (㉢), (㉣)를 선택하여야 한다.

06

정답 ㉠ 동태성, ㉡ 동질성

해설 동태성이 약하면 사회계층의 이동이 제한되는 것을 의미한다. 원천적으로 계층이동이 제한된 계층은 사회계층이 아니라 계급이다.
동질성은 어떠한 사회계층에 속해 있는지에 따라 같은 사회계층에 속한 사람들은 가치관, 태도, 관심, 행동 패턴이 유사한 것을 뜻한다. 따라서 사회계층에 따라 효과적으로 시장을 세분화할 수 있고, 각 시장에 맞춘 마케팅 전략을 수립할 수 있다.

07

정답 ㉠ : 제품계획
㉡ : 가격결정
㉢ : 광고전략
㉣ : 유통경로

해설 마케팅 믹스는 주로 4P로 구성되며 제품계획, 가격결정, 광고전략, 유통경로를 의미한다. 마케팅 전략은 마케팅 믹스를 포함하여야 한다.

08

정답 객관적 측정방법, 주관적 측정방법, 평판 이용법

해설 사회계층의 측정방법은 다양한 방법을 통해 사회계층을 측정하는 방법이 연구되고 있는데, 크게 객관적 측정방법, 주관적 측정방법, 평판 이용법으로 구분할 수 있다.

09

정답 정보적 영향, 규범적 영향, 가치표현적 영향인데, 정보적 영향은 소비자가 정보를 수집하는 과정에서 특정 집단이 소비자에게 정보를 제공함으로써 영향을 미치는 것이고, 규범적 영향은 집단의 규범이나 기대가 미치는 영향력이며, 소비자는 집단의 가치표현을 자신과 비교하여 영향을 받는다.

10

정답 마케팅 측면에서도 매우 중요한 이유는 가족생활주기의 변화는 가족의 소비패턴을 변화시키기 때문이다.

해설 가족생활주기란 여러 가계가 갖는 공통적인 특성을 기준으로 가계의 형성과 발전과정을 구분한 단계이다. 가족생활주기는 결혼 여부, 가족성원의 연령, 자녀수, 가장의 직업유무 등의 인구통계학적 변수들을 체계적으로 결합하고 있다. 따라서 같은 나이라 할지라도 가족생활주기의 단계는 다를 수 있고 다른 구매패턴을 가지므로 가족생활주기에 의한 시장세분화는 가족의 생활단계에 따라 나타나는 요구에 부응하여 제품과 서비스를 개발하게 도와주고, 판매 촉진전략을 구체화시켜 줄 수 있다.

08 사회계층을 측정하는 방법 3가지를 쓰시오.

09 집단의 영향을 세 가지로 서술하시오.

10 가족생활주기의 변화가 마케팅 측면에서 중요한 이유를 서술하시오.

11 다음 ( ) 안의 ㉠, ㉡, ㉢, ㉣에 들어갈 내용을 쓰시오.

> 부모의 유형은 양육 태도에 따라 크게 네 가지로 나뉜다. (㉠)는 의사결정을 할 때 자녀의 의견을 반영하지 않고 독단적으로 결정하는 경향이 있으며, 부모의 결정을 강요한다. (㉡)는 거의 통제를 하려 하지 않는다. 자녀의 의사결정에 대한 의견을 제시하지 않고 어떤 결정을 하더라도 관심을 주지 않는다. (㉢)는 부모와 자녀들 간에 권리의 균형을 맞추려고 하며, 자녀들의 자기표현과 자주성을 격려한다. (㉣)는 가급적 자녀들을 구속하려 하지 않고 어떤 결정을 하든지 지지한다.

11

정답 ㉠ : 권위적 부모
ㄴ : 무시하는 부모
ㄷ : 민주적 부모
ㄹ : 허용적 부모

해설 권위적 부모는 자녀들에 대하여 많은 통제를 하고 절대 복종을 요구하는 부모이다. 사회규범에 맞는 소비를 지향하고 일방적인 의사소통을 한다. 무시하는 부모의 자녀는 부모와 심적으로 멀다. 민주적 부모는 자녀의 의사결정을 존중하지만 구매결정을 할 때, 예산에 대한 가이드라인을 제시하고 구매의 목적에 맞는 의사결정이 이루어지도록 의견을 제시한다. 허용적 부모의 자녀는 자신의 결정이 사회규범에 맞는지에 대한 불안감을 가지게 되고 소극적인 태도를 가지게 되는 경우가 많다.

12 다음 ( ) 안의 ㉠, ㉡, ㉢에 들어갈 내용을 쓰시오.

> • (㉠)는 환경에 적응하는 인지발달과정뿐 아니라 환경요인과 상호작용을 거치는 사회학습과정으로, 소비자로서의 역할을 수행하는 데 필요한 지식, 태도, 기능을 습득해 가는 과정이다.
> • 자녀의 사회화 방법은 부모로부터 소비자로서의 지식을 습득하는 방법, (㉡), 부모와 공동쇼핑, (㉢) 등으로 나누어 볼 수 있다.

12

정답 ㉠ : 소비자사회화
ㄴ : 관찰하고 모방하는 방법
ㄷ : 직접 소비 경험

해설 자녀는 부모와 친구 등으로부터 소비자로서 필요한 지식, 태도, 기능을 습득한다. 소비자사회화 방법은 부모로부터 소비자로서의 지식을 습득하는 방법, 관찰하고 모방하는 방법, 부모와 공동쇼핑, 직접 소비 경험 등으로 나누어 볼 수 있다.

13

정답 ㉠ 준거집단, ㉡ 행동

해설 준거집단에 속한 사람들은 어떠한 행동을 할 때 준거집단의 규범에 따라 행동하는데, 사람들이 준거집단에 의지하며 같은 행동을 하는 이유는 준거집단의 다른 구성원들에게 인정을 원하기 때문이다.

13 다음 ( ) 안의 ㉠, ㉡에 들어갈 내용을 쓰시오.

(㉠)은 개인이 속하였거나 미래에 속하길 원하는 집단이다. 사람들은 (㉠)을 통해 자신의 (㉡)을 결정한다. 일반집단은 소속되어 규범과 가치관을 공유하지만, (㉠)은 소속된 개인이 집단 내 구성원들과 동일한 의견과 (㉡)을 형성하도록 한다. 따라서 준거집단의 사람들에게서는 여가 시간을 보내거나 쇼핑을 하는 것과 같은 개인적인 (㉡)에 대해서 동일한 양상을 보인다.

14

정답 긍정적 회원집단은 공식집단과 비공식집단, 1차 집단과 2차 집단, 회원집단과 비회원집단으로 나누어 볼 수 있다.

해설 공식집단은 구성원의 명단이 있고 조직구조가 기록되어 있는 집단이다. 비공식집단은 구성원의 명단이나 조직구조가 없는 집단이다. 1차 집단은 작은 규모의 사회집단이며, 구성원끼리 자주 접촉하는 가족, 친구 등을 말한다. 2차 집단은 구성원끼리 가끔 만나는 집단이다. 회원집단과 비회원집단은 구성원 자격 기준을 집단에서 규정하였는지에 따라 구분된다.

14 긍정적 회원집단을 나누는 방식에 대하여 간단히 설명하시오.

15 '욕망의 삼각형'에 대하여 간단히 설명하시오.

정답 르네 지라르는 인간의 욕망에는 언제나 주체의 욕망 대상, 그리고 매개하는 삼각형의 구조를 갖게 되며 이를 '욕망의 삼각형'이라고 하였다. 욕망하는 개인은 그 욕망을 부추기는 매개를 통해 어떤 대상을 욕망하게 된다는 것이다.

SD에듀와 함께, 합격을 향해 떠나는 여행

제 10 장

자아(Self)

비관론자는 어떤 기회가 찾아와도 어려움만을 보고,
낙관론자는 어떤 난관이 찾아와도 기회를 바라본다.

– 윈스턴 처칠 –

제10장 | 자아(Self)

제1절 | 자아에 대한 관점

1 자아의 개념

소비를 통해 자신을 타인에게 보여주고자 하는 욕구에 공통으로 관여된 것은 '자아'이다. 소비자는 자신의 모습을 브랜드(상표)를 통해 표현하고자 하며, 자신이 바라거나 준거로 삼고 있는 집단으로부터 형성된 자아상을 표현하기 위해 특정 브랜드(상표)를 구매하기도 한다. 특히, 브랜드(상표)라는 상징적 물질로써 자신의 지위를 표현하거나 체면을 차리고자 할 때, 자신만의 독특한 개성을 표현할 때도 자신의 자아개념에 대한 고려는 반드시 이루어진다.

(1) 자아개념의 정의

자아개념은 개인이 자기 자신에 대해 가지는 주관적인 지각 또는 태도이다. 내면의 일관성을 유지하고 경험을 해석하여 미래 성취에 대한 기대 수준을 결정하는 인간행동에 있어서 중요한 변인이다. 자아개념의 구성요소로는 자신감, 자아 지각, 자아 수용, 자아 효능감, 자아 존중감, 자아 정체감, 자기 이해, 자아상 등이 있다. 자아개념은 3가지의 특성을 가진다.

① 자아개념은 지속적으로 변화한다. 경험이 누적되고 타인과의 상호작용을 통해 점차 다른 자아를 발견하게 된다. 또한, 새로운 자신의 발견과 함께 지속적인 변화를 추구한다.

② 타인과의 관계 속에서 형성된다. 주변 사람들이 나를 어떻게 보는가에 대한 나의 관점이 스스로를 평가하는 중요한 기준이 되는 것이다.

③ 자아개념은 행동에 중요한 영향을 미친다는 것이다. 자아개념은 행동에 영향을 미치며, 이러한 행동은 사고를 구성하여 특정한 성격을 가진 사람으로 구체화한다.

자아개념은 관련 이론을 통해 더욱 자세히 알아보기로 하자.

(2) 자아개념 관련 이론

① 윌리엄 제임스(William James)의 자아이론

자아개념에 대해 최초로 연구한 사람은 윌리엄 제임스였다. 윌리엄 제임스는 자아를 물질적 자아, 사회적 자아, 정신적 자아, 육체적 자아로 구분하여 모든 의식 경험의 대상이 되는 것으로 보았다.

㉠ 물질적 자아 : 옷, 재산과 같이 우리가 우리 생활의 일부로 여기고 있는 **물질적 소유물로 구성된 것을** 의미한다.

㉡ 사회적 자아 : 개인이 중요시하는 타인이나 사회집단들과 관계를 맺고 있는 자아로서 각각의 대상에 하나씩 존재한다.

ⓒ 정신적 자아 : 내적 또는 주관적인 존재로서 자기 자신에 대해 생각하는 것을 포함하며 관심, 노력, 의지 등이 원천이 되며 이로부터 도덕적 우월성, 정신적 우월성, 열등의식이 발생된다.

ⓓ 육체적 자아 : 자신의 신체적 특징과 관련된 자아를 의미한다.

제임스는 4가지 형태의 자아는 각 개인이 자신에 대한 인식을 형성하는 독특한 방식으로 결합되어 있기 때문에 쉽게 변화하지 않는다고 주장한다.

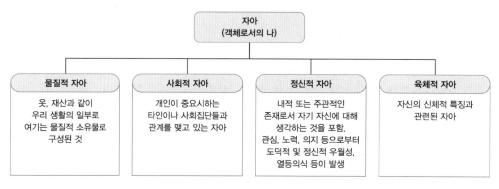

[제임스의 자아이론]

② **쿨리(C.H. Cooley)의 반사경적 자아(거울 자아)**

쿨리는 자신과 관련된 정보의 원천은 타인이 주관적으로 해석한 피드백이라고 주장한다. 따라서 쿨리는 타인으로부터의 받은 피드백의 중요성을 강조하면서 반사경적인 자아(looking glass self) 혹은 거울 자아라는 개념을 도입하였다. 반사경적인 자아는 하나의 개인에 대하여 타인이 추측한 평가의 결과를 반영하므로 "남들은 나를 어떻게 보는가?"에 대한 의미를 함축하고 있는 자아개념이다.

③ **클라인(T. Cline)의 소비자 자아개념**

클라인은 소비자의 자아개념을 크게 두 가지로 설명하는데 초점(실제적 혹은 이상적)과 영역(공적 혹은 사적)으로 이루어진다.

사적 영역에서 실제적 자아개념(actual self-concept)은 소비자 자신의 실제적인 지각을 의미하는 반면, 이상적 자아개념(ideal self-concept)은 소비자 자신이 되고 싶어 하는 모습을 말한다. 이 두 자아개념의 격차를 자아 불일치라고 한다.

공적 영역에서, 실제적 공적 자아개념(actual public-concept)은 개인에 대한 다른 사람들의 실제적인 지각을 의미하는 반면, 이상적 공적 자아개념(ideal public-concept)은 다른 사람들이 자신을 지각하기를 원하는 모습을 의미한다. 실제적 공적 자아개념과 이상적 공적 자아개념의 격차는 공적 자아 불일치라고 한다.

[클라인(T. Cline)의 자아개념]

구분		초점	
		실제적	이상적
영역	사적	실제적 자아개념	이상적 자아개념
	공적	실제적 공적 자아개념	이상적 공적 자아개념

브랜드는 소비자가 자신이 누구인지 그리고 어떤 사람이 되고자 하는지를 표현하게 해주는 역할을 한다. 구매 상황에 따라 소비자는 상이한 자아개념을 강조하게 된다. 남에게 노출되지 않는 상황에서 사용하게 되는 제품의 구매 시에는 단순히 사적 개념에 의존할 것이다. 그러나 특정 제품의 사용이 남에게 노출되고 공개되는 상황의 경우에는 실제적 공적 자아개념이 적용되어 다른 사람들의 기대 수준에 부응하려고 하거나 이상적 공적 자아개념을 사용하여 다른 사람들이 자신을 보는 시선을 바꿀 수 있다. 자아개념에 따라 소비자가 자기 자신을 어떻게 이해하고 정의하는지는 제품이나 특정 브랜드에 대한 태도, 그리고 차후에 구매 행동에까지 영향을 미치기 때문에 자아개념은 마케팅 활동 수행에 있어서 매우 중요하다.

2 소비자 행동에서 자아개념의 중요성

자아개념은 소비자 행동 중 소비자의 정보 처리 과정에서 준거의 틀로서 역할을 한다. 특히, 상품, 브랜드(상표)에 대한 지각과 관련하여 자아개념은 소비자 본인과 상품 이미지와의 일치성과 관련해 상품에 특정 이미지를 부여하는 기준이 된다. 이러한 역할은 소비자가 상표를 보게 되었을 때 선택적으로 자신이 생각한 이미지와 유사한 상표에 끌리게 된다. 상품의 이미지와 소비자의 자아개념은 상품의 상징적 의미를 바탕으로, 이를 소비자가 지각하고 두 이미지 간의 일치 정도에 따라 브랜드(상표), 상품의 선택과 사용이 이루어지는 것이다. 즉, 자아개념이 소비자의 활동에 영향을 미침을 의미한다. 소비자들은 본인이 가지고 있는 자아개념과 일치하는 구매 관련 행동은 기꺼이 수행하지만, 그렇지 않은 행동들은 회피한다는 것이다.

소비자들은 자신이 구매한 상품과 본인의 자아개념이 유사한 것으로 인식한다. 다시 말해, 자신과 다른 브랜드(상표)를 구매한 소비자들의 자아개념과는 다른 자아개념을 가지고 있었으며, 선호하는 브랜드(상표)의 이미지는 자아개념과 유사한 것이었다. 또한, 자아개념을 통해 구매의사를 예측할 수 있다. 자아개념은 상품, 상표의 선호와 밀접한 관계에 있고 이를 바탕으로 구매의사 예측이 가능하기 때문이다. 특히 정보 처리 과정에서 상품, 브랜드(상표), 점포 등의 정보들은 자아개념의 틀 안에서 선택적인 노출과 수용이 이루어지는 것이다. 따라서 소비자 행동에 있어 자아개념은 상품, 브랜드(상표), 점포 등에 대한 개인의 지각과 정보 처리 행동, 구매의사 결정 과정에 개입하는 중요한 개념이라고 할 수 있다.

3 자아개념과 마케팅 전략 그리고 한계점

(1) 시장세분화와 자아개념

시장세분화(market segmentation)는 서로 다른 욕구를 가진 다양한 소비자들로 구성된 전체 시장을 일정한 기준에 따라 몇 가지의 동질적 세분시장으로 나누는 것을 의미한다. 시장세분화는 시장의 기회를 쉽게 확보하고 제품과 가격, 유통과 판매촉진을 일관성 있게 추진하고 전략을 수립하는 데 정보를 제공한다. 자아개념에 의한 시장세분화의 경우, 먼저 대상 제품의 구매의사결정에서 자아개념이 시장세분화에 가장 효과적인 기준이 되는 중요한 역할을 하는가에 대한 분석이 이루어져야만 한다. 그러나 시장세분화에서 자아개념만을 활용하여 시장을 세분화하는 경우는 거의 없다. 일반적으로 인구통계학적 변수, 심리분석적 변수, 구매집단별 변수 등을 고려한 다양한 변수들을 활용하여 시장을 세분화하며 이 과정에서 자아개념은 보완적 요소로 사용되고 있다.

(2) 제품기획 및 개발과 자아개념

소비자의 자아 이미지와 브랜드(상표) 이미지에 대한 분석은 신제품 기획 및 개발 단계에서 전략을 수립하는 데 유용하게 사용될 수 있다. 새로운 브랜드(상표)를 출시할 경우, 소비자의 자아 이미지와 일치하는 브랜드 (상표) 이미지를 지니는 기존 제품이 없는 경우에 출시 브랜드의 성공 가능성이 높다고 예측할 수 있다. 특히, 가구, 전자제품, 자동차, 의복 등 자아의 몰입 정도가 깊고, 사회적 가시성이 큰 제품의 경우에 미치는 영향은 더욱 크다.

(3) 촉진전략과 자아개념

우리는 다양한 미디어 플랫폼을 통해 많은 광고를 접하게 된다. 광고에 등장하는 모델을 통해 자아개념과 연계할 수 있다. 예를 들어 은행원이나 사업가의 의상은 단정하고 점잖은 정장을 입은 모델이 등장한다. 반면에 젊은 세대에게 소구하는 광고의 경우 캐주얼하면서 활동적인 의상을 입은 모델들이 등장하는 것이다. 이처럼 고객들에게 제품이 가지고 있는 이미지와 고객의 이미지를 일치 혹은 불일치한다는 사실을 강조한다. 이를 통해 고객이 지니고 있는 기존의 자아 이미지를 강화하거나 혹은 변화시키는 전략으로 구매를 촉진시킨다.

(4) 소매경영과 자아개념

소비자들이 이용하는 소매점포에 대한 이미지가 소비자의 구매를 결정하는 하나의 중요한 요인이다. 소비자들은 매장의 규모 등 객관적으로 외부조건이 유사한 점포에 대해서도 각각 서로 다른 이미지를 지니고 있으며, 자신이 지각하고 있는 자아개념과 일치하는 점포에 대하여 특히 높은 선호를 보인다. 따라서, 경영주는 자기 점포에 어떤 고객이 주로 방문하고, 구매력이 높은지 등을 통해 해당 점포의 세분 시장을 확인하고 이를 대상으로 타겟 고객층의 자아 이미지와 잘 부합되도록 점포 이미지를 형성하는 등의 마케팅 노력을 해야 한다.

제2절 | 성역할

1 성역할의 변화

(1) 성역할의 개념과 이해

성역할은 한 개인이 속하여 있는 사회집단에서 개인의 성에 따라 기대하는 전형적인 행동유형이며 생리적 특성보다 사회문화적 특성에 좌우되며 시대, 사회, 문화마다 차이가 뚜렷하게 나타난다.

사람들은 통상적으로 '성역할에 따른 고정관념(sex-role stereotype)'을 가지고 있으며 이로 인해 남녀 성별에 따라 행동 양식, 태도, 인성 특성 등을 각기 다르게 기대한다. 또한, 성에 따라 사회적으로 승인되는 신체적 특징, 행동 및 태도, 정서적 특징을 구분 짓기에 사람들은 같은 문화를 공유하고 있는 즉, 한 문화권 안의 사람들은 대체로 비슷한 성역할 고정관념을 공유한다. 남성은 남성다워야 하며, 여성은 여성다워야 하며 성별에 따라 역할이 구분되는 것이다. 그러나 여성들의 경제활동 증가와 성역할에 관련된 인식의 변화 등의 다양한 사회적 변화로 성역할에 대한 구분과 경계가 모호해지고 있다. 그러나 정보를 처리하는 방식과 소비를 결정하는 과정에 있어서 남성과 여성의 차이는 존재한다.

(2) 성별과 정보처리과정

학자들은 여러 연구를 통해 성별의 차이가 정보처리과정 및 방식에 영향을 미친다는 사실을 밝혀왔다. 연구 결과에 따르면 남성은 행위 주체적 목표(agentic goal, 자기중심적 성향)를 추구하는 성향이 강해 자아 주장, 자아 효능감, 그리고 주인 의식을 중시한다. 반면 여성은 상호 목적(communal goal, 이타적 성향)을 추구하는 성향이 강해 독립적이기보다는 다른 사람들 간의 관계를 더 중요하게 생각한다. 또한, 관심 있는 무언가에 대해 관련성이 있는 정보가 주어졌을 때 남성보다 여성이 더욱 민감하게 해당 정보를 처리한다.

성별과 정보처리방식의 차이를 다룬 대표적 이론은 선택 모형이다. 이에 따르면 남성보다 여성이 많은 양의 정보를 처리하고, 정보를 깊게 고민하는 경향이 있다고 주장한다. 이에 따르면 남성은 선택적인 정보 처리자로서 단순하게(즉, 휴리스틱에 의존) 정보를 처리하는 경향이 강하며, 모호한 정보는 무시하는 성향이 있다. 반면에 여성은 포괄적인 정보 처리자로서 객관적 및 주관적 제품 속성에 대한 정보뿐만 아니라 모호한 정보까지도 모두 처리하려는 경향이 강하다. 또한, 선택 모형은 남성과 대조적으로 여성은 이용할 수 있는 모든 단서를 정보 처리에 이용한다고 주장한다. 여성이 남성보다 정보를 처리함에 있어서 상대적으로 많은 노력을 기울이며, 해당하는 모든 정보를 분석하는 경향이 강하다는 사실을 밝혔다. 특히 여성들은 자신이 주도적으로 검색한 정보뿐만 아니라 타인이 제공하는 정보에도 주목하는데 이 또한 여성만의 특징으로 볼 수 있다.

(3) 성별과 소비

일반적으로 소비는 성별에 따라 차이를 보인다. 전통적으로 소비는 여성적인 활동으로 인식되어왔다. 여성들은 쇼핑을 여가활동의 일종으로서 인식하는 경향이 있기 때문이다. 따라서, 여성들에게 소비의 의미는 즐거움을 추구한다는 뜻이지만 남성에게 소비는 구매 중심의 목적 지향적인 활동을 의미한다.

Korlimbinis and Algie(2004)의 패션 소비성향 연구에 따르면, 남성 소비자의 60% 이상이 원하는 물건을 단도직입적으로 찾아내어 의류 소비에 대한 의사결정을 하는 데 더 적은 시간을 소비하는 수렵형 고객(hunter shopper)으로 분류되었다. 반면 여성은 가장 마음에 드는 아이템을 찾기 위해 더 많은 시간을 쓰고자 하는 채취형 고객(gather shopper)으로 분류된다. 즉, 소비상황에서 남성은 이용 가능한 단서 중에서 소수의 고려 사항을 이용하려는 경향이 있으며, 특별히 두드러지고 이용 가능한 하나 혹은 몇 가지 단서만을 이용한다. 반면 여성은 남성에 비해 상대적으로 구체적인 정보에 더 주의를 기울이고 다양한 단서를 고려한다.

그러나 최근의 연구 동향을 살펴보면 성별에 따른 소비 차이가 생물학적 성별 차이가 아닌 개인의 선호 혹은 성격 차이에서 유발되는 것이라는 입장에 무게가 실린다. 여성과 남성의 소비행태는 사실상 크게 다르지 않으며 남성의 소비 행동을 과소평가해서는 안 된다는 것이다. 남성이 쇼핑을 즐기지 않을 것이라는 통념과 달리 남성들은 쇼핑 과정에 적극적으로 참여하고자 하는 의지가 강하게 나타났다(Bakewell and Mitchell, 2004). Otnes and McGrath(2001)에 의하면 남성 소비자의 일부는 쇼핑을 좋아하지만 여성적으로 비춰질까 봐 두려워하는 것이 남성이 쇼핑에 적극적으로 참여하지 않는 이유라고 밝혔다. 즉, 성역할과 정체성이 특히 남성의 소비행동에 영향을 미친다는 사실을 알 수 있다.

(4) 제품 및 카테고리에 따른 성별 소비의 차이

제품을 구매할 때도 남성과 여성 성별에 따른 중요 요소는 다르게 나타난다. 장영(2019)의 연구에서는 화장품을 주요 품목으로 남성과 여성의 차이에 대하여 연구를 진행하였다. 그 결과, **제품을 구매할 때 남성과 여성 모두 '브랜드'를 중요시했다.** 그러나 가격 속성에서 차이가 발생했다. 남성에게는 가격의 중요성이 강조되지 않지만, 여성에게는 가격 측면뿐만 아니라 제품사용 후의 만족도, 제품의 주요 성분 등 다양한 제품 구매의 중요한 요소가 되었다. 또한, 매장 서비스, 광고, 주요 성분 등의 제품 관련 세부 정보들은 남성보다 여성에게 더욱 중요한 요소였으며, 이러한 정보가 소비자에게 만족스럽게 충족되었을 때 구매 행동을 보이고 만족도도 높았다.

반면, 전자제품 등 IT 관련 기기를 주요 품목으로 진행된 연구에서는 남성이 여성에 비하여 제품에 대해 긍정적이고 높은 관여 수준을 보였다. 남성은 제품의 소프트웨어, 과거 경험 및 주변의 평판을 바탕으로 구매를 결정하였다. 반면, 여성에게는 가격적인 측면이 더욱 중요하게 작용하였다. 이를 통해 남성은 제품과 관련된 사전 지식에 의존하여 제품을 구매할 가능성이 큰 반면, 여성은 쇼핑 경험 자체를 정보 수집의 주요한 수단으로 사용한다는 사실을 밝혔다. 또한, 온라인 쇼핑을 할 때도 남성은 제품 구매 고려요인으로 기능과 성능을 우선시하며 여성은 브랜드 및 디자인과 같은 요인에 의해 구매를 결정하였다(홍미정, 2008). 또한, 남성은 온라인 쇼핑 중 배송의 신속성과 구매의 용이성에 대한 평가에서 여성보다 높은 만족도를 보였으며, 기능이나 품질이 좋다고 판단될 경우 재구매 의사가 높은 것으로 나타났다. 반면 여성의 경우 기능이나 품질뿐만 아니라 주변에서 잘 샀다고 할 경우에 만족도와 재구매 의사가 높은 것으로 나타났다. 위의 사례들을 통해 정보처리 과정과 구매 행동을 결정하는 과정에서 남성 소비자와 여성 소비자 간의 구매 고려요소 혹은 중요도 요소에서 분명한 차이가 있음을 알 수 있다.

(5) 성별 관련 마케팅 전략

성별과 관련된 마케팅 전략은 과거에 빈번하게 사용되어왔다. 남성용품으로 여겨졌던 쉐이빙 크림, 서류 가방 등은 남성 모델을, 화장품, 악세사리와 같이 여성용품으로 여겨졌던 것에는 여성 모델을 통해 광고를 하는 경우가 그 예시가 될 수 있다. 그러나 사회문화적으로 성의 다양성을 인정하는 분위기와 함께 개인의 취향을 중시하는 추세가 맞물리면서 성별을 활용한 마케팅 전략은 그 힘을 발휘하지 못하며, 젠더리스(genderless) 마케팅이 급부상하고 있다. 젠더리스는 남녀 성별을 구분하지 말자는 의미를 가지고 있지만, 최근에는 성 중립성이라는 의미로 쓰이고 있다.

남성 모델들이 주로 찍던 상품 광고에 여성 모델이 등장한다거나 이와 반대의 상황도 빈번하다. 전통적으로 여성 모델이 등장했던 주방용품에 남성 모델이 등장하고 긴 생머리를 한 남성을 헤어제품의 모델로 광고하기도 한다. 세계적인 브랜드 구찌의 경우, 남성 모델에게는 자수가 놓인 슈트나 리본이 달린 블라우스를 입혔고, 여성 모델에게는 남성 슈트를 입혀 화제를 모으기도 했다.

젠더리스 마케팅은 뷰티 업계에서 활발하게 전개되고 있다. 그루밍족(패션과 미용에 아낌없이 투자하는 남성들을 의미)뿐만 아니라 남성들의 뷰티에 대한 관심이 증가한 것도 하나의 원인으로 볼 수 있다. 특히 국내의 화장품 브랜드인 '라카', '릴리바이레드'의 경우 젠더리스 마케팅에 앞장서왔다. 특히 라카는 '남성을 위한', '여성을 위한'이라는 문구를 사용하지 않음으로서 성별에 상관없이 자신이 원하는 제품과 컬러를 선택하도록 유도하고 있다.

그러나 남성 소비자와 여성 소비자에게 유의미한 영향을 미치는 요소들에는 차이가 존재할 것이다. 남성은 디지털, 가전, 컴퓨터, 자동차 광고에 영향을 많이 받으며, 여성은 뷰티, 화장품과 패션 광고에 영향을 많이 받는 것으로 나타났다. 또한, 남성은 인터넷, 여성은 SNS, 커뮤니티를 선호한다. 남성의 경우 스포츠나 게임 중계를 많이 시청하며 여성의 경우 드라마, 홈쇼핑 프로그램을 선호하는 것으로 나타났다. 뿐만 아니라 최근 유튜브와 같은 동영상 플랫폼의 발달로 남성과 여성 모두 TV 프로그램보다는 인터넷을 통한 동영상 시청을 선호하는 것으로 나타났다. 기업에서는 이러한 남녀 간의 선호 차이를 고려하여 유의미한 전략을 수립하여야 한다.

○✕로 점검하자 | 제10장

※ 다음 지문의 내용이 맞으면 ○, 틀리면 ✕를 체크하시오. [1~10]

01 자아는 신체적 활동, 정신적 활동, 타인과의 상호작용 등에 대한 자신의 느낌이 모두 포함된다.
( )

02 윌리엄 제임스(William James)의 자아이론은 4가지 형태의 자아가 본인의 인식을 형성하는 방식으로 결합되어 있기 때문에 쉽게 변화할 수 있다고 주장한다. ( )

03 쿨리는(C. H. Cooley)는 타인으로부터 피드백이 자아 형성에 영향을 미친다고 주장한다.
( )

04 자아개념에 따라 소비자가 제품 혹은 서비스에 대한 태도, 브랜드에 대한 이미지, 구매행동까지 영향을 미치기 때문에 마케팅 전략을 수립할 때 자아개념은 매우 중요하다. ( )

05 소비자들은 외부조건이 유사한 점포에 대해서 동일한 이미지를 형성하고, 그 중에서 특히 자신의 자아 이미지와 유사한 이미지를 갖는 점포에 더 큰 선호를 보인다. ( )

정답과 해설　01 ○　02 ✕　03 ○　04 ○　05 ✕

01 자아개념은 일반적으로 자신에 대해 가지고 있는 인식, 느낌, 태도를 의미한다. 개인이 스스로에 대해 가지고 있는 전체적인 그림으로써 신체적 활동, 정신 활동, 타인과의 상호작용 등에 대한 자신의 느낌이 모두 포함된다.

02 제임스는 이 이론을 통해 물질적 자아, 사회적 자아, 정신적 자아, 육체적 자아가 서로 결합되어 각 개인에 대한 인식을 형성하기 때문에 쉽게 변화하지 않는다고 주장한다.

03 쿨리는 자신에 대한 정보의 원천은 타인으로부터 주관적으로 해석된 피드백이라고 주장한다. 따라서 쿨리는 타인으로부터의 받은 피드백의 중요성을 강조하면서 반사경적인 자아(looking glass self)라는 개념을 도입하였다. 반사경적인 자아는 한 개인에 대하여 타인이 추측한 평가결과를 반영하므로 "남들은 나를 어떻게 보는가?"하는 의미를 함축하고 있는 자아개념이다.

04 브랜드는 소비자가 자신이 누구인지 표현하는 대리 역할을 수행하기 때문에 소비자의 자아 이미지 혹은 자아개념에 영향을 받는다. 즉, 자아개념에 따라 소비자가 자기 자신을 어떻게 이해하고 정의하는지는 제품이나 특정 브랜드에 대한 태도, 그리고 차후에 구매 행동에까지 영향을 미치기 때문에 자아개념은 마케팅 활동 수행에 있어서 매우 중요하다.

05 소비자들은 객관적 외부조건이 유사하더라도 서로 각각 다른 이미지를 형성하게 된다. 기존에 형성된 자아가 모두 다르기 때문이다.

06 성역할은 생리적인 특성보다는 사회문화적 특성에 영향을 많이 받는다. (   )

07 정보처리 과정에서 남성은 주어진 정보를 최대한 단순하게 처리하려는 경향이 강하고, 여성은 모든 정보를 활용하여 신중하게 처리하는 경향이 강하다. (   )

08 소비는 남성 소비자와 여성 소비자 모두에게 즐거운 여가와 같은 존재이다. (   )

09 제품을 구매할 때, 남성과 여성이 중요하게 고려하는 요소는 모두 동일하다. (   )

10 마케팅 전략에 있어, 남성과 여성을 구별하는 마케팅 전략은 더욱 강화되고 있다. (   )

정답과 해설   06 ○   07 ○   08 ×   09 ×   10 ×

06 성역할은 사회집단이 그에 속해 있는 한 개인의 성에 따라 기대하는 전형적인 행동유형을 의미하는 것이다. 생리적인 특성보다는 사회문화적 특성에 따라 좌우되며 시대, 사회, 문화마다 그 차이가 뚜렷하게 나타난다.

07 정보처리 과정에서 남성은 단순화 휴리스틱, 여성은 모든 정보를 다 활용하는 경향을 보인다.

08 여성들에게 소비는 즐거움을 추구하는 활동이지만 남성에게 소비는 구매 중심의 목적 지향적인 활동이라고 알려져 있다.

09 위의 많은 연구 사례에서 보았듯이, 제품에 따라 남성과 여성의 구매 고려요소는 동일한 부분도 있지만 대부분 다르게 나타난다.

10 제품군에 따라 다르지만, 남성과 여성을 구별하는 마케팅 전략은 점차 힘을 잃어가고 젠더리스 마케팅 전략이 주목받고 있다.

실전예상문제

01 개인이 자기 자신에 대해서 가지는 주관적인 지각 또는 태도 등의 총체적인 것을 자아개념이라고 한다. 자아개념의 구성요소로는 자신감, 자아 지각, 자아 수용 등으로 이루어진다.

01 자기 자신의 능력에 대한 견해뿐만 아니라 성격, 태도, 느낌의 총체를 의미하는 것은 무엇인가?

① 자아개념
② 개성
③ 동기
④ 라이프스타일

02 사적 영역에서 실제적 자아개념(actual self-concept)은 소비자 자신의 실제적인 지각을 의미하는 반면, 이상적 자아개념(ideal self-concept)은 소비자 자신이 되고 싶어 하는 모습을 말한다. 이 두 자아개념의 격차를 자아 불일치라고 한다.

02 자아개념이론에 대한 설명으로 옳지 않은 것은?

① 윌리엄 제임스는 자아는 각 개인이 자신에 대한 인식을 형성하는 독특한 방식으로 결합되어 있기 때문에 쉽게 변화하지 않는다고 주장한다.
② 쿨리는 자아는 타인의 추측에 의한 평가결과가 반영되는 것으로 보았다.
③ 클라인은 실제적 공적 자아개념과 이상적 공적 자아개념, 두 자아개념의 격차를 자아 불일치라고 한다.
④ 자아개념에 따라 제품이나 특정 브랜드에 대한 태도, 구매행동에까지 영향을 미친다.

정답 (01 ① 02 ③)

03 특정 제품의 사용이 남에게 노출되는 경우, 제품의 사용을 통해 다른 사람들의 시선을 자신이 원하는 대로 바꿀 수 있다고 생각하는 이 자아개념은 무엇인가?

① 실제적 자아개념(actual self-concept)
② 이상적 자아개념(ideal self-concept)
③ 실제적 공적 자아개념(actual public-concept)
④ 이상적 공적 자아개념(ideal public-concept)

04 윌리엄 제임스의 자아 이론의 자아개념 중에 하나로써, 관심, 노력, 의지 등으로부터 열등의식, 우월성의 발생과 관련된 것은 무엇인가?

① 육체적 자아
② 정신적 자아
③ 사회적 자아
④ 물질적 자아

05 남녀의 소비행동 차이에 대한 설명으로 옳지 않은 것은?

① 남성은 선택적으로 정보를 처리하고자 하는 경향이 짙다.
② 여성은 주어진 모호한 정보는 무시하는 경향이 있다.
③ 여성은 타인이 제공하는 정보에도 주목하는 특징이 있다.
④ 남성은 여성에 비하여 적은 양의 정보로 결정을 내린다.

03 문제에서의 상황은 개인의 시선이 아닌 다른 사람들의 시선에 자아를 맞추는 방향으로 흘러가서 공적, 개인이 기대하는 모습에 대한 자아가 있기 때문에 이상적 공적 자아개념이 사용되었다고 보아야 한다.

04 정신적 자아는 내적 또는 주관적인 존재로서 자기 자신에 대해 생각하는 것을 포함하며 관심, 노력, 의지 등이 원천이 되며 이로부터 도덕적 우월성, 정신적 우월성, 열등의식이 발생한다. 육체적 자아는 자신의 신체적 특징과 관련된 자아를 의미한다.

05 여성은 포괄적인 정보 처리자로서 객관적 및 주관적 제품 속성에 대한 정보를 모두 고려하며, 모호한 정보까지도 모두 처리하려는 경향이 강하다.

정답   03 ④   04 ②   05 ②

06 쿨리는 타인으로부터의 받은 피드백의 중요성을 강조하면서 반사경적인 자아(looking glass self) 혹은 거울자아라는 개념을 도입하였다.

06 자신에 대한 타인의 평가결과를 반영하여 남들에 대한 자신의 시선에 집중하는 개념은 무엇인가?

① 사회적 자아

② 거울 자아

③ 이상적 자아

④ 정신적 자아

07 자아개념이론은 자신이 가진 주관적인 생각, 태도, 능력, 가치관 등 자기 자신에 대한 개념 또는 이미지를 말하는 것이며, 자아개념은 소비의 행동을 결정하는 요소로 작용한다.

07 자신이 유행에 민감하다고 생각하는 소비자는 모든 구매에 있어서 신제품, SNS에서 인기가 많은 제품인가를 꼼꼼히 따져보고 구매한다. 이와 관련된 이론은 무엇인가?

① 자아개념이론

② 욕구이론

③ 기대이론

④ 인지부조화이론

08 소매점포의 이미지는 소비자의 구매를 결정하는 하나의 중요한 요인이다.

08 다음 중 자아개념과 관련된 마케팅 전략이 아닌 것은?

① 시장세분화

② 제품기획 및 개발

③ 촉진전략 및 광고

④ 무점포전략

정답 06 ② 07 ① 08 ④

09 최근 성 중립성이라는 의미로 쓰이며 뷰티 업계에서 활발하게 전개되고 있는 이 마케팅은 무엇인가?

① 펀(fun) 마케팅

② 체험 마케팅

③ SNS 마케팅

④ 젠더리스(genderless) 마케팅

09 사회문화적으로 성의 다양성을 인정하는 분위기와 함께 개인의 취향을 중시하는 추세가 맞물리면서 젠더리스 마케팅이 급부상하였다. 젠더리스는 남녀 성별을 구분하지 말자는 의미를 가지고 있지만, 최근에는 성 중립성이라는 의미로 쓰이고 있다.

주관식 문제

01 다음 (   ) 안의 ㉠, ㉡에 들어갈 내용을 쓰시오.

> 성별에 따라 정보처리과정에서 차이를 보인다. 남성은 휴리스틱에 의존하는 (㉠)로서, 모호한 정보는 무시하는 경향이 있다. 반면, 여성은 (㉡)로서 객관적 및 주관적인 정보뿐만 아니라 모호한 정보까지도 모두 처리하려는 경향이 강하다.

01

정답 ㉠: 선택적 정보 처리자

㉡: 포괄적 정보 처리자

해설 성별과 정보처리방식의 차이를 다룬 대표적 이론은 선택 모형에 따르면 남성보다 여성이 많은 양의 정보를 처리하고, 정보를 깊게 고민하는 경향이 있다.

정답 (09 ④)

02

정답 자아개념에 따라 소비자가 자기 자신을 어떻게 이해하고 정의하는지는 제품이나 특정 브랜드에 대한 태도, 그리고 차후에 구매 행동에까지 영향을 미치기 때문에 자아개념은 마케팅 활동 수행에 있어서 매우 중요하다. 또한, 소비자 행동에 있어서 자아개념은 상품, 상표, 점포 등의 지각과 소비자들의 정보처리 행동, 구매의사 결정 과정에 영향을 미치는 중요한 개념이다.

03

정답 사적 영역에서 실제적 자아개념은 소비자 자신의 실제적인 지각을 의미하는 반면, 이상적 자아개념은 소비자 자신이 되고 싶어 하는 모습을 말한다. 이 두 자아개념의 격차를 자아 불일치라고 한다.
공적 영역에서, 실제적 공적 자아개념은 개인에 대한 다른 사람들의 실제적인 지각을 의미하는 반면, 이상적 공적 자아개념은 다른 사람들이 자신을 지각하기를 원하는 모습을 의미한다. 실제적 공적 자아개념과 이상적 공적 자아개념의 격차는 공적 자아 불일치라고 한다.

04

정답 물질적 자아는 옷, 재산과 같이 우리가 우리 생활의 일부로 여기고 있는 물질적 소유물로 구성된 것을 의미한다.
사회적 자아는 개인이 중요시하는 타인이나 사회집단들과 관계를 맺고 있는 자아로서 각각의 대상에 하나씩 존재한다.
정신적 자아는 내적 또는 주관적인 존재로서 자기 자신에 대해 생각하는 것을 포함하며 관심, 노력, 의지 등이 원천이 되며 이로부터 도덕적 우월성, 정신적 우월성, 열등의식이 발생된다.
육체적 자아는 자신의 신체적 특징과 관련된 자아를 의미한다.

02 자아개념의 의의에 대하여 서술하시오.

03 클라인(T. Cline)의 소비자 자아개념을 4가지로 서술하시오.

04 제임스의 자아이론에 등장하는 4가지 자아개념에 대하여 서술하시오.

제 11 장

소비자행동과 마케팅 전략

당신이 저지를 수 있는 가장 큰 실수는 실수를 할까 두려워하는 것이다.

– 앨버트 하버드 –

제11장 | 소비자행동과 마케팅 전략

현대사회에서 기업은 생존을 위한 이윤 극대화를 목적으로 소비자를 대상으로 다양한 마케팅 활동을 전개하고 있다. 기술이 발전하고 매체가 늘어남에 따라 마케팅의 방법도 다양해져 소비자들은 가는 곳곳마다 기업의 마케팅 활동에 노출되고 있다. 마케팅은 소비자들에게 제품 및 서비스에 대한 정보를 제공해주는 긍정적 기능을 하지만 때로는 충동구매와 과소비를 불러일으킬 수 있는 부정적 기능을 하기도 한다. 더불어 소비자들을 기만하는 기만적 판촉이 늘어나고 있어 소비자 피해가 증가하고 있다. 이에 기업이 펼치는 마케팅 활동에 대한 이해를 통해 일반적인 판촉행위와 기만적 판촉행위를 구분할 줄 아는 능력도 요구되고 있다. 따라서 본 장에서는 기업이 펼치는 다양한 마케팅 전략에 대해서 살펴보고자 한다.

제1절 | 마케팅에 대한 이해

1 마케팅 전략 수립과 마케팅 믹스

시대가 변함에 따라 과거 대량생산에만 집중하던 기업들이 고객 중심 경영을 펼치고 있다. 이전에는 신규 고객을 유치하는 것에 집중했었다면 지금은 충성고객 확보를 위해 개별 소비자 맞춤의 제품 및 서비스에 대한 마케팅을 제공하고 있다. 신뢰와 협력적 관계를 맺고자 소비자와 교환 및 관계 유지를 위해 과거보다 적극적인 마케팅 활동이 이루어지고 있는 것이다. 더 나아가 인터넷, 모바일 등 다양한 매체의 발전은 소비자와 접촉할 수 있는 마케팅 매개체를 증가시켜 기업들의 마케팅 활동이 더 활발해지고 있다. 결과적으로 소비자는 과거보다 방대한 양의 마케팅에 노출되고 있으며 이에 따른 합리적 소비 방해 및 다양한 소비자 피해를 발생시키고 있다. 이에 소비자들은 기업이 펼치는 마케팅에 공략당하기보단 스스로 마케팅이 제공하는 정보만 받아들이고 스스로 선택의 주체가 되어 제품 및 서비스를 선택할 수 있어야 한다. 이를 위해선 마케팅에 대한 전반적인 이해가 필요하기에 마케팅 전략 수립과정과 다양한 마케팅 믹스에 대해서 살펴보도록 하겠다.

(1) 마케팅의 개념 및 이해

미국마케팅학회(1985)는 "마케팅이란 개인과 조직의 목적을 충족시키는 교환을 이루기 위해 아이디어나 재화와 서비스에 대한 발상, 가격 결정, 촉진, 유통을 기획하고 실행하는 일련의 과정이다."라고 정의하였다. 마케팅이 판매에 한정된 활동에 초점이 맞춰진 것이 아니라 이를 포함한 더 포괄적인 의미를 지니고 있음을 알 수 있다. 마케팅은 기업이 고객에게 제품을 판매하여 고객의 욕구를 충족시켜 기업의 목적을 달성하고자 하는 행위이며, 교환이 이루어지는 시장을 대상으로 이루어진다. 마케팅을 이해하기 위해서는 직접적인 타겟이라고 할 수 있는 소비자의 인간으로서의 욕구에 대한 이해와 소비자들이 기대하는 편익 및 인지 위험에 대해 알아야 한다. 이를 위해 소비자가 구매하는 유형 및 무형 제품의 특성에 대한 이해, 서로의 효용을 증대하는 과정인 교환과 구매력을 갖춘 고객들의 집합으로 이루어진 시장에 대한 이해가 요구된다. 구체적으로 마케팅은 기업이 제품을 개발하는 것, 개발한 제품의 적합한 가격을 설정하는 것, 소비자가 쉽게 접근하여 구매할 수 있도록 유통경로를 선택하는 것, 제품에 대해 좋은 이미지를 주어 상품의 가치를 높이고 실질적인 판매를 위해 홍보를 하는 것, 제품 판매 후에도 추후 재구매가 이루어질 수 있도록 사후서비스가 이루어지는 것 등 모든 것들을 아우르는 개념이다.

이러한 마케팅은 기술의 발달로 인해 탄생한 다양한 매체를 통해 행해지고 있다. 2000년대 초반 PC가 확산됨에 따라 온라인 채널이 새로운 마케팅 매체로서 주목받기 시작했다. 이에 온라인 쇼핑몰이 대거 출현하면서 오프라인 구매만큼 중요한 채널로서 입지를 굳혔다. 소비자들이 쇼핑몰 사이트에 게재된 정보를 통해 구매결정을 한다는 사실을 깨닫고 온라인 쇼핑환경, 쇼핑몰 이미지, 온라인 쇼핑상황 등 온라인 마케팅을 위한 전략적 수행능력이 중요해졌다. 접근성과 편의성, 검색엔진에 홈페이지를 개설하고 유익하고 재미있는 콘텐츠를 제공하여 인터넷상에서의 입소문인 바이럴 마케팅을 유도하기도 하거나, 웹사이트, 카페, 블로그를 연계하여 시너지 효과를 높이고 온라인 광고도 적극 활용하는 마케팅 활동이 나타났다. 더불어 이용자의 생각과 감정을 전달하는 SNS의 등장과 확산은 쌍방향적 소통과 더불어 정보전달의 용이함, 공유성, 실시간 소통이라는 특징 덕분에 사회 전반적으로 엄청난 영향력을 끼치게 되었다. 이런 SNS의 등장은 이전과는 다른 소비자들의 감성을 자극할 수 있도록 콘텐츠를 만드는 등 색다른 관점에서 마케팅 접근을 유도하고 있다. 2010년에 들어서면서 스마트폰의 보급으로 인해 모바일 매체가 각광받기 시작했다. 정보탐색 용이, 편리성, 이동성 등으로 인해 소비자들의 생활 일부분이 된 모바일 환경은 기업에게 새로운 전략 수립을 요구하였다. 기업들은 한 매체만으로 효과를 내는 것은 한계가 있다고 보고 소비자들의 접근 가능성을 더 높이기 위해 온라인 마케팅과 모바일 마케팅을 통합한 통합마케팅을 활용하고 있다.

더 알아두기

소비자를 유혹하는 7가지 마케팅 기법

1. 밴드왜건 효과(band-wagon effect)
   일상생활에서 쉽게 접할 수 있는 마케팅으로 유행 따라 제품 및 서비스를 구매하는 현상이다. 일종의 군중심리에 속한다. 기업은 '한정수량', '매진 임박' 등과 같은 문구를 사용하여 소비자들의 충동구매를 유도한다.

2. 레트로 마케팅(retro marketing)
   옛 향수를 떠올려 감성을 자극하는 복고를 이용한 마케팅이다. 과거 유행, 문화, 제품 및 서비스를 현재의 감각을 덧입혀 마케팅으로 활용한다. 복고 세대뿐만 아니라 젊은 세대들에게도 신선함을 줄 수 있어 다양한 계층의 소비자들에게 적용되고 있다. 이는 제품 및 서비스뿐만 아니라 음악, 방송 등 다양한 분야에서 각광받고 있으며 그 예로는 '응답하라' 시리즈와 무한도전의 '토요일 토요일은 가수다' 등이 있다.

3. 스웨그 마케팅(swag marketing)
   사회적으로 이슈가 되고 있는 사건, 현상, 유머 등을 패러디하는 마케팅으로 재미 요소를 더하기 때문에 더 주목시킬 수 있다는 장점이 있다. 여자 연예인들의 말싸움 내용을 패러디("너 어디서 반마리니?")한 광고를 예시로 들 수 있다.

4. 왝더독(wag the dog) 마케팅

'The tail wags the dog'라는 외국 속담에서 파생된 이름으로 주객이 전도된 상황을 의미한다. 즉, 본제품보다 덤 혹은 사은품 등이 소비자들의 구매동기에 더 영향을 미치는 현상을 의미한다. 이는 제품 간에 차별화 요소가 점점 사라지고 있어 하나의 판매촉진요소로 사용되는 것으로 보인다. 맥도날드를 방문한 어린이들이 장난감을 갖고 싶어서 햄버거를 시켜먹는 것이 그 예이다.

5. 케미 마케팅(chemi marketing)

드라마, 예능 등에 등장하는 주인공들이 잘 어울릴 때 화학 반응을 뜻하는 'Chemistry'의 줄임말인 케미를 사용하여 '케미 돋는다'라는 표현을 사용한다. 이는 소비자와 브랜드 간의 친밀감을 높이고자 잘 어울리는 유명인 혹은 색다른 식재료의 조합 등을 활용하는 마케팅기법이다. 그 예로 짜파구리, 삼시세끼의 주인공인 차승원과 유해진이 함께 찍은 광고 등이 있다.

6. 헝거 마케팅(hunger marketing)

제품의 희소성을 돋보이게 하기 위해서 소비자들의 욕구를 자극하여 잠재 고객을 만들어가는 마케팅 전략이라고 할 수 있다. 그 예로는 허니버터칩의 매진 사례를 들 수 있다.

7. 테카르트 마케팅(techart marketing)

tech(기술)과 art(예술)의 합성어로 하이테크 기술을 요구하는 IT 제품이나 자동차 등에 예술적 감각을 더한 마케팅이다. 이는 제품의 스펙뿐만 아니라 디자인이 주는 느낌 등까지도 고려하는 소비자들의 이성과 감성을 모두 만족시켜주는 마케팅이다. 옛 화가들의 명화나 유명 디자이너와의 협업이 그 예시가 될 수 있다.

(2) 마케팅 활동의 시작 : 마케팅 전략 수립

마케팅 활동은 시장 관련 자료를 수집, 분석하고 제품, 가격, 유통 및 촉진 등에 관한 계획을 수립하는 마케팅 전략 수립에서 시작한다. 마케팅 전략 수립의 전체적 과정은 총 3단계를 거치게 된다.

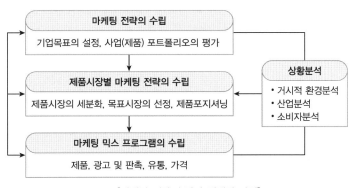

[마케팅 전략 수립의 전체적 과정]

첫 번째 단계는 마케팅 전략의 수립이다. 기업 측면에서 마케팅 전략을 수립하는 단계로 **기업목표의 설정, 사업(제품) 포트폴리오의 평가가 이루어진다.** 가장 기본적인 단계로 기업이 생산해서 판매하고 있는 제품들마다 포트폴리오를 평가하고 그 결과를 기반으로 기업의 목표를 설정하는 단계이다. 사업(제품) 포트폴리오의 평가란 그 제품이 시장에서 갖는 상대적인 지위를 평가하는 것으로 가장 보편적으로 사용하는 기준은 시장점유율과 시장성장률이다. 기업에서 생산·판매하고 있는 제품들이 시장점유율과 시장성장률을 통해 어떤 지위를 점하고 있는지 평가하고 각각의 제품들에 대해서 최종적인 전략적 목표를 설정하게 된다.

더 알아두기

BCG 매트릭스

'BCG 매트릭스'는 보스턴컨설팅그룹(Boston Consulting Group)에 의해 1970년대 초반 개발된 것으로, 기업의 경영전략 수립에 있어 제품의 위치를 파악할 수 있기에 하나의 기본적인 분석도구로 활용되며 사업 포트폴리오(business portfolio) 분석기법이라고 할 수 있다. BCG 매트릭스는 시장점유율과 시장성장성으로 구분하여 4가지로 분류했다.

• **물음표(question mark) 사업** : 신규제품군으로 상대적으로 낮은 시장점유율과 높은 시장성장률을 가진 제품이다. 벌어들이는 수익보다는 투자금이 더 많이 필요한 제품군이다. 투자가 계속해서 이루어지지 않으면 뒤쳐지고 성장이 멈추면 도그(dog) 사업으로 전락할 수 있는 위치에 있다.

• **스타(star) 사업** : 물음표 사업에서 성공사업으로 전향된 제품군이다. 항상 수익을 올려주기에 수익을 얻지만, 성장성이 크기에 마케팅, 생산량 증가 등을 위한 지속적인 투자도 많이 필요한 제품군이다.

• **캐시카우(cash cow) 사업** : 기존의 투자에 의해 수익이 계속적으로 실현되므로 자금의 원천사업이 된다. 과거 스타였던 사업이 안정적으로 변해감에 따라 캐시카우가 된 것으로 이미 많이 알려져 있어 제품개발의 투자 등과 같은 투자비용이 거의 들지 않아 투자금액보다 수익이 더 많은 제품군이다.

• **도그(dog) 사업** : 사양사업으로 성장성과 수익성이 없는 사업이다. 시장점유율 유지를 위해 계속해서 투자한다면 남는 것이 없어 청산할 필요가 있는 제품군이다.

두 번째 단계는 **제품시장별 마케팅 전략을 수립하는 단계**이다. 제품시장의 세분화, 목표시장의 선정, 제품 포지셔닝이 이루어지며 기업 목표가 설정되면 기업목표를 달성하기 위해 시장별 혹은 제품군별 마케팅 전략을 세분화하여 수립하게 된다. 이는 전체 시장을 세분화하여 살펴보는 것으로 보통 세분화된 시장별로 고객들의 욕구와 구매과정이 비슷하기 때문에 각 시장별로 비슷한 전략으로 접근하게 되면 동일한 효과를 기대할 수 있다.

마지막 단계는 광고 및 판촉, 유통, 가격의 마케팅 믹스 프로그램을 수립하는 단계이다. 앞서 세운 전략 내용을 기반으로 마케팅 믹스의 주요 4P 요소라고 불리우는 제품(Product), 광고 및 판촉(Promotion), 유통(Place), 가격(Price)에 대한 전술적인 계획을 세우는 단계이다. 여기서 각 요소에 대한 계획뿐만 아니라 목표 달성을 위해 요소들을 최적으로 조합하는 마케팅 믹스(marketing mix) 과정도 거치게 된다.

마케팅 전략 수립 과정에서는 단계마다 상황분석이 이루어진다. 독자적으로 기업 자체의 내부만 평가해서는 현실성 있는 전략 수립이 어렵기 때문에 다양한 상황에 대해서 고려하게 되는 것이다. 거시적 환경 분석은 국제환경, 국내환경으로 나눠 살펴볼 수 있다. 국제환경은 제품에 대한 국제시장의 반응, 국제 기술 수준, 환경규제의 국제적 동태 등 제품과 관련된 국제적인 상황 및 동태 분석을 진행하는 것이다. 국내환경 분석은 환율, 금리, 국민총생산 등에 대한 이슈가 해당한다. 산업분석은 제품의 전체 산업 환경을 살펴보는 것이다. 최근의 추세, 산업 내 경쟁 제품의 기술 수준 및 기술격차 등에 대해서 분석하게 된다. 마지막으로 소비자분석은 해당 제품의 선호도가 앞으로 증가/감소할 것인지, 제품을 선호하는 소비자들의 인구통계학적 특성은 어떠한지 등에 대해서 살펴보게 된다. 이와 같은 상황분석을 단계마다 반영함으로써 전략 수립을 계속해서 보완하여 최종적으로 결정하게 된다.

제2절 소비자행동과 제품 전략

1 제품(Product)

(1) 제품의 이해

제품의 종류가 다양한 점포는 소비자의 선호도가 더 높다. 제품은 점포 선택에 큰 영향력을 미치는 매우 중요한 요소이다. 이는 곧 수익으로 연결되기 때문에 제품을 잘 만드는 것은 마케팅의 기본 요소이기도 하다.

(2) 제품의 유형

제품은 마케팅의 가장 기본적인 요소로 소비자의 욕구를 충족시킬 수 있는 유형의 물리적 재화와 무형의 서비스, 아이디어, 장소, 사람, 조직을 뜻한다. 제품을 구분하는 유형에는 여러 가지가 있지만 본 장에서는 소비재와 산업재를 중심으로 살펴보도록 하겠다. 동일한 제품이라도 사용하는 사람이 누구냐에 따라서 소비재로 분류되기도 하고 산업재로 분류되기도 한다. 소비자가 수제비를 만들기 위해 밀가루를 샀다면 소비재, 빵집에서 빵을 만들기 위한 밀가루 구매는 산업재로 분류된다. 이러한 이해를 바탕으로 소비자를 대상으로 하는 마케팅 믹스에 대한 이해를 위해 소비재의 유형 위주로 살펴보도록 하겠다.

① 편의품

주로 편의점에서 많이 판매하는 제품군이라고 생각하면 간단히 이해할 수 있다. 고객이 쇼핑에 최소한의 시간과 구매 노력을 투입하여 구매하는 제품이며 소량으로 자주 구매하며 비교적 낮은 가격이 특징이다. 소비자들은 편의품 구매를 위해 정보탐색을 거의 하지 않는다. 편의품은 구매와 사용을 반복하여 최소노 력으로 구매되며 누적된 지식으로 정보탐색하지 않는 식료품, 비누, 치약 등과 같은 필수품이 해당된다. 계획 없이 충동적으로 구매하는 경우도 많아 충동품, 급하게 필요하여 긴급한 상황에서 구매하는 긴급품 등이 편의품에 포함된다.

② 선매품

선매품은 편의품과 달리 구매 전 가격, 품질, 상표, 스타일 등을 기준으로 충분히 비교하고, 선별하기 위해 시간과 노력을 들여 구매하는 제품이다. 선매품은 동질적인 선매품과 이질적인 선매품으로 나눌 수 있다. 동질적인 선매품은 구매의 기준이 가격인 경우가 많고 이질적인 선매품은 가격 외 다른 요소가 기준이 되는 제품이다. 우리나라에서 판매되고 있는 대부분의 가전제품은 전형적인 동질적 선매품이다. 상표는 다르지만 비슷한 성능과 품질, 디자인을 가지고 있기 때문에 소비자들의 욕구를 충분히 반영하고 있는 표준화된 형태를 취하고 있기 때문이다. 이런 경우 소비자의 기준은 상표라기보단 가격 위주의 선택이 된다. 즉, 동질적 선매품은 편의품에 비해 구매빈도가 낮고 고가격이며 상표는 다르지만 제품의 특성이 표준화되어 유사한 특징을 지닌 제품인 것이다. 반면 이질적인 선매품은 표준화되어 있지 않고 제조업체 에 따라 차이가 크기 때문에 제품특성을 비교하기 위해 시간과 노력을 많이 투자하게 된다. 이런 경우 가격이라는 것은 소비자가 절대로 무시할 수 없는 핵심적 요소이지만 가격이 최우선이 되는 동질적 선매 품에 비해서 스타일, 제조처, 브랜드 등 다른 요소가 더 중요한 구매기준이 되는 품목이다.

③ 전문품

전문품은 상표나 제품의 특성이 뚜렷하여 구매자들이 특정 상표의 제품을 구매하기 위해 상당한 노력을 기울이는 제품으로 비교 쇼핑을 하지 않고 자신이 선호하는 특정 제품을 구매하는 제품이다. 편의품보다 선매품이, 선매품보다 전문품 구매 시 더 많은 시간과 노력을 투자하게 된다. 특정 제품이 아니라 특정 상표로 구매가 직결되는 전형적인 특성을 갖는다. 보통 프리미엄 제품이 여기에 많이 해당된다. 고급 피 아노, 고급 오디오, 고급 카메라 등이 전문품으로의 성격을 갖게 되고 특히 본인이 사용하고 선호하는 제품으로 바로 구매가 이루어지는 특성을 가지고 있다.

④ 미탐색품

미탐색품은 소비자가 전혀 정보탐색을 하지 않는 제품으로 두 가지 경우가 있다. 소비자가 제품의 존재 자체를 알지 못해 정보탐색을 하지 않는 것과 제품수명주기가 거의 다 되어 소비자들이 원하지 않아 정보 탐색을 하지 않는 경우가 있다. 우리 주변에 백과사전에 대해서 정보탐색하는 사람이 없다는 것이 그 예 이다.

(3) 제품의 품질

제품의 품질은 객관적 품질, 소비자들에 의한 주관적 품질(소비자에 의해 측정된 제품 품질)의 두 가지가 있다. 제품의 객관적 품질은 성능, 크기, 무게, 외관, 수명 등과 같은 요소들이다. 하지만 객관적 품질이 높다고 해도 소비자가 만족하지 못한다면 사실상 의미가 없는 것과 마찬가지이다. 시장에 출시된 대부분의 제품 중에 객관적 품질을 충족시키지 못하는 제품들이 거의 없기 때문에 제품이 잘 팔리기 위해서는 결국 소비자들에 의해 측정된 주관적 품질 기준에 맞춰야 한다. 표적시장, 타겟 소비자들이 원하는 주관적 품질 수준이 무엇인지를 파악해야 하는 것이 중요한 것이다. 소비자들이 원하는 품질 수준은 객관적 품질 수준에 머무르진 않을 것이며 독점체재가 아닌 이상 경쟁사가 존재하기 때문에 **경쟁 제품의 품질 수준에 맞춰 품질 수준을 정하여 제품이 항상 일관성 있게 품질 수준이 유지되고 있음을 어필해야** 한다.

(4) 제품의 속성

제품의 속성은 경쟁사와 제품을 차별화시키는 기본적인 수단이다.

① 제품 개발

신제품 개발 및 기존 제품을 소비자의 요구에 맞추어 변형 혹은 기능을 추가시키는 것이다. 성공적인 제품개발을 위해선 소비자 니즈를 파악하는 것이 중요하다. 소비자들은 제품을 편익의 뭉치(bundles of benefits)로 생각한다. 즉, 제품 구입 자체에 목적이 있는 것이 아니라 제품 구매를 통한 문제 해결에 목적이 있다는 것이다. 따라서 제품을 개발할 때에는 제품이 소비자의 니즈를 충족시킬 수 있는지, 어떤 편익을 얻을 수 있는지 고려해야 한다.

② 제품 디스플레이

제품 디스플레이는 **제품 특징 및 성격을 효과적으로 나타내는 전형적인 방식이다.** 판매공간에 진열하여 구매를 촉진시킬 수 있는 속성을 가지고 있다. 소비자들은 구매결정 시 구매 환경에 영향을 받게 된다. 제품 디스플레이도 구매 환경의 하나로 만약 제품이 어질러져 있어 디스플레이 상태가 좋지 않은 경우 이는 분명 소비자들의 구매의도에 영향을 미치게 된다. 또한, 제품 디스플레이에 따라 소비자들이 선택하는 브랜드가 달라질 수도 있다. 그만큼 제품 디스플레이는 직접적으로 제품을 구매와 연결 지을 수 있는 중요한 속성이기도 하다.

③ 제품 포장

제품 포장은 **5초의 광고라고도 칭하기도 하며 시각적 요소와 정보적 요소를 내포하고 있다.** 시각적 요소는 소비자들의 관심과 주의를 끌기 위함이며 제품의 브랜드를 나타내는 역할을 하기도 한다. 컬러, 사이즈, 형태, 그림 등이 시각적 요소이며 이는 소비자들의 구매결정 시 감정적인 영향을 미치기도 한다. 스타벅스하면 초록색, 카레의 경우 노란색이 떠오르는 것처럼 제품 고유성과 정체성을 각인시킨다. 특히 소비자들은 확실한 컬러를 사용하는 제품을 더 선호하는 경향이 있으며 기존형태와는 다르게 독특하고 새로움을 주는 모양일 때 흥미를 더 유발할 가능성이 높다. 정보적 요소는 포장을 통해 제품에 대한 정보와 제품 생산 기술 등을 알려주는 역할을 한다. 가격, 브랜드명, 사용방법, 원료 등이 해당되며 제품 품질을 판단하는 단서로도 활용된다. 하지만 반대로 소비자 오도 및 과다포장 문제와 자원을 낭비하고 환경을 오염시키는 부차적인 문제도 존재한다. 소비자 오도 문제는 주변에서 흔히 볼 수 있다.

예를 들면, 히트 친 상품을 매장에서 생각보다 저렴한 가격으로 판매해서 샀는데 집에서 보니 비슷한 포장으로 되어 있는 다른 브랜드의 제품인 경우가 이에 해당한다. 이는 미투 제품으로 주로 유행을 일으킨 제품과 유사하게 포장을 해서 소비자들을 혼란스럽게 한다. 이는 소비자 오도의 문제를 발생시키는 것이다. 과다포장의 문제는 제품의 가치를 좀 더 높여 보이게 하려고 혹은 이를 통해 소비자들 구매를 유인하기 위해 때로는 손상되기 쉬운 상품을 보호하기 위해 과다포장하는 경우가 있다. 이는 환경오염과 자원 낭비의 이슈가 뒤따른다.

④ 제품 표찰(제품 라벨)

제품 표찰에는 상표 표찰, 등급 표찰, 설명 표찰 등이 있다.

상표 표찰은 상표 뒷면에 원재료, 생산지 등의 제품의 정보를 나타내는 표찰이다. 정부에서 규정한 제품인 경우에는 에너지효율 1등급, 소고기 1등급 등과 같은 등급 표찰(라벨)을 부착하게 된다. 설명 표찰은 이 등급이 의미를 알려주는 것으로 대부분 소비자는 라벨에 대해서 잘 모르기 때문에 등급 표찰과 함께 제시된다.

⑤ 제품 지원 서비스

제품 지원 서비스는 소비자들이 재구매 혹은 제품의 최종 만족도를 결정할 때 중요한 역할을 한다. 사업자들이 지속적으로 제품을 팔고 시장에서 생존해가기 위해서는 제품 지원 서비스가 필수적인 제품들이 있다. 이는 제품과 연계된 서비스로 소비자 구매의사결정에 막대한 영향을 미친다. 특히 노트북, 스마트폰과 같이 기술집약적 제품의 경우, A/S 신속 여부 및 접근 가능성, 가격 등의 적절성에 따라 사후 구매의사결정에 지대한 영향을 미치게 된다.

더 알아두기

미투 상품이란?

미투(me too)는 우리말로 번역하면 '나도 똑같이'라는 뜻이다. 인기 있는 브랜드를 모방하여 그 인기를 자사 제품에 이전시켜 판매를 증진할 목적으로 만든 제품을 말한다. 이 때문에 미투 제품을 유사제품 혹은 베끼기 상품이라고도 한다.

미투 상품은 제품 연구개발에 투자하지 않고 신제품을 모방하여 빠르게 만들기 때문에 비도덕적인 상술이라는 비난을 받기도 한다. 또한, 같은 제품군 시장에서 유사제품으로 인해 공급이 늘어나게 되면서 업체 간 수익성을 약화시키기도 하며 정작 제품을 개발한 브랜드가 밀려나거나 시장이 무너질 수 있다고 지적하는 견해도 많다.

제3절 | 소비자행동과 가격 전략

1 가격(Price)

(1) 가격의 이해

소비자들은 가격을 통해 제품의 품질을 평가하는 경향이 있다. 가격은 측정이 가능하므로 가격이 제품 품질과 관련이 있다고 믿기 때문이다. 특히 사회적인 지위를 중요하게 여기는 사람들에게 가격의 수준은 대단히 중요하다. 따라서 가격은 구매의사결정에 영향을 미치는 핵심적인 요소이기도 하다.

소비자들은 과거 자신들의 구매 경험 즉, 자주 구매하는 브랜드의 가격, 경쟁 브랜드의 가격 등의 준거가격을 이용하여 제품이 합당한 가격인지 판단하게 된다. 그만큼 소비자들은 가격에 민감함으로 가격은 강력한 경쟁 도구가 될 수 있다.

기업 입장에서도 타겟 소비자가 접근할 수 있는 가격을 책정하는 것이 가장 중요한 이슈이기도 하다. 이러한 가격 결정의 목표는 크게 3가지로 볼 수 있는데 첫 번째는 이익 극대화를 위한 이익 지향적 목표이다. 두 번째는 매출 증대 및 점유율 유지, 수익률 달성을 위한 판매 지향적 목표이며 세 번째는 가격경쟁을 피하거나 경쟁에 대응하기 위한 현상유지목표이다.

(2) 다양한 가격 전략

① **침투 가격 전략(penetration pricing strategy)**

기업이 신제품을 시장에 선보일 때 초기에는 낮은 가격으로 제시한 후 시장점유율이 일정 수준 이상으로 확보되면 가격을 점차적으로 인상하는 전략이다. 빠른 시간 안에 시장에 침투하여 목표한 시장점유율을 달성하고자 할 때 활용하는 가격 전략으로 도입기 저가 전략으로도 불린다. 소비자들이 가격에 민감하게 반응하는 시장이거나 규모의 경제가 존재하여 가격 인하에도 이익을 확보할 수 있는 경우, 제품 차별화가 어려운 경우 혹은 시장의 후발주자가 기존 경쟁 제품으로부터 고객을 빼앗고 시장점유율을 확보하기 위해 침투 가격 전략을 사용한다.

하나의 예시로 일본의 한 자동차 회사는 미국 시장에서 럭셔리 모델을 출시하면서 침투 가격 전략을 이용하였다. 이 모델은 완전히 새로운 브랜드로 출시되었고, 차후에 이 모델의 제조사가 일본의 자동차 회사라는 것이 알려지자 연간 100만대가 넘는 판매고를 올렸다. 1989년 처음 출시한 이 럭셔리 모델은 3만 5천 달러에 출시하여 첫해에만 16,000대를 판매하였다. 상대적으로 낮은 가격으로 초기에는 이익을 내기 어려웠지만, 첫해에 구매한 소비자들의 입소문을 타고 그 다음해 판매량은 63,000대로 증가하였으며, 시장 진입 이후 이 모델의 가격은 6년에 걸쳐 48% 인상되어 1995년에는 5만 1천 달러로 증가했다. 이와 반대되는 전략은 스키밍 가격 전략(skimming pricing strategy)이다.

② **단수 가격 전략(odd pricing strategy)**

제품 가격의 끝자리를 홀수(단수)로 표시하여 소비자에게 제품이 저렴하다는 인식을 심어주어 구매 욕구를 불러일으키는 가격전략이다. 예를 들어 제품의 정상가격이 1,000원이나 10,000원이 아닌 990원, 9,900원으로 가격을 책정하여 제품이 저렴하다는 인식을 심어주는 것이다. 2009년 케네스 매닝(Kenneth Mannuing)과 데이비드 스프로트(David Sprott)의 연구에서 끝자리에 변화를 주어 왼쪽 자릿수가 변하면 사람들은 실제 변화폭보다 그 차이를 더 크게 인식한다는 '왼쪽 자릿수 효과(left digit effect)'를 제시했다. 이 개념이 마케팅에 도입되어 현재 홈쇼핑이나 대형마트 등에서 흔히 이 마케팅 기법을 볼 수 있다.

③ **스키밍 가격 전략**(skimming pricing strategy)

기업이 시장에 신제품을 선보일 때 고가로 출시한 후 점차적으로 가격을 낮추는 전략으로 초기 고가 전략이라고도 불린다. 이 전략은 저가의 대체품들이 출시되기 전 빠른 시간 안에 초기 투자금을 회수하고 이익을 확보하기 위해 사용한다. 초기 고가격에 제품을 사용할 의사가 있는 얼리어답터들의 유보가격을 기준으로 제품을 출시한 뒤, 가격을 내려 소비자층을 확대하는 식으로 이윤을 극대화한다.

스키밍 가격 전략은 시장이 가격에 민감하지 않을 때 유효한 전략이며 경쟁사가 모방이 어려울 정도로 해당 제품의 기술력이나 차별성이 뛰어날 경우, 혹은 브랜드 충성도가 있을 경우에 적합하다. 하나의 예로 새로운 모델의 핸드폰을 출고할 때 처음에는 높은 가격을 책정하다가 경쟁사와 경쟁 제품의 등장으로 인해 점차적으로 가격을 인하하는 정책이 이에 해당한다. 또한, 항공권의 가격을 예로 들 수 있다. 스키밍 가격 전략은 침투 가격 전략(penetration pricing strategy)과 대비되는 개념이다.

④ **팽창 가격 전략**(tensile pricing strategy)

전체적인 제품 계열에 대해 상이한 가격을 제시하면서 특정 제품에 대해서는 확실한 가격을 제시하지 않고 가격의 범위를 제시하는 전략을 말한다. 즉, 가격에 관한 정보를 애매모호하게 1,000원~1,400원과 같은 가격 범위로 제시하는 것을 말한다. 이 전략은 특히 제품의 가격할인 광고에서 많이 활용할 수 있는 전략이다. 예를 들어 가격할인 광고를 10% 할인이 아니라 최대 30%까지 할인, 최소 10% 이상 할인, 10~30% 할인 등으로 표현한다.

⑤ **종속제품 가격 전략**(captive product pricing strategy)

본체와 부속품 모두가 갖추어져야 제품의 기능을 할 수 있을 때, 본체의 가격은 낮게 책정하여 소비자의 구매를 유도한 후 부속품의 가격은 높게 책정해 이윤을 창출하는 가격 전략을 의미한다. 예를 들어 폴라로이드 카메라의 경우 본체의 가격은 크게 비싸지 않지만, 카메라 필름의 가격을 상대적으로 높게 공급한다. 이 경우 소비자들은 폴라로이드 카메라를 구입한 이후 별도로 필름을 구입하기 위해 많은 비용을 들여야 한다. 반면에 기업은 필름을 판매해 이윤을 남긴다. 그러나 이 가격 전략은 부속품에 대해서도 호환이 가능한 대체재가 등장할 경우, 더 유효하지 않게 되는 한계가 있다.

제4절 **소비자행동과 유통 전략**

1 유통(Place)

(1) 유통의 이해

유통은 생산자와 소비자를 연결하는 다리 역할의 활동으로 상품 및 서비스를 소비자들에게 전달하는 과정 또는 제품이 판매되는 장소를 뜻한다. 생산자와 소비자 사이에 존재하는 지리적, 시간적, 사회적 차이 극복 및 해소에 그 목적이 있다. 유통은 유통경로와 물적 경로로 나뉜다. 유통경로는 유통형태, 유통 채널의 설계, 유통 기구, 입지 등이 포함되며 물적 유통은 제품의 저장, 수송, 재고, 물류정보처리 등이 포함된다.

쇼핑공간도 유통 채널이라고 볼 수 있는데 이때 소비자들은 라이프스타일이나 심리적인 측면에 따라서 유통 채널을 선택하게 된다. 소비자의 유통 채널 선택은 기업의 성공을 좌우지하는 요소이기 때문에 매우 중요한 의사결정이라고 할 수 있다. 그런 면에서 유통경로 의사결정은 기업과 소비자 모두에게 중요하지만, 소비자 선택으로 인해 성공이 좌우지된다는 측면에서 소비자의 결정이 더 중요하다고 볼 수 있다. 소비자들은 마음속에 소매점에 대한 평가 기준을 보유하고 있으며 이 기준에 따라 소매점 방문 여부를 평가하게 된다. 또한, 특정브랜드 제품 구매 가능성도 평가요소에 들어가기 때문에 지속적인 소비자 방문을 유도하기 위해 고려해야 할 요소 중 하나이다. 이러한 소비자들의 특성들을 고려하여 유통경로를 설정해야 한다.

(2) 분수효과와 샤워효과 기법

소비자의 충동구매를 유도하는 백화점의 매장 배치기법으로 매출액을 기준으로 매출 비중이 클수록 소비자들이 접근하기 쉬운 낮은 층에 배치하는데 이는 피라미드 구조와 같다. 분수효과와 샤워효과는 집객효과가 높은 층의 효과가 다른 층까지 영향을 미치게 함으로써 전체 매출을 상승을 유도한다.

① **분수효과(fountain effect)**

분수의 물의 흐름처럼 밑에서부터 위로 올라오는 모양을 비유한 것으로 지하매장에 수요도가 높은 제품을 배치하여 많은 소비자의 이용을 배려하고, **소비자로 하여금 그 매장을 방문한 김에 전체매장을 둘러보도록 유인하는 마케팅 기법이다.** 즉, 아래층을 찾는 고객의 동선을 위층까지 유도해내는 효과이다. 분수효과는 소비자의 계획하지 않은 매장방문 가능성을 높여 충동구매를 야기시킨다.

백화점의 총매출액의 40%가량을 차지하는 여성 의류매장은 2층에 배치되어 있고, 총매출액의 10% 이하를 차지하는 슈퍼마켓 및 식품매장은 지하에 배치되어 있다. 그 이유는 식품으로 소비자들의 필요에 의해서 백화점을 내점하게 되고, 들어와서 다른 층까지 둘러보게 되는 효과가 있다.

② **샤워효과(shower effect)**

분수효과의 반대로 위에서부터 아래로 동선을 끌어 내려서 맨 위층을 찾는 고객의 동선을 아래층까지 유인해내는 전략이다. 즉, **맨 위층을 찾는 고객의 동선을 아래층까지 유인해내는 효과로 위층 매장의 영향으로 아래층까지 매출 이득을 보는 효과이다.** 따라서 맨 위층에는 계획구매가 이루어지는 제품(가전제품, 유아용품, 가구 및 인테리어, 식당 등)을 배치해야 한다. 그 이유는 위 제품들은 접근성이 떨어져도 반드시 찾기 때문이다. 결과적으로 샤워효과나 분수효과는 동선을 길게 해서 동선상에 있는 매장제품에 대한 소비자의 잠재적인 구매욕구를 환기시켜 실제 구매 즉 충동구매로 연결시키고자 하는 마케팅 판매 전략이다.

> **더 알아두기**
>
> **분수효과와 샤워효과의 몰락**
>
> 최근에는 분수효과와 샤워효과의 효과가 줄어들었다. 최근 몇 년간 백화점 식품관의 프리미엄급으로의 리뉴얼이 앞다투어 이루어졌다. 이는 소비자의 입맛이 점차 고급화되고 다양화됨에 따라 기호를 맞추기 위해 리뉴얼을 한다고 말하고 있지만, 근본적인 이유는 유통업계의 변화로 백화점의 매출이 줄어들어 이를 개선할 방법으로 식품관의 럭셔리화, 고급화를 통해 소비자의 흥미와 관심을 끌어 다른 백화점 매장의 매출을 증대시키기 위한 마케팅 전략이 숨겨져 있다.
>
> 이러한 리뉴얼에 대해 사람들은 교통체증을 일으킬 만큼 반응하고 문전성시를 이룬다. 하지만 다른 매장을 들려 매출이 확대되는 분수효과는 나타나지 않았다. 이는 이성과 가치를 중심으로 소비하는 패턴이 현재 우리 삶에 자리를 잡았기 때문이라고 볼 수 있다. 따라서 충동소비를 불러일으키기 위한 분수효과나 샤워효과는 소비에 큰 영향을 미치지 않는 것으로 볼 수 있다.

(3) 인 스토어 머천다이징

소비자의 심리와 동작에 대한 과학적인 실험과 분석을 바탕으로 판매장의 배치나 상품의 진열 등을 통해서 매출액을 증가시키는 전략으로 자세한 내용은 다음과 같다.

[소비자의 특성에 따른 인 스토어 머천다이징 전략]

소비자 특성	인 스토어 머천다이징 전략
• 매장통로를 지나는 소비자는 왼쪽보다 오른쪽을 응시 • 판매대 앞에서 소비자는 가운데를 먼저 응시 • 인쇄체 가격표는 제조업체의 정가라고 느낌 • 필기체 가격표는 판매업체가 정한 싼 가격이라고 느낌 • 차곡차곡 쌓인 것보다 박스에 아무렇게나 담긴 것이 싸다고 느낌 • 필수품, 특히 식료품을 먼저 삼 • 출구가 보이거나 가까워지면 발걸음이 빨라짐 • 기다리는 동안 할 일을 찾음 • 오른쪽 입구로 들어와 자연스럽게 왼쪽으로 방향을 틈	• 판매대 중간에 신상품 및 전략상품 배치 • 판매대 아래쪽에 항상 잘나가는 고정 상품 진열 • 판매대 위쪽에는 안 팔리는 구색 상품배치 • 필기체로 작성한 가격표가 인쇄체보다 매출액을 30% 증가시킴 • 점블기법 사용 • 입구 가까이에 식료품 진열 • 최대한 출구가 잘 안 보이게 하거나 동선 마지막에 배치 • 깜빡하기 쉬운 것(건전지, 물티슈 등) 또는 부담 없이 살 수 있는 심심풀이 제품(캔디, 초콜릿) 등을 계산대 근처에 배치 • 고객 오른쪽 가장자리에 빅헤드(bighead) 상품을 진열

* bighead : 소수로 매출의 큰 비중(20%)을 차지하는 상품
* longtail : 각각의 매출은 적지만 전체적으로 상당히 큰 비중(80%)을 차지하는 상품

인 스토어 머천다이징의 목표는 첫째, 소비자가 점포를 오래 둘러볼 수 있도록 동선을 연장시켜서 통과율과 접근율을 높이는 것이다. 이에 하나의 매장이라도 무심결에 그냥 통과하지 않도록 S자 경로를 만들어 모든 매장을 구경할 수 있도록 배치한다.

둘째, 최적 진열과 배열 조합(최단 동선)에 의해 구입율을 높이는 것이다. 방문하는 소비자의 행동을 분석하여 한 바구니에 담는 제품들을 분석해서 한 제품을 사면서 다른 제품도 자연스럽게 구매를 유도하는 전략으로 예를 들어 세제와 고무장갑, 소시지와 단무지, 라면과 햇반 등이 있다. 또한, 월마트는 빅데이터 분석을 통해 살펴본 결과 혼자 오는 남성들의 경우, 기저귀와 맥주라는 조합에서 상관관계를 발견하여 이들의 간격을 좁혀 배치했다. 그 결과 상품의 매출액이 상승하는 결과를 가져왔다는 예시도 있다. 마지막으로 궁극적으로 상품이나 판매 활동, 서비스나 내용에 대한 점포 이미지 등을 높여 내점 빈도를 높이는 것이 인 스토어 머천다이징 기법의 목표이다.

> **더 알아두기**
>
> **점블(jumble) 기법**
> 의도적으로 왜건이나 매대에 상품을 뒤섞어 풍성하게 쌓는 진열기법이다. "가격이 같은 상품을 뒤섞음으로써 실제와는 다르게 할인을 하고 있다."라는 인식을 소비자에게 제공하여 소비자로 하여금 싸다는 인식이 들게 한다. 이는 현재 광범위하게 사용되고 있고, 이 점블 기법을 사용 시 행사가격을 고지하는 것이 필수적이다. 예를 들면 마트에서 참치캔이나 라면 또는 스낵 등의 과자류를 차곡차곡 쌓지 않고 큰 상자에 아무렇지 않게 담아놓는 경우이다. 추가적으로 가격표를 작성할 때에도 인쇄체는 정가라는 느낌을 주고 필기체는 할인된 가격이라는 인상을 주기 때문에 필기체로 작성한 가격표를 사용하는 것이 인쇄체를 사용하는 것보다 매출액을 증가시키는 데 큰 도움이 된다.

제5절 | 소비자행동과 마케팅 커뮤니케이션 전략

1 마케팅 커뮤니케이션(Promotion)

(1) 마케팅 커뮤니케이션의 이해

기업이 제품 구매를 자극하기 위해 제품에 대한 정보를 제공하거나 설득하고 태도를 바꾸도록 유도하는 모든 마케팅 활동을 말한다. 광고, 인적판매, 판매촉진, PR 등이 포함되며 이 중 가장 대표적인 광고, 인적판매, 판매촉진 세 가지에 대해서 살펴볼 것이다.

가장 먼저 광고는 자사의 제품, 서비스, 아이디어 등을 비인적 매체를 통해 소비자에게 알리고 촉진하는 모든 형태의 커뮤니케이션 수단이다. 마케팅의 가장 대표적인 유형이며 기업이 광범위한 소비자들을 대상으로 홍보하고자 할 때 사용된다.

광고가 비인적 판매전략이라면 인적판매는 직접접촉을 통한 인적커뮤니케이션이라는 차이가 있다. 다른 판매방법과 달리 쌍방 커뮤니케이션에 의존하기에 소비자의 상황 몰입도가 좋은 장점이 있다. 판매원은 다양한 역할을 수행한다. 제품에 대한 설명뿐만 아니라 이 제품을 구매한 다른 고객의 생각을 전달해줌으로써 의사결정에 참고할 수 있도록 도우며 더 나아가 소비자 예산, 생활환경에 맞춰서 적합한 제품을 추천해줌으로써 전문적인 구매상담자의 역할도 수행할 수 있게 된다. 반면, 부정적인 요소도 존재한다. 지속적으로 고객과의 관계를 구축하거나 소비자와의 융통성 있는 촉진방법, 판매원의 상술로 인해 충동구매 및 강요로 인한 소비가 발생할 가능성이 있다.

판매촉진(판촉)은 통상 '세일'이라고 하며, 매출 증대를 위한 단기적 동기부여 방법으로 구매시점에서 소비자의 구매동기를 강력하게 자극할 수 있다. 구매시점에서 일어난다는 것은 바로 구매로 연결될 가능성이 높다는 것을 뜻한다. 그 종류로는 광고, 인적판매, PR에 포함되지 않은 다양한 촉진 활동으로 사은품/경품 증정, 단기적 가격할인, 쿠폰이나 리베이트 활용, 점포 내 진열 무료 샘플링(견본) 등이 있다. 판촉은 단기간 내 제품 판매를 증가시킬 수 있고, 반복구매를 유인하며 제품 인지도를 높일 수 있으나 지나친 판촉은 과도한 비용 때문에 기업의 재무상태를 악화시킬 수 있으며, 빈번한 판매촉진은 소비자들에게 나중에 또 세일을 할 것이라는 심리적 기대상태가 생겨 소비자의 구매를 지연시키기도 한다. 마이크로밀엠브레인의 조사 결과 소비자들이 사전에 세일 여부를 미리 알아보고 구매하는 경우가 48.0%, 우연히 할인받게 되는 경우가 52.0%로 나타났다. 소비자들의 반 정도가 잦은 판매촉진을 이용하여 구매한다는 것이다. 특히, 세일 기간에 화장품·미용·헤어·향수제품의 구입 경험이 가장 많은 것으로 나타났는데, 우리 주변의 로드샵 세일이 이에 해당한다. 한 달에 한 번 이상 정기적인 세일 주기를 소비자들이 파악하여 세일 기간만 노려 제품을 구매하는 것이다. 이처럼 판매촉진은 단기적인 이익을 얻기 위해 장기적인 이익을 놓칠 수 있는 위험요소가 존재한다. 촉진 활동은 푸시(push) 전략과 풀(pull) 전략으로 구분된다. 푸시 전략은 거래 판매업자에게 판매촉진 활동을 하게 하는 것이다. 보통 판매원을 통해 자사의 제품을 소비자에게 적극적으로 홍보하도록 하는 것이다. 브랜드의 인지도가 낮고 충동구매가 잦은 제품에 적합한 전략이다. 풀 전략은 소비자를 대상으로 광고함으로써 자사의 제품이 지명받아 구매될 수 있도록 촉진하는 전략이다. 소비자들의 구매를 촉진하여 유통업체가 자사 제품 취급을 유도하게 만드는 데 목표가 있다. 무료견본, 광고, 홍보 등을 이용한다.

(2) 광고

광고는 **촉진 활동의 대표적인 유형**이다. 제품을 소유함으로써 행복해질 수 있다는 물질주의적 가치관과 생활방식을 전달하고 있으며, 특히 청소년 소비자의 즉각적인 욕구충족 성향을 발달시킨다. 충분한 가치관과 정체성이 확립되어 있지 않은 아동 청소년에게 바람직하지 않은 영향력을 끼칠 수 있다는 부정적 요소도 있다.

① 광고의 기능

광고는 **정보를 공급하는 기능**을 한다. 광고를 통해 제품의 존재, 기능, 가격 등에 대해서 알 수 있다. 또한, 소비자설득 기능도 있다. 근사한 연출로 실제로 사용할 수 있는 소비상황을 연출함을 통해 소비자를 설득시켜서 구매를 유도한다. 이 구매를 통해 내수시장을 유지함으로써 경제가 성장하도록 유도하는 기능도 한다. 마지막으로 상업 매체를 성장시키는 기능을 한다. 광고를 통해 얻어지는 경제적 지원을 통해 세계 각지의 이슈와 소비생활에 필요한 내용을 전달함으로써 소비자들의 의식을 확대시키고 세계 동향이나 주요 이슈에 대한 경험, 간접적 활동을 넓히는 데 기여하고 있다.

하지만 소비자 입장에서는 전혀 필요하지 않은 제품에 대한 필요를 생산하고 좋아하지 않았는데 좋아하게 되는 소비자 선호를 왜곡하게 된다. 충동소비 및 과다소비를 조장하게 되고 최근에 디지털을 통해 시시때때로 광고가 소비자들에게 전달됨으로써 광고 소음 혹은 광고 공해를 일으키게 된다.

소비자의사결정 모델을 보면 소비자가 구매동기를 가진 이후, 즉 문제를 인식하게 된 이후에 정보탐색을 하게 되고 탐색해서 수집한 정보에 의해서 대안평가를 하게 된다. 그 후 최종적으로 선택 혹은 구매를 하게 되고 여러 가지 기준에 의해서 구매 후 평가를 하게 된다. 소비자의사결정 모델에서는 광고가 상업 정보원으로서의 역할에 한하며 정보탐색의 단계에 한정되어 영향을 미친다고 말한다. 이때 정보공급의 기능과 설득의 역할을 모두 수행하지만 그 중에 설득의 역할이 더 강조되고 있다. 하지만 소비자들은 광고에 대해서 불신하는 경향이 있어 광고를 좋아해도 그 내용을 있는 그대로 받아들이지 않게 된다.

하지만 요즘의 광고는 전체 단계에 영향을 미치고 있어 문제가 되고 있다. 내가 현재 누리고 있는 상태와 이상적 상태의 차이를 인식하는 문제인식 단계부터 영향을 미치고 있다. 약간의 차이가 있다고 해서 구매동기가 만들어지는 것은 아니지만 큰 차이를 느끼게 되면 구매동기를 갖는다. 광고가 계속 나오게 되면 그 제품이 없는 나의 상태와 그 제품이 있는 이상적인 상태가 점점 멀어져서 문제인식에 영향을 주게 되어 구매동기를 갖게 만든다.

그 예로 식품건조기가 예전과는 다르게 두 집 꼴로 한 대씩 있을 만큼 보급화가 되었는데 그 이유는 식품건조기에 대한 지속적인 홍보가 진행되어있기 때문이다. 티비 홈쇼핑에서 집에서 요리하는 주부들을 대상으로 광고를 진행하여 식품건조기가 있는 상태와 없는 상태의 차이를 크게 느끼게 하여 반드시 그 제품을 구비해야 할 것 같은 상황을 조장해 구매동기를 갖게 한다는 것이다. 정보탐색에도 영향을 미친다. 애초에 식품건조기를 구매하기 위해 정보를 탐색하게 되면 대부분 정보는 광고가 되었던 모델들에 대한 정보일 가능성이 높다. 주변에 물어보거나 중립적 매체를 통해서도 들을 수 있지만 거기서 언급되는 제품들도 대부분 광고가 된 제품들이기 때문에 이 과정에서 영향을 받을 수밖에 없다. 수집된 정보를 가지고 어떤 것이 나의 예산에서 가장 최적의 대안인가를 평가하게 되는 대안평가에도 영향을 미친다. 이때 유명한 사람이 나와서 광고한 제품 혹은 브랜드가 대안평가에 있어서 가장 가중치를 갖는 제품으로 대두됨으로써 소비자의 구매의사결정에 영향을 미친다.

② **광고가 미치는 영향**

광고는 다양한 측면에서 영향을 미치게 되는데 먼저 경제에 미치는 영향을 살펴보겠다. 광고는 광고하는 순간부터 경제적 효과를 창출하기 때문에 자본주의의 꽃이라고 불린다. 또한, 신제품 광고를 하지 않으면 그 제품의 존재 여부 자체도 알 수 없기 때문에 신제품 시장을 확대할 때 광고는 지대한 역할을 하게 된다. 따라서 광고를 통해서 제품에 대한 인지도를 높이고 수요를 일으키고 시장을 확대시킬 수 있다.

기존 제품의 경우는 광고를 통해 일정한 수요를 유지할 수 있게 된다. 잘 팔리는 제품에 대한 광고를 계속하는 이유는 사람들은 보지 않으면 잊어버리며 언제든지 경쟁 제품이 등장할 수 있기 때문에 **기본적인 수요유지를 위해 광고를 한다.** 이 수요유지를 통해 경기를 활성화시킬 수도 있다. 내수가 일어나게 된다는 것은 안정적인 소비를 야기하여 경제성장으로 이어진다는 것이다. 경제성장이 일어나면 소비가 발생하고 생산이 늘어나고 투자가 일어나게 돼서 생산인력을 위한 고용이 촉진된다. 즉, 제품 판매가 지속되면 기업 간 경쟁 유발이 되어 경기가 원활하게 운영된다. 반면에 지나친 광고는 자원을 낭비하고 시장지배적 사업자의 지위를 유지하는 데 중요한 도구가 되기도 한다. 이에 따라 광고는 자원 낭비, 시장지배적 지위 유지, 비가격경쟁을 불러일으켜서 사회적 낭비를 불러일으키는 부정적 영향도 있다.

광고가 상표 이미지나 제품 가치를 높이는 것에 동의하지 않을 사람은 없을 것이다. 높아진 이미지나 선호도는 제품 무형의 자산으로 사용될 수 있다. 가령 상표자산은 기본적으로 소비자의 지각수준을 중심으로 평가하는데 지각에 광고가 영향을 주게 된다. 제품 가치와 연결되는 브랜드 자산의 형성은 소비자가 그 브랜드에 대해서 얼마나 높게 평가하느냐에 따라서 결정된다. 소비자가 그 브랜드를 사용해봄으로써도 나타날 수도 있지만, 대부분은 광고를 통해 형성된 가치나 이미지에 따라서 평가가 이루어진다. 광고가 가격에 미치는 영향은 소비자에겐 바람직하지 않다. 광고의 빈도가 높고 광고에 투자한 비용이 많으면 이는 판매가격을 상승시키게 된다. 따라서 우리가 보는 광고는 우리가 돈을 지불하는 유료정보이기 때문에 가격 측면에서 광고의 증가는 바람직하지 않다.

마지막으로 광고는 경쟁 제한에 영향을 미칠 수 있다. 광고비용은 새 사업자에게는 높은 시장진입장벽이기 때문에 경쟁을 제한하는 요소이다. 지나친 광고는 새 사업자에게 걸림돌이 되는 요소가 될 수 있는데 이는 소비자에게 좋지 않다. 이처럼 광고는 경쟁 제한적 요소가 있기 때문에 지나친 광고라던가 소비자의 선택이 저하될 수 있는 오도 허위 과장 광고에 대해서는 적절한 규제의 방법이 채택되고 있다.

③ 광고의 유형

㉠ 제품의 상징성을 강조한 광고

제품상징주의에 기반한 광고로 지위, 성향 등을 표현하기 위해 제품을 구매하도록 유도한다. 이는 소비자의 자아 이미지와 밀접한 관계가 있다. 자아 이미지는 개인이 자기 자신을 객체 혹은 하나의 대상으로 여겨 갖게 되는 자신에 관한 생각 혹은 느낌의 총체로 이처럼 자기 스스로를 평가한다. 자아 이미지는 제품선택에 영향을 미치며 또한 소비자가 선택하는 제품이 소비자의 자아개념에도 영향을 미친다. 자아개념의 확장은 개인과 개인이 속한 상징 간의 상호작용을 강조하기 때문에 상징적 상호주의라고 불리며 소비자의 개념을 향상시키는 상징적 가치 때문에 제품이 구매되기도 한다. 자신이 생각하는 자신의 이미지 때문에 그에 부합하는 이미지를 가지고 있는 제품을 선택하고 이 제품을 계속해서 사용하게 되면 더욱더 자신은 가치 있는 사람이라는 자아개념을 확장시키는 것이다. 또한, 이상적인 자아 이미지를 갖고 있기 때문에 이를 충족시키기 위한 제품을 선택하기도 한다. 제품선택은 자신의 실제적인 이미지에 부합되지 않아도 이상적 이미지에 부합해도 제품을 선택할 수 있다.

나이키를 전성기로 이끈 제품은 나이키 에어다. 특히 역대 최고의 농구선수인 마이클 조던이 광고에 출현하여 덩크슛하는 광고를 찍게 됐는데 마이클 조던의 이미지가 신고 있던 나이키에 전이되어 나이키 에어가 선풍적인 인기를 끌게 되었다. 아직까지도 마이클 조던이 나이키 에어하면 대표적인 인물로 회자되고 있다. 조던이 찍은 광고 덕분에 마이클 조던처럼 되고 싶은 사람들, 높은 점프력과 스포츠 능력을 닮고 싶은 사람들이 나이키 에어를 구매함으로써 큰 히트를 쳤다. 전형적으로 이상적인 모델이 가지고 있는 이미지가 물체로 전이되는 것이 제품의 상징성을 강조한 예라고 할 수 있다.

㉡ 제품의 신뢰도를 높이는 유형의 광고

성인들은 광고의 내용을 그대로 받아들이지 않기 때문에 광고주 측면에서는 신뢰도를 극복하기 위해 다양한 노력을 기울이고 있다.

먼저 양면적 광고의 활용으로 단순히 긍정적 측면뿐만 아니라 부정적 측면도 제시하여 이 제품이 정직한 제품임을 인식시켜 제품에 대한 수요를 불러일으키고자 하는 전략이다. 전문성 있는 의사전달자를 활용하는 방법도 있다. 광고의 내용을 보증할 수 있는 보증인을 세워 보증인의 속성을 제품에 이전시켜 신뢰도를 높이려는 전략이다. 건강식품의 경우 제품에 대한 전문성을 갖고 있는 전문의료인 등 믿을만한 의사전달자를 활용한다. 신뢰도 극복을 위해 극단적인 방법을 사용하는 경우도 있는데 그 중 하나가 바로 신문광고 면에서 광고 내용을 기사처럼 편집하여 광고하는 것이다. 광고의 내용인데 기사와 구분을 하기 어렵게 편집하여 소비자들이 광고임을 인식하지 못하는 전략이다. 기사는 중립적이고 특별한 목적이 없다고 생각하기 때문에 광고에 대해서 신뢰도를 높이는 가장 극단적인 방법이라고 할 수 있다. 온라인 신문, 전자신문이 늘어나면서 이런 방식으로 편집한 광고를 많이 사용하고 있어서 전자신문에 대한 제재 조치가 필요하다고 소비자들은 말하고 있다. 또한, 간접광고를 활용하여 신뢰도를 회복하는 전략을 사용하기도 하는데 특정상품을 방송 매체 속에 의도적, 자연스럽게 노출시켜 해당 방송 매체를 보는 사람들이 그 프로그램을 즐기면서 제품에 대한 것들이 뇌리에 남아서 자연스럽게 그 제품을 구매해 볼까라는 구매 욕구를 불러일으키는 것에 목적을 둔다. 간접광고의 전형인 PPL(Product PLacement)은 제품의 표적소비자가 모방 욕구를 느낄만한 인물의 제품 소비상황 등을 통해 욕구를 자극한다. 대기업은 보통 제품을 출시할 때 표적소비자가 많이 보는 방송 매체가 있는 경우에는 광고보다는 PPL을 선택한다.

2010년에 글라소에서 비타민워터를 처음 출시했는데 표적소비자가 대도시에 사는 유행에 민감하고 건강을 생각하는 모던한 여성이었다. 글라소가 생각한 표적소비자가 주인공으로 등장하는 방송매체가 '섹스 앤 더 시티'라는 드라마였다. 이 드라마의 여성들은 비타민워터의 표적소비자와 일치했고 프로그램을 보는 시청자도 표적소비자와 일치하였다. 글라소는 광고를 하는 것보다는 섹스 앤 더 시티에 협찬을 통해 간접광고를 진행하였는데 주인공들이 비타민워터를 들고 대화를 나누며 지나가게 되는 장면이 계속 나오게 되자 소비자들에게 제품에 대한 호기심을 불러일으켰고 제품에 대한 인지도가 높아졌으며 더불어 매출도 높아졌다. 우리나라에서도 인기드라마에 나오는 옷·신발·악세서리·가구 소품·인테리어 용품·식료품의 경우에도 방송이 끝나고 품절이 되거나 물량이 부족하게 되는 경우는 PPL에 따른 소비 매출 증대라고 볼 수 있다. 그러나 과도한 상품 노출로 프로그램 집중을 방해하는 경우가 많아지고 있어 소비자들의 불만을 발생시키고 있다.

ⓒ 단순 노출을 적용한 광고 및 감성적 반응을 자극하는 유형의 광고

반복전략으로 단순 노출시켜 인지 수준을 높이는 전략을 사용한다. 특정 소비상황을 만들어놓고 그 소비상황에 처해있는 소비자들에게 환기시켜서 그 제품을 사게 만드는 것이다. 또한, 감성적 호소전략을 사용하여 제품이나 회사 이미지를 제고 혹은 강조하려는 전략을 사용한다. 전반적인 기업 이미지를 제고시켜서 그 기업이 생산하고 있는 제품에 관한 관심을 일으키고 자연스럽게 구매를 증진시키는 전략이다. 고된 일을 하고 집에 와서 출출한 상황일 때 맛있게 라면을 끓여 먹는 특정 소비상황을 연출하여 비슷한 상황일 때 제품이 상기되도록 하는 전략이다.

ⓔ 소비자 라이프스타일을 적용한 광고

소비자의 라이프스타일에 도움이 되는 제품을 제공한다는 광고전략이다. 소비자가 지향하는 라이프스타일과 접목시켜 제품을 광고하는 전략으로, 제품 및 서비스의 구매로 인해 누릴 수 있는 소비자의 건강한 삶, 여유로운 삶 등을 보여준다. 소비자가 지향하는 라이프스타일이 획득될 수 있다는 구매 후 상황을 보여줌으로써 건강한 삶 등을 보여주는 대표적인 광고전략이다. 아파트 광고에서 대도시에 살고 있지만, 환경친화적이고 자연과 어우르는 모습을 볼 수 있는데 이 과정에서 운동과 같은 자연스러운 모습을 연출하여 건강을 지향하고 자연과 친화적인 라이프스타일을 지향하는 소비자들에게 이 아파트에 살게 되면 환경친화적인 라이프스타일을 실현할 수 있다고 어필할 수 있게 된다.

(3) 판촉

판매촉진(판촉)은 대부분 후발 기업이 하게 된다. 소비자가 자사의 우수한 품질을 몰라볼 때 품질을 납득시키기 위해서 혹은 소비자가 각종 사은품 및 경품을 얻기 위해 구매선택을 하게 하지만 올바른 소비자 선택이 저해되기도 한다.

[판촉 유형]

견본품 제공	시제품 출하 시 시판제품보다 작은 견본품을 소비자에게 제공하여 사용경험을 통해 품질을 식별하고 이용할 수 있도록 함
가격할인	정규가격에서 일정률을 소비자에게 할인함으로써 구매욕구를 자극시키는 것으로 할인쿠폰 제공 등이 있음
리베이트	구매영수증을 제조회사로 보내면 일정액을 현금이나 상품권으로 반환해주는 것
사은품	일정액 이상 구매자에게 모두 제공하는 무료상품인데, 보통 구매하는 제품이 아닌 다른 것을 제공함

과도한 판촉 활동으로 인한 피해사례가 많이 발생하고 있다. 판촉 활동에 따른 문제를 사전에 예방하기 위해서는 과도한 할인이나 사은품에 현혹되어서는 안 된다. 또 한 가지 기억해야 할 것은 20만 원 이상의 금액은 이자율이 크지 않다면 신용카드 할부로 결제하는 것이 좋다. 그 이유는 충동구매 혹은 판매원의 상술로 인한 구매 시 현금이나 일시불로 계산했을 경우 계약을 해지하거나 보상을 받는 데 생각보다 많은 시간이 걸릴 수 있기 때문이다. 하지만 할부는 할부거래법에 적용받기 때문에 더 쉽게 계약을 해지할 수 있고 청약 철회권을 활용해서 7일 이내에 모든 계약을 취소할 수 있게 법적으로 보장되어 있어 보상을 빨리 받을 수 있다.

제6절 │ 기업의 다양한 마케팅 기법

1 컬러 마케팅

제품 선택의 구매력을 증가시키는 가장 중요한 변수를 색으로 정해서 구매력을 결정짓게 하는 마케팅 기법이다. 사람들은 색을 볼 때 눈으로 보는 것이 아니라 마음으로 보는데 이는 특히 맛 평가에서 두드러지게 나타난다. 같은 음식이어도 색에 따라 맛 평가가 확연히 다르게 나타난다. 색채는 인간의 마음을 감동시키고 특정 분위기를 유발하는데 브랜드 로고나 제품의 색상은 품질, 맛 등의 평가에 영향을 미친다.

컬러 마케팅에서는 색채의 역할도 중요하다. 마케팅 커뮤니케이션 활동에서, 시각의 자극 중요도는 58%로 가장 높으며, 색채에 대해서는 감성적인 반응을 보였고, 이는 구매충동과 직결되기 때문이다. 미국 컬러리서치 연구소(ICR)에 따르면 사람은 대상을 처음 접할 때 60~92%정도를 오직 색채에 의존하여 판단한다고 말한다.

시각과 미각의 연동 식품업계의 활용 색채는 빨강(풍요, 자극), 노랑(달콤한 맛, 신맛), 주황(달콤, 부드러운 이미지), 분홍(강한 단맛)이고 식품업계의 금기 색채는 보라(상한 이미지), 파랑(쓴맛, 식욕 저하), 짙은 녹색(신선함과 반대되는 이미지)이다.

(1) 컬러 마케팅의 사례

① **카카오톡** : SNS 업계의 후발주자인 카카오톡은 선점기업인 페이스북 및 트위터의 파란색 색상에 대비해 눈에 잘 띄며 작은 모바일 화면에서도 눈에 잘 띄는 노란색을 선택함으로써 컬러 마케팅을 진행하였고, 2013년에는 노란색하면 가장 먼저 떠오르는 브랜드 1위로 선정되었다.

② **네이버** : 네이버는 신뢰·중립을 상징하는 녹색을 사용함으로써 브랜드 아이덴티디(BI)를 공고히 하고, 이러한 컬러 마케팅의 결과로 초록창이라는 애칭을 얻었다. (BI : 기업이 소비자에게 심어주고 싶은 이미지 구축을 위한 상표경영 통일화 작업)

③ **신라면블랙(실패사례)** : 영양 높은 라면이라는 품질특성에 맞추어 VVIP급 프리미엄 컬러 마케팅으로 검정색을 선택하였으나, 기존의 빨간색에 비해 식욕 자극 효과가 줄어들게 됨. 검정색은 힘, 권위 등을 상징하는 색으로 카드나, 자동차 등에서 많이 사용되고 있는 컬러이다. 이 컬러를 식품 마케팅에 활용하였지만, 기대했던 반응이 나타나지 않았다.

2 음악 마케팅

표적소비자의 감성을 자극하거나 소비자와 상호작용하여 브랜드 인지도를 높이고 구매유도, 즉 제품, 브랜드가 추구하는 음악과 소비자가 좋아하는 음악의 접점을 통해 양자 유대관계 강화하고 즐거움을 주어 **브랜드에 대한 호감을 불러 매출 증가를 유도하는 기법이다.**

(1) 음악 마케팅과 판매

1986년 미국의 '소비자연구'에 따르면 느린 템포의 음악일수록 소비자의 매장 체류 시간이 늘어난다는 연구가 있다. 1인당 체류 시간이 늘어나면 구매액이 늘어난다는 연구 결과가 있어 음악 마케팅을 통해 체류 시간을 늘리고 있다. 반대로 매장 회전율을 높이기 위해서는 빠른 템포의 음악을 사용한다. 따라서 세일 기간이나, 고객이 많아 대기 고객이 있을 경우 사용하여 회전율을 높일 수 있다.

음악 마케팅 기법은 계절, 요일, 날씨, 시간에 따라 다양하게 개발되어 있다. 봄에는 화사하고 경쾌한 왈츠, 여름에는 시원한 느낌의 장르인 레게를 사용, 가을은 고독한 느낌을 주는 상송이나 깐소네, 겨울에는 따뜻한 분위기의 발라드를 사용하여 마케팅한다. 또 백화점에서는 오전 시간에는 잔잔한 클래식으로 소비자의 편안한 쇼핑을 돕고, 오후 시간에는 경쾌한 팝이나 가요를 틀어주어 생기를 돋군다. 또한, 폐점시간이 다가오면 느린 템포의 음악을 틀어 소비자로 하여금 폐점시간의 압박으로 인해 마음이 조급해지지 않도록 한다. 특히 음의 변화가 많은 베토벤의 곡 혹은 음의 자극이 심한 바이올린 곡은 소비자들을 자극하고 불안하게 만들어 쇼핑의 몰입에 방해가 되어 금기된다.

음악 마케팅을 사용함에 있어 브랜드에 부합하는 음악을 사용하는 것이 가장 중요한 핵심이다. 이미지에 부합하는 음악을 사용하는 브랜드는 음악을 사용하지 않거나 어울리지 않는 음악을 사용하는 브랜드에 비해 소비자가 기억할 확률이 96% 더 높다. 즉 인지도를 높이는 데 있어 음악 마케팅의 효과는 높다. 음식의 구수한 냄새와 경쾌한 음악의 매치는 구매욕구를 극대화한다. 그래서 백화점 지하매장은 대부분 식자재와 음식판매를 하고 있고, 여기에 경쾌한 음악을 틀어줌으로 구매를 유도한다. 옷과 소품 매장은 정적인 음악을 많이 사용한다. 그 이유는 소비자가 옷과 소품매장을 방문했을 때 구매를 하게 됨으로써 자신의 모습을 상상하는 데 정적인 음악이 상상을 좀 더 긍정적으로 자극해 충동구매로 이어지는 데 효과가 있다.

(2) 음악 마케팅과 BI 확립

커피전문점 스타벅스는 음반제작회사를 인수(1989년)한 후 전문가가 선곡한 곡이 담긴 CD를 전 세계 매장 (월 1회)에 공급하여 소비자들이 매장에서 커피 맛과 스타벅스 특유의 매장 분위기 및 감성을 느낄 수 있도록 하였다. 스타벅스의 음악마케팅은 전 세계 매장에 동일한 음악을 틀어줌으로써 BI를 일관되고 명확하게 확립 하고, 차별성을 두었다.

3 향기 마케팅

커뮤니케이션 활동 중 58%의 자극 중요도를 가지는 시각에 이어 후각 자극은 45%의 중요도를 지니고 있어 향후 마케팅 활동에서 후각 자극 활용이 더 많아질 것으로 기대되고 있다(Millward Brown, 2003). 냄새는 시간이 지나 더라도 65% 이상 기억에 남기 때문에 브랜드와 후각적 자극을 자연스럽게 연결시킬 수 있다면 시각보다 더 강력한 마케팅 플랫폼이 될 수 있다.

(1) 향기 마케팅과 소비자행동

매장 분위기 및 환경 고조 면에서 상품을 평가함에 있어 고객의 감각을 향상시킨다. 이는 고객의 재방문 욕구 및 특정상품의 구매 욕구를 향상시켰으며, 향기가 나는 매장에서는 고객의 매장 체류 시간이 증가하였 다. 그러나 향기의 강도는 향기 마케팅의 결과에는 차이를 주지 않는다.

(2) 향기 마케팅의 사례

① **아베크롬비** : 의류브랜드 아베크롬비 & 피치는 매장 입구에서부터 진한 향을 뿌려 어느 쇼핑센터에 가든 특유의 향기를 통해 해당 쇼핑센터에 아베크롬비 매장이 있음을 지각하며, 향수제품으로도 출시하였다.

② **후아유** : 국내 의류브랜드인 후아유는 캐주얼 의류매장에 걸맞게 발랄함을 강조한 '드림'이라는 이름의 상큼 한 향을 자체적으로 개발하여 소비자로 하여금 특유의 향을 기억할 수 있도록 하였다.

③ **엔터식스** : 왕십리역사에 있는 쇼핑몰 엔터식스는 전체 쇼핑몰에 깨끗한 이미지는 물론 생동감, 새로운 활력을 부여하는 콘셉트를 적용해 '화이트 티'라는 향을 실내 전체에 분사하여 CI(Corporate Identity, 기업 이미지)를 형성하였다.

4 기상 마케팅

기상 마케팅이란 소비자들의 특정 제품의 구매나 사용이 날씨와 관계가 깊다는 것을 이용하여 상품의 판매량을 증가시키거나 손실을 줄이기 위해서 경영조직의 운용에 날씨를 활용하는 것을 말하며, 계절과 관련이 깊다. 국내 GDP의 52%가 날씨에 영향을 받고 있으며, 산업의 70~80%가 날씨로부터 직·간접적으로 영향을 받는다.

(1) 날씨와 소비자행동

레스토랑과 의류 판매점은 비나 눈이 오는 날씨에 손님이 5~10% 감소한다. 비나 눈이 오지 않고 적당히 궂은 날이 소비자들이 야외로 나가지도 집에만 있지도 않으므로 구매행위를 유보하지 않고 매장을 찾을 확률이 가장 높다.

일본의 기상연구소에 따르면 과즙음료는 20도, 사이다는 18도가 넘어야 대량판매, 25도에서 1도씩 기온이 올라갈 때마다 음료수 매출이 10~20% 증가하며, 콜라는 더울수록 잘 팔려 기온이 25도에서 1도 올라갈 때마다 약 15%의 비율로 매출 증가, 맥주는 맑고 더운 날 기온이 1도 상승하면 4%씩 소비량이 증가하고, 맑은 날 기준(100%)으로 흐린 날 92%, 비 오는 날은 79%의 매출량을 보여준다.

(2) 기상 마케팅의 사례

① **CJ오쇼핑** : 홈쇼핑 업체인 CJ오쇼핑은 장마철에는 매트, 침구류 편성을 강화하고, 폭염이 계속될 때는 에어컨과 냉풍기 등을 일 2회 이상 집중 편성하여 4개월간 270억 원의 매출 상승의 성과를 이루었다.

② **CU편의점** : 편의점 업체인 CU에서는 날씨의 영향을 많이 받는 도시락, 김밥, 우천상품 등의 발주량을 조절하고 상품배치에 변화를 주어 재고 비용과 폐기 물량을 감소시켜 식품의 전체 매출이 33% 이상 상승하였으며 발주량 조절로 손실을 15% 이상 절감하였다.

③ **삼성전자** : 삼성전자에서는 2011년 4월~5월에 황사가 적게 발생하면 에어컨 구매 고객에게 최대 40만 원까지 돈을 돌려주는 황사 마케팅을 실시하여 전년 동기 대비 3배의 매출 상승세를 기록하였다.

5 동선 마케팅

소비자의 발걸음을 매출 증대로 연결시키기 위한 다양한 마케팅 방법이 사용되고 있는 가운데, 매장에 입장한 고객을 최대한 오래 돌아다니도록 동선을 설계하여 충동구매를 유도하거나, 소비자 동선이 짧아지도록 관련 제품을 함께 배치하여 매출을 증대시켰다.

(1) 동선과 소비자행동

사람들은 회전 운동(에스컬레이터 내린 후)할 때 왼쪽으로 치우치는 경향이 있어 계산대는 왼쪽에, 출구는 오른쪽에 배치하였다. 냉동식품은 마지막에 배치함으로써 제품이 녹는 것 때문에 소비자가 매장에 머무르는 시간이 짧아지는 것을 방지하였다. 계획적으로 구매하는 남성 정장은 한 매장에서 소비자가 고민 후 선택할 수 있도록 매장을 다른 곳에 비해 2~3m 길게 만들어 소비자 동선을 길게 만든다.

(2) 동선 마케팅의 사례

백화점에서 에스컬레이터를 타고 내려오면 오른쪽에 고객이 쉴 수 있는 소파가 놓여 있고 왼편에는 할인행사 진열대가 있는데, 이는 오른손잡이가 에스컬레이터에서 내려 왼쪽으로 이동하기 때문이다. 또한, 롯데백화점은 여성 의류매장 입구에 인기 구두를 배치함으로써, 옷을 사고 나오는 길에 구두도 함께 구매할 수 있도록 배치한다.

6 타임서비스제

소비자들이 주로 특정 시간대에 쇼핑을 하기 때문에 특정 시간대에는 고객이 밀집되고, 이 외의 시간에는 한산하여, 타임서비스제로 효율적으로 매장을 운영하고, 소비자와 판매자 모두 이익을 얻기 위해 도입된 기법이다. 소비자는 싸게 제품을 구매할 수 있고, 판매자는 매장 혼잡을 피할 수 있을 뿐만 아니라 전체 매장관리가 더 수월해지고, 시간대별 고객 분산 효과로 매장을 새로 넓히지 않아도 매장 확대효과를 볼 수 있다.

(1) 타임서비스와 사례

대부분 소비자는 오프라인 매장에 오후 4~6시에 몰리는 경향이 있다. 이 시간대 이외에의 쇼핑을 유도하기 위해 다른 시간대에 특정 품목을 싸게 판매하고 있다. 특히 평일 오전 10~11시 사이에는 소비가 많이 이루어지지 않아 이 시간을 활용한다. 모바일 쇼핑은 출근 시간과 퇴근 시간인 오전·오후 7~9시에 매출이 증가되기 때문에, 모바일 11번가에서는 '11시 모바일 특가상품전'을 실시하여 피크타임과 비슷한 매출을 기록한다.

7 가격인하전략

경기불안 및 소비심리 위축으로 인해 실용적 소비에 대한 소비자 니즈가 높아지는 가운데, 제품 품질과는 무관하게 가격상승의 주 원인인 브랜드개발 및 광고 포장 비용 등을 버림으로써 소비자 가격을 인하시키려는 전략이다.

(1) 가격인하전략의 사례

가격 경쟁력을 높이기 위해 일부 서비스를 포기하는 방법으로 소비자가 구매한 물건을 직접 포장하도록 하고 포장에 들어간 비용을 가격인하에 반영하는 고객 손수 포장제 등의 방안이 있다. 한 예로, 이마트는 브랜드를 지운 노브랜드 제품공급을 통해 소비자로 하여금 동일 상품군 NB상품 대비 최대 67%까지 저렴한 가격에 양질의 제품 구매를 가능하게 함으로써 가성비를 높였다.

8 3無 마케팅

매장을 찾는 고객들이 방해받지 않고 오래 쇼핑에 집중할 수 있는 환경을 조성하는 방법이다.

(1) 3無 마케팅의 사례

① **시계** : 매장에 시계를 걸지 않음으로써, 시간에 쫓겨 쇼핑에 열중하지 못하는 상황을 방지한다.
② **창문** : 창문을 없앰으로써, 창밖의 스산한 풍경, 차량 행렬, 직장인 모습, 어둑해지는 시간대 등을 보이지 않게 함으로써 소비자의 구매욕구 반감을 차단한다.
③ **화장실** : 2층 이상에 화장실을 배치하여 동선을 늘림으로써 매장 한 곳이라도 더 둘러보도록 한다.

(2) 최근 3無 마케팅의 변화

고객을 오래 머무르게 하는 것보다 편리한 이용환경이 오히려 매출 증가에 도움이 된다는 발상으로 인해 백화점 1층에 화장실을 설치하고, 외부의 창문을 만듦으로써 소비자의 즐거운 쇼핑 및 외부상황을 쉽게 알 수 있도록 한다.

9 연계 마케팅

(1) 공익 연계 마케팅

브랜드별로 제품 사이에 큰 차이가 없어지고 기업의 사회적 책임에 관한 관심이 증가함에 따라 기업이 추구하는 가치가 소비자의 구매행동에 영향을 주게 되었으며, 판매와 공익사업 지원을 연결시킨 것이 바로 공익 연계 마케팅이다. 공익 연계 마케팅의 등장으로 사회적 책임에 대한 중요성이 더욱 커졌음을 알 수 있다. 2011년 6월 대한상공회의소가 소비자 350명을 대상으로 실시한 조사에 따르면 응답자 92%가 윤리경영을 실천하는 기업의 경우 가격이 비슷하거나 조금 비싸더라도 구매하겠다고 응답할 정도로 윤리적 소비가 이슈로 떠올랐다. 디지털 기기의 확대 및 SNS 이용 증가로 인해 소비자들의 사회적 이슈에 대한 문제 제기, 정보 공유와 이를 해결하기 위한 사회변화를 촉구하는 사회적 그리고 공동체적 시민의식이 예전보다 한층 강화되었다는 것을 알 수 있다.

공익 연계 마케팅은 코즈(cause) 마케팅이라고도 한다. 코즈 마케팅은 기업의 대의명분(cause)과 마케팅의 전략적 결합을 의미하는 것으로 기업의 경영활동과 사회적 이슈를 연계시키는 것이다. 기업의 이익 추구 행동이 사회 전체적으로 보탬이 됨을 강조하며 제품 판매와 기부를 연결시키는 것이 주요한 특징이다.

(2) 공익 연계 마케팅의 사례

① **American express** : 최초 사례로 1984년 미국 American express가 마케팅 활동을 자유의 여신상 복원과 연결시킨 것으로, 카드를 사용할 때마다 1센트, 신규가입 때마다 1달러 성금을 복원에 기부하였다.

② **탐스** : 탐스 슈즈는 신발을 하나 구입할 때마다 빈곤국으로 신발을 하나 보내주는 활동 외에도 TOMS EYEWEAR를 통해 선글라스를 보내주거나 시력보호 및 관리 활동을 지원한다.

③ **CJ제일제당** : 2012년 CJ제일제당은 미네워터 VARCODROP에 하나의 제품에 두 개의 바코드가 있는 제품을 출시하였다. 기존 바코드만 찍으면 제품값만 계산되며, 소비자가 기부의사를 밝히면 또 다른 물방울 모양의 바코드를 찍음으로써 소비자와 기업은 각각 100원을 기부하게 되어 13억 2500만 원이 모이는 성과를 보였다.

(3) 일반 상품과의 공동 연계 마케팅

공동 연계 마케팅은 심화된 경쟁체제와 언제나 더 큰 새로움을 추구하는 다변화된 고객 욕구에 대응하기 위해 기업과 기업이 만나 협력하는 공동 마케팅이다. 공동 연계 마케팅은 신규 고객 확보와 상호보완으로 시너지를 창출하고 새로움이라는 차별화된 가치를 도출하여 브랜드 및 상품의 이미지를 제고한다. 또한, 탑 브랜드(top brand) 이미지(우산)가 공동 협력 브랜드나 제품의 이미지에 긍정적으로 영향을 미칠 뿐만 아니라 이로 인해 판매가 증진되는 효과인 우산 효과를 보인다.

(4) 공동 연계 마케팅의 사례

공동 연계 마케팅은 주로 같은 유통 경로 상에 있는 기업들, 즉 동종업체 경쟁기업들 간 제휴인 공생 마케팅과 서로 다른 업종에 있는 기업들이 고유 브랜드를 유지한 채 서로 제휴하는 이종업체 간 하이브리드 마케팅으로 분류된다. 공동 연계 마케팅의 사례는 동서식품과 스타벅스의 병커피 마케팅을 예로 들 수 있다. 동서식품은 스타벅스 병커피 위탁 제조 및 판매로 이익을 확보하고, 스타벅스는 동서식품의 유통망을 이용해 병커피의 시장 매출을 증대시켰다.

10 네이밍 마케팅

기업들이 튀는 제품명을 사용하여 소비자에게 강한 인상을 남기려는 마케팅 기법으로, 소비자에게 잘 기억되는 숫자나 영문 이니셜을 이용하는 네이밍 마케팅이 많이 이용되고 있다.

(1) 네이밍 마케팅과 소비자행동

업체들은 제품의 재료와 특징을 그대로 적용하거나 광고모델을 활용한 애칭을 부여하는 등 소비자들에게 더욱 친근하게 다가가기 위해 노력하고 있다. 소비자들은 이처럼 기억하기 쉽고 친근한 이름의 제품을 더욱 선호하여 실질적인 구매로 이어지고 있다. 최근에는 햇살 담은 조림간장, 갈아 만든 배, 벼락맞은 꿈틀이, 비타500, 베스킨라빈스31, 2080, 세븐일레븐 등의 이름으로 직관적 각인효과와 과학적 신뢰를 전달하는 뉴메릭 마케팅이 더 많이 활용되고 있다.

(2) 네이밍 마케팅의 사례

① 커피 유통 브랜드 어라운지의 '어라운지 블렌딩 커피 5종'은 일반소비자가 이해하기 어려운 커피 원산지를 나열하는 대신 커피 맛의 특징을 감각적으로 나타낸 '레드', '퍼플', '화이트', '브라운', '블랙'의 컬러를 제품 이름에 적용하였다.

② 뉴로 마케팅과 접목된 네이밍 마케팅

다양한 알파벳-숫자 조합이 일으키는 순간적인 뇌의 반응을 MRI와 안구 추적 장비를 이용하여 소비자 선호와 관련된 것으로 알려진 소비자의 뇌 영역의 활동과 순간적인 눈의 움직임을 분석하여 제품명을 알파벳 K와 숫자 5로 조합한, K5로 이름 지었다. 또한, K에 행운을 의미하는 7이 조합된 K7은 세대와 국적에 관계 없이 강한 호응을 얻었다.

11 디지털·실시간 맞춤형 마케팅

디지털·실시간 맞춤형 마케팅의 배경은 클라우드 컴퓨팅 및 스토리지 기술의 발달로 인해 대용량의 빅데이터를 분석하고 보관하는 일이 가능해졌다. 이에 따라 소비자의 Web 행동 분석, 소셜 분석, 모바일 분석, 고객 행동 원인 분석 및 고객 세분화, 옴니채널 분석 등의 양적·질적인 혼합 분석의 소비자 이해를 바탕으로 한 디지털 실시간 맞춤형 마케팅이 더욱 활성화되고 있다.

디지털·실시간 맞춤형 마케팅의 개념은 디지털 기술의 발달로 획득한 엄청난 양적·질적 소비자 자료에 대한 혼합 분석을 바탕으로 제품의 개발, 상품화, 유통에 이르기까지 소비자의 의견을 다양한 방법으로 반영하여 소비자 한 명을 실시간으로 직접 상대하는 1:1 맞춤형 마케팅이다. 전통적 마케팅 전략과 달리 스마트폰 및 SNS 등 스마트미디어 사용의 확산으로 인해 이동성(mobility), 위치확인(location), 개인화(personalization), 적시성(timeliness)을 극대화한 디지털 마케팅 전략이 활용된다.

(1) 디지털·실시간 맞춤형 마케팅의 효용

기업은 제품개발, 마케팅을 위한 개인정보 수집 등의 기회비용을 절감할 수 있으며, 이렇게 절감된 비용은 소비자의 가격할인으로 이어져 소비자에게 전달된다. 예를 들어 소비자는 쇼핑 관련 앱 및 기타 모바일 정보 등을 활용하여 소매점 간 가격을 비교하고, 쿠폰 및 각종 할인 혜택을 받을 수 있는 것이다.

시간 맞춤형 광고는 소비자가 디지털 기기에 다운받은 앱을 바탕으로 제공되는 것으로 그 자체로는 광고이지만, 결국 소비자의 필요에 맞추어져 있기 때문에 편리함을 가져다주며, 소비자 스스로조차도 인지할 수 없었던 니즈 발굴의 기능을 수행한다.

(2) 디지털·실시간 맞춤형 마케팅의 비효용

개인정보의 지나친 활용 및 누출의 문제가 발생한다. 지나친 메시지로 인한 피로감, 관련성 없는 무분별한 정보전달의 문제가 있으며, 이에 한 조사 결과에서 42%의 소비자는 전달된 메시지를 확인하지 않거나 바로 삭제함을 알 수 있다.

(3) 디지털·실시간 맞춤형 마케팅 사례

① **월마트** : 월마트 랩스를 통해 소셜 미디어에서 수집한 빅데이터를 이용해 소비자들의 심리와 행동 양식을 파악, 상품구성 결정에 반영하고 있다. 또한, 검색엔진을 개발해 자사 온라인 쇼핑몰과 모바일 웹 그리고 애플리케이션에 전면 적용하여 재고관리를 최적화하고 매장별로 소비자가 원하는 제품을 원활히 공급함으로써 고객만족도를 제고한다.

② **아마존** : 미국의 온라인 쇼핑몰인 아마존닷컴은 고객이 구입한 상품 정보를 분석해 구매 예상 상품을 추천하고 개인화된 쿠폰을 제공해 회사 매출의 약 35%가 빅데이터 기반 추천시스템을 통해 발생하며 매년 이익의 10%를 추천시스템 성능 향상에 투자한다.

③ **자라** : 스페인 의류업체인 자라는 전 세계 매장의 판매 및 재고 데이터를 실시간 분석해 최대 매출을 달성할 수 있는 '재고 최적 분배 시스템'을 개발해 최적화를 통한 실시간 고객 니즈에 대응한다.

④ **GS SHOP** : 국내 온라인 유통기업들 중 GS홈쇼핑, 쿠팡 등은 고객 구매 이력 분석을 통해 매출이 상승되었으며, 이중 GS샵은 국내 유통업체 최초로 Hadoop 기반 빅데이터 플랫폼을 직접 구축하고 이를 기반으로 추천 시스템을 구축하였다.

12 문화 마케팅

문화를 통해 소비자와의 관계를 형성하고 자사의 이미지를 제고하고자 하는 마케팅 기법이다. 문화산업의 발전은 산업 자체의 성장으로 인한 생산, 소득, 고용 유발 등의 직접적 효과뿐만 아니라, 문화상품 개발의 원천이 되는 문화, 예술의 활성화를 가져오며 문화적 요소가 다른 상품에도 반영되어 상품의 부가가치를 높이는 등 다른 산업의 성장에도 후방 연쇄 파급효과를 가져오는 특성이 있다.

(1) 문화 마케팅의 의미와 중요성

문화 마케팅은 크게 마케팅을 위한 문화와 문화를 위한 마케팅으로 나뉜다. 마케팅을 위한 문화는 기업이 문화를 매개로 고객의 감성을 자극함으로써, 문화예술이 가지는 가치를 해당 기업 및 제품의 이미지로 연결 짓기 위한 활동으로 문화지원 및 문화경영을 말한다. 즉, 문화를 위한 마케팅은 문화산업의 마케팅 활동을 의미한다.

(2) 문화 마케팅의 흐름

기업 메세나(기업들이 문화예술에 적극적으로 지원함으로써 사회공헌과 국가경쟁력에 이바지하는 활동)는 문화 자선(philanthropy)의 측면에서 시작되었다. 산업화를 겪으면서 문화 후원(sponsorship), 그리고 현대에 이르러서는 문화투자관점(partnership)으로 변화하였다. 기업의 일방적인 지원을 넘어 기업과 문화예술, 상호이익을 위한 마케팅 활동이 된 것이며, 기업의 메세나는 기업이익의 사회적 환원이라는 기업윤리 실천 및 기업의 문화적 이미지를 제고할 수 있기에 홍보전략의 수단으로 이용되고 있다. 기업들은 문화마케팅을 잘 활용하고 있으며, 현대카드의 슈퍼콘서트, 한화생명의 11시 콘서트 등의 그 예가 될 수 있다.

13 노출 및 경험 전략

(1) PPL 마케팅

영화나 드라마 등에 기업의 제품을 자연스럽게 등장시켜 관객에게 광고라는 인식을 주지 않으면서 상품의 이미지를 무의식적으로 심어 간접광고 효과를 노리는 마케팅 기법이다.

(2) 스타 마케팅

대중문화 스타나 유명인의 퍼스낼리티를 이용하여 대중의 대리 욕구를 만족시키고 유명인의 이미지를 이용하여 제품의 홍보나 판매를 촉진시키는 방법이다.

(3) 체험 마케팅

소비자가 제품을 직접 사용해보게 하거나 제품을 사용하는 다양한 상황에 대한 경험을 소비자에게 제공하여 제품에 대한 소비자 친밀도를 높이는 방법이다.

14 기타 마케팅 기법

(1) 귀족 마케팅

20%지만 전체 소비량의 80%를 차지하는 고소득층을 하나의 독립시장으로 설정한 후, 이들이 빈번히 구입하는 제품류를 마케팅하는 방법이다.

(2) 회원 마케팅

일회성 손님이 아닌 회원으로 소비자에게 알림으로써 재구매를 자극하는 방법으로, 제품 속성평가가 어려운 신뢰재인 경우 효과적이다.

(3) 커플 마케팅

커플을 타깃층으로 구매심리를 자극하는 방법으로, 남자 혹은 여자 한쪽의 고객을 확보하면 나머지 잠재 고객을 쉽게 확인할 수 있다는 장점이 있다.

○✕ 로 점검하자 | 제11장

※ 다음 지문의 내용이 맞으면 ○, 틀리면 ✕를 체크하시오. [1~10]

01 마케팅은 판매라는 활동에 초점이 맞춰져 있다. (　　)

02 2010년 이후 스마트폰의 보급으로 모바일 매체를 통한 마케팅이 각광받기 시작했으며 특히 SNS의 등장은 기업과 소비자의 쌍방향적 소통, 정보전달의 용이성, 공유성, 실시간 소통이라는 특징으로 사회 전반에 영향력을 끼쳤다. (　　)

03 밴드왜건 효과는 '한정수량', '매진 임박' 등과 같은 문구의 사용을 통해 소비자들의 충동구매를 유도한다. (　　)

04 왝더독 마케팅은 사회적으로 이슈가 되고 있는 사건, 현상, 유머를 패러디하여 재미 요소를 더하여 소비자의 이목을 끄는 것이다. (　　)

05 마케팅 전략 수립 단계 중 첫 번째 단계에서 기업의 제품 포트폴리오를 평가하고 그 결과를 기반으로 기업의 목표를 설정한다. (　　)

정답과 해설　01 ✕　02 ○　03 ○　04 ✕　05 ○

01 마케팅은 판매뿐만 아니라 기업이 제품을 개발하는 것, 개발한 제품의 적합한 가격을 설정하는 것, 소비자가 쉽게 접근하여 구매할 수 있도록 유통경로를 선택하는 것, 제품에 대해 좋은 이미지를 주어 상품의 가치를 높이고 실질적인 판매를 위해 홍보하는 것, 제품 판매 후에도 재구매가 이루어질 수 있도록 사후 서비스가 이루어지는 것 등 모든 개념을 아우르는 것이다.

02 스마트폰의 보급, SNS를 통한 마케팅의 확산으로 사회 전반에 영향을 끼치며 온라인 마케팅, 모바일 마케팅이 주목받기 시작하였다.

03 밴드왜건은 유행 따라 제품 및 서비스를 구매하는 현상으로 일종의 군중심리에 속한다. 따라서 위와 같은 문구의 사용을 통해 구매를 자극하여 구매한 그룹에 속하도록 한다.

04 왝더독 마케팅은 본 제품보다 덤 혹은 사은품 등이 소비자들의 구매동기에 더 영향을 미치는 현상을 의미한다. 이는 제품 간에 차별화 요소가 점점 사라지고 있어 하나의 판매촉진요소로 사용되는 것으로 보인다. 맥도날드를 방문한 어린이들이 장난감을 갖고 싶어서 햄버거를 시켜 먹는 것이 그 예이다.

05 첫 번째 단계는 마케팅 전략의 수립이다. 기업 측면에서 마케팅 전략을 수립하는 단계로 기업목표의 설정, 사업(제품) 포트폴리오의 평가가 이루어진다. 가장 기본적인 단계로 기업이 생산해서 판매하고 있는 제품들마다 포트폴리오를 평가하고 그 결과를 기반으로 기업의 목표를 설정하는 단계이다.

06 BCG 매트릭스에서 캐시카우 사업은 수익을 얻을 뿐만 아니라 성장성의 크기에 마케팅, 생산량 증가 등을 위해 지속적으로 투자를 해야 하는 제품군이다. (   )

07 마케팅 전략 수립 단계 중 2번째 단계에서는 STP 분석을, 마지막 단계에서는 4P 분석을 통해 전략을 수립한다. (   )

08 가격은 소비자 구매 결정 요소에 영향을 미치는 핵심적인 요소이며 가격 결정의 목표에는 이익 지향적 목표, 판매 지향적 목표, 현상유지 목표의 3가지 목표가 있다. (   )

09 단수 가격 전략은 숫자의 끝자리에 변화를 주었을 경우, 소비자는 왼쪽의 자릿수가 변하면 실제 변화폭보다 그 차이를 크게 인식한다는 결론으로부터 출발한다. (   )

10 유통은 유통 경로와 물적 경로로 나뉜다. (   )

정답과 해설   06 ✕   07 ○   08 ○   09 ○   10 ○

06 캐시카우는 기존의 투자에 의해 수익이 계속적으로 실현되므로 자금의 원천사업이 된다. 과거 스타였던 사업이 안정적으로 변해감에 따라 캐시카우가 된 것으로 이미 많이 알려져 있어 제품 개발의 투자 등과 같은 투자비용이 거의 들지 않아 투자금액보다 수익이 더 많은 제품군이다.

07 두 번째 단계는 제품시장별 마케팅 전략을 수립하는 단계이다. 제품시장의 세분화, 목표시장의 선정, 제품 포지셔닝이 이루어지며 기업 목표가 설정되면 기업목표를 달성하기 위해 시장별 혹은 제품군별 마케팅 전략을 세분화하여 수립하게 된다. 마지막 단계는 광고 및 판촉, 유통, 가격의 마케팅 믹스 프로그램을 수립하는 단계이다. 앞서 세운 전략 내용을 기반으로 마케팅 믹스의 주요 4P 요소라고 불리는 제품(Product), 광고 및 판촉(Promotion), 유통(Place), 가격(Price)에 대한 전술적인 계획을 세우는 단계이다.

08 기업 입장에서도 타겟 소비자가 접근할 수 있는 가격을 책정하는 것이 가장 중요한 이슈이기도 하다. 이러한 가격 결정의 목표는 크게 3가지로 볼 수 있는데 첫 번째는 이익 극대화를 위한 이익 지향적 목표이다. 두 번째는 매출 증대 및 점유율 유지, 수익률 달성을 위한 판매 지향적 목표이며 세 번째는 가격경쟁을 피하거나 경쟁에 대응하기 위한 현상유지 목표이다.

09 단수 가격 전략은 1,000원 혹은 10,000원보다 990원, 9,900원으로 가격을 책정하여 제품이 저렴하다는 인식을 심어주는 마케팅 전략을 시작한 것이다.

10 유통은 생산자와 소비자를 연결하는 다리 역할을 하는 활동으로 유통 경로와 물적 경로로 나뉜다. 유통 경로는 유통 형태, 유통 채널의 설계, 유통 기구, 입지 등이 포함되며 물적 유통은 제품의 저장, 수송, 재고, 물류 정보 처리 등이 포함된다.

01 제품시장별 마케팅 전략을 수립하는 2번째 단계에서는 STP 분석을 통해 전략을 수립해야 하며, 가장 마지막 단계에서는 4P 분석을 통해 전략을 수립하고 마케팅 믹스 과정을 거치게 된다.

01 마케팅 전략 수립 과정에 대한 설명으로 옳지 <u>않은</u> 것은?

① 마케팅 전략 수립의 전체적 과정은 총 3단계를 거친다.

② 사업 포트폴리오에 대한 평가는 마케팅 전략 수립에 가장 기본적인 단계이다.

③ 제품시장별 마케팅 전략을 수립하는 두 번째 단계에서는 4P 분석을 통해 전략을 수립한다.

④ 마케팅 믹스(marketing mix)는 가장 마지막 단계에 시행된다.

02 물음표 사업은 신규제품군으로 상대적으로 낮은 시장점유율과 높은 시장성장률을 가진 제품이다. 벌어들이는 수익보다는 투자금이 더 많이 필요한 제품군이다.

02 다음 중 BCG 매트릭스에 대한 설명으로 옳지 <u>않은</u> 것은?

① BCG 매트릭스는 시장점유율과 시장성장성으로 구분한다.

② 물음표 사업은 신규제품군으로 시장점유율과 시장성장률이 모두 낮은 제품군을 의미한다.

③ 스타 사업은 수익률과 시장성장성이 모두 높아 마케팅, 생산량 증가 등의 지속적인 투자가 필요로 하는 제품군이다.

④ 도그 사업은 사양사업으로 시장점유율 유지를 위해 계속해서 투자한다면 남는 것이 없어 청산해야 하는 제품군이다.

정답 (01 ③ 02 ②)

03 마케팅 전략 중 제품 전략에 대한 설명으로 옳은 것은?

① 제품은 점포 선택에 영향력을 미치는 중요한 요소이다.
② 제품은 유형의 물리적 재화를 의미한다.
③ 제품을 잘 팔리게 하기 위해서 제품의 객관적 품질에 기준을 맞춰야 한다.
④ 제품 포장은 시각적 요소만을 내포하고 있다.

04 제품의 속성 중 다음이 설명하는 것은 무엇인가?

> 소비자들이 재구매 혹은 제품의 최종 만족도를 결정할 때 중요한 역할을 하는 제품의 속성이다. 사업자들이 지속적으로 제품을 팔고 시장에서 생존하기 위해서는 이 속성이 필수적인 제품들이 있다. 특히 노트북, 스마트폰과 같이 기술집약적 제품의 경우, A/S 신속 여부 및 접근 가능성, 가격 등의 적절성에 따라 사후 구매의사결정에 지대한 영향을 미치게 된다.

① 제품 디스플레이
② 제품 라벨
③ 제품 지원 서비스
④ 제품 포장

05 마케팅 전략 중 가격에 대한 설명으로 옳지 <u>않은</u> 것은?

① 소비자들은 가격을 통해 제품의 품질을 평가하는 경향이 있다.
② 가격결정의 목표는 이익 극대화, 판매 지향적, 경쟁에 대한 대응을 위한 현상유지이다.
③ 기업의 입장에서 타겟 소비자가 접근할 수 있는 가격을 책정하는 것은 중요하다.
④ 소비자들은 과거 자신들의 구매 경험보다 최근에 수집한 정보를 이용하여 제품의 가격에 관한 판단을 내린다.

---

03 ② 제품은 유형의 물리적 재화와 무형의 서비스, 아이디어, 장소, 사람, 조직을 뜻한다.
③ 제품을 잘 팔리게 하기 위해서 소비자의 주관적 품질에 기준을 맞춰 파악한 후, Pain Point, 소비자의 니즈 등을 반영하여 객관적 품질의 수준을 높여야 한다.
④ 제품 포장은 시각적 요소와 함께 제품의 정보적 요소를 포함하고 있다.

04 ① 제품 디스플레이 : 제품 특징 및 성격을 효과적으로 나타내는 전형적인 방식이다.
② 제품 라벨(제품 표찰) : 제품 라벨에는 상표 표찰, 등급 표찰, 설명 표찰 등이 있다. 상표 표찰은 상표 뒷면에 원자료, 생산지 등의 제품의 정보를 나타내는 표찰이며 등급 표찰은 에너지효율 1등급 등과 같이 표시되고 설명 표찰이 등급의 의미를 알려주는 것으로 등급 표찰과 함께 제시된다.
④ 제품 포장 : 5초의 광고라고도 칭하기도 하며 시각적 요소와 정보적 요소를 내포하고 있다.

05 소비자들은 과거 자신들의 구매 경험 즉, 자주 구매하는 브랜드의 가격, 경쟁 브랜드의 가격 등의 준거가격을 이용하여 제품이 합당한 가격인지 판단하게 된다.

정답 (03 ① 04 ③ 05 ④)

06 ② 단수 가격 전략 : 제품 가격의 끝자리를 홀수(단수)로 표시하여 소비자로 하여금 제품이 저렴하다는 인식을 심어주어 구매욕을 부추기는 가격 전략이다.
③ 스키밍 가격 전략 : 시장에 신제품을 선보일 때 고가로 출시한 후 점차적으로 가격을 낮추는 전략으로 초기 고가 전략이라고도 불린다.
④ 팽창 가격 전략 : 전체적인 제품 계열에 대해 상이한 가격을 제시하면서 특정 제품에 대해서는 확실한 가격을 제시하지 않고 가격의 범위를 제시하는 전략을 말한다.

06 **다음 중 가격 전략에 대한 설명으로 옳은 것은?**

① 침투 가격 전략 : 신제품을 시장에 선보일 때 초기에는 낮은 가격으로 제시한 후 시장점유율을 일정 수준 이상 확보하면 가격을 점차적으로 인상하는 정책이다.

② 단수 가격 전략 : 제품 가격의 끝자리를 짝수로 표시하여 소비자로 하여금 제품이 저렴하다는 인식을 심어주어 구매욕을 부추기는 가격 전략이다.

③ 스키밍 가격 전략 : 시장에 신제품을 선보일 때 고가로 출시한 후 갑작스럽게 가격을 낮추는 전략으로 초기 고가 전략이라고도 불린다.

④ 팽창 가격 전략 : 전체적인 제품 계열에 대해 상이한 가격을 제시하면서 특정 제품에 대해서는 확실한 가격을 제시하는 전략을 말한다.

07 유통경로 의사결정은 기업과 소비자 모두에게 중요하지만, 소비자 선택으로 인해 성공이 좌지우지된다는 측면에서 소비자의 결정이 더 중요하다고 볼 수 있다.
소비자들은 마음속에 소매점에 대한 평가 기준을 보유하고 있으며 이 기준에 따라 소매점 방문 여부를 평가하게 된다. 또한, 특정 브랜드 제품 구매 가능성도 평가요소에 들어가기 때문에 지속적인 소비자 방문을 유도하기 위해 고려해야 할 요소 중 하나이다. 이러한 소비자들의 특성들을 고려하여 유통경로를 설정해야 한다.

07 **다음 중 유통에 대한 설명으로 옳지 않은 것은?**

① 유통은 유통경로와 물적 경로로 나뉜다.

② 소비자의 유통 채널 선택은 기업의 성공을 결정하는 데 중요하다.

③ 유통 경로 의사결정은 기업과 소비자 모두에게 중요하지만, 기업의 선택이 더 중요하다.

④ 유통 채널은 소비자의 라이프스타일이나 심리적인 측면에 영향을 받아 선택되기도 한다.

정답 (06 ① 07 ③)

08 다음 내용에서 설명하는 것은 무엇인가?

> 백화점의 매장 배치기법 중에 하나로 위에서부터 아래로 동선을 끌어 내려서 맨 위층을 찾는 고객의 동선을 아래층까지 유인해내는 전략이다. 즉, 맨 위층을 찾는 고객의 동선을 아래층까지 유인해내는 효과로 위층 매장의 영향으로 아래층까지 매출 이득을 보는 효과이다.

① 샤워효과
② 분수효과
③ 인 스토어 머천다이징
④ 헝거 마케팅

09 다음 내용에서 설명하는 것은 무엇인가?

> 의도적으로 왜건이나 매대에 상품을 뒤섞어 풍성하게 쌓는 진열기법이다. "가격이 같은 상품을 뒤섞음으로써 실제와는 다르게 할인을 하고 있다."라는 인식을 소비자에게 제공하여 소비자로 하여금 싸다는 인식이 들게 한다. 마트에서 광범위하게 사용하고 있으며 해당 기법 사용 시 행사가격을 고지하는 것이 필수적이다.

① 점블기법
② 종속제품 전략
③ 푸시 전략
④ 풀 전략

---

08 ② 분수효과: 소비자로 하여금 그 매장을 방문한 김에 전체매장을 둘러보도록 유인하는 마케팅 기법이다.
③ 인 스토어 머천다이징: 소비자의 심리와 동작에 대한 과학적인 실험과 분석을 바탕으로 판매장의 배치나 상품의 진열 등을 통해서 매출액을 증가시키는 전략이다.
④ 헝거 마케팅: 제품의 희소성을 돋보이게 하기 위해서 소비자들의 욕구를 자극하여 잠재 고객을 만들어가는 마케팅 전략이라고 할 수 있다. 그 예로는 허니버터칩의 매진 사례를 들 수 있다.

09 ② 종속제품 전략: 본체와 부속품 모두가 갖추어져야 제품의 기능을 할 수 있을 때, 본체의 가격은 낮게 책정하여 소비자의 구매를 유도한 후 부속품의 가격은 높게 책정해 이윤을 창출하는 가격 전략
③ 푸시 전략: 거래 판매업자에게 판매촉진 활동을 하게 하는 전략
④ 풀 전략: 소비자를 대상으로 광고함으로써 자사의 제품이 지명받아 구매될 수 있도록 촉진하는 전략

정답 (08 ① 09 ①)

10 푸시 전략은 거래 판매업자에게 판매촉진 활동을 하게 하는 것이다. 보통 판매원을 통해 자사의 제품을 소비자에게 적극적으로 홍보하도록 하는 것으로 브랜드의 인지도가 낮고 충동구매가 잦은 제품에 적합한 전략이다.

10 마케팅 커뮤니케이션에 대한 설명으로 옳지 <u>않은</u> 것은?

① 광고, 인적판매, 판매촉진, PR 등이 포함된다.
② 푸시 전략은 브랜드 인지도가 높고 충동구매가 잦은 제품에 적합한 전략이다.
③ 풀 전략은 소비자를 대상으로 광고하는 전략으로 무료 샘플 전달 등을 이용한다.
④ 인적 판매는 쌍방 커뮤니케이션을 통해 소비자의 상황 몰입도를 높인다.

11 ② 감성적 반응을 자극하는 유형: 감성적 호소전략을 사용하여 전반적인 기업 이미지를 제고시켜서 그 기업이 생산하고 있는 제품에 관한 관심을 일으키고 자연스럽게 구매를 증진시키는 전략이다.
③ 제품의 상징성을 강조한 유형: 제품상징주의에 기반한 광고로 지위, 성향 등을 표현하기 위해 제품을 구매하도록 유도한다.
④ 소비자의 라이프스타일을 강조한 유형: 소비자가 지향하는 라이프스타일과 접목시켜 제품을 광고하는 전략이다.

11 다음은 어떤 유형의 광고인가?

> 제품의 양면성 즉, 긍정적인 측면과 부정적인 측면을 함께 제시하여 이 제품이 정직한 제품임을 인식시켜 제품에 대한 수요를 불러일으키는 전략이다. 예를 들면 건강식품의 경우, 제품에 대해 전문성을 가지고 있는 의료인 등의 전문가가 등장하여 정보를 전달하는 광고가 있다.

① 제품의 신뢰도를 높이는 유형
② 감성적 반응을 자극하는 유형
③ 제품의 상징성을 강조한 유형
④ 소비자의 라이프스타일을 강조한 유형

12 구매영수증을 제조회사로 보내면 일정액을 현금이나 상품권으로 반환해주는 것이 리베이트이다.

12 다음 중 판촉 유형에 대한 설명으로 옳지 <u>않은</u> 것은?

① 견본품 제공: 제품의 사용 경험을 통해 소비자 수요를 불러일으킨다.
② 가격할인: 할인 쿠폰을 활용하여 소비자의 구매 욕구를 자극한다.
③ 리베이트: 카드를 통한 할부결제를 통해 일정 금액 이상 시 일정액을 반환해준다.
④ 사은품: 일정액 이상 구매자에게 무료상품을 제공한다.

정답 10 ② 11 ① 12 ③

13 다음이 설명하는 마케팅 기법은?

> tech(기술)와 art(예술)의 합성어로 하이테크 기술을 요구하는 IT 제품이나 자동차 등에 예술적 감각을 더한 마케팅이다. 이는 제품의 스펙뿐만 아니라 디자인이 주는 느낌까지도 고려하는 소비자들의 이성과 감성을 모두 만족시켜주는 마케팅이다. 옛 화가들의 명화나 유명 디자이너와의 협업이 그 예시가 될 수 있다.

① 헝거 마케팅
② 테카르트 마케팅
③ 케미 마케팅
④ 스웨그 마케팅

14 다음 중 연결이 올바르지 <u>않은</u> 것은?

① 4P 분석 : Product, Price, Person, Promotion
② STP 분석 : Segmentation, Targeting, Positioning
③ BCG 매트릭스 : 물음표 사업, 스타 사업, 캐시카우 사업, 도그 사업
④ PEST 분석 : Political, Economic, Social, Technological

15 다음 중 분수효과와 샤워효과의 공통점은 무엇인가?

① 소비자의 충동구매를 유도한다.
② 백화점 외에 마트, 슈퍼, 편의점에서도 효과적이다.
③ 두 가지 전략은 소비자의 동선을 짧게 하여 동선상의 제품 구매를 유도한다.
④ 최근에는 분수효과와 샤워효과를 더욱 강조하고 있다.

13 ① 헝거 마케팅은 제품의 희소성을 돋보이게 하기 위해서 소비자들의 욕구를 자극하여 잠재 고객을 만들어가는 마케팅 전략이다.
③ 케미 마케팅은 소비자와 브랜드 간의 친밀감을 높이고자 잘 어울리는 유명인 혹은 색다른 식재료의 조합 등을 활용하는 마케팅 기법이다. 그 예로 짜파구리, 삼시세끼의 주인공 차승원과 유해진이 함께 찍은 광고 등이 있다.
④ 스웨그 마케팅은 사회적으로 이슈가 되고 있는 사건, 현상, 유머 등을 패러디하는 마케팅이다.

14 4P는 Product(제품), Price(가격), Place(장소), Promotion(프로모션)으로 구성된다.

15 분수효과와 샤워효과는 백화점에서 사용되는 전략으로 소비자의 충동구매를 유도하여 계획적인 소비를 어렵도록 한다. 또한, 두 가지 전략은 소비자의 동선을 길게 연장하여 동선상의 제품 구매를 유도하는 것이 특징이다. 최근에는 분수효과와 샤워효과의 영향력은 감소하였고, 프리미엄화 전략 즉, 고급화 전략을 통해 백화점의 매출을 증대시킨다.

정답 13② 14① 15①

01

정답 ㉠ : 포트폴리오 평가
　　　 ㉡ : 시장점유율

해설 마케팅 전략의 수립은 기업 측면에서 마케팅 전략을 수립하는 단계로 기업 목표의 설정, 사업(제품) 포트폴리오의 평가가 이루어진다. 이 단계는 가장 기본적인 단계로 기업이 생산해서 판매하고 있는 제품들마다 포트폴리오를 평가하고 그 결과를 기반으로 기업의 목표를 설정하는 단계이다. 사업(제품) 포트폴리오의 평가란 그 제품이 시장에서 갖는 상대적인 지위를 평가하는 것으로 가장 보편적으로 사용하는 기준은 시장점유율과 시장성장률이다.

02

정답 물음표 사업, 스타 사업, 캐시카우 사업, 도그 사업

해설 BCG 매트릭스는 시장점유율과 시장성장성으로 구분하여 4가지로 분류했다.
물음표(Question Mark) 사업은 신규제품군으로 상대적으로 낮은 시장점유율과 높은 시장성장률을 가진 제품이다.
스타(Star) 사업은 물음표 사업에서 성공사업으로 전향된 제품군이다.
캐시카우(Cash Cow) 사업은 기존의 투자에 의해 수익이 계속적으로 실현되므로 자금의 원천사업이 된다.
도그(Dog) 사업은 사양사업으로 성장성과 수익성이 없는 사업이다.

주관식 문제

01 다음 ( ) 안의 ㉠, ㉡에 들어갈 내용을 쓰시오.

> 마케팅 전략 수립의 첫 번째 단계에서는 기업이 생산해서 판매하고 있는 제품들에 대한 (㉠)가 이루어진다. (㉠)에서 가장 보편적으로 사용하는 기준은 (㉡)과 시장성장률이다.

02 BGC 매트릭스의 4가지 사업영역은 무엇인지 쓰시오.

03 다음 ( ) 안의 ㉠, ㉡, ㉢, ㉣에 들어갈 내용을 쓰시오.

마케팅 전략 수립 마지막 단계에서는 마케팅 믹스의 주요 4 요소인 4P를 활용하여 분석한다. 4P는 (㉠), (㉡), (㉢), (㉣)으로 구성되며, 이에 관련된 전술적인 계획을 세운 후 각 요소에 대한 목표 달성을 위해 최적으로 조합하는 과정을 마케팅 믹스(marketing mix)라고 한다.

04 다음 ( ) 안의 ㉠, ㉡에 들어갈 내용을 쓰시오.

가격 전략 중 (㉠)은 제품을 시장에 선보일 때 초기에는 낮은 가격으로 제시한 후 시장점유율을 일정 수준 이상 확보하면 가격을 점차적으로 인상하는 정책이다. 빠른 시간 안에 시장에 침투하여 목표한 시장점유율을 달성하고자 할 때 활용하는 가격 전략이다. 반면, (㉡)은 시장에 신제품을 선보일 때 고가로 출시한 후 점차적으로 가격을 낮추는 전략으로 초기 고가 전략이라고도 불린다. 저가의 대체품들이 출시되기 전 빠른 시간 안에 초기 투자금을 회수하고 이익을 확보하기 위해 사용한다.

03

정답 ㉠ : 제품(Product)
㉡ : 가격(Price)
㉢ : 유통(Place)
㉣ : 광고 및 판촉(Promotion)

해설 제품시장별 마케팅 전략을 수립하는 2번째 단계에서는 STP 분석을 통해 전략을 수립해야 하며, 가장 마지막 단계에서는 제품(Product), 가격(Price), 유통(Place), 광고 및 판촉(Promotion) 분석을 통해 전략을 수립하고 마케팅 믹스 과정을 거치게 된다.

04

정답 ㉠ : 침투 가격 전략
(penetration pricing strategy)
㉡ : 스키밍 가격 전략
(skimming pricing strategy)

해설 침투 가격 전략은 기업이 신제품을 시장에 선보일 때 초기에는 낮은 가격으로 제시한 후 시장점유율이 일정 수준 이상으로 확보되면 가격을 점차적으로 인상하는 전략이다. 도입기 저가 전략으로도 불린다.
스키밍 가격 전략은 시장이 가격에 민감하지 않을 때 유효한 전략이며 경쟁사가 모방이 어려울 정도로 해당 제품의 기술력이나 차별성이 뛰어날 경우, 혹은 브랜드 충성도가 있을 경우에 적합하다.

05

정답 제품 가격의 끝자리를 홀수(단수)로 표시하여 소비자로 하여금 제품이 저렴하다는 인식을 심어주어 구매욕을 부추기는 가격 전략이다. 예를 들어 제품의 정상가격이 1,000원이나 10,000원이 아닌 990원, 9,900원으로 가격을 책정하여 제품이 저렴하다는 인식을 심어주는 것이다. 현재 우리는 홈쇼핑이나 대형마트 등에서 흔히 이 마케팅 기법을 볼 수 있다.

06

정답 인 스토어 머천다이징의 목표는 첫째, 소비자가 점포를 오래 둘러볼 수 있도록 동선을 연장시켜서 통과율과 접근율을 높이는 것이다. 둘째, 최적 진열과 배열 조합(최단 동선)에 의해 구입율을 높이는 것이다. 마지막으로 궁극적으로 상품이나 판매 활동, 서비스나 내용에 대한 점포 이미지 등을 높여 내점 빈도를 높이는 것이다.

07

정답 ㉠: 푸시 전략, ㉡: 풀 전략

해설 푸시 전략은 거래 판매업자에게 판매촉진활동을 행하게 하는 것이다. 보통 판매원을 통해 자사의 제품을 소비자에게 적극적으로 홍보하도록 하는 것이다. 브랜드의 인지도가 낮고 충동구매가 잦은 제품에 적합한 전략이다.
풀 전략은 소비자를 대상으로 광고하는 전략으로 무료 샘플 전달 등을 이용한다.

05 단수 가격 전략에 대하여 서술하시오.

06 인 스토어 머천다이징 전략의 목표를 서술하시오.

07 다음 ( ) 안의 ㉠, ㉡, ㉢에 들어갈 내용을 쓰시오.

촉진 활동은 (㉠)과 (㉡)으로 구분된다. (㉠)은 거래 판매업자에게 판매촉진활동을 하는 것으로 판매원을 통해 소비자에게 홍보하도록 하는 것이다. (㉡)은 소비자를 대상으로 광고함으로써 소비자들의 구매를 촉진하여 유통업체가 자사 제품의 취급을 유도하는 것이 목표이다.

08 다음 (　　) 안의 ㉠, ㉡에 들어갈 내용을 쓰시오.

> 성인들은 광고의 내용을 그대로 받아들이지 않기 때문에 광고주 측면에서는 신뢰도를 극복하기 위해 다양한 노력을 기울이고 있다. 양면적 광고의 활용으로 단순히 긍정적 측면뿐만 아니라 (㉠) 측면도 제시하여 이 제품이 정직한 제품임을 인식시켜 제품에 대한 수요를 불러일으키고자 하는 전략이다. 특정상품을 방송 매체 속에 의도적, 자연스럽게 노출시켜 해당 방송 매체를 보는 사람들이 그 프로그램을 즐기면서 제품에 대한 것들이 뇌리에 남아서 자연스럽게 그 제품을 구매해볼까라는 구매 욕구를 불러일으키는 것에 목적을 둔다. (㉡)은 제품의 표적소비자가 모방욕구를 느낄만한 인물의 제품소비상황 등을 통해 욕구를 자극한다.

08

정답 ㉠ 부정적
　　　 ㉡ PPL(Product Placement)

해설 정직한 제품임을 인식시키기 위해서 긍정적 측면과 부정적 측면을 동시에 알려주기도 한다. 특정 상품을 방송 매체 속에 의도적, 자연스럽게 노출시켜 해당 방송 매체를 보는 사람들이 그 프로그램을 즐기면서 제품에 대한 것들을 기억하게 하여 구매욕구를 불러일으키는 광고전략이 PPL이다.

09 디지털 마케팅의 효용과 단점에 대해 서술하시오.

09

정답 디지털 마케팅을 활용한다면 기업은 제품개발, 마케팅을 위한 개인정보 수집 등의 기회비용을 절감할 수 있으며, 이렇게 절감된 비용은 소비자의 가격할인으로 이어져 소비자에게 저렴한 가격으로 제공할 수 있다. 또한, 소비자의 필요에 맞춰져 있기 때문에 소비자 스스로 인지할 수 없었던 니즈 발굴도 가능하다.
반면, 개인정보의 지나친 활용 및 누출의 문제가 발생한다. 또한, 지나친 메시지로 인한 피로감, 관련성 없는 무분별한 정보전달의 문제가 생긴다.

10

정답 ㉠: 코즈 마케팅
　　㉡: 사회적 책임
　　㉢: 윤리적

해설 코즈 마케팅에 관련된 설명으로 코즈 마케팅은 기업의 사회적 책임과 윤리적 소비에 대한 소비자의 관심과 니즈가 증가로 인하여 이를 충족시키기 위한 전략이다.

10 다음 (　　) 안의 ㉠, ㉡, ㉢에 들어갈 내용을 쓰시오.

기업의 대의명분과 마케팅의 전략적 결합을 의미하는 것으로 기업의 경영활동과 사회적 이슈를 연계시키는 마케팅 전략을 (　㉠　)이라고 한다. 이는 최근 소비자의 기업의 (　㉡　)에 대한 관심과 (　㉢　) 소비에 관한 관심이 높아졌기 때문이다.

부록

최종모의고사

나는 내가 더 노력할수록 운이 더 좋아진다는 걸 발견했다.

– 토마스 제퍼슨 –

제한시간: 50분 | 시작 ___시 ___분 – 종료 ___시 ___분

정답 및 해설 378p

01 소비자행동의 영향요인에 대한 설명으로 옳지 않은 것은?

① 심리적·개인적 요인 : 소비자 본인의 내부에서 일어나는 무형의 영향들이다.

② 사회적·문화적 요인 : 가장 큰 개념은 문화(culture)이고 다양한 문화들과 하위문화(subculture)가 존재한다.

③ 개성 : 환경에 대해 비교적 일관성 있고 지속적인 반응을 하는 심리적 특성이다.

④ 라이프스타일 : 내부적 영향의 결과만 반영한 개인의 행동·관심·의견을 반영하는 생활체계이다.

02 마케팅 환경에서 '사회 전체 속에 있는 모든 조직에 공통적인 영향을 미치는 환경요인'은 무엇인가?

① 미시환경

② 거시환경

③ 내적 환경

④ 과업환경

03 다음 중 '고관여 의사결정'에 대한 설명으로 옳지 않은 것은?

① 소비자는 적극적으로 정보탐색을 한다.

② 소비자의 태도는 잘 변화된다.

③ 소비자가 보는 광고의 횟수보다는 광고의 내용이 중요하다.

④ 구매 후 인지부조화가 의례적으로 나타난다.

04 구매빈도와 신규성에 따른 의사결정의 유형을 구분할 때 다음은 무엇에 대한 설명인가?

> 구매빈도가 낮고 고가의 제품 혹은 구매 후 오랜 기간 사용해야 하는 내구제의 성격을 갖는 제품을 구매할 때 소비자들은 많은 시간과 노력을 투자하여 의사결정을 한다.

① 일상적 의사결정

② 제한적 의사결정

③ 본격적 의사결정

④ 저관여 의사결정

05 해석(interpretation)에 대한 설명으로 옳지
   않은 것은?

   ① 정보처리과정에서 해석은 주의 다음으로
      발생한다.
   ② 해석은 소비자 주관적 특성의 영향을 크게
      받는다.
   ③ 해석단계 내에서의 과정은 지각의 조직화,
      선택적 지각, 지각적 해석 순이다.
   ④ 소비자는 개인의 특성을 반영하여 우선순
      위를 기준으로 파악한 정보를 해석하여 지
      각한다.

08 기억의 3단계 과정 중 정보가 기억 속에 유입
   되는 단계는 무엇인가?

   ① 저장
   ② 인출
   ③ 부호화
   ④ 감지

06 소비자는 자신이 필요하다고 느끼지 못하거나
   관심이 없는 정보에는 노출을 회피하는 경향을
   보인다. 이를 나타내는 개념은 무엇인가?

   ① 선택적 노출
   ② 선택적 지각
   ③ 지각적 해석
   ④ 지각적 범주화

09 다음 중 매슬로우의 욕구계층이론의 순서로
   적절한 것은?

   ① 생리적 욕구 – 애정과 소속의 욕구 – 존경
      의 욕구 – 안전의 욕구 – 자아실현의 욕구
   ② 안전의 욕구 – 생리적 욕구 – 존경의 욕구
      – 애정과 소속의 욕구 – 자아실현의 욕구
   ③ 생리적 욕구 – 안전의 욕구 – 애정과 소속
      의 욕구 – 존경의 욕구 – 자아실현의 욕구
   ④ 애정과 소속의 욕구 – 존경의 욕구 – 안전
      의 욕구 – 생리적 욕구 – 자아실현의 욕구

07 어떤 반응의 결과가 부정적 결과를 제공함
   으로써 특정한 반응을 보이는 확률을 높이는
   것을 무엇이라고 하는가?

   ① 부정적 강화
   ② 처벌
   ③ 소멸
   ④ 긍정적 강화

10 매슬로우의 이론적 한계를 극복하기 위해 제시
   하였으며 존재 욕구, 관계 욕구, 성장 욕구의
   3가지 욕구로 구성된 이론은 무엇인가?

   ① 허즈버그의 2요인이론
   ② 맥클리랜드의 성취동기이론
   ③ 브룸의 기대이론
   ④ 앨더퍼의 ERG이론

11 라이프스타일에 대한 설명으로 올바르지 <u>않은</u> 것은?

① 개인이 속한 문화권, 사회계층, 준거집단 등에 따라 형성되고 발전된다.
② 소비자의 내적, 질적 측면을 측정할 수 있다.
③ 라이프스타일의 구성요소는 연령, 나이, 지역 등이 있다.
④ 가치관, 의식, 관심사, 견해 등이 반영된 복합적이고 다차원적인 개념이다.

12 프로이트이론의 세 가지 요인에 대한 설명으로 옳지 <u>않은</u> 것은?

① 원초아 – 생존과 관련된 인간의 원초적이고 쾌락적인 욕망이다.
② 초자아 – 선천적으로 획득된 억제와 규범을 따른다.
③ 자아 – 현실의 원칙을 따른다.
④ 자아 – 원초아와 초자아를 중재하는 역할을 한다.

13 태도의 구조에서 3개 요인에 대한 설명으로 옳지 <u>않은</u> 것은?

① 인지적 요소 – 지각적 요소 혹은 신념요소라고도 한다.
② 인지적 요소 – 학습과 사회화 과정보다는 선천적으로 타고난다.
③ 감정적 요소 – 대상에 대한 소비자의 전반적인 평가를 의미한다.
④ 행동적 요소 – 행위 의도의 개념을 통해 측정된다.

14 태도의 특성에 대한 설명으로 옳지 <u>않은</u> 것은?

① 태도는 단기적으로 나타난다.
② 태도는 후천적으로 학습된다.
③ 태도는 특정 대상을 가지고 있다.
④ 태도는 방향성과 강도의 수준으로 표현할 수 있다.

15 하위문화의 특성에 대한 설명으로 옳지 <u>않은</u> 것은?

① 하위문화는 주류사회의 문화와 구별된다.
② 하위문화는 주류문화에 의해 지배되는 문화이다.
③ 하위문화는 기득권에 대해 저항성을 표현한다.
④ 최근 럭셔리 브랜드들이 하위문화의 스타일을 받아들였다.

16 문화를 상징, 영웅, 의식, 가치로 구성되어 있다고 주장한 사람은 누구인가?

① 홉스테드
② 피에르 부르디외
③ 장 보드리야드
④ 홀

17 제품을 구매한 소비자가 많아질수록 그 제품의 수요가 증가하는 현상은 무엇인가?

① 욕망의 삼각형
② 밴드왜건 효과
③ 베블렌 효과
④ 물질주의

18 르네 지라드의 '욕망의 삼각형'에 대한 설명으로 옳지 <u>않은</u> 것은?

① 개인은 욕망을 부추기는 매개를 통해 어떤 대상을 욕망한다.

② 욕망은 타인의 욕망을 모방하면서 생성된다.

③ 욕망을 성취한 사람을 부러워하면서 시기한다.

④ 방해물이 있으면 욕망은 약해진다.

19 자아의 개념을 물질적 자아, 사회적 자아, 정신적 자아, 육체적 자아로 구분한 이론은 무엇인가?

① 윌리엄 제임스의 자아이론

② 쿨리의 거울 자아

③ 클라인의 소비자 자아개념

④ 엘더퍼의 ERG이론

20 남녀의 제품 및 카테고리에 따른 소비의 차이에 대한 설명으로 옳지 <u>않은</u> 것은?

① 화장품 매장 서비스, 광고, 주요 성분 등의 제품 관련 세부 정보들은 남성보다 여성에게 더욱 중요한 요소이다.

② 화장품을 구매할 때 여성이 남성보다 더 '브랜드'를 중요하게 생각한다.

③ 전자제품 등 IT 관련 기기의 주요 품목에서는 남성이 여성에 비하여 제품에 대해 긍정적이고 높은 관여 수준을 보인다.

④ 여성의 경우 기능이나 품질뿐만 아니라 주변에서 잘 샀다고 할 경우에 만족도와 재구매의사가 높다.

21 다음 중 마케팅 믹스(marketing mix)의 구성 요소가 <u>아닌</u> 것은?

① 제품(Product)

② 가격(Price)

③ 유통(Place)

④ 광고(Advertising)

22 시장에 신제품을 선보일 때 고가로 출시한 후 점차적으로 가격을 낮추는 전략은 무엇인가?

① 침투 가격 전략

② 단수 가격 전략

③ 스키밍 가격 전략

④ 팽창 가격 전략

23 태도변화를 설명하는 이론 중 다음 설명에 적합한 이론은 무엇인가?

> 레빈(Lewin)의 이 이론은 개인이 속한 준거집단(주변인)의 영향력이 작용하여 태도 변화를 유도한다는 이론이다.

① 자기지각이론

② 장이론

③ 인지부조화 이론

④ 균형이론

24 다음 중 혁신제품의 수용속도에 영향을 미치는 혁신제품의 특성에 속하지 <u>않는</u> 것은?

① 상대적 이점

② 가치 부합성

③ 복잡성

④ 관찰가능성

주관식 문제

01 지각이 이루어지는 과정에서 ㉠, ㉡에 들어갈 내용을 쓰시오.

> 지각은 외부 자극에 대한 노출 → (㉠) → (㉡) → 반응 순서로 발생한다.

02 소비자의 구매의사결정과정에서 ㉠, ㉡에 들어갈 내용을 쓰시오.

> 소비자의 구매의사결정과정은 (㉠) → 정보탐색 → (㉡) → 구매 → 구매 후 행동으로 이루어진다.

03 다중기억구조 모델에 따른 기억의 세 가지 구성 요소를 서술하고 외부 자극의 기억 이동 과정을 쓰시오.

04 관여도에 대하여 서술하고 고관여 의사결정과 저관여 의사결정을 비교하여 서술하시오.

제한시간: 50분 | 시작 ＿＿시 ＿＿분 – 종료 ＿＿시 ＿＿분

➔ 정답 및 해설 384p

01 마케팅 전략 수립과정에서 환경을 분석할 때 활용되는 3C 요인이 <u>아닌</u> 것은?

① 기업(Company)

② 고객(Customer)

③ 협력(Cooperation)

④ 경쟁상대(Competitor)

02 소비자행동 연구의 발전 과정과 소비자에 대한 가정이 일치하지 <u>않는</u> 것은?

① 초기 소비자 행동론 – 비합리적 인간

② 다원적 접근방법 – 욕구충족자

③ 소비자 정보처리 관점 – 이성적 인간, 정보 처리자

④ 쾌락적, 경험적 관점 – 쾌락 및 경험추구자

03 다음 중 '구매'에 대한 설명으로 옳지 <u>않은</u> 것은?

① 소비자는 구매단계에서 구매시점, 구매대상, 구매장소를 결정해야 한다.

② 대안 평가에서 선정된 최종 대안은 반드시 구매된다.

③ 관여도와 구매빈도에 따라 구매유형을 구분할 수 있다.

④ 구매단계 전까지 문제인식이나 구매의도가 없다가 즉흥적이고 강한 욕구로 구매하는 '충동구매'가 있다.

04 다음 중 인지부조화 감정의 네 가지 조건이 <u>아닌</u> 것은?

① 관여도

② 대체 가능성

③ 취소 불능성

④ 혁신성

05 다음 중 주의(attention)에 대한 설명으로 옳지 <u>않은</u> 것은?

① 소비자는 인지 용량의 제약으로 노출되는 모든 정보를 파악하는 것은 불가능하다.

② 주의에 영향을 미치는 자극적 요인 중 긍정적 단어를 사용한 자극이 소비자의 주의를 더 집중시킨다.

③ 소비자는 모든 정보의 수용이 가능하며, 선택성과 집중성을 기준으로 정보를 습득한다.

④ 선택성은 소비자가 우선순위를 활용하여 어떤 정보에 우선적으로 주의를 기울이는가에 관한 것이다.

06 다음 중 파블로프의 실험에 대한 설명으로 올바른 것은?

① 수단적 조건화의 대표 실험이다.

② 아무런 학습 과정 없이 개가 침을 흘리는 반응을 일으키는 고기 먹이는 무조건 자극 이며, 침을 흘리는 반응은 조건 반응이다.

③ 종소리는 조건 자극이다.

④ 고기 먹이를 제시하지 않고 종소리만 들어도 개는 침을 흘리는 반응을 보이는데 이를 무조건 반응이라고 한다.

07 수단적 조건화에 대한 설명으로 옳은 것은?

① 부정적 결과를 가져오는 행동을 하고 긍정적 결과를 가져오는 행동은 기피하는 것을 학습하는 과정이다.

② 수단적 조건화에서는 반응행위는 불특정하게 발생하는 결과를 조건화시킴으로써 발생할 수 있다고 정의한다.

③ 특정 행동의 결과에 영향을 가하여 이런 행동이 발생할 확률을 증가 또는 감소시키는 과정이다.

④ 학습이 효과적으로 이루어지기 위해서는 처벌이나 보상 등의 요소가 필요 없다.

08 위계구조를 가지고 있으며 개인이나 사회가 소유하고 있는 숫자가 상대적으로 제한되어 있는 이것은 무엇인가?

① 가치   ② 욕구
③ 동기   ④ 자극

09 소비자 집단을 외부지향형, 내부지향형, 욕구 충동형의 3가지로 구분하는 조사 방법으로 소비자의 라이프스타일이나 심리 분야에서 가장 많이 활용되는 이것은 무엇인가?

① RVS

② LOV

③ VALS1

④ VALS2

10 소비자의 개성에 영향을 미치는 변수에 대한 설명으로 올바르지 <u>않은</u> 것은?

① 인지 욕구 – 인지 욕구가 낮은 소비자는 광고의 모델, 음악, 이미지의 영향을 많이 받는다.

② 자기감시성 – 자기감시성이 높은 소비자는 의사결정과정에서 사회적 상황이나 타인의 의견에 영향을 많이 받는다.

③ 통제성 – 통제성이 높은 소비자는 폐쇄적이고 독선적인 성향을 가지고 있다.

④ 혁신성 – 혁신성이 낮은 소비자는 호기심과 도전정신으로 신제품을 선호한다.

11 다음 중 AIO의 세 가지 요인에 대한 설명으로 올바르지 <u>않은</u> 것은?

① 활동 – 소비자가 무엇을 하면서 시간과 돈을 소비하는지를 파악하는 것이다.

② 관심 – 소비자가 좋아하고 중요하게 여기는 것을 파악하는 것이다.

③ 의견 – 소비자의 해석, 기대, 평가, 신념 등을 파악하는 것이다.

④ 의견 – 일, 쇼핑, 사회적 이벤트, 취미 등이 대표적인 예시이다.

12 피쉬바인 태도 모델의 단점을 보완하여 개발된 피쉬바인 확장 모델에서 '구매의도'에 영향을 주는 변수끼리 짝지어진 것은?

① 구매대상에 대한 태도, 주관적 규범
② 구매행동, 주관적 규범
③ 구매행동에 대한 태도, 주관적 규범
④ 구매행동, 지각된 행동통제

13 다음 중 인지부조화이론의 단계로 알맞은 것은?

① 태도·행동 불일치 → 부조화 발생 → 태도 변화 → 부조화 감소
② 태도·행동 불일치 → 태도 변화 → 부조화 발생 → 부조화 감소
③ 부조화 발생 → 태도·행동 불일치 → 태도 변화 → 부조화 감소
④ 태도 변화 → 부조화 발생 → 태도·행동 불일치 → 부조화 감소

14 경제력을 바탕으로 자신들만의 인생을 즐기는 실버세대를 무엇이라고 부르는가?

① 우모족
② 통크족
③ 네스팅족
④ 슬로비족

15 혁신수용에 대한 설명으로 알맞지 <u>않은</u> 것은 무엇인가?

① 차별화된 기능에 따라 혁신수용의 속도가 달라진다.
② 소비자들이 추구하는 가치와 혁신제품의 가치가 일치하면 구매가 일어나기 쉽다.
③ 혁신제품도 이해하기 쉽고 사용하기 쉬워야 구매한다.
④ 혁신제품의 외형이 일반제품과 비슷해야 수용속도가 빠르다.

16 다음 중 집단의 영향으로 알맞지 <u>않은</u> 것은?

① 정보를 수집할 때, 비슷한 취향을 가진 SNS 연결망에 의존하지 않는다.
② 정보탐색은 실제적인 상호작용 없이도 이루어진다.
③ 옷이나 가방처럼 보이는 제품에서 집단의 기대와 규범에 동조하는 소비를 한다.
④ 자신과 가치표현이 동일한 집단에 참여한다.

17 다음 중 성장 과정에서 내면화된 문화적 상징이나 행동특성을 무엇이라고 하는가?

① 물질주의
② 구별짓기
③ 아비투스
④ 트리클다운

18 타인의 평가를 자아에 반영하여 남들에 대한 자신의 시선에 집중한다는 내용과 관련 깊은 이론은 무엇인가?

① 윌리엄 제임스의 자아이론
② 쿨리의 거울 자아
③ 클라인의 소비자 자아개념
④ 브룸의 기대이론

19 윌리엄 제임스의 자아이론 중 개인이 중요시하는 타인이나 사회집단들과 관계를 맺고 있는 자아를 나타내는 것은?

① 물질적 자아
② 사회적 자아
③ 정신적 자아
④ 육체적 자아

20 다음 중 유통 전략에 대한 설명으로 옳은 것은?

① 유통은 유통경로와 물적 경로로 나뉜다.
② 소비자의 유통채널 선택은 기업의 성공 여부에 큰 영향을 미치지 못한다.
③ 유통경로 의사결정은 기업과 소비자의 선택 중 기업의 선택이 더 중요하다.
④ 유통채널은 기업에 의해 정해지는 것이기 때문에 소비자의 특성에 영향을 받지 않는다.

21 시장점유율과 시장성장성을 고려하여 제품 포트폴리오를 평가하는 방법은 무엇인가?

① PEST 분석 ② STP 전략
③ 4P 분석 ④ BCG 매트릭스

22 VALS2의 소비자 집단 중 다음은 어떤 소비자 집단에 대한 설명인가?

> • 많은 자원과 높은 사회적 지위를 가지고 있다.
> • 자존감이 높고 여유로운 성향을 지닌 집단이다.
> • 사회 이슈에 관심이 많으며 변화를 즐긴다.
> • 자신을 위한 소비를 하며 타인의 눈을 의식하지 않는다.
> • 자신의 개성이나 가치를 표현하기 위해 명품을 소비하는 경향을 보인다.

① 실현자(actualizers)
② 충족자(thinkers)
③ 성취자(achevers)
④ 경험자(experiencers)

23 클라인(T. Cline)의 소비자 자아개념에 대한 설명으로 옳지 <u>않은</u> 것은?

① 클라인은 소비자의 자아개념을 초점(실제적 혹은 이상적), 영역(공적 혹은 사적)으로 구분하여 설명한다.
② 실제적 자아개념과 이상적 자아개념의 격차를 자아 불일치라고 한다.
③ 실제적 공적 자아 개념과 이상적 공적 자아 개념의 격차는 공적 자아 불일치라고 한다.
④ 이상적 공적 자아 개념은 개인에 대한 다른 사람들의 실제적인 지각을 의미한다.

24 소비자의 태도 변화에서 다섯 가지 특징에 대한 설명이 <u>아닌</u> 것은?

① 신념의 변화가 감정의 변화에 선행한다는 위계이론에 따르면 태도의 감정적 요소는 인지적 요소보다 변화시키기가 쉽다.

② 약한 태도는 강한 태도보다 변화시키기가 쉽다.

③ 자신의 상품평가능력에 대한 신념이 약한 소비자일수록 태도가 변하기 쉽다.

④ 욕구는 태도보다 더 내면적이고 지속적이기 때문에 태도는 욕구보다 변화되기가 쉽다.

주관식 문제

01 다음 제시문의 ㉠, ㉡, ㉢, ㉣에 들어갈 내용을 쓰시오.

> 마케팅 믹스는 어떤 (㉠)을 어떤 경로로 (㉡)해서 어떻게 (㉢)하고 어떤 (㉣)에 판매할 것인지 배합하여 결정하는 것이다. 여기에 포함되는 전통적인 4가지 마케팅 요소를 마케팅 4P라고 부른다. (㉠)은 기업이 생산하거나 서비스하는 (㉠)을 포함하여 줄 수 있는 종합적인 혜택을 통틀어서 이르는 것이다. 디자인, 브랜드, 상징, 보증, 상품 이미지 등을 폭넓게 포함하고 있다. (㉡)은 기업이 판매를 촉진하기 위해서 활용하는 단순한 장소를 넘어서, 고객과의 접촉을 이루어지게 하는 (㉡)경로, 재고, 운송 등 제품 생산과정에서부터 소비자에게 도달하기까지의 전체적인 (㉡)경로를 관리하는 것이다. (㉢)은 기업이 광고, 인적판매, PR, 직접마케팅 등의 수단을 이용하여 소비자와 원활한 의사소통을 하면서 마케팅 목표를 달성하기 위해 소비자의 구매를 이끌어내는 유인 활동이다. (㉣)은 정찰제, 할인, 신용, 할부 등 기업 제품의 가치를 측정하여 객관적이고 수치화된 지표로 나타내는 전략이다.

02 다음 제시문의 ㉠, ㉡에 들어갈 내용을 쓰시오.

> (㉠)란 타인으로부터 사회적 지위를 인정받기 위한 소비이다. (㉡)은 가격이 오를수록 수요가 줄지 않고 증가하는 소비 현상을 발견하였는데, 이러한 현상은 (㉡)효과라고도 한다. 이렇게 초고가 제품을 소비를 열망하는 이유는 일반인들이 구매할 수 없는 값비싼 제품을 살 수 있는 능력을 보여주기 때문이다. 즉, 부와 성공을 과시함으로써 허영심을 만족시키려고 초고가 상품을 구매하는 것이다. 이러한 (㉠)는 그러한 소비를 한다는 것만으로도 어떤 사회계층에 속하는지 보여주는 상징이 된다. (㉡)효과의 영향으로 유명 브랜드의 초고가 제품은 고가일수록 더 많은 수요가 발생하기 때문에 더욱 고가로 판매하는 전략을 사용한다.

03 홀의 고맥락 문화와 저맥락 문화의 메시지 사용 방식을 비교하여 설명하고 동양 문화권과 서양 문화권이 각각 어디에 속하는지 쓰시오.

04 단수 가격 전략에 대하여 서술하고 그 예시를 쓰시오.

01	02	03	04	05	06	07	08	09	10	11	12
④	②	②	③	③	①	①	③	③	④	③	②
13	14	15	16	17	18	19	20	21	22	23	24
②	①	②	①	②	④	①	②	④	③	②	③

*주관식 문제는 정답 별도 표시

01 **정답** ④

라이프스타일은 내부적 영향과 외부적 영향을 받아 나타나는 개인의 생활체계이다.

라이프스타일은 현대사회가 발전하면서 점점 더 다양한 방식으로 나타나고 있고 소비자 혹은 특정 집단을 구분하기에 유용하다. 또한, 개성보다 소비자의 행동을 더 체계적으로 측정할 수 있고 설명할 수 있는 척도로써 시장세분화 기준으로 활용되고 있다. 그리고 라이프스타일은 가치관을 바탕으로 개인의 활동(activity), 견해(opinion), 관심(interest)으로 측정되는 복합적인 개념으로 넓은 의미에서 삶의 방식을 말한다.

02 **정답** ②

① 미시환경은 '기업활동에 직접적으로 연관성이 큰 환경요인'을 의미한다.
③ 내적 환경은 '기업과 마케팅업체들이 주도 할 수 있으며, 통제할 수 있는 환경요인'을 의미한다.
④ 과업환경은 미시환경과 같은 의미이다.

03 **정답** ②

고관여 의사결정과정에서 소비자의 태도는 잘 변화되지 않는다.

[관여도에 따른 의사결정 행동]

행동구분	고관여 의사결정	저관여 의사결정
정보탐색	적극적으로 탐색	소극적으로 탐색
정보처리	효과계층에 따라 이루어짐	단순한 인지과정 속에서 이루어짐
태도변화	잘 변화되지 않음	잘 변화됨
타인의 영향	영향력 있음	별 영향력 없음
인지 부조화	구매 후 의례적으로 나타남	구매 후에도 별로 일어나지 않음
상표 선호	상표 충성구매	습관적인 동일 상표 구매
광고의 반복효과	광고횟수보다는 광고내용이 중요	반복 노출이 태도 및 행동에 변화를 줌

04 **정답** ③

① 구매빈도가 높은 제품이나 서비스에 대한 의사결정이다.
② 일상적 의사결정과 본격적 의사결정의 중간적 성격을 가지고 있다.
④ 관여도에 따른 의사결정이다.

05 정답 ③

지각하고 해석하는 과정은 '선택적 지각 – 지각의 조직화 – 지각적 해석' 순으로 이루어진다.

해석은 소비자가 제시된 자극을 지각하여 자극의 특성을 분석하고 그 의미를 도출하여 이해하기 쉽도록 조직화하는 것이다. 자극을 해석하기 위해서는 소비자는 먼저 주어진 자극이 무엇인지 파악한 후, 자극이 전달하는 메시지를 해석한다.

이러한 과정들은 소비자가 어떤 자극이 자신과 관련이 있거나 중요한지, 어떤 자극의 정보가 스스로에게 쓰임새 있는 정보인지 결정을 내리는 데 유용하다.

06 정답 ①

선택적 노출 : 소비자는 일반적으로 자신에게 필요하다고 느끼고 관심이 있는 정보에는 적극적으로 자신을 노출시키지만 자신이 필요성을 느끼지 못하거나 관심이 없는 정보에는 노출을 회피하는 경향이 강하다.

특히, 미디어 매체 및 관련 플랫폼의 발달로 다양한 마케팅 자극에 노출되는 빈도가 증가하면서 선택적 노출이 더욱 빈번하게 일어난다. 노출 회피행동은 방송 프로그램 시작 전후로 노출되는 광고를 피하기 위해 채널을 돌리는 행위인 zapping(재핑), 광고를 빠른 속도로 돌리는 zipping(지핑), 광고를 시청할 때, 음소거하고 시청하는 muting(뮤팅)으로 나타난다.

07 정답 ①

② 처벌은 부정적 결과를 통해 행동확률을 감소시킨다.
③ 소멸은 중립적인 결과를 제공하고 특정 반응확률을 감소시킨다.
④ 긍정적 강화는 긍정적인 결과를 제공하여 행동확률을 상승시킨다.

08 정답 ③

기억의 3단계는 외부자극을 통해 부호화, 저장, 인출의 3단계로 이루어진다.

부호화는 정보가 기억 속에 유입되는 것이며 저장은 정보가 기억 속에서 유지되는 것이다. 마지막 인출은 저장한 정보를 기억으로부터 꺼내는 단계이다. 즉, 문제는 부호화에 대한 설명이다.

09 정답 ③

매슬로우의 5단계 욕구계층 이론은 '생리적 욕구 – 안전의 욕구 – 애정과 소속의 욕구 – 존경의 욕구 – 자아실현의 욕구' 순서로 이루어진다.

매슬로우의 욕구계층이론은 1943년 매슬로우가 발표한 논문에서 나온 주장이다. 인간은 자신의 욕구를 충족시키기 위해 형성되는 것으로 전제하고 행동에 동기를 부여할 수 있는 욕구가 5개의 계층으로 이루어져 있다고 주장하였다. 5가지의 욕구 가장 낮은 단계인 생리적 욕구에서부터 시작하여 안전의 욕구, 애정 및 소속감의 욕구, 존경의 욕구, 가장 높은 단계의 욕구인 자아실현의 욕구로 구성된다. 5가지의 욕구는 서열화되어 있어 낮은 단계의 욕구에서 높은 단계의 욕구까지 차례로 충족되어 진다.

10 정답 ④

엘더퍼의 ERG이론은 매슬로우의 욕구단계이론이 인간의 동기에 대하여 이론적 한계가 있기 때문에 이를 극복하기 위해 제시하였으며, 5단계의 욕구를 ERG의 3단계로 단순화시킨 이론이다. 매슬로우의 이론적 한계를 제시하며 E(존재 욕구), R(관계 욕구), G(성장 욕구)의 3가지 욕구로 구성되었다.

11 정답 ③

연령, 나이, 지역은 인구통계학적 특성의 요소이다. 라이프스타일은 복합적이고 다차원적인 개념으로써 생활양식을 통해 파악할 수 있다.

12 정답 ②

프로이트의 심리분석이론은 인간의 성격이 원초아(id), 초자아(superego), 자아(ego)의 세 가지 요인의 상호작용으로 결정된다고 설명한다.

- 원초아 : 배고픔, 갈증, 성적 충동 등과 같은 생존과 관련된 인간의 원초적이고 쾌락적인 욕망이다. 인간은 원초아의 욕구를 해결하기 위해 충분한 생각 없이 즉각적인 만족을 위해 행동하는 경향이 있다.
- 초자아 : 원초아와는 반대되는 개념으로 억제와 규범을 따르는 도덕적이고 윤리적인 내적 표현이다. 따라서 초자아는 개인이 사회 안에서 옳고 타당한 일을 하는지 감시하는 역할을 한다.
- 자아 : 원초아의 쾌락적 수요가 초자아의 사회적으로 허용되는 범위 수준에 적용되도록 하는 과정의 갈등과 상호작용에서 자아개념이 정립된다. 이렇게 정립된 자아는 현실의 원칙을 따라 원초아와 초자아를 중재하는 역할을 한다. 즉, 원초아, 초자아, 자아의 상호작용이 무의식적인 동기를 유발하고 이러한 무의식적인 동기는 인간의 행동으로 구체화된다.

13 정답 ②

태도의 구조는 전통적으로 삼각이론 혹은 3원론적 관점에서 설명되며 인지(cognition)적 요소, 감정(effect)적 요소, 행동(behavior)적 요소의 세부분으로 구성되어 있다고 본다. 이 세 가지 요소들 사이에는 일관성이 존재한다는 견해가 지배적이며 이는 심리학의 균형이론을 기초로 한다.

[태도의 구조(3원론적 관점)]

인지적 요소 (cognitive component)	• 지각적 요소 혹은 신념 요소라고도 하며 인지는 대상에 대한 주관적인 지식이나 신념을 의미함 • 소비자는 특정한 대상에 대해 다양한 신념을 지니고 있고 이런 신념들의 총체적 집합이 특정 상표에 대한 태도의 인지적 요소라고 할 수 있음
감정적 요소 (affective component)	대상에 대한 소비자의 전반적인 평가를 의미하며 이는 긍정적 또는 부정적인 느낌을 의미함
행동적 요소 (behavior component)	행위적 요소 혹은 의도 요소라고 하며, 대상을 향해 개인이 행동하려는 반응성향을 의미하며 이는 행위 의도의 개념을 통해 측정됨

14 정답 ①

태도는 지속적이다. 태도는 일시적인 기분이나 충동에 의해 형성되는 것이 아니고 비교적 장기간에 걸쳐 형성되어 지속적으로 나타난다.

소비자가 어떤 제품에 태도를 갖게 된다면 이는 일시적인 것이 아니라 몇 주, 몇 개월 또는 그 이상 동안 유지될 수 있다. 이러한 특성 때문에 소비자의 태도를 평가하고 측정하여 소비자의 미래행동을 예측할 수 있다.

15 정답 ②

하위문화는 주류문화로부터 영향을 강하게 받아 그에 좌우되거나 지배되는 문화로부터 배제된 문화, 우세한 가치와 윤리로부터 배제된 문화, 같은 시대의 지배적인 문화 형태와는 다른 이질적이고 새로운 문화 등이다.

하위문화는 일반적으로 어떤 사회의 전체적인 또는 주요한 문화에 대비되는 개념으로 '하위의, 종속의 또는 지하의' 뜻으로 주류사회로부터 구별이 되는 문화이다.

하위문화가 주류문화로 떠오르고 밀레니엄 세대와 Z 세대로 불리는 새로운 패션 소비자인 젊은 세대들의 영향력이 강해지면서 주류문화인 럭셔리 브랜드들이 오히려 하위문화의 스타일을 받아들이면서 과거의 하위문화의 개념과는 달라졌다.

16 정답 ①

홉스테드는 문화는 상징, 영웅, 의식, 가치라는 요소로 구성되어 있다고 하였다. 이러한 문화의 네 가지 요소에 기반하여 소비문화에 대해 다음과 같은 정의를 도출할 수 있다.

소비문화는 소비가 상징하는 의미(상징), 사회 구성원이 추구하는 바람직한 소비의 모델(영웅), 소비의 의미와 소비의 이상을 추구하기 위한 구체적인 소비 행동 양식(의식), 마지막으로 소비자의 소비생활을 지배하는 관념이나 사상, 소비 규범(가치)으로 구성된다.

17 정답 ②

사회계급을 드러내는 또 다른 소비는 같은 계층의 사람들 혹은 추종하는 계급의 소비를 모방하는 모방 소비이다. 이러한 소비를 나타내는 구매현상을 밴드왜건 효과라고 한다.

이는 제품을 구매한 소비자가 많아질수록 그 제품의 수요가 증가하는 소비현상이다. 소비자들이 대중의 소비 트렌드를 따라가는 것으로, 어떤 계층의 일부라는 귀속감에 안심하는 것이다. 사회구성원의 집단주의 성향이 강할수록 대세를 추종하는 밴드왜건 효과가 강하게 나타나게 된다.

18 정답 ④

'욕망의 삼각형'은 욕망을 성취하는 데 있어 방해물이 있으면 이 욕망은 더욱 강화되고, 경쟁상대가 있으면 욕망을 줄이기보다는 더더욱 욕망의 대상이 마치 자신의 내부에서 발생한 자연스러운 욕망인 것처럼 생각하게 한다.

르네 지라르는 인간의 욕망에는 언제나 주체의 욕망 대상, 그리고 매개하는 삼각형의 구조를 갖게 되며 이를 '욕망의 삼각형'이라고 하였다.

19 정답 ①

윌리엄 제임스의 자아이론은 자아개념을 물질적 자아, 사회적 자아, 정신적 자아, 육체적 자아로 구분하고 모든 의식 경험의 대상이 되는 것으로 보았다.

20 정답 ②

화장품을 주요 품목으로 남성과 여성의 차이에 대하여 연구를 진행하였는데 그 결과 화장품을 구매할 때 남성과 여성 모두 '브랜드'를 중요시한다.

21 정답 ④

마케팅 믹스의 요소는 제품(Product), 가격(Price), 유통(Place), 마케팅 커뮤니케이션(Promotion)으로 구성된다.

마케팅은 기업이 제품을 개발하는 것, 개발한 제품의 적합한 가격을 설정하는 것, 소비자가 쉽게 접근하여 구매할 수 있도록 유통경로를 선택하는 것, 제품에 대해 좋은 이미지를 주어 상품의 가치를 높이고 실질적인 판매를 위해 홍보를 하는 것, 제품 판매 후에도 추후 재구매가 이루어질 수 있도록 사후서비스가 이루어지는 것 등 모든 것들을 아우르는 개념이다.

22 **정답** ③

문제의 내용은 스키밍 가격 전략을 의미하며 초기 고가 전략이라고도 불린다.

스키밍은 우유를 잔에 따른 후 위에 떠 있는 가장 맛있고 고소한 지방층만을 걷어내 먹는 것을 의미한다. 즉 스키밍 전략은 시장 초기 높은 가격을 책정해서 초기 구매자들을 대상으로 초고가 전략을 사용하여 고수익을 누리는 전략이다.

모든 기업이 스키밍 전략 취할 수 있는 것은 아니다. 이 전략은 타겟 소비자들이 가격에 민감하지 않을 때 가능하다. 해당 제품의 기술력과 차별성이 뛰어나 경쟁사가 단기간 따라할 수 없는 확고한 우위를 점해야 하기 때문이다.

23 **정답** ②

레빈(Lewin)의 장이론에서 장은 개체와 그 주변을 모두 포함하는 개념이며, 장이론은 개인이 속한 준거집단(주변인)의 영향력이 작용하여 태도 변화 유도한다는 이론이다.

24 **정답** ③

혁신제품의 수용속도에 영향을 미치는 혁신제품의 특성 5가지는 상대적 이점, 가치 부합성, 단순성, 관찰가능성, 시험사용 가능성이다. 혁신제품을 이해하거나 사용하기가 얼마나 쉬운지도 혁신제품의 수용속도에 영향을 미친다.

주관식 해설

01 **정답** ㉠ 주의, ㉡ 해석

해설 소비자가 제품, 광고, 패키지, 브랜드 등의 자극에 의해 노출되면, 감각기관(시각, 청각, 후각, 촉각, 미각)을 통해 주의를 기울이며 정보를 파악한다. 이후 파악한 정보에 대한 해석과 이해의 과정을 지각이라고 한다. 지각은 노출, 주의, 해석으로 이루어진다. 소비자는 자극에 대한 노출과 주의를 통해 정보를 파악하고 이후 다시 선택적 지각, 지각의 조직화, 지각적 해석의 해석 단계를 거쳐 정보를 이해하고 반응하게 된다. 이러한 반응은 소비자의 구매행동을 결정에 영향을 미친다. 지각은 외부 자극에 대한 노출 → ㉠ 주의 → ㉡ 해석 → 반응 순서로 발생한다.

02 **정답** ㉠ : 문제인식, ㉡ : 대안평가

해설 소비자 구매의사결정 과정은 '㉠ 문제인식 → 정보탐색 → ㉡ 대안평가 → 구매 → 구매 후 행동'으로 이루어진다.

소비자 구매의사결정과정은 소비자의 욕구가 활성화되고 구매하고자 하는 동기가 생길 때 시작되는데, 이를 문제인식이라고 한다. 문제인식은 구매와 관련된 문제가 발생했을 때 이를 해결해야 할 필요성을 구체적으로 인식하는 것이다. 이에 따라 소비자는 다양한 정보 원천으로부터 구매와 관련된 정보를 탐색하는 과정을 거치고 수집된 정보를 바탕으로 여러 대안을 평가하는 과정을 수행하여 적합한 대안을 선택한다. 이후 구매를 실행하고 구매 및 소비 후 해당 구매에 대한 평가를 내리고 반응을 보이는 단계를 수행한다. 이런 구매 및 소비 후 평가의 결과는 소비자의 기억에 저장이 되어 미래의 구매의사결정에 영향을 미친다.

03 정답 기억을 연구한 학자들의 다중기억구조 모델에 따르면 기억은 감각기억, 단기기억, 장기기억으로 구성되어 있다.

소비자의 정보처리과정은 정보가 감각기관을 통해 들어오면서 시작된다. 감각기관을 거쳐 유입된 정보의 강도가 어느 정도 강하면 감각기억은 이를 감지한다. 감각기억은 유입정보를 매우 짧은 시간 동안 보유하며, 만약 정보처리자가 정보의 주의를 계속하지 않으면 그 정보는 기억에서 사라진다. 소비자가 계속 관심을 갖고 주의를 기울이는 정보는 단기기억으로 이전된다. 단기기억은 정보처리를 하는 부분으로, 감각기억으로부터 이전된 정보를 장기기억으로부터 인출된 관련 정보와 결합하여 해석한다. 단기기억에서 처리된 정보 중 일부는 시연(rehearsal)을 통해 장기기억으로 이전되어 저장하며 시연되지 않은 정보는 망각된다.

04 정답 관여도(involvement)는 주어진 상황에서 개인적 중요성이나 관심도의 수준이다. 관여도는 자극의 대상에 따라, 자극을 대하는 소비자에 따라, 소비자가 놓인 어떤 상황에 따라 모두 다르다. 관여도에 따라 소비자가 재화나 서비스를 구매할 때 정보탐색에 시간과 노력을 기울이는 정도가 달라진다.

고관여 의사결정일 경우에는 소비자의 중요성이나 관심도 수준이 높기 때문에 다양한 경로를 통해 적극적으로 정보를 수집하고 다양한 평가 기준을 고려하여 다각적인 평가를 통해 대안을 선택하는 신중한 의사결정과정을 보인다. 고관여 제품은 보통 가격이 비싸고 구매결정이 소비자에게 경제적, 사회적으로 큰 영향을 준다. 예 냉장고, 자동차 등

저관여 의사결정일 경우에는 소비자의 중요성이나 관심도 수준이 낮기 때문에 소비자 기억과 간단한 정보수집을 토대로 익숙한 상표 중 하나를 선택하는 신속한 의사결정과정을 보인다. 저관여 제품은 보통 가격이 저렴하고, 브랜드에 따른 제품의 차이가 크지 않다. 예 물, 과자, 연필 등

01	02	03	04	05	06	07	08	09	10	11	12
③	①	②	④	③	③	③	①	③	④	④	③
13	14	15	16	17	18	19	20	21	22	23	24
①	②	④	①	③	②	②	①	④	①	④	①

*주관식 문제는 정답 별도 표시

01 정답 ③

전략 수립에 앞서 기업의 마케팅 환경분석은 3C를 통해 이루어진다. 3C는 경쟁력 있는 전략을 위해 기업(Company), 고객(Customer), 경쟁상대(Competitor)를 분석하는 것이다.

02 정답 ①

소비자행동 연구의 발전 과정 중 초기 소비자행동론은 효용극대화이론을 바탕으로 소비자를 합리적인 인간이라고 가정했다.

[소비자행동 연구의 발전과정]

구분	초기 소비자 행동론	다원적 접근 방법	소비자 정보처리 관점	쾌락적· 경험적 관점
시대	1950년대 이전	1950년대 이후	1960년대 이후	1980년대 이후
학문적 배경	• 경제학 • 심리학	• 심리학 • 사회학	인지 심리학	• 정서 심리학 • 비교 문화론
특징	효용 극대화 이론	심리학과 사회학의 결합	의사결정 과정 및 영향요인	제품의 상징적 가치
소비자에 대한 가정	합리적인 인간	욕구 충족자	• 이성적 인간 • 정보 처리자	쾌락 및 경험 추구자

03 정답 ②

대안평가에서 최종 대안이 선정되었다 하더라도 다양한 요인으로 인해 최종 대안이 구매가 되지 않을 수 있다.

04 정답 ④

소비자의 인지요소 간의 일관성이 깨지는 경우에 인지부조화가 발생한다. 인지부조화 감정은 기본적으로 관여도, 대체 가능성, 취소 불능성, 의사결정의 중요도의 네 가지 조건이 있다. 따라서 인지요소 간의 일관성이 깨져 인지부조화가 발생하는 상황은 다음과 같은 것들이 있다.

첫째, 선택행위를 다시 원점으로 되돌릴 수 없어 행동을 취소하는 것이 불가능한 경우이다. 소비자가 제품이나 서비스를 구매 후 반품이나 환불이 되지 않을 때가 이에 해당한다.

둘째, 정보와 판단으로 선택한 최종 대안보다 선택되지 않은 다른 대안이 더 바람직한 것으로 느껴질 때이다. 이는 구매 후 새로운 정보를 마주할 때 느낄 수 있다.

셋째, 선택 가능한 대체안들의 속성들이 서로 독립적이기 때문에 동일한 기준에서 객관적으로 비교하는 것이 불가능할 경우이다.

넷째, 제품에 대한 관여도가 높고 소비자가 전적으로 자기 의사에 따라 의사결정을 하였을 때이다.

05 정답 ③

소비자는 모든 정보를 활용하는 것이 불가능하므로 노출된 정보에 대해 개인의 기준을 기반으로 정보를 습득한다. 여기서 개인의 기준은 2가지로 볼 수 있다.

첫째, 선택성은 소비자가 만나게 되는 여러 정보 중에서 어떤 정보에 우선적으로 주의를 기울이는가에 관한 것이다. 이때 소비자는 자신의 우선순위를 활용한다. 여러 정보를 자신의 우선순위를 기준으로 나누고 선택적으로 주의를 기울인다.

둘째, 집중성이다. 사람들은 대부분 두 가지 일에 동시에 주의를 기울이지 못한다. 즉, 하나의 자극에 집중한다면 다른 자극은 제대로 감지하지 못하게 된다. 원인은 주의 용량으로 일컫는 집중성에 한계가 있기 때문이다.

06 정답 ③

① 파블로프의 실험은 고전적 조건화의 대표 실험이다.
② 아무런 학습 과정 없이 침을 흘리는 반응은 무조건 반응(unconditioned response)이다.
④ 고기 먹이를 제시하지 않고 종소리만 들어도 개는 침을 흘리는 반응을 보이는데 이를 조건반응이라고 한다.

07 정답 ③

① 긍정적 결과를 가져오는 행동을 하고 부정적 결과를 가져오는 행동은 기피하는 것을 학습하는 과정이다.
② 수단적 조건화에서는 반응행위는 특정한 결과를 조건화시킴으로써 발생할 수 있다고 정의한다.
④ 학습이 효과적으로 이루어지기 위해서는 처벌이나 보상 등의 요소가 필요하다.

08 정답 ①

가치는 위계 구조를 가지고 있으며, 개인이나 사회가 소유하고 있는 가치의 수는 상대적으로 제한되어있다. 소비에 있어서 불변의 가치는 존재하지 않는다.

09 정답 ③

VALS1은 1978년에 스탠포드 연구소에서 처음 개발되었으며 VALS1은 사회적 가치와 라이프스타일의 변수들을 활용해 시장을 세분화한다. 초기에는 소비자들의 가치관, 욕구, 필요에 관한 600문항의 설문 문항으로 3년간의 설문 조사를 분석하여 다변량 분석을 통해 다양한 라이프스타일 유형을 도출했다. 그 결과 소비자는 미국 소비자를 외부지향형, 내부지향형, 욕구충족형, 통합형으로 구분되었다.

외부지향형은 사회의 규범이나 문화를 추구하고 순응하는 집단이며 제품 구매 시 타인들의 생각을 의식한다.

내부지향형은 전통적인 사회의 규범과 문화보다는 자신의 내적 욕구를 충족시키고 성숙시키는 것을 지향하는 집단이며 자기표현을 위해 제품을 구매하는 경향이 있다.

욕구충족형은 인간의 기본적인 욕구충족을 가장 우선시하는 집단이며 가처분 소득이 적다는 특징이 있다.

통합형 집단은 외부지향형 집단과 내부지향형 집단의 장점을 통합한 집단이다.

10 정답 ④

혁신성이 낮은 소비자는 신제품을 거부하려는 성향이 강한 반면, 혁신성이 높은 소비자는 호기심과 도전정신으로 신제품을 선호한다.

11 **정답** ④

일, 쇼핑, 사회적 이벤트, 취미는 활동에 대한 예시이며, 의견에 대한 예시는 사회적 이슈, 산업, 브랜드, 자아 등이 있다.

12 **정답** ③

이 행동(구매)의도는 구매행동에 대한 태도와 주관적 규범으로 결합되어 있다.

피쉬바인 확장 모델은 소비자들이 주어진 상황에 있을 수 있는 여러 가지 행동이 결과들을 의식적으로 비교검토하고 가장 좋은 결과를 가져올 것이라고 예상되는 선택지를 합리적으로 선택한다고 설명하기 때문에 이성적 모델이라고 불리기도 한다.

이 모델에서는 행동의도를 행동 앞에 있는 선행변수로 보고 행동의도가 구매행동을 비교적 정확히 예측할 수 있다고 설명했다. 즉, 피쉬바인의 확장 모델에서 구매행동의도는 내면의 상표의 태도가 아닌 외면의 행동에 대한 태도와 내가 의식하는 주변의 요구수준을 측정하여 총합한 것이다.

13 **정답** ①

인지부조화 이론은 소비자가 태도와 행동이 불일치했을 때 소비자가 부조화 감소를 위해 태도를 변화시킨다는 이론이다.

14 **정답** ②

통크족은 경제력을 바탕으로 자신들만의 인생을 즐기려는 실버세대를 일컫는다. 자녀는 있지만 자녀에게 의존하지 않고 취미, 운동, 여가 생활로 부부만의 인생을 즐기는 새로운 노년세대를 말한다.

15 **정답** ④

혁신제품이 관찰로 구분이 가능할 때 혁신제품의 수용속도가 빨라진다.

예를 들면, 처음 하이브리드차가 개발될 때 기존의 자동차 브랜드에 하이브리드차를 추가한 하이브리드차의 판매량보다 하이브리드차를 위한 새로운 브랜드를 개발한 도요타의 프리우스의 판매량이 월등하게 높았다. 환경을 위해 전기를 사용하는 하이브리드차를 구매했다는 사실이 표현될수록 판매가 더 이루어진다는 것을 보여준다.

16 **정답** ①

최근에는 SNS를 활용한 정보탐색이 보편화되었다. 즉, 소비자는 정보를 수집할 때, 판매원이나 광고보다 친구, 이웃 및 가족 혹은 비슷한 취향을 가진 SNS 연결망에 의존하는 경향이 있다.

정보적 영향은 소비자가 정보를 수집하는 과정에서 특정 집단이 소비자에게 정보를 제공함으로써 영향을 미치는 것을 의미한다. 이러한 영향력은 그 집단이 소비자가 제품을 구매할 때 도움이 되는 것으로 인식될 때 정보적 영향력을 가지게 된다.

소비자는 두 가지 방법으로 집단으로부터 정보를 수집한다. 첫째는 전문적인 지식을 초기 수용자나 집단 구성원으로부터 수집하며, 둘째는 집단의 행동을 관찰함으로써 정보를 수집한다. 그러나 이러한 정보탐색은 소비자와 집단 간의 실제적인 상호작용이 없이도 이루어진다.

17 **정답** ③

피에르 부르디외는 개인의 성장과정에서 내면화
된 문화적 상징이나 행동특성을 나타내는 '아비투
스'를 핵심개념으로 사용하였다.

사회문화적 관점에서는 계층 구분에 있어서 문화
적 자본을 강조하였다. 이 관점의 기원은 사회학자
인 피에르 부르디외로부터 시작했다고 볼 수 있다.
그는 칼 마르크스와 막스 베버의 이론을 바탕으로
자신만의 독특한 관점을 제시하였다.

또한, 계층에는 사회적으로 조건화된 특정한 취향
이 반영되게 된다. 각 계층의 구성원들은 성장과정
에서 자기계층의 몸의 자세 및 움직임, 언어, 사고
방식, 교양, 취미, 문화적 취향, 심미안 등을 학습
하게 되고, 이런 아비투스를 통해 다른 계층과 '구
별 짓기'가 이루어지는 것이다. 이 관점에 의하면
페이스북, 트위터나 인스타그램과 같은 SNS상에
서 사진이나 글도 문화 및 사회적 자본을 표현하여
아비투스를 나타내는 행동으로 간주할 수 있다.

18 **정답** ②

쿨리는 자신과 관련된 정보의 원천은 타인이 주관
적으로 해석한 피드백이라고 주장한다. 따라서 쿨
리는 타인으로부터의 받은 피드백의 중요성을 강
조하면서 반사경적인 자아(looking glass self) 혹
은 거울 자아라는 개념을 도입하였다. 반사경적인
자아는 하나의 개인에 대하여 타인이 추측한 평가
의 결과를 반영하므로 '남들은 나를 어떻게 보는
가?'에 대한 의미를 함축하고 있는 자아개념이다.

19 **정답** ②

자아개념에 대해 최초로 연구한 사람은 윌리엄 제
임스였다. 윌리엄 제임스는 자아를 물질적 자아,
사회적 자아, 정신적 자아, 육체적 자아로 구분하
여 모든 의식 경험의 대상이 되는 것으로 보았다.
물질적 자아는 옷, 재산과 같이 우리가 우리 생활
의 일부로 여기고 있는 물질적 소유물로 구성된 것
을 의미한다.

사회적 자아는 개인이 중요시하는 타인이나 사회
집단들과 관계를 맺고 있는 자아로서 각각의 대상
에 하나씩 존재한다.

정신적 자아는 내적 또는 주관적인 존재로서 자기
자신에 대해 생각하는 것을 포함하며 관심, 노력,
의지 등이 원천이 되며 이로부터 도덕적 우월성,
정신적 우월성, 열등의식이 발생된다.

육체적 자아는 자신의 신체적 특징과 관련된 자아
를 의미한다.

제임스는 4가지 형태의 자아는 각 개인이 자신에
대한 인식을 형성하는 독특한 방식으로 결합되어
있기 때문에 쉽게 변화하지 않는다고 주장한다.

20 **정답** ①

② 소비자의 유통채널 선택은 기업의 성공을 결정
하는 데 중요하다.

③ 유통경로 의사결정은 기업과 소비자 모두에게
중요하지만, 소비자의 선택이 더 중요하다.

④ 유통채널은 소비자의 라이프스타일이나 심리
적인 측면에 영향을 받아 선택되기도 한다.

21 **정답** ④

'BCG 매트릭스'는 보스턴 컨설팅 그룹(Boston Consul
ting Group)에 의해 1970년대 초반 개발된 것으
로, 기업의 경영전략 수립에 있어 제품의 위치를
파악할 수 있기에 하나의 기본적인 분석 도구로 활
용되며 사업 포트폴리오(business portfolio) 분
석기법이라고 할 수 있다. BCG 매트릭스는 시장
점유율과 시장성장성으로 구분하여 4가지로 분류
했다.

22 정답 ①

VALS2는 자기 경향(self-orientations)의 2가지 척도에 의해 조사 대상자를 8가지(실현자, 성취자, 충족자, 경험자, 신뢰자, 노력가, 자급자, 생존자)로 분류하여 표현하였다.

유형 구분	특성
실현자 (actualizers)	• 많은 자원과 성공적인 사회적 지위를 가지고 있음 • 여유롭고 교양있는 집단으로 사회 이슈에 관심이 있음 • 자신을 위한 소비를 하며, 소비할 때 타인의 눈을 의식하지 않음
충족자 (thinkers)	• 원리지향형이며, 어느 정도의 자원을 가지고 있는 상태로서 성숙하고 생활의 만족도가 높음 • 상품의 실용적성과 기능성을 중요시함
성취자 (achevers)	• 지위와 성공을 지향하며, 자원도 풍부함 • 이 집단은 자신의 성공 정도와 지위를 드러내는 제품을 선호함
경험자 (experiencers)	• 젊고, 풍부한 자원을 가지고 있으며 행동지향적임 • 다양하고 새로운 제품에 관심이 많음. 얼리어답터들이 여기에 속하게 됨

23 정답 ④

① 클라인은 소비자의 자아개념을 크게 초점(실제적 혹은 이상적), 영역(공적 혹은 사적)으로 이루어진다고 설명한다.

② 사적 영역에서 실제적 자아개념(actual self-concept)은 소비자 자신의 실제적인 지각을 의미하는 반면, 이상적 자아개념(ideal self-concept)은 소비자 자신이 되고 싶어 하는 모습을 말한다. 이 두 자아개념의 격차를 자아 불일치라고 한다.

③ 공적 영역에서 실제적 공적 자아 개념(actual public-concept)은 개인에 대한 다른 사람들의 실제적인 지각을 의미하는 반면, 이상적 공적 자아 개념(ideal public-concept)은 다른 사람들이 자신을 지각하기를 원하는 모습을 의미한다. 실제적 공적 자아 개념과 이상적 공적 자아 개념의 격차는 공적 자아 불일치라고 한다.

24 정답 ①

소비자의 태도 변화에는 다섯 가지 특징이 있다.
① 신념의 변화가 감정의 변화에 선행한다는 위계 이론에 따르면 태도의 인지적 요소는 감정적 요소보다 변화시키기가 쉽다.
② 약한 태도는 강한 태도보다 변화시키기가 쉽다.
③ 자신의 상품평가능력에 대한 신념이 약한 소비자일수록 태도가 변하기 쉽다.
④ 욕구는 태도보다 더 내면적이고 지속적이기 때문에 태도는 욕구보다 변화되기가 쉽다.
⑤ 소비자가 제품 또는 상표에 대한 몰입수준이 낮은 경우에 태도의 변화가 쉽다.

주관식 해설

01 정답
ⓐ Product(제품)
ⓑ Place(유통)
ⓒ Promotion(촉진)
ⓓ Price(가격)

해설 마케팅 목표달성을 위해서 구체적인 전략을 마련하기 위해 마케팅 전략의 요소들을 조정, 구성해야 한다. 마케팅 믹스는 어떤 제품(Product)을 어떤 경로로 유통(Place)해서 어떻게 알리고(Promotion), 얼마(Price)에 판매할 것인지 배합하여 결정하는 것이다. 여기에 포함되는 전통적인 4가지 마케팅 요소를 마케팅 4P라고 부른다.

Product(제품)는 기업이 생산하거나 서비스하는 제품을 포함하여 줄 수 있는 종합적인 혜택을 통틀어서 이르는 것이다. 디자인, 브랜드, 상징, 보증, 상품 이미지 등을 폭넓게 포함하고 있다.

Place(유통)는 기업이 판매를 촉진하기 위해 서 활용하는 단순한 장소를 넘어서, 고객과 의 접촉을 이루어지게 하는 유통경로, 재고, 운송 등 제품 생산과정에서부터 소비자에게 도달하기까지의 전체적인 유통경로를 관리 하는 것이다.

Promotion(촉진)은 기업이 광고, 인적판매, 판매촉진, PR, 직접마케팅 등의 수단을 이용 하여 소비자와 원활한 의사소통을 하면서 마 케팅 목표를 달성하기 위해 소비자의 구매를 이끌어내는 유인 활동이다.

Price(가격)은 정찰제, 할인, 신용, 할부 등 기업 제품의 가치를 측정하여 객관적이고 수 치화된 지표로 나타내는 전략이다. Skimming (가격을 높게 잡는 고가화 전략), Penetrating (가격을 낮게 잡는 침투전략), EDLP(Every Day Low Price), Competitive Pricing(경 쟁사와의 관계를 이용하는 가격 전략) 등이 있다.

02 정답 ㉠ 과시소비, ㉡ 베블렌

해설 과시소비란 타인으로부터 사회적 지위를 인 정받기 위한 소비이다. 과시소비를 한다는 것만으로도 어떤 사회계층에 속하는지 보여 주는 상징이 된다. 가격이 오를수록 수요가 줄지 않고 증가하는 소비현상은 베블렌 효과 라고 한다. 베블렌 효과의 영향으로 유명 브 랜드의 초고가 제품은 고가일수록 더 많은 수요가 발생하기 때문에 더욱 고가로 판매하 는 전략을 사용한다.

03 정답 홀(Hall)은 맥락문화의 차이에 따라 메시지 사용방식이 어떻게 달라지는지 설명하고 있 다. 즉 고맥락 문화는 관조적이어서 간접적 이고 모호한 메시지를 사용하는 경향이 있 다. 반면에, 저맥락 문화는 분석적이고 행동

지향적이어서 명료한 메시지를 사용하는 경 향이 있다. 따라서 커뮤니케이션 상황에서 맥락은 정보의 추상성과 구체성, 빈약함과 풍부함, 피상성과 직접성의 대립으로 설명될 수 있다.

홀(Hall)은 일반적으로 동양 문화권은 고맥 락 문화권으로, 서양 문화권은 저맥락 문화 권으로 구분하는데, 이는 중국, 한국, 일본과 같은 고맥락 문화에서는 맥락에 대한 깊은 이 해를 전제하여 메시지를 암시적이고 함축적 으로 제시하는 반면에 미국, 캐나다, 영국과 같은 저맥락 문화권은 이 같은 암시적이고 함 축적인 상징에 의존하기보다는 맥락에 대한 낮은 이해도를 전제하여 직접적이고 구체적 인 메시지를 선호하며 전달된 메시지의 의미 또한 표현된 그대로 분명히 드러난다.

04 정답 제품 가격의 끝자리를 홀수(단수)로 표시하 여 소비자에게 제품이 저렴하다는 인식을 심 어주어 구매욕을 부추기는 가격 전략이다. 예를 들어 제품의 정상가격이 1,000원이나 10,000원이 아닌 990원, 9,900원으로 가격 을 책정하여 제품이 저렴하다는 인식을 심어 주는 것이다.

해설 2009년 케네스 매닝(Kenneth Mannuing) 과 데이비드 스프로트(David Sprott)의 연 구에서 끝자리에 변화를 주어 왼쪽 자릿수가 변하면 사람들은 실제 변화폭보다 그 차이를 더 크게 인식한다는 '왼쪽 자릿수 효과(left digit effect)'을 제시했고, 이 개념이 마케팅 에 도입되었다. 현재 우리는 홈쇼핑이나 대 형마트 등에서 흔히 이 마케팅 기법을 볼 수 있다.

SD에듀와 함께, 합격을 향해 떠나는 여행

난도 전공심화과정인정시험 답안지(객관식)

★ 수험생은 수험번호와 응시과목 코드번호를 표기(마킹)한 후 일치여부를 반드시 확인할 것.

전공분야

성명

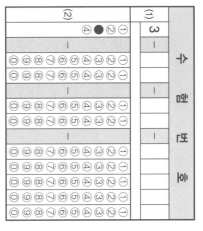

수 험 번 호
3 — — —

(1)

(2) ① ② ● ④

과목코드	응시과목

(왼쪽 표 — 과목코드 / 교시코드 / 응시과목)

교시코드
① ② ③ ④

응시과목

1 ① ② ③ ④   14 ① ② ③ ④
2 ① ② ③ ④   15 ① ② ③ ④
3 ① ② ③ ④   16 ① ② ③ ④
4 ① ② ③ ④   17 ① ② ③ ④
5 ① ② ③ ④   18 ① ② ③ ④
6 ① ② ③ ④   19 ① ② ③ ④
7 ① ② ③ ④   20 ① ② ③ ④
8 ① ② ③ ④   21 ① ② ③ ④
9 ① ② ③ ④   22 ① ② ③ ④
10 ① ② ③ ④   23 ① ② ③ ④
11 ① ② ③ ④   24 ① ② ③ ④
12 ① ② ③ ④
13 ① ② ③ ④

과목코드	응시과목

응시과목

1 ① ② ③ ④   14 ① ② ③ ④
2 ① ② ③ ④   15 ① ② ③ ④
3 ① ② ③ ④   16 ① ② ③ ④
4 ① ② ③ ④   17 ① ② ③ ④
5 ① ② ③ ④   18 ① ② ③ ④
6 ① ② ③ ④   19 ① ② ③ ④
7 ① ② ③ ④   20 ① ② ③ ④
8 ① ② ③ ④   21 ① ② ③ ④
9 ① ② ③ ④   22 ① ② ③ ④
10 ① ② ③ ④   23 ① ② ③ ④
11 ① ② ③ ④   24 ① ② ③ ④
12 ① ② ③ ④
13 ① ② ③ ④

※ 감독관 확인란

(인)

감 독 관 확 인 란
(연번)
(응시자수)

답안지 작성시 유의사항

1. 답안지는 반드시 컴퓨터용 사인펜을 사용하여 다음 보기와 같이 표기할 것.
   보기 정답 표기: ● 잘못된 표기: ✓ ⊗ ⊙ ◑ ○
2. 수험번호 (1)에는 아라비아 숫자로 쓰고, (2)에는 "●"와 같이 표기할 것.
3. 과목코드는 뒷면 "과목코드번호"를 보고 해당과목의 코드번호를 찾아 표기하고,
   응시과목란에는 응시과목명을 한글로 기재할 것.
4. 교시코드는 문제지 전면 의 교시를 해당란에 "●"와 같이 표기할 것.
5. 한번 표기한 답은 긁거나 수정액 및 스티커 등 어떠한 방법으로도 고쳐서는
   아니되고, 고친 문항은 "0"점 처리됨.

[이 답안지는 마킹연습용 모의답안지입니다.]

년도 전공심화과정
인정시험 답안지(주관식)

★ 수험생은 수험번호와 응시과목 코드번호를 표기(마킹)한 후 일치여부를 반드시 확인할 것.

전공분야

성명

과목코드	
	① ② ③ ③ ④ ④ ⑤ ⑥ ⑥ ⑦ ⑧ ⑨ ⓪
	① ② ③ ③ ④ ④ ⑤ ⑥ ⑥ ⑦ ⑧ ⑨ ⓪
	① ② ③ ③ ④ ④ ⑤ ⑥ ⑥ ⑦ ⑧ ⑨ ⓪
	① ② ③ ③ ④ ④ ⑤ ⑥ ⑥ ⑦ ⑧ ⑨ ⓪
	① ② ③ ③ ④ ④ ⑤ ⑥ ⑥ ⑦ ⑧ ⑨ ⓪

교시코드	
① ② ③ ④	

수험번호

① ② ③ ④ ⑤ ⑥ ⑦ ⑧ ⑨ ⓪		① ② ③ ④ ⑤ ⑥ ⑦ ⑧ ⑨ ⓪		① ② ③ ④ ⑤ ⑥ ⑦ ⑧ ⑨ ⓪
① ② ③ ④ ⑤ ⑥ ⑦ ⑧ ⑨ ⓪		① ② ③ ④ ⑤ ⑥ ⑦ ⑧ ⑨ ⓪		① ② ③ ④ ⑤ ⑥ ⑦ ⑧ ⑨ ⓪

(1)	① ② ③ ④
	3 ① ② ● ④
(2)	

답안지 작성시 유의사항

1. ※란은 표기하지 말 것.
2. 수험번호 (2)란, 과목코드, 교시코드 표기는 반드시 컴퓨터용 싸인펜으로 표기할 것
3. 교시코드는 문제지 전면의 교시를 해당란에 컴퓨터용 싸인펜으로 표기할 것.
4. 답안은 반드시 흑·청색 볼펜 또는 만년필을 사용할 것.
   (연필 또는 적색 필기구 사용불가)
5. 답안을 수정할 때에는 두줄(=)을 긋고 수정할 것.
6. 답란이 부족하면 해당답란에 "뒷면기재"라고 쓰고 뒷면 '추가답란'에 문제번호를 기재한 후 답안을 작성할 것.
7. 기타 유의사항은 객관식 답안지의 유의사항과 동일함.

※ 감독관 확인란

(인)

응시과목

※ 수험번호와 응시과목 코드번호를 표기(마킹)한 후 일치여부를 반드시 확인할 것.

번호	※1차점수	※1차확인	응시과목	※1차확인	※2차채점	※2차점수
1	⓪ ① ② ③ ④ ⑤ ⑥ ⑦ ⑧ ⑨ ⑩					⓪ ① ② ③ ④ ⑤ ⑥ ⑦ ⑧ ⑨ ⑩
2	⓪ ① ② ③ ④ ⑤ ⑥ ⑦ ⑧ ⑨ ⑩					⓪ ① ② ③ ④ ⑤ ⑥ ⑦ ⑧ ⑨ ⑩
3	⓪ ① ② ③ ④ ⑤ ⑥ ⑦ ⑧ ⑨ ⑩					⓪ ① ② ③ ④ ⑤ ⑥ ⑦ ⑧ ⑨ ⑩
4	⓪ ① ② ③ ④ ⑤ ⑥ ⑦ ⑧ ⑨ ⑩					⓪ ① ② ③ ④ ⑤ ⑥ ⑦ ⑧ ⑨ ⑩
5	⓪ ① ② ③ ④ ⑤ ⑥ ⑦ ⑧ ⑨ ⑩					⓪ ① ② ③ ④ ⑤ ⑥ ⑦ ⑧ ⑨ ⑩

[이 답안지는 마킹연습용 모의답안지입니다.]

절취선

컴퓨터용 사인펜만 사용

날도 전공심화과정인정시험 답안지(객관식)

★ 수험생은 수험번호와 응시과목 코드번호를 표기(마킹)한 후 일치여부를 반드시 확인할 것.

전공분야

성명

(1) 3

수험번호

(2) ① ● ③ ④

※ 감독관 확인란

관리번호 (연번) (응시자수)

교시코드 ① ② ③ ④

과목코드 / 응시과목

응시과목							
1 ① ② ③ ④	14 ① ② ③ ④
2 ① ② ③ ④	15 ① ② ③ ④
3 ① ② ③ ④	16 ① ② ③ ④
4 ① ② ③ ④	17 ① ② ③ ④
5 ① ② ③ ④	18 ① ② ③ ④
6 ① ② ③ ④	19 ① ② ③ ④
7 ① ② ③ ④	20 ① ② ③ ④
8 ① ② ③ ④	21 ① ② ③ ④
9 ① ② ③ ④	22 ① ② ③ ④
10 ① ② ③ ④	23 ① ② ③ ④
11 ① ② ③ ④	24 ① ② ③ ④
12 ① ② ③ ④	
13 ① ② ③ ④	

답안지 작성시 유의사항

1. 답안지는 반드시 컴퓨터용 사인펜을 사용하여 다음 [보기]와 같이 표기할 것.
   [보기] 잘된 표기: ●
   잘못된 표기: ⊘ ⊗ ⊙ ○ ○ ◑
2. 수험번호 (1)에는 아라비아 숫자로 쓰고, (2)에는 "●"와 같이 표기할 것.
3. 과목코드는 뒷면 "과목코드번호"를 보고 해당과목의 코드번호를 찾아 표기하고,
   응시과목란에는 응시과목명을 한글로 기재할 것.
4. 교시코드는 문제지 전면 의 교시를 해당란에 "●"와 같이 표기할 것.
5. 한번 표기한 답은 긁거나 수정액 및 스티커 등 어떠한 방법으로도 고쳐서는
   안되며, 고친 문항은 "0"점 처리됨.

[이 답안지는 마킹연습용 모의답안지입니다.]

절취선

○○년도 전공심화과정
인정시험 답안지(주관식)

★ 수험생은 수험번호와 응시과목 코드번호를 표기(마킹)한 후 일치여부를 반드시 확인할 것.

전공분야

성 명

과목코드

| ① ② ③ ④ ⑤ ⑥ ⑦ ⑧ ⑨ ⑩ |
| ① ② ③ ④ ⑤ ⑥ ⑦ ⑧ ⑨ ⑩ |
| ① ② ③ ④ ⑤ ⑥ ⑦ ⑧ ⑨ ⑩ |
| ① ② ③ ④ ⑤ ⑥ ⑦ ⑧ ⑨ ⑩ |
| ① ② ③ ④ ⑤ ⑥ ⑦ ⑧ ⑨ ⑩ |

교시코드

① ② ③ ④

수험번호

| ① ② ③ ④ ⑤ ⑥ ⑦ ⑧ ⑨ ⑩ |
| — |
| ① ② ③ ④ ⑤ ⑥ ⑦ ⑧ ⑨ ⑩ |
| ① ② ③ ④ ⑤ ⑥ ⑦ ⑧ ⑨ ⑩ |
| — |
| ① ② ③ ④ ⑤ ⑥ ⑦ ⑧ ⑨ ⑩ |
| ① ② ③ ④ ⑤ ⑥ ⑦ ⑧ ⑨ ⑩ |
| — |
| ① ② ③ ④ ⑤ ⑥ ⑦ ⑧ ⑨ ⑩ |
| 3 |
| (1) ① ② ● ④ |
| (2) |

답안지 작성시 유의사항

1. ※란은 표기하지 말 것.
2. 수험번호 (2)란, 과목코드, 교시코드 표기는 반드시 컴퓨터용 싸인펜으로 표기할 것
3. 교시코드는 문제지 전면 의 교시를 해당란에 컴퓨터용 싸인펜으로 표기할 것.
4. 답란은 반드시 흑·청색 볼펜 또는 만년필을 사용할 것.
   (연필 또는 적색 필기구 사용불가)
5. 답안을 수정할 때에는 두줄(=)을 긋고 수정할 것.
6. 답란이 부족하면 해당답란에 "뒷면기재"라고 쓰고
   뒷면 '추가답란'에 문제번호를 기재한 후 답안을 작성할 것.
7. 기타 유의사항은 객관식 답안지의 유의사항과 동일함.

※ 감독관 확인란

(인)

<table>
<tr><th>번
호</th><th>※
1차
점수</th><th>※
1차
채점</th><th>응 시 과 목</th><th>목
과</th><th>※1차확인</th><th>※2차확인</th><th>※
2차
채점</th><th>※
2차
점수</th></tr>
<tr><td>1</td><td>⓪ ① ② ③ ④ ⑤ ⑥ ⑦ ⑧ ⑨ ⑩</td><td></td><td></td><td></td><td></td><td></td><td></td><td>⓪ ① ② ③ ④ ⑤ ⑥ ⑦ ⑧ ⑨ ⑩</td></tr>
<tr><td>2</td><td>⓪ ① ② ③ ④ ⑤ ⑥ ⑦ ⑧ ⑨ ⑩</td><td></td><td></td><td></td><td></td><td></td><td></td><td>⓪ ① ② ③ ④ ⑤ ⑥ ⑦ ⑧ ⑨ ⑩</td></tr>
<tr><td>3</td><td>⓪ ① ② ③ ④ ⑤ ⑥ ⑦ ⑧ ⑨ ⑩</td><td></td><td></td><td></td><td></td><td></td><td></td><td>⓪ ① ② ③ ④ ⑤ ⑥ ⑦ ⑧ ⑨ ⑩</td></tr>
<tr><td>4</td><td>⓪ ① ② ③ ④ ⑤ ⑥ ⑦ ⑧ ⑨ ⑩</td><td></td><td></td><td></td><td></td><td></td><td></td><td>⓪ ① ② ③ ④ ⑤ ⑥ ⑦ ⑧ ⑨ ⑩</td></tr>
<tr><td>5</td><td>⓪ ① ② ③ ④ ⑤ ⑥ ⑦ ⑧ ⑨ ⑩</td><td></td><td></td><td></td><td></td><td></td><td></td><td>⓪ ① ② ③ ④ ⑤ ⑥ ⑦ ⑧ ⑨ ⑩</td></tr>
</table>

응시과목 코드번호를 표기(마킹)한 후 일치여부를 반드시 확인할 것.

절취선

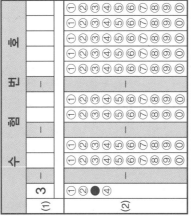

님도 전공심화과정인정시험 답안지(객관식)

★ 수험생은 수험번호와 응시과목 코드번호를 표기(마킹)한 후 일치여부를 반드시 확인할 것.

전공분야

성 명

	3	수	험	번	호			
(1)								

(2) ① ② ● ④

		–			–			
①	①		①	①		①	①	①
②	②		②	②		②	②	②
③	③		③	③		③	③	③
④	④		④	④		④	④	④
⑤	⑤		⑤	⑤		⑤	⑤	⑤
⑥	⑥		⑥	⑥		⑥	⑥	⑥
⑦	⑦		⑦	⑦		⑦	⑦	⑦
⑧	⑧		⑧	⑧		⑧	⑧	⑧
⑨	⑨		⑨	⑨		⑨	⑨	⑨
⓪	⓪		⓪	⓪		⓪	⓪	⓪

※ 감독관 확인란

(인)

관 리 번 호	(연번)
(응시자수)	

교시코드

① ② ③ ④

과목코드

①	①	①	①	①
②	②	②	②	②
③	③	③	③	③
④	④	④	④	④
⑤	⑤	⑤	⑤	⑤
⑥	⑥	⑥	⑥	⑥
⑦	⑦	⑦	⑦	⑦
⑧	⑧	⑧	⑧	⑧
⑨	⑨	⑨	⑨	⑨
⓪	⓪	⓪	⓪	⓪

응시과목

1	① ② ③ ④	14	① ② ③ ④
2	① ② ③ ④	15	① ② ③ ④
3	① ② ③ ④	16	① ② ③ ④
4	① ② ③ ④	17	① ② ③ ④
5	① ② ③ ④	18	① ② ③ ④
6	① ② ③ ④	19	① ② ③ ④
7	① ② ③ ④	20	① ② ③ ④
8	① ② ③ ④	21	① ② ③ ④
9	① ② ③ ④	22	① ② ③ ④
10	① ② ③ ④	23	① ② ③ ④
11	① ② ③ ④	24	① ② ③ ④
12	① ② ③ ④		
13	① ② ③ ④		

답안지 작성시 유의사항

1. 답안지는 반드시 컴퓨터용 사인펜을 사용하여 다음 보기와 같이 표기할 것.
   보기 잘된 표기: ●
   잘못된 표기: ⊙ ⊗ ○ ◑ ◒ ⊖
2. 수험번호 (1)에는 아라비아 숫자로 쓰고, (2)에는 "● "와 같이 표기할 것.
3. 과목코드는 뒷면 "과목코드번호"를 보고 해당과목의 코드번호를 찾아 표기하고,
   응시과목란에는 응시과목명을 한글로 기재할 것.
4. 교시코드는 문제지 전면 의 교시를 해당란에 "● "와 같이 표기할 것.
5. 한번 표기한 답은 긁거나 수정액 및 스티커 등 어떠한 방법으로도 고쳐서는
   아니되고, 고친 문항은 "0"점 처리함.

과목코드

①	①	①	①	①
②	②	②	②	②
③	③	③	③	③
④	④	④	④	④
⑤	⑤	⑤	⑤	⑤
⑥	⑥	⑥	⑥	⑥
⑦	⑦	⑦	⑦	⑦
⑧	⑧	⑧	⑧	⑧
⑨	⑨	⑨	⑨	⑨
⓪	⓪	⓪	⓪	⓪

응시과목

1	① ② ③ ④	14	① ② ③ ④
2	① ② ③ ④	15	① ② ③ ④
3	① ② ③ ④	16	① ② ③ ④
4	① ② ③ ④	17	① ② ③ ④
5	① ② ③ ④	18	① ② ③ ④
6	① ② ③ ④	19	① ② ③ ④
7	① ② ③ ④	20	① ② ③ ④
8	① ② ③ ④	21	① ② ③ ④
9	① ② ③ ④	22	① ② ③ ④
10	① ② ③ ④	23	① ② ③ ④
11	① ② ③ ④	24	① ② ③ ④
12	① ② ③ ④		
13	① ② ③ ④		

절취선

년도 전공심화과정
인정시험 답안지(주관식)

★ 수험생은 수험번호와 응시과목 코드번호의 코드번호를 표기(마킹)한 후 일치여부를 반드시 확인할 것.

전공분야

성 명

과목코드					

교시코드 ① ② ③ ④

수 험 번 호

3	—		—		—	

(1) ① ② ● ④

(2)

답안지 작성시 유의사항

1. ※란은 표기하지 말 것.
2. 수험번호 (2)란, 과목코드, 교시코드 표기는 반드시 컴퓨터용 싸인펜으로 표기할 것
3. 교시코드는 문제지 전면 의 교시를 해당란에 컴퓨터용 싸인펜으로 표기할 것.
4. 답란은 반드시 흑·청색 볼펜 또는 만년필을 사용할 것. (연필 또는 적색 필기구 사용불가)
5. 답안을 수정할 때에는 두줄(=)을 긋고 수정할 것.
6. 답란이 부족하면 해당답란에 "뒷면기재"라고 쓰고 뒷면 '추가답란'에 문제번호를 기재한 후 답안을 작성할 것.
7. 기타 유의사항은 객관식 답안지의 유의사항과 동일함.

※ 감독관 확인란	
	(인)

------- 절취선 -------

번호	※ 1차 점수	※ 1차 채점	※1차확인	응시과목	과목	※2차확인	2차 채점	※ 2차 점수
1	⓪①②③④⑤⑥⑦⑧⑨⑩							⓪①②③④⑤⑥⑦⑧⑨⑩
2	⓪①②③④⑤⑥⑦⑧⑨⑩							⓪①②③④⑤⑥⑦⑧⑨⑩
3	⓪①②③④⑤⑥⑦⑧⑨⑩							⓪①②③④⑤⑥⑦⑧⑨⑩
4	⓪①②③④⑤⑥⑦⑧⑨⑩							⓪①②③④⑤⑥⑦⑧⑨⑩
5	⓪①②③④⑤⑥⑦⑧⑨⑩							⓪①②③④⑤⑥⑦⑧⑨⑩

참고문헌

- 김규배 외 7인, 『소비자행동론』, 박영사, 2019.
- 김형재 · 이준관, 『소비자행동론』, 박영사, 2017.
- 서여주 · 임은정 · 정순희, 『컨슈머리즘의 이해』, 백산출판사, 2017.
- 소스타인 베블런, 『유한계급론』, 현대지성, 2018.
- 이기춘 외 15인, 『소비자학의 이해』, 학현사, 2010.
- 쟝 보드리야르, 『소비의 사회』, 문예출판사, 1992.

SD에듀와 함께, 합격을 향해 떠나는 여행

SD에듀 독학사 경영학과 3단계 소비자행동론

초판2쇄 발행	2023년 08월 09일 (인쇄 2023년 06월 28일)
초 판 발 행	2021년 03월 26일 (인쇄 2020년 10월 30일)
발 행 인	박영일
책 임 편 집	이해욱
편 저	독학학위연구소
편 집 진 행	송영진
표지디자인	박종우
편집디자인	차성미 · 박서희
발 행 처	(주)시대고시기획
출 판 등 록	제10-1521호
주 소	서울시 마포구 큰우물로 75 [도화동 538 성지 B/D] 9F
전 화	1600-3600
팩 스	02-701-8823
홈 페 이 지	www.sdedu.co.kr
I S B N	979-11-254-8280-2 (13320)
정 가	25,000원